GERSTENBERG VERLAG

50 Klassiker
ROMANE
DES 20. JAHRHUNDERTS

*Die wichtigsten Romane der Moderne
dargestellt von Joachim SCHOLL
unter Mitarbeit von Ulrike Braun*

- 8 **Was soll ein Roman?**
- 14 **Lord Jim**
  Joseph Conrad
- 20 **Buddenbrooks**
  Thomas Mann
- 26 **Auf der Suche nach der verlorenen Zeit**
  Marcel Proust
- 32 **Der Untertan**
  Heinrich Mann
- 38 **Die Abenteuer des braven Soldaten Schwejk**
  Jaroslav Hašek
- 42 **Ulysses**
  James Joyce
- 48 **Zeno Cosini**
  Italo Svevo
- 54 **Die Falschmünzer**
  André Gide
- 58 **Der Prozeß**
  Franz Kafka
- 62 **Mrs. Dalloway**
  Virginia Woolf
- 68 **Der große Gatsby**
  Francis Scott Fitzgerald
- 74 **Der Steppenwolf**
  Hermann Hesse
- 80 **Lady Chatterley**
  D. H. Lawrence
- 86 **Im Westen nichts Neues**
  Erich Maria Remarque
- 92 **Berlin Alexanderplatz**
  Alfred Döblin
- 98 **Der Mann ohne Eigenschaften**
  Robert Musil
- 104 **Licht im August**
  William Faulkner
- 110 **Wendekreis des Krebses**
  Henry Miller
- 116 **Die Blendung**
  Elias Canetti
- 120 **Mephisto**
  Klaus Mann
- 126 **Vom Winde verweht**
  Margaret Mitchell
- 132 **Der Ekel**
  Jean-Paul Sartre
- 138 **Wem die Stunde schlägt**
  Ernest Hemingway
- 142 **Das siebte Kreuz**
  Anna Seghers
- 146 **Der Fremde**
  Albert Camus
- 152 **Pippi Langstrumpf**
  Astrid Lindgren
- 156 **1984**
  George Orwell

INHALTSVERZEICHNIS

- 162 **Der Fänger im Roggen**
  Jerome D. Salinger
- 166 **Bonjour tristesse**
  Françoise Sagan
- 170 **Lolita**
  Vladimir Nabokov
- 174 **Unterwegs**
  Jack Kerouac
- 180 **Homo faber**
  Max Frisch
- 184 **Der Leopard**
  Giuseppe Tomasi di Lampedusa
- 188 **Die Blechtrommel**
  Günter Grass
- 194 **Hasenherz**
  John Updike
- 198 **Solaris**
  Stanislaw Lem
- 202 **Das goldene Notizbuch**
  Doris Lessing
- 206 **Uhrwerk Orange**
  Anthony Burgess
- 212 **Ansichten eines Clowns**
  Heinrich Böll
- 216 **Ein Tag im Leben des Iwan Denissowitsch**
  Alexander Solschenizyn
- 220 **Hundert Jahre Einsamkeit**
  Gabriel García Márquez
- 224 **Jakob der Lügner**
  Jurek Becker
- 228 **Jahrestage**
  Uwe Johnson
- 232 **Die Enden der Parabel**
  Thomas Pynchon
- 238 **Garp und wie er die Welt sah**
  John Irving
- 242 **Die unendliche Geschichte**
  Michael Ende
- 246 **Der Name der Rose**
  Umberto Eco
- 252 **Mitternachtskinder**
  Salman Rushdie
- 256 **Das Parfum**
  Patrick Süskind
- 260 **Generation X**
  Douglas Coupland
- 264 Kleines literaturwissenschaftliches Glossar zum Roman
- 268 Literaturpreise
- 270 Die Literatur-Nobelpreisträger
- 273 Werkregister
- 276 Personenregister

Romantitel von A–Z

38 **Die Abenteuer des braven Soldaten Schwejk**
Jaroslav Hašek

212 **Ansichten eines Clowns**
Heinrich Böll

26 **Auf der Suche nach der verlorenen Zeit**
Marcel Proust

116 **Die Blendung**
Elias Canetti

92 **Berlin Alexanderplatz**
Alfred Döblin

188 **Die Blechtrommel**
Günter Grass

166 **Bonjour tristesse**
Françoise Sagan

20 **Buddenbrooks**
Thomas Mann

132 **Der Ekel**
Jean-Paul Sartre

232 **Die Enden der Parabel**
Thomas Pynchon

162 **Der Fänger im Roggen**
Jerome D. Salinger

54 **Die Falschmünzer**
André Gide

146 **Der Fremde**
Albert Camus

238 **Garp und wie er die Welt sah**
John Irving

260 **Generation X**
Douglas Coupland

202 **Das goldene Notizbuch**
Doris Lessing

68 **Der große Gatsby**
Francis Scott Fitzgerald

194 **Hasenherz**
John Updike

180 **Homo faber**
Max Frisch

220 **Hundert Jahre Einsamkeit**
Gabriel García Márquez

86 **Im Westen nichts Neues**
Erich Maria Remarque

228 **Jahrestage**
Uwe Johnson

224 **Jakob der Lügner**
Jurek Becker

80 **Lady Chatterley**
D. H. Lawrence

184 **Der Leopard**
Giuseppe Tomasi di Lampedusa

104 **Licht im August**
William Faulkner

170 **Lolita**
Vladimir Nabokov

14 **Lord Jim**
Joseph Conrad

98 **Der Mann ohne Eigenschaften**
Robert Musil

120 **Mephisto**
Klaus Mann

252 **Mitternachtskinder**
Salman Rushdie

62 **Mrs. Dalloway**
Virginia Woolf

246 **Der Name der Rose**
Umberto Eco

156 **1984**
George Orwell

256 **Das Parfum**
Patrick Süskind

152 **Pippi Langstrumpf**
Astrid Lindgren

58 **Der Prozeß**
Franz Kafka

142 **Das siebte Kreuz**
Anna Seghers

198 **Solaris**
Stanislaw Lem

74 **Der Steppenwolf**
Hermann Hesse

216 **Ein Tag im Leben des Iwan Denissowitsch**
Alexander Solschenizyn

126 **Vom Winde verweht**
Margaret Mitchell

138 **Wem die Stunde schlägt**
Ernest Hemingway

110 **Wendekreis des Krebses**
Henry Miller

206 **Uhrwerk Orange**
Anthony Burgess

42 **Ulysses**
James Joyce

242 **Die unendliche Geschichte**
Michael Ende

32 **Der Untertan**
Heinrich Mann

174 **Unterwegs**
Jack Kerouac

48 **Zeno Cosini**
Italo Svevo

Autoren von A–Z

Jurek Becker
224 Jakob der Lügner

Heinrich Böll
212 Ansichten eines Clowns

Anthony Burgess
206 Uhrwerk Orange

Albert Camus
146 Der Fremde

Elias Canetti
116 Die Blendung

Joseph Conrad
14 Lord Jim

Douglas Coupland
260 Generation X

Alfred Döblin
92 Berlin Alexanderplatz

Umberto Eco
246 Der Name der Rose

Michael Ende
242 Die unendliche Geschichte

William Faulkner
104 Licht im August

Francis Scott Fitzgerald
68 Der große Gatsby

Max Frisch
180 Homo faber

André Gide
54 Die Falschmünzer

Günter Grass
188 Die Blechtrommel

Jaroslav Hašek
38 Die Abenteuer des braven Soldaten Schwejk

Ernest Hemingway
138 Wem die Stunde schlägt

Hermann Hesse
74 Der Steppenwolf

John Irving
238 Garp und wie er die Welt sah

Uwe Johnson
228 Jahrestage

James Joyce
42 Ulysses

Franz Kafka
58 Der Prozeß

Jack Kerouac
174 Unterwegs

Giuseppe Tomasi di Lampedusa
184 Der Leopard

D. H. Lawrence
80 Lady Chatterley

Stanislaw Lem
198 Solaris

Doris Lessing
202 Das goldene Notizbuch

Astrid Lindgren
152 Pippi Langstrumpf

Heinrich Mann
32 Der Untertan

Klaus Mann
120 Mephisto

Thomas Mann
20 Buddenbrooks

Gabriel García Márquez
220 Hundert Jahre Einsamkeit

Henry Miller
110 Wendekreis des Krebses

Margaret Mitchell
126 Vom Winde verweht

Robert Musil
98 Der Mann ohne Eigenschaften

Vladimir Nabokov
170 Lolita

George Orwell
156 1984

Marcel Proust
26 Auf der Suche nach der verlorenen Zeit

Thomas Pynchon
232 Die Enden der Parabel

Erich Maria Remarque
86 Im Westen nichts Neues

Salman Rushdie
252 Mitternachtskinder

Françoise Sagan
166 Bonjour tristesse

Jerome D. Salinger
162 Der Fänger im Roggen

Jean-Paul Sartre
132 Der Ekel

Anna Seghers
142 Das siebte Kreuz

Alexander Solschenizyn
216 Ein Tag im Leben des Iwan Denissowitsch

Patrick Süskind
256 Das Parfum

Italo Svevo
48 Zeno Cosini

John Updike
194 Hasenherz

Virginia Woolf
62 Mrs. Dalloway

Was soll ein Roman?

»Er soll uns eine Geschichte erzählen, an die wir glauben.« Es war Theodor Fontane, der 1875 so schön und klar formulierte, was bis heute gilt. Romane erzählen Geschichten. Meistens sind sie nicht wahr. Die Personen, die geschildert werden, haben nie existiert; Situationen und Handlungen haben so, wie sie dargestellt werden, nicht stattgefunden. Romane sind *erfunden*, und wir lassen uns das nur zu gern gefallen, wenn wir die ausgedachten Begebenheiten, Menschen und Konflikte für stimmig und glaubwürdig erachten. Auch erfahren wir von Dingen, die uns bislang unbekannt geblieben waren. Im Roman bekommt man außerdem etwas beigebracht. Und manchmal lernen wir uns dadurch auch selber besser kennen. Der Philosoph Platon stellte zwar bereits im 5. Jahrhundert v. Chr. korrekt fest, dass Dichter lügen. Aber zu allen Zeiten war das dem Publikum schlichtweg egal. Seit es Menschen gibt, lieben sie Geschichten. Und seit sie mit Papier und Schreibgerät umzugehen wissen, gibt es den Roman.

Literaturhistorisch geht er auf die uralten, in Versen geschriebenen Götter- und Heldensagen zurück. Über Jahrhunderte waren diese Epen die vornehmste literarische Form. Heute erinnert man sich kaum mehr an einzelne Werke, nur die *Ilias* – die Geschichte der Belagerung Trojas – und die Irrfahrten des Odysseus in der *Odyssee* sind im allgemeinen (europäischen) Gedächtnis verankert. Fast 3000 Jahre nach Homers berühmten Epen sollte sich der Ire James Joyce an den legendären Odysseus erinnern und einen der bedeutendsten modernen Romane der Weltliteratur schreiben: *Ulysses*.

Zuvor hatte der Roman jedoch lange Zeit um Anerkennung kämpfen müssen. Vor allem in Europa genoss er

■ Immer wieder erfahren erfolgreiche Romane eine Zweitverwertung im Film – der sichere Weg, den Roman wieder ins Gespräch zu bringen, auch, wenn nicht jeder Film der Romanvorlage gerecht wird. Szenenfoto aus der umstrittenen Verfilmung von James Joyces *Ulysses* (Regie: Joseph Strick, 1966).

über mehrere Epochen hindurch keinen guten Ruf. Der Begriff *Roman* kommt aus dem Französischen: Im 12. Jahrhundert wurden damit die volkssprachlichen *Romanzen* bezeichnet, die nicht auf Lateinisch, der Schrift der Gebildeten, sondern in der »lingua romana«, der Volkssprache, verfasst wurden. Es waren Geschichten für einfache Leute, zumeist triviale Liebes- und Abenteuerschmonzetten. Bis ins 18. Jahrhundert hinein galt der Roman unter Literaten als nichtswürdige Gattung, als Schundliteratur, die im Gegensatz zum ehrbaren Drama und zur Lyrik künstlerisch wertlos war. Aber er hatte auch starke Gegner jenseits der Literatur. Die Kirche etwa sah es gar nicht gern, dass ihre Schäfchen statt zur Heiligen Schrift zu Romanen griffen. Um dagegen vorzugehen, griff man gern auf das erwähnte Platonwort zurück. »Wer romans list, der list lügen«, wetterte 1689 der Schweizer Pfarrer Gotthard Heidegger angesichts der immer stärker werdenden Flut von Romanen, in denen viel geseufzt, geliebt und gekämpft, aber vergleichsweise wenig gebetet wurde. Solche Proteste halfen wenig. Immer mehr Menschen konnten inzwischen lesen und wollten sich ihre Lektüre nicht vorschreiben lassen. Allmählich entwickelten die Romanciers Selbstbewusstsein, und bald erzählten die Romane auch andere, anspruchsvollere Geschichten. Der Durchbruch kam im Jahr 1719, mit Daniel Defoes *Robinson Crusoe*. Das Buch war der erste internationale Bestseller und schlug das gesamte gebildete Europa in seinen Bann. Von da ab gab es kein Halten mehr, Romane wurden Mode, große Geister wie Voltaire entdeckten die vielversprechenden Möglichkeiten dieser Gattung, und der Roman *Die Leiden des jungen Werthers* des ebenfalls jungen Frankfurter Dichters Johann Wolfgang Goethe war 1774 ein Sensationserfolg, der sich bis nach China herumsprach. Im 19. Jahrhundert entwickelte sich der Roman endgültig zur Königsdisziplin. Nun wurde er zum Spiegel des neuen bürgerlichen Zeitalters, zum honorigen »Bildungsroman«: die Romanciers schilderten in ihren Werken die gesellschaftlichen Umbrüche der Epoche. Man braucht kein Geschichtsbuch in die Hand zu nehmen, um zu er-

■ Marcel Proust (1871–1922) konnte nicht ahnen, dass sein Werk so viele Auflagen erleben würde. Er hat die vollständige Veröffentlichung seines Romans *Auf der Suche nach der verlorenen Zeit* nicht mehr miterlebt.

■ Leben mit Büchern: Welche Romane im Bücherschrank eines Bibliophilen zu finden sind und als »gut« gelten, ist immer auch vom Zeitgeist abhängig. Aber manche überdauern ihn ...

- Virginia Woolf (1882–1941), Schriftstellerin der europäischen Avantgarde vor 1945.

- Lange Zeit war das Lesen ein Privileg des Klerus.

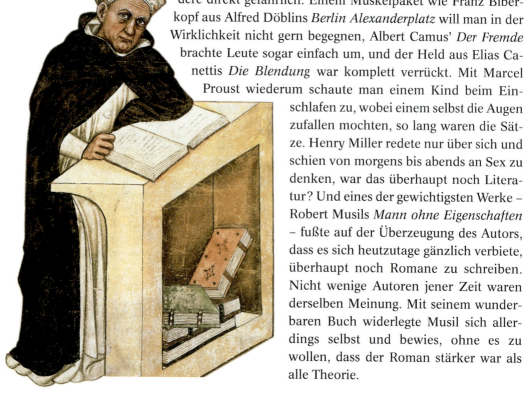

fahren, wie es im Frankreich, England, Deutschland oder Russland jener Zeit aussah. Es reicht aus, die Romane von Honoré de Balzac, Gustave Flaubert, Émile Zola, Charles Dickens, Theodor Fontane, Leo Tolstoi und Fjodor M. Dostojewski zu lesen. Sie alle (und noch mehr) wurden zu den literarischen Giganten der Weltliteratur, als die man sie heute verehrt. Und nach ihrer Art, Romane zu schreiben, sehnt sich so mancher Leser zurück, der mit den modernen Erzeugnissen unserer Zeit nichts anzufangen weiß.

Der Roman des 20. Jahrhunderts hat dem Publikum in der Tat einiges zugemutet. Die Geschichten sind mitunter sehr kompliziert geworden. Manchmal gab es gar keine, und doch nannte sich das Buch »Roman«. Der früher allwissende und verlässliche Erzähler, der seine Zuhörerschaft souverän durch die Geschichte führte, wurde zum unsicheren Kantonisten. Auch die Helden veränderten sich. Der »Bewußtseinsroman« à la Virginia Woolf und James Joyce erwies sich als eine Reise in das Gehirn von Menschen wie du und ich, mit alltäglichen Sorgen und Hoffnungen. Manche Romanfiguren waren einem fremd, andere direkt gefährlich. Einem Muskelpaket wie Franz Biberkopf aus Alfred Döblins *Berlin Alexanderplatz* will man in der Wirklichkeit nicht gern begegnen, Albert Camus' *Der Fremde* brachte Leute sogar einfach um, und der Held aus Elias Canettis *Die Blendung* war komplett verrückt. Mit Marcel Proust wiederum schaute man einem Kind beim Einschlafen zu, wobei einem selbst die Augen zufallen mochten, so lang waren die Sätze. Henry Miller redete nur über sich und schien von morgens bis abends an Sex zu denken, war das überhaupt noch Literatur? Und eines der gewichtigsten Werke – Robert Musils *Mann ohne Eigenschaften* – fußte auf der Überzeugung des Autors, dass es sich heutzutage gänzlich verbiete, überhaupt noch Romane zu schreiben. Nicht wenige Autoren jener Zeit waren derselben Meinung. Mit seinem wunderbaren Buch widerlegte Musil sich allerdings selbst und bewies, ohne es zu wollen, dass der Roman stärker war als alle Theorie.

WAS SOLL EIN ROMAN?

■ Beseelt von der »Leidenschaft für das Absolute, für die Wahrheit«, so beschreibt Albert Camus (1913–1960) seinen Protagonisten im Vorwort zu *Der Fremde*, hier dargestellt von Marcello Mastroianni in der Verfilmung von Luchino Visconti.

Zweifellos gleichen die Romane von heute oftmals ihrem Jahrhundert: sie sind egoistisch, widersprüchlich und chaotisch. Gerade das aber macht sie spannend. Ihre Geschichten spiegeln das Wesen der zeitgenössischen Welt und erzählen auch und gerade davon, wie es uns in dieser ergeht. Und ungeachtet der Kapriolen vieler moderner Romane sind die Leser deshalb auch bei der Stange geblieben. Kein anderes literarisches Genre ist so beliebt: Obwohl mit dem Kino ein mächtiger Konkurrent auf den Plan getreten ist, belegen die Verkaufszahlen, wie hungrig das Publikum weiterhin nach Geschichten ist, die nur der Roman erzählen kann. Dementsprechend viele wurden und werden geschrieben.

Womit wir bei der größten Schwierigkeit einer Auswahl sogenannter »Klassiker« wären. Traditionelle Romanführer listen Hunderte von Titeln auf, das ist ganz leicht. Sich auf 50 Werke einigen zu müssen, ist fast unmöglich. Daher müssen wir uns entschuldigen. Bei den Anhängern afrikanischer, asiatischer, lateinamerikanischer (Ausnahme: Márquez), indischer und australischer Literatur. Aber auch bei den Verehrern von Joseph Roth, Heimito von Doderer, Sinclair Lewis, Boris Pasternak, John Dos Passos, Julien Green,

■ Hermann Hesse (1877–1962). Seine berühmtesten Romane entstanden vor 1945; danach konzentrierte er sich auf die Herausgabe seines umfangreichen Werks.

■ Szene aus der englischen Neuverfilmung von George Orwells Roman *1984* (Regie: Michael Radford, 1984). Der Film wurde von der Kritik als gelungene Umsetzung der literarischen Vorlage aufgenommen.

■ Robert Redford und Mia Farrow in *Der große Gatsby* (Regie: Jack Clyton, 1974). Erst die Verfilmung machte den gleichnamigen Roman von Francis Scott Fitzgerald, der bereits 1928 veröffentlicht wurde, zum Bestseller.

Arno Schmidt, Siegfried Lenz und und und … Alle diese Autoren haben bedeutende »klassische« Romane des 20. Jahrhunderts geschrieben. Natürlich standen sie zur Wahl. Wir haben uns, oft schweren Herzens, für andere entschieden. Nichts für ungut! Sorry! Pardon! Vielleicht beim nächsten Mal.

Die vorliegende Auswahl ist ein Gemeinschaftswerk von Verlag, Autor, seinen Freunden und Bekannten, die eifrig überlegt, diskutiert und bisweilen heftig darüber gestritten haben, wie diese denn nun am Ende aussehen sollte. Einige Beschränkungen gab es von vornherein. Auf Krimis, Thriller, Science-Fiction und Fantasy-Romane, Kinder- und Jugendbuchliteratur musste verzichtet werden. *Pippi Langstrumpf*, *Die unendliche Geschichte* und Stanisław Lems *Solaris* bilden die Ausnahmen und verweisen zugleich auf ein wesentliches Kriterium, das für die endgültige Liste entscheidend war. Es sollten jenseits des literaturgeschichtlichen »klassischen« Kanons auch Romane aufgenommen werden, die über sich hinausgewachsen sind, das heißt eine Popularität gewonnen haben, die die Grenzen ihres Genres sprengt. Michael Endes *Unendliche Geschichte* kann man seinen Kindern beim Zubettgehen vorlesen, zugleich aber auch, ganz erwachsen, als literarisch höchst pfiffige Spekulation über das Wesen der Literatur genießen. Lems *Solaris* geht über den Bereich der Science-Fiction weit hinaus und ist pure Philosophie über den Menschen an sich. Pippi Langstrumpfs Geschichte gehört mittlerweile so sehr zum kollektiven Gedächtnis der modernen Welt, dass man Astrid Lindgrens Roman überhaupt nicht gelesen haben muss, um über die rotzöpfige Göre Bescheid zu wissen. Ebenso verhält es sich mit anderen Romanfiguren, die zu weltweit bekannten Ikonen wurden. Der brave Soldat Schwejk, Scarlett O'Hara oder Lolita sind längst mehr als literarische Gestalten. Umso interessanter fanden wir es, gerade deren fiktive Herkunft deutlich zu machen. Irgendwann hat jemand sie sich ausgedacht und begonnen, ihre Geschichte zu erzählen. Bei den jüngsten Romanen muss man noch abwarten, ob ihre Helden einmal diesen überliterarischen Status erringen werden. Millionen von Lesern haben mit Garp aus John Irvings gleichnamigem Roman gelitten und sich vor dem Scheusal aus Patrick Süskinds *Das Parfum* gegrault. Literaturgeschichte haben sie längst geschrieben, genauso wie Douglas Couplands coole Charaktere aus *Generation X*, jenem Buch, das den Zeitgeist der späten 1980er Jahre wie kein zweites eingefangen hat. Seitdem sind zahlreiche weitere junge vielversprechende Romanciers an den Start gegangen. Und wenn auch die Frage müßig ist, wer von ihnen einst zu den Klassikern zählen wird, steht zumindest eines jetzt schon fest: Sie haben uns eine Menge zu erzählen.

■ Aus Hesses Manuskript von *Piktors Verwandlungen*.

■ Als Parfümeur treibt Grenouille in *Das Parfum* sein Unwesen.

Lord Jim
Joseph Conrad

■ Joseph Conrad, undatiertes Photo.

Manchmal hat er gegen sein Image rebelliert. »*Bitte versuche, die verdammte See außen vor zu lassen*«, schrieb er an einen Bekannten, der einen Artikel über ihn verfasste. Er wollte nicht nur der literarische Seebär sein, der gekonnt sein Garn spann, sondern als bedeutender Autor gelten. So wie Henry James, H. G. Wells oder John Galsworthy, die großen, berühmten Schriftsteller um 1900, die er bewunderte und zu seinen Freunden zählte. Dass diese Namen einhundert Jahre später arg verblasst erscheinen, während seiner ungebrochen populär ist, hätte er sich nie träumen lassen.

Joseph Conrad stammte aus Polen und war tatsächlich zur See gefahren. Geboren wurde er 1857 als Józef Teodor Konrad Korzeniowski. Sein Vater gehörte zum polnischen Landadel und war ein revolutionärer Dichter, den die russische Besatzungsmacht in die Verbannung schickte. Er starb früh, die Mutter auch, zu erben gab es für den Sohn fast nichts. Die standesbewussten Verwandten, die Józef aufzogen, waren einer Ohnmacht nahe, als der knapp 17-Jährige verkündete, ein Seemann werden zu wollen. In Marseille heuerte er als Matrose auf einem Frachter an. Bald 20 Jahre lang durchkreuzte er die Weltmeere, wurde Schiffsmaat in der englischen Handelsmarine und dann britischer Staatsbürger: Aus Józef Korzeniowski wurde Joseph

■ Die Hafeneinfahrt von Aden im Jahre 1906. Aden war der letzte Hafen, den die Mekkapilger vor ihrer Ankunft in Medina, dem Hafen von Mekka, anliefen.

■ Alte Landkarte (Kupferstich) auf dem das Rote Meer auch noch »Mare de Mecca« genannt wird.

»Die einzig legitime Basis schöpferischer Arbeit liegt darin, mutig all die unaufhebbaren Widersprüche zu erkennen, die unser Leben so rätselhaft, so belastend, so faszinierend, so gefährlich – so hoffnungsvoll machen. Es gibt sie! Und das ist die einzig fundamentale Wahrheit der Dichtung.« Joseph Conrad

Conrad. 1886 erwarb er das Kapitänspatent. Während eines Urlaubs begann er, eher aus Langeweile denn aus größerem innerem Antrieb, an einem Seefahrer-Roman zu schreiben, es wurde sein erstes Buch. Bald nachdem es 1895 erschienen war, ging Käpt'n Conrad endgültig von Bord, ließ sich in England als Schriftsteller nieder und dachte an die vielen Geschichten, die er auf seinen langen Fahrten übers Meer, abends unter Deck oder in Hafenkneipen, gehört hatte. Eine war die von *Lord Jim*. »Er war einen, vielleicht auch zwei Zoll weniger als sechs Fuß groß, kräftig gebaut, und er kam geradenwegs, mit leicht geneigten Schultern, den Kopf vorgestreckt und starr von unten heraufblickend auf einen zu, was an einen angreifenden Stier erinnern ließ.«

Am 17. Juli 1880 war der unter britischer Flagge fahrende Dampfer »Jeddah« mit tausend Passagieren, moslemischen Pilgern, die nach Mekka wollten, von Singapur aus in See gestochen. Auf offenem Meer schlug das Schiff in einem Sturm leck, die weißen Offiziere retteten sich in ein Boot und ließen die Passagiere im Stich. Doch wie durch ein Wunder sank der Dampfer nicht. Und während die Deserteure sich im nächsten Hafen als die einzi-

■ Die Offiziere der Patna lassen die Passagiere im Stich. Vorn im Bild Peter O'Toole als Jim, der erste Offizier der Patna. Szene aus dem englischen Film *Lord Jim* von Richard Brooks.

■ In dieser Filmszene mit Peter O'Toole als Jim weist ein Zeitungsplakat auf die gerichtliche Untersuchung der Patna-Affäre hin.

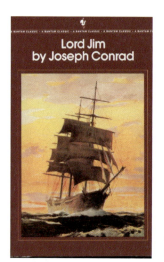

gen Überlebenden der Katastrophe ausgaben und der Kapitän flugs den Versicherungsanspruch anmeldete, wurde bekannt, dass die »Jeddah« von einem anderen Schiff ins Schlepptau genommen und geborgen worden war. Der Skandal ging um die Welt, es kam zu einem Prozess, die Schuldigen wurden bestraft und verloren ihre Offizierspatente. Der erste Offizier der »Jeddah« hieß Augustine Podmore Williams. Ihn lernte Joseph Conrad drei Jahre nach der Affäre kennen, er wurde zum Vorbild für Lord Jim.

Jim ist im Roman »noch keine vierundzwanzig Jahre alt«, als er er auf der »Patna« eine schicksalhafte Entscheidung trifft, die ihn verfolgen soll. Von Kindesbeinen an hat er von mutigen Taten geträumt, von Abenteuern auf See und großen Gefahren. Doch in der Stunde der Bewährung versagt er. Wie gelähmt steht er vor dem Leck, das von einem treibenden Wrack verursacht wurde. Es ist eine windstille Nacht, an Deck schlafen die Pilger ruhig. Der Kapitän und seine Offiziere machen heimlich die Boote klar. Jim zögert. Es scheint unausweichlich, dass das Schiff in den nächsten Minuten sinkt. Die Rettungsboote reichen nicht einmal für die Hälfte der Passagiere. Soll man sie dennoch alarmieren? Wozu, wenn die meisten ohnehin nicht überleben werden? – Und dann die Panik! Aber das Schiff verlassen, als Erster Offizier und Verantwortlicher? »Spring«, rufen die anderen im Boot, »nun spring doch endlich...« Jim springt. Und er wird seines Lebens nicht mehr froh.

> »Was ich vielleicht am meisten an ihm schätzte, war die ihm eigene Vornehmheit, kraftvoll, hochmütig, ein wenig verzweifelt, die gleiche Eigenschaft, die er Lord Jim verlieh und die dieses Buch zu einem der schönsten macht, das ich kenne.«
>
> ANDRÉ GIDE

»Nichts einfacher, als zu sagen: Hab keine Furcht! Nichts schwieriger. Wie tötet man die Furcht, frage ich mich? Wie trifft man ein Gespenst ins Herz, packt es an seiner Gespenstergurgel? Es ist ein Unterfangen, in das man sich träumend stürzt und dem wie ein begossener Pudel und mit schlotternden Gliedern wieder zu entkommen man sich glücklich preist.«

> »Seine Bücher sind bewegt wie das Meer und ruhig wie das Meer und tief wie das Meer ... Lesen Sie den Ozean!«
>
> JOSEPH ROTH

Erzählt wird diese Geschichte von Kapitän Marlow. Er hat Jim während des Gerichtsprozesses kennen gelernt und ist von der Jugend des Angeklagten, seiner Ausstrahlung und der tiefen Zerknirschung angetan, die Jim im Gegensatz zu den anderen Mitschuldigen gezeigt hat. Diese haben sich sogar feige aus dem Staub gemacht, um einer Verurteilung zu entgehen. Durch die Empfehlung Marlows erhält Jim einen Job als Hafenagent, und in den kommenden Jahren sieht man ihn in allen großen Meeres-Metropolen. Er ist beliebt, tüchtig, aber seine geheime Schuld lastet schwer auf ihm. Immer wenn sich herumspricht, dass er einer von der »Patna« war, verschwindet er, um erst einige tausend Meilen weiter wieder aufzutauchen. Es scheint fast, als sei die Welt nicht groß genug für ihn. Schließlich landet er in einem abgelegenen malaiischen Handelsstützpunkt, wo er für

■ Auf der Südseeinsel Patusan findet Jim für kurze Zeit seinen inneren Frieden wieder. Die Eingeborenen verehren ihn als Heilsbringer, und von ihnen stammt auch der Name »Lord Jim«. Für sie ist er der »Tuan Jim«, der weiße Lord.

■ Jim wird Gefangener der brutalen weißen Piraten, die dem Inselglück ein Ende setzen.

die Eingeborenen schnell zu einer Art Führergestalt wird, zum »Tuan Jim«, zum Herren, zum Lord. Hier scheint Jim seinen Frieden zu finden, er gewinnt sogar die Liebe einer Frau, doch als ein Haufen weißer Desperados die Kolonie überfällt, holt ihn die Vergangenheit wieder ein. Am Ende wird Jim von einem Eingeborenenhäuptling getötet, er wehrt sich nicht dagegen.

All das erzählt Kapitän Marlow in einer sternenklaren Tropennacht auf einer Veranda, bei Cognac und Zigarren, einem ruhig lauschenden Kreis von Zuhörern. Marlow wertet seine Geschichte nicht, er erzählt nur, woran er sich selbst erinnert oder was man ihm von Jim aus fernen Gegenden zutrug. So wie Marlow aus den Ereignissen und der Hauptperson nicht richtig schlau wird, muss sich auch jeder Zuhörer seinen eigenen Reim auf die Erzählung machen. Beklommen geht die Runde auseinander.

Getarnt als klassisches Seemannsgarn, ist *Lord Jim* eine verschlungene Fahrt durch die Untiefen der menschlichen Seele. Was ist Schuld? Was Verantwortung? Wer entscheidet über Gut und Böse? Jims Schicksal scheint klare Antworten nahe zu legen, doch Conrad zeigt, wie unendlich komplex die menschlichen Wahrheiten sind, die jedem Fall von Schuld und Versagen zugrunde liegen. In diesem Sinn ist Joseph Conrad einer der ersten wirklich modernen Erzähler. Seine Helden müssen scheitern, ihr Kampf ist vergeblich, die Erlösung bleibt ihnen stets verwehrt. Ratlos stehen sie in der Welt und arbeiten sich wund an ihrer Existenz. Als »Dichter des Meeres« (André Maurois) hat Conrad die Romantik und Schönheit der See beschrieben, als Psychologe das Rätsel des Lebens, das nicht zu lösen ist, aber jedem Menschen aufgegeben wird. Und so spricht Marlow über Jim: »... ein verlorener Junge, einer unter Millionen, aber er war auch einer von uns.«

> »Joseph Conrad ist in meinen Augen einer der größten Erzähler und – wenn man ihn zu den englischen Schriftstellern zählt – einer der sehr wenigen wirklichen Romanciers, die England besitzt.«
> GEORGE ORWELL

LORD JIM

 JOSEPH CONRAD, LEBEN UND WERK

Joseph Conrad, der polnischer Abstammung war und eigentlich Józef Teodor Konrad Korzeniowski hieß, wurde am 3. Dezember 1857 in Berditschew in der heutigen Ukraine geboren, wo er auch die erste Zeit seiner Kindheit verbrachte. Als er fünf Jahre alt war, wurde sein Vater, ein Schriftsteller und Übersetzer, wegen der Teilnahme an der Vorbereitung des Januaraufstandes 1863 verhaftet und mit seiner Familie nach Sibirien verbannt. Seine Mutter überlebte die Verbannung nicht; sein Vater starb kurz nach der Freilassung in Krakau. Dort wuchs Joseph Conrad bei seinem Onkel auf. Schon früh zog es ihn zur See. Mit siebzehn Jahren ging er nach Marseille, fuhr erst mit französischen Handelsschiffen in die Karibik, trat dann in den Dienst der englischen Handelsmarine und kam unter anderem nach Indonesien, auf die Philippinen und an die Küste Chinas. Seine Reiseziele machte er später vielfach zu Schauplätzen von Romanen und Erzählungen. 1886 erwarb Joseph Conrad die britische Staatsangehörigkeit. Bei einer Fahrt auf dem Kongo 1890 wurde er schwer krank und musste mit hohem Fieber an Land gebracht werden. Einige Jahre später gab er die Seefahrt auf und lebte als freier Schriftsteller in England. 1896 heiratete er Jessie George und hatte mit ihr zwei Söhne. Erst mit neunzehn lernte er die englische Sprache, in der er seine Werke schrieb. Seinen ersten Roman *Almayers Wahn* (*Almayer's Folly*) schloss er nach fünfjähriger Arbeit im Jahre 1894 ab. Von da an erschienen in kurzen Abständen zahlreiche Romane und Erzählungen: *Der Verdammte der Inseln* (*An Outcast of the Islands*, 1895), *Der Nigger von der Narzissus* (*The Nigger of the Narcissus*, 1897), *Lord Jim* (1900), *Nostromo* (1904), *Der Geheimagent* (*The Secret Agent*, 1907) und *Mit den Augen des Westens* (*Under Western Eyes*, 1911). Mit hohem psychologischem Einfühlungsvermögen beschreiben sie vor allem Schicksale von Männern, die in einer ihnen fremden Welt vor immer neue Bewährungsproben gestellt werden. Der Erfolg blieb Joseph Conrad jedoch lange versagt. Zum Durchbruch verhalf ihm erst 1913 sein Roman *Spiel des Zufalls* (*Chance*). In Deutschland wurde Joseph Conrad vor allem durch die Übersetzung von *Taifun* (*Typhoon*) und *Der Geheimagent* bekannt. Alfred Hitchcocks Verfilmung dieses Romans unter dem Titel *Sabotage* 1936 steigerte Joseph Conrads Popularität noch. In jüngerer Zeit machte der Film *Apokalypse Now* von Francis Ford Coppola aus dem Jahr 1979 neuerlich auf ihn aufmerksam. Die Handlung geht zurück auf die Novelle *Herz der Finsternis* (*Heart of Darkness*). Joseph Conrad starb am 3. August 1924 in Bishopsbourne in Kent.

 DATEN

Erstveröffentlichung:
London 1900 (deutsch: 1927)

Lesenswert:
Joseph Conrad: *Lord Jim*, Frankfurt/Main (Fischer) 1998.
Herz der Finsternis. Erzählung, München 1998.
Jugend. Ein Bericht. Mit einem Essay von Erich Franzen, Frankfurt/Main 1988.
Der Taifun, Stuttgart 1989.
Nostromo. Eine Geschichte von der Küste, München 1999.
Der Geheimagent. Eine einfache Geschichte, Zürich 1998.
Spiel des Zufalls. Eine Geschichte in zwei Teilen, Frankfurt/Main 1984.
Über mich selbst. Einige Erinnerungen. Mit einem Essay von Virginia Woolf, Frankfurt/Main 1982.

Peter Nicolaisen: *Joseph Conrad*, Reinbek 1988.

Hörenswert:
Joseph Conrad: *Lord Jim*. Gelesen von Walter Kreye, Audiobuch 2000. 10 Audiocassetten.

Sehenswert:
Lord Jim. Regie: Richard Brooks; mit Peter O'Toole, James Mason, Curd Jürgens, Eli Wallach, Daliah Lavi, Jack Hawkins, Serge Reggiani, Akim Tamiroff. GB 1964.

 AUF DEN PUNKT GEBRACHT

Ein mysteriöser Seelenkrimi auf Schiffsplanken: Mit düsterer Grandiosität eröffnet *Lord Jim* das 20. Jahrhundert.

Buddenbrooks
Thomas Mann

»*Lieber Otto, das Neueste ist, dass ich einen Roman vorbereite, einen großen Roman – was sagst du dazu? (...) Ich selbst hatte eigentlich bislang nicht geglaubt, dass ich jemals die Courage zu einem solchen Unternehmen finden würde. Nun aber habe ich, ziemlich plötzlich, einen Stoff entdeckt ...*«

Es ist das Jahr 1897, und ein deutscher Italien-Urlauber schreibt einen Brief. Mit seinem Bruder Heinrich verbringt der junge Thomas Mann den Sommer in Palestrina, einem kleinen Ort in den Bergen, nahe bei Rom. Er ist zweiundzwanzig Jahre alt. Beide, Heinrich wie Thomas, sind in der literarischen Welt schon aufgefallen, mit jeweils einem Band Erzählungen, aber Heinrich hat auch bereits einen längeren Roman vorgelegt. Heinrich ist vier Jahre älter als Thomas, und der jüngere betrachtet den »großen« Bruder mit ein wenig Neid. Da trifft es sich gut, dass Thomas Manns Verleger, der Berliner Samuel Fischer, seinen Jung-Autor ermutigt, sich doch einmal an einem Roman zu versuchen. Und so setzt er sich in jenem Sommer an ein Werk, das eines der bekanntesten Bücher deutscher Sprache wird, seinen Verfasser weltberühmt macht und ihm, viele Jahre

■ Szene aus dem zweiteiligen Film *Buddenbrooks*, der 1959 von Alfred Weidemann gedreht wurde. Der Film war mit den Publikumslieblingen Nadja Tiller, Liselotte Pulver, Hansjörg Felmy, Lil Dagover und Werner Hinze in den Hauptrollen hochkarätig besetzt.

■ Die Großfamilie Buddenbrook hat sich zum Fest versammelt. Das Drehbuch zu Weidemanns *Buddenbrook*-Verfilmung wurde übrigens unter anderem von Erika Mann, der ältesten Tochter Thomas Manns, verfasst.

später, 1929, den Nobelpreis für Literatur einträgt: *Buddenbrooks*.

Zunächst hatte Thomas Mann an einen anderen Titel gedacht, *Abwärts* sollte der Roman heißen und eine auf zirka 250 Seiten angelegte Geschichte über einen sensiblen Jungen sein, der als letzter Spross einer Kaufmannsfamilie mit der Moral und den Konventionen seiner sozialen Schicht nicht zurechtkommt, als lebensuntüchtig gilt und dann auch stirbt. Doch um diese Entwicklung psychologisch und detailgerecht genau zu erzählen, musste auch die Geschichte der Familie wiedergegeben werden, und so entstand, eigentlich unbeabsichtigt, eine Chronik von vier Generationen, die den Hauptteil der Erzählung ausmacht; der Untertitel verrät, um was es geht: den *Verfall einer Familie*. Der Roman spielt in der feinen Gesellschaft von Lübeck, von 1835 bis 1877 spannt sich der Rahmen der Handlung. Als Hauptfigur schält sich schnell Thomas Buddenbrook heraus. Wir begegnen ihm zu Beginn als noch kaum Zehnjährigem zusammen mit seinem nur wenig jüngeren Bruder Christian, doch schon zu dieser Zeit ist klar, dass Thomas von seinem Wesen und Temperament her der geborene Nachfolger seines Vaters und Firmenchefs des großen Handelshauses Johann Buddenbrook ist. Dieser Johann ist der Großvater, der die Firma noch im 18. Jahrhundert gegründet und als preußischer

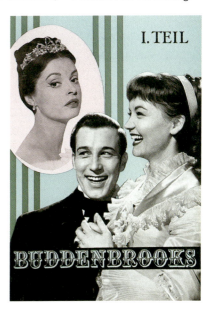

■ Die Titelseite einer Pressemappe zum ersten Teil der *Buddenbrooks*-Verfilmung.

■ Porträt des Berliner Verlegers Samuel Fischer (24.12.1859 – 15.10.1934), in dessen Haus die *Buddenbrooks* erschienen. Das Gemälde von Max Liebermann stammt aus dem Jahre 1915, Schiller-Nationalmuseum, Marbach.

»Sehr geehrter Herr Mann! Ich hätte Ihnen schon längst geschrieben, bei dem Umfang meiner Geschäfte ist es aber keine Kleinigkeit, eine Arbeit von 65 Druckbogen zu bewältigen. Ich habe mich mit der Lektüre des Werkes befasst und bin nun bis zur Hälfte gekommen. Glauben Sie, dass es Ihnen möglich ist, Ihr Werk um die Hälfte zu kürzen, so finden Sie mich im Prinzip geneigt, Ihr Buch zu verlegen. Ein Roman von 65 engbedruckten Bogen ist für unser heutiges Leben fast eine Unmöglichkeit …«

Auszug aus einem Brief von SAMUEL FISCHER, 26. Oktober 1900

Heereslieferant zu einem der renommiertesten Unternehmen Lübecks gemacht hat. Er ist noch ein Mann der Aufklärung, der Epoche der Vernunft, von skeptischer Strenge, tatbewusst, bisweilen von derber Fröhlichkeit. Was ihn von seinem Sohn schon unterscheidet. Auch dieser trägt den Namen Johann, wird jedoch stets Jean genannt. Obwohl als Geschäftsmann durchaus versiert, ist er überaus religiös, hält mit seiner ihm gleich gesinnten Frau Betsy Kontakt zu frömmlerischen Kreisen, es wird viel gebetet in seinem Haushalt. Nach außen repräsentiert die Familie die Crème der Lübecker Gesellschaft, Jean ist Konsul in der Bürgerschaft, bei den donnerstäglichen Essenseinladungen versammeln sich die Honoratioren der Stadt, man speist üppig, die Buddenbrooks sind reiche Leute. In den ersten Jahren, die der Roman erzählt, blüht und gedeiht die Firma, die Kinder wachsen heran. Allerdings werden die Zeiten härter, die Revolution von 1848 geht auch an Lübeck nicht spurlos vorüber, und auch im Geschäftsleben beginnt ein neuer, rauerer Wind zu wehen. Es gibt »Neureiche«, junge Unternehmerfamilien, die nach Rang und Einfluss streben und die alten Traditionshäuser mit harter Konkurrenz bekämpfen. Die Buddenbrooks bekommen das zu spüren. Erste geschäftliche Rückschläge stellen sich ein, man verspekuliert sich, ein langjähriger Partner geht in Konkurs und verursacht Kosten. Auch im Familiären gibt es schlechte Nachrichten. Die Ehe der Tochter Antonie mit dem Hamburger Geschäftsmann Bendix Grünlich wird zum Desaster. Antonie, genannt Tony, hat Grünlich nur auf Druck ihres Vaters geheiratet, der sich eine gute finanzielle Partie für seine Tochter versprach. Doch Grünlich ist ein Bankrotteur, der nur auf die stattliche Mitgift Tonys aus war, die für ihn eine kurzfristige Rettung bedeutete. Der Konsul hat sich von gefälschten Bilanzen täuschen lassen, die Familie ist vor aller Augen düpiert. Tony wird geschieden und kehrt nach Lübeck zurück, das Geld ist verloren: *»Im übrigen begann Tony um diese Zeit sich sehr oft der Redewendung ›Wie es im Leben so geht‹ zu bedienen und bei dem Worte ›Leben‹ hatte sie einen hübschen und ernsten Augenaufschlag,*

■ Ansicht der Stadt Lübeck um 1890. Zu dieser Zeit beschließt Thomas Mann seine Lübecker Familienchronik zu schreiben.

■ Das so genannte Buddenbrook-Haus in der Mengstraße in Lübeck ist nicht nur Ort der Handlung des Romans. Hier wohnten auch Thomas Manns Großeltern.

welcher zu ahnen gab, welch tiefe Blicke sie in Menschenleben und -schicksal getan.« Tony wird zur Hüterin des Familienrenommees. Auch eine zweite Ehe scheitert, aber stolz und unbeirrbar vertritt sie die Würde des Hauses, das immer bedrohlicher zu wanken beginnt. Als Thomas nach des Vaters Tod die Firma übernimmt, scheint es noch einmal aufwärts zu gehen. Zunächst übernimmt er entschlossen die Zügel, er wird sogar zum Konsul gewählt, doch bald schleichen sich Zweifel und Mutlosigkeit in sein Leben. Sein Sohn Hanno, der lang ersehnte Erbe, scheint so gar nicht nach der Kaufmannsart geschlagen; er ist ein übersensibles, ängstliches Kind, das lieber träumt als rechnet und ganz in der Musik aufgeht. Diesen Wesenszug hat er von seiner Mutter Gerda, einer Schönheit aus Amsterdam, die ganz der Kunst ergeben ist und sich so ihrem Gatten Thomas Buddenbrook immer mehr entfremdet. Als Hanno mit fünfzehn an Typhus stirbt, zerbricht auch sein Vater; eine Zahnentzündung entwickelt sich zur tödlichen Krankheit. Jetzt stürzt alles zusammen, Haus und Firma werden verkauft, die Dynastie der Buddenbrooks erlischt.
Drei Jahre hat Thomas Mann an dem Buch geschrieben. Dem Verleger Samuel Fischer ist es viel zu lang. Er fordert seinen Autor auf, den Roman um die Hälfte zu kürzen. Doch Thomas Mann weigert sich hartnäckig. Widerwillig entschließt sich Fischer, das Buch in vollem Umfang zu drucken, wohl noch heute

■ Thomas Mann, Aufnahme, um 1930.

ist der Verlag ihm für diese Entscheidung dankbar.

Der Roman *Buddenbrooks* erscheint 1901 in zwei Bänden. Der Erfolg lässt jedoch auf sich warten. Bis eine einbändige Ausgabe zum Preis von 5 Mark auf den Markt kommt: *»… die Auflagen begannen einander zu jagen. Es war der Ruhm. Ich wurde in einen Erfolgstrubel gerissen. (…) Meine Post schwoll an, Geld strömte herzu, mein Bild lief durch die illustrierten Blätter, hundert Federn versuchten sich am Erzeugnis meiner scheuen Einsamkeit, die Welt umarmte mich unter Lobeserhebungen und Glückwünschen.«* Doch nicht alle gratulieren, es gibt auch wütende Proteste. Vor allem aus Lübeck. Thomas Mann hatte für den Roman seine komplette Familiengeschichte geplündert, auch er war ein Kaufmanns- und Senatorensohn. Deshalb schlägt der Roman in Lübeck wie eine Bombe ein. Man erkennt sich wieder, Namenslisten kursieren, dieses »Who is Who« ist für lange Zeit Stadtgespräch. Noch Jahre später, 1913, wird ein Hamburger Onkel von Thomas Mann, der sich in der Gestalt von Christian Buddenbrook böse porträtiert sieht, eine Anzeige in eine Zeitung setzen, in der von einem »traurigen Vogel, der sein eigenes Nest beschmutzt«, die Rede ist. Viele Lübecker sind der gleichen Meinung.

Heute ist dieser Streit längst vergessen. Millionen von Lesern haben sich gerade an diesen genau gezeichneten Figuren erfreut und an dem ironischen Stil, in dem sie beschrieben sind. Dieser Ton, der leicht humorvoll, zart kritisch und souverän jede Person, jede Begebenheit, jedes Thema begleitet, wird – neben den langen Sätzen – zum Markenzeichen von Thomas Mann. Die *Buddenbrooks* sind in dieser Hinsicht kein Erstling, sondern schon ein ausgereiftes, muskulöses Meisterwerk, das seinen Platz auch in der Parade der späteren großen Romane Thomas Manns stets behauptet hat.

BUDDENBROOKS

 THOMAS MANN, LEBEN UND WERK

Thomas Mann wurde am 6. Juni 1875 als zweiter Sohn des Kaufmanns und Senators Johann Heinrich Mann und dessen Frau Julia da Silva-Bruhns geboren. Nach dem Tod des Vaters 1891 und der Übersiedlung der Familie nach München arbeitet er kurze Zeit als Volontär für eine Feuerversicherung. Die Zinsen aus dem Vermögen des Vaters ermöglichen es dem Schulabbrecher (»Ich verabscheute die Schule und tat ihren Anforderungen bis ans Ende nicht Genüge«) und Autodidakten, sich ab 1895 ganz der Schriftstellerei zu widmen. Sein erster Roman *Buddenbrooks* macht ihn mit der zweiten Auflage 1903 zu einem berühmten und wohlhabenden Autor. Den bürgerlichen Konventionen seiner Zeit gehorchend, heiratet er 1905 trotz seiner homoerotischen Affäre mit dem Maler Paul Ehrenberg die aus einer wohlhabenden jüdischen Familie stammende Katia Pringsheim (1883–1980), mit der er sechs Kinder hat. Von seiner 1914 geäußerten Kriegsbegeisterung, die zu einem mehrjährigen Bruch mit seinem Bruder Heinrich führt, distanziert er sich später. 1924 erscheint der Zeit- und Bildungsroman *Der Zauberberg*, an dem er seit 1913 gearbeitet hat. 1929 erhält er den Literaturnobelpreis. Anfang der 1930er Jahre warnt er in zahlreichen Reden vor den Nationalsozialisten. Nach deren Machtergreifung kehrt er im Frühjahr 1933 von einer Vortragsreise nicht mehr nach Deutschland zurück. Aus der Schweiz emigriert er 1938 in die USA. Er wird amerikanischer Staatsbürger und lehrt an der Princeton University. Ab 1940 strahlt die BBC monatlich seine Radiobotschaften *Deutsche Hörer!* aus. Erst 1949 besucht er wieder Deutschland, wird aber wegen seiner »Kollektivschuldthese« heftig angegriffen. Die letzten Jahre seines Lebens verbringt er ab 1952 in der neutralen Schweiz. Nachdem er am 12. Juni 1955 an Herzversagen stirbt, findet er die letzte Ruhe auf dem Friedhof von Kilchberg bei Zürich.

 DATEN

Erstveröffentlichung:
Berlin 1901

Lesenswert:
Thomas Mann: *Buddenbrooks. Verfall einer Familie*. Frankfurt/Main (Fischer) 2000.
Bekenntnisse des Hochstaplers Felix Krull. Der Memoiren erster Teil. Roman, Frankfurt/Main 1999.
Der Tod in Venedig. Novelle, Frankfurt/Main 1992.
Betrachtungen eines Unpolitischen, Essay, Frankfurt/Main 1983.
Der Zauberberg. Roman, Frankfurt/Main 1991.
Joseph und seine Brüder. Roman, 4 Bände, Frankfurt/Main 2000.
Doktor Faustus. Das Leben des deutschen Tonsetzers Adrian Leverkühn erzählt von einem Freunde. Roman, Frankfurt/Main 1990.
Prater, Donald: *Thomas Mann. Deutscher und Weltbürger.* Biographie, München 1995.
Harpprecht, Klaus: *Thomas Mann. Eine Biographie.* 2 Bände, Hamburg 1996.

Sehenswert:
Die Buddenbrooks (Teil 1+2). Regie: Alfred Weidenmann; mit Lieselotte Pulver, Hansjörg Felmy, Nadja Tiller, Lil Dagover, Werner Hinz. Deutschland 1959

Hörenswert:
Thomas Mann: *Buddenbrooks* – gelesen von Gert Westphal. Deutsche Grammophon. 20 Audiocassetten.

Besuchenswert:
Das renovierte Buddenbrookhaus im Heinrich-und-Thomas-Mann-Zentrum in der Mengstraße 4 in Lübeck

 AUF DEN PUNKT GEBRACHT

Als Roman eines 25-Jährigen ist *Buddenbrooks* einfach ein Wunder – das noch heute wirkt, quer durch alle Leserschichten.

Auf der Suche nach der verlorenen Zeit
Marcel Proust

»*Lange Zeit bin ich früh schlafen gegangen.*« Der erste Satz des Romans ist einer der kürzesten. Der längste findet sich im fünften Band und ergibt – so hat es der englische Schriftsteller Alain DeBotton ausgerechnet – eine Länge von vier Metern, schriebe man ihn hintereinander auf einen Papierstreifen. Der Satz hat 522 Wörter. »Vielleicht bin ich komplett vernagelt«, äußerte ein Verlagschef, nachdem er das Manuskript des ersten Bandes gelesen hatte, »aber ich kann beim besten Willen nicht verstehen, dass ein Mensch dreißig Seiten braucht, um zu beschreiben, wie er sich vor dem Einschlafen im Bett hin und her wälzt.« Gegen diesen praktischen Einwand lässt sich auch heute wenig vorbringen. Vielleicht nur: Kein Schriftsteller vor Proust hatte überhaupt daran gedacht, und keiner nach ihm hat es besser vermocht, den wenigen Minuten, bevor der Schlummer kommt, in all ihrer Fülle die Empfindungen, Ängste und Gedanken abzulauschen, die der Mensch in diesem Zustand in sich trägt, ohne einen genauen Begriff davon zu haben. Und nicht nur mit dem Schlafen ist das so. Wenn man Proust gelesen hat, sieht, hört, riecht und schmeckt man anders. Seine mikroskopisch genaue Sprache erschließt für jeden, der sich geduldig auf sie einlässt, eine Welt von Schönheit und Anmut, und bezaubert stellt man fest, dass diese Welt die eigene ist – mit Nuancen, Facetten und Schattierungen, für die einem bislang die Worte fehlten. Proust hat sie gefunden. Es ist unnachahmlich, wie er einen Spaziergang am Meer zu beschreiben versteht, den Klang einer Sonate, den Duft eines Blütenstrauchs oder das Aroma einer gebratenen Forelle mit Mandeln. Eine der Schlüsselszenen des Romans handelt davon, wie Marcel, der Er-

■ Diese undatierte Porträtaufnahme Marcel Prousts wird dem Photographen Otto Pirou zugeschrieben.

■ Szene aus dem französischen Film *Die wiedergefundene Zeit* (1999) des chilenischen Regisseurs Raoul Ruiz. Der Film basiert auf dem gleichnamigen siebten und letzten Teil des Romanzyklus *Auf der Suche nach der verlorenen Zeit*.

zähler, eine »Madeleine«, ein Törtchen aus Sandteig, in seine Tasse mit Lindenblütentee taucht und dies eine Flut von Erinnerungen an seine Kindheit auslöst.

»In der Sekunde nun, als dieser mit dem Kuchengeschmack vermischte Schluck Tee meinen Gaumen berührte, zuckte ich zusammen und war wie gebannt durch etwas Ungewöhnliches, das sich in mir vollzog. Ein unerhörtes Glücksgefühl, das ganz für sich allein bestand und dessen Grund mir unbekannt blieb, hatte mich durchströmt.«

Wahrnehmung und Erinnerung heißen die großen Themen des Romans: Die Welt zu beschreiben, wie sie sich in der Seele des Betrachters spiegelt, und so die verlorene Zeit wiederzufinden, sie in die Gegenwart zu locken und dadurch die Trauer über den Verlust des Vergangenen zu lindern. In den Eindrücken des Alltags, in jeder noch so winzigen Gefühlsregung fahndet der Erzähler nach der Stimmung und den Geborgenheiten früherer Tage, als die Mutter dem Kind Zuflucht und Trost bot und es vor der als feindlich empfundenen Welt beschützte. Dieser Stoff hat viel mit Prousts Leben zu tun, und es ist nicht nur eine snobistische Grille, dass er große Teile des Buches im Bett schrieb.

Die weltweite Gemeinde der Proust-Forscher streitet sich gern über die Frage, ob der Erzähler mit seinem Autor identisch sei – man kann ruhig davon ausgehen. Alles, was man über Proust weiß, spricht dafür. Zuallererst die Tatsache, dass er wohl das größte Muttersöhnchen der Literaturgeschichte war. Bis zu ihrem Tod

»Proust ist das letzte große Abenteuer. Denn – was soll man danach noch schreiben? Endlich ist es jemand gelungen, das ewig Flüchtige dingfest zu machen ... und es dann auch noch in diese wunderbare, alles überdauernde Form zu gießen. Man muss das Buch aus der Hand legen und ringt nach Atem.«

VIRGINIA WOOLF

■ Einige der Darsteller des französischen Films *Die wiedergefundene Zeit*. Die Hauptrollen wurden von Cathérine Deneuve, Emmanuelle Béart, Vincent Perez, John Malkovich, Pascal Greggory, Marcello Mazzarella und Marie-France Pisier gespielt.

war »Maman« Prousts zentrale Bezugsperson, noch als Zwanzigjähriger erstattete er ihr regelmäßig Bericht darüber, ob er brav gegessen und gut verdaut hatte. Für eine Zeitschrift formulierte er seine Vorstellung vom schlimmsten Unglück ganz schlicht: » ... von Maman getrennt zu sein.«

Von Kindesbeinen an war Proust ein schwächlicher, hypernervöser, ängstlicher Mensch, er litt an Asthma und wurde auch sonst bei jedem schärferen Luftzug krank. Ein Freund bezeichnete ihn als einen Mann, »der ohne Haut zur Welt gekommen ist«. Sein Vater, ein international berühmter Professor für Medizin, unternahm einiges, um seinen Sohn zur Tüchtigkeit zu erziehen, musste sich aber bald mit dem Gedanken abfinden, dass Marcel der Familie, die zum Glück wohlhabend war, immer auf der Tasche liegen würde.

So kam es auch. Das Einzige, wofür der junge Proust einige Energie aufbrachte, war die Literatur. Geld hat er damit nie verdient. Nach einem ersten Roman, der 1896 erschien, arbeitete Proust acht Jahre lang an *Jean Santeuil*, einem 1000-Seiten-Werk, das vollkommen unbekannt blieb und erst Jahrzehnte nach Prousts Tod veröffentlicht wurde. *Auf der Suche nach der verlorenen Zeit* fand zunächst eben-

»Das Dumme ist, dass man entweder todkrank oder sich ein Bein gebrochen haben muss, um Zeit für die Lektüre der Recherche zu finden.«

ROBERT PROUST, der Bruder

falls keinen Verleger. Proust musste den Druck des ersten Bandes, der am 14. November 1913 erschien, selbst finanzieren. Die Anekdoten, die sich um die Ablehnung von Prousts Manuskript ranken, füllen ganze Bücher. Nicht nur der komplizierte, umständlich scheinende Stil ließ die Verlage zögern. Proust hatte unter Intellektuellen auch keinen sonderlich guten Ruf. Der Lektor André Gide, später selbst berühmter Romancier (s. S. 54), hielt Proust für einen »Snob und geckenhaften Dilettanten«. Zwar war der zu dieser Zeit als Kritiker und Verfasser von literarischen Aufsätzen einigermaßen bekannt, mehr aber noch als Dandy und Müßiggänger, der auf großem Fuße lebte, in den teuersten Restaurants dinierte und bei jedem Empfang der Pariser Hautevolee dabei war. Diesen Salonlöwen fand André Gide auch in dessen Roman wieder, der neben den Kindheitserinnerungen ausführlich die Welt der feinen Leute schildert. So subjektiv die Perspektive des Erzählers auch sein mag: Mit seiner Detailbesessenheit liefert er ein exaktes Porträt vom Lebensstil der besseren Kreise um 1900 und widerlegt damit auch das Vorurteil, die Handlung drehe sich einzig und allein ums Einschlafen; man muss es halt nur bis zum vierten Band schaffen, in dem von der »Welt der Guermantes«, einer Adelsfamilie, erzählt wird.

Im persönlichen Umgang muss Proust einen merkwürdigen Eindruck auf viele seiner Zeitgenossen gemacht haben. Er hatte zahlreiche Spleens. Es wird berichtet, dass er beim Diner stets seinen Pelzmantel anbehielt, weil er immer so fror. Er gab verschwenderische Trinkgelder, wie sich ein Freund erinnerte: »Wenn ein Abendessen 10 Francs kostete, legte er noch zwanzig für den Kellner dazu.« Seine Dienstboten mussten sich an einen 24-Stunden-Rundum-Service gewöhnen; wenn Proust zu Hause blieb, speiste er um Mitternacht. Sein Schlafzimmer, das er manchmal tagelang nicht verließ, war mit Kork abgedichtet, um jede Störung durch Geräusche zu unterbinden.

■ Szene aus dem Film *Eine Liebe von Swann* (1983), der auf dem ersten Teil des siebenteiligen Romanzyklus *Auf der Suche nach der verlorenen Zeit* basiert. In diesem Film von Volker Schlöndorff spielt Jeremy Irons den liebeskranken Charles Swann; die Herzogin von Guermantes wird von Fanny Ardant dargestellt.

■ Schon als Heranwachsender musste Marcel, der Erzähler des Romanzyklus *Auf der Suche nach der verlorenen Zeit*, verschiedene Sanatoriumsaufenthalte in den Bergen absolvieren. Als 40-Jährigen fesselt ihn sein Leiden endgültig ans Bett; in der Abgeschiedenheit seines Krankenzimmers vertieft er sich in seine Erinnerungen.

Marcel Proust hat die Veröffentlichung seines gesamten Romans nicht mehr erlebt, der Erste Weltkrieg unterbrach die Publikation für mehrere Jahre. Aber die außergewöhnliche Qualität des Werkes sprach sich herum, 1919 erhielt Proust für *Im Schatten junger Mädchenblüte* – so hießen Band 2 und 3 von *Auf der Suche …* – den angesehensten französischen Literaturpreis, den Prix Goncourt. Lange konnte er seinen stetig wachsenden Ruhm nicht genießen, er starb 1922 im Alter von 51 Jahren. Kurz zuvor hatte eine Zeitschrift wichtige Persönlichkeiten gefragt, was sie tun würden, wenn plötzlich der Weltuntergang bevorstünde, und Proust hatte geantwortet: »Ich glaube, das Leben würde uns ganz köstlich erscheinen, wenn wir so sterben müssten, wie Sie sagen. Und dennoch sollten wir der Katastrophe nicht bedürfen, um das Leben heute zu lieben. Dazu würde der Gedanke genügen, dass wir Menschen sind und uns noch heute abend der Tod ereilen kann.« Vier Monate später war Marcel Proust tot. Er hatte sich erkältet.

AUF DER SUCHE NACH DER VERLORENEN ZEIT
(À LA RECHERCHE DU TEMPS PERDU)

 MARCEL PROUST, LEBEN UND WERK

Die meiste Zeit seines Lebens verbrachte Marcel Proust in Paris. Dort wurde er am 10. Juli 1871 geboren. In seiner Kindheit fuhr er in den Ferien oft zu Verwandten nach Illiers bei Chartres. Das Ortsschild weist heute den Doppelnamen Illiers-Combray auf, das heißt, es wurde um den fiktiven Namen ergänzt, den Marcel Proust diesem Ort in seinem Romanwerk Auf der Suche nach der verlorenen Zeit gab. Die Kirche St. Jacques gehört zu den Leitmotiven des ersten Teils des Romans – In Swanns Welt. In Illiers bot »Tante Leonie« dem Erzähler in dem Werk die Madeleine an, das berühmte Sandtörtchen in Form einer Jakobsmuschel. Marcel Proust, dessen Gesundheit nie sehr stabil gewesen ist, litt seit seinem 10. Lebensjahr an Asthma und besuchte die Schule deshalb nur unregelmäßig. Nach der Schul- und einer einjährigen Militärzeit schrieb er sich an der Sorbonne für Rechtswissenschaft ein und hörte daneben Vorlesungen u. a. des Philosophen Henri Bergson, dessen Lebensphilosophie in ihm die Überzeugung festigte, dass das Leben seinem Wesen nach eine schöpferische Aktivität sei. Mit Anfang zwanzig veröffentlichte er mehrere Prosastücke in den Zeitschriften Le Banquet und Revue Blanche. Schon sehr jung verkehrte er in den mondänen Salons von Adel und Großbürgertum. Sein ausgeprägtes Gesellschaftsleben in Paris wechselte sich ab mit Erholungsaufenthalten an der normannischen Küste. 1896 erschien sein erstes Buch: Tage der Freuden. Neben Erzählungen, Gedichten und Prosaskizzen aus der eigenen Feder enthielt es vier Klavierstücke seines Freundes, des Komponisten Reynaldo Hahn, und zahlreiche Illustrationen der Aquarellmalerin und Schlossherrin Madeleine Lemaire, in deren Salon Marcel Proust ebenfalls verkehrte und mit vielen Künstlern bekannt wurde. In den folgenden acht Jahren schrieb er an einem Roman von über tausend Seiten, der unvollendet und unbekannt blieb, bis er postum dreißig Jahre nach dem Tod des Autors unter dem Titel Jean Santeuil erschien. 1905 starb seine Mutter, die er wie keinen Menschen sonst geliebt hatte. Im Jahr darauf zog er in die Wohnung seines verstorbenen Onkels am Boulevard Haussmann und wandte sich ganz vom sozialen Leben ab. Er ließ sein Arbeitszimmer mit Korkplatten schallisolieren und machte die Arbeit an seinem siebenteiligen Romanzyklus Auf der Suche nach der verlorenen Zeit zu seinem einzigen Lebensinhalt. Dieser umfasst die Teile In Swanns Welt (erschienen 1913), Im Schatten junger Mädchenblüte (1918), Die Welt der Guermantes (1920/21), Sodom und Gomorrha (1921–1923), Die Gefangene (1923), Die Entflohene (1925) und Die wiedergefundene Zeit (1927). Marcel Proust starb am 18. November 1922 in Paris an den Folgen einer Bronchitis.

 DATEN

Erstveröffentlichung:
Paris 1913–1927
(deutsch: 1926–30)

Lesenswert:
Marcel Proust: Auf der Suche nach der verlorenen Zeit. 10 Bände, Frankfurt/Main (Fischer) 1984.
Tage der Freuden, Erzählungen, Berlin 1997.
Jean Santeuil, Roman, Frankfurt/Main 1965.
Renate Wiggershaus: Proust. Leben und Werk in Texten und Bildern, Frankfurt/Main 1992.
Nadine Beauthéac: Auf den Spuren von Marcel Proust. Normandie, Île de France, Genfer See, Hildesheim 1999.

Hörenswert:
Marcel Proust: Auf der Suche nach der verlorenen Zeit. Auszüge. Ausgewählt und gelesen von Maria Wimmer, Deutsche Grammophon 1989. 2 Audiocassetten.

Sehenswert:
Eine Liebe von Swann. Regie: Volker Schlöndorff; mit Jeremy Irons, Ornella Muti, Alain Delon, Fanny Ardant, Marie-Christine Barrault. Bundesrepublik Deutschland/Frankreich 1983.

Besuchenswert:
Das Haus von »Tante Leonie« in Illiers-Combray ist seit 1972 Proust-Museum.

 AUF DEN PUNKT GEBRACHT

Proust-Leser erkennen einander am verzückten Gesichtsausdruck – sie haben ein Wunder erlebt, für das viele Menschen glauben, keine Zeit zu haben.

Der Untertan
Heinrich Mann

So viel Mühe hatte er sich mit noch keinem Roman gegeben. Jahrelang sammelte Heinrich Mann Artikel aus Zeitungen und Zeitschriften. Er machte sich Notizen über alles, was mit Staat, Politik, Gesellschaft und Kaiser zu tun hatte. »*Der Roman des Deutschen müßte geschrieben werden, die Zeit ist überreif für ihn ...*«, notierte er in einem Brief vom Dezember 1907. Da hatte er die ersten Sätze bereits zu Papier gebracht: Das Buch sollte die »Geschichte der öffentlichen Seele unter Wilhelm II.« erzählen, und es wurde eine der schärfsten politischen Satiren, die je in und über Deutschland formuliert worden waren. Bis heute bleibt sie unübertroffen.

Mehr als 10 Jahre bevor Heinrich Mann seinen *Untertan* zu schreiben begann, war in ihm bereits der Entschluss gereift, eine neue literarische Richtung einzuschlagen. Er wollte keine Bekenntnisliteratur über sensible Außenseiter, keine Bildungsromane oder Künstlernovellen mehr schreiben, wie sie damals in Mode waren. Der 25-jährige Heinrich Mann fasste den Plan, »*soziale Zeitromane*« zu schreiben und damit »*intellektuelle Politik*« zu betreiben. In Frankreich gab es mit Emile Zola ein prominentes Vorbild dafür, dass man mit Literatur durchaus politisch Einfluss nehmen konnte; der französische Schriftsteller war dadurch zu einer bedeutenden öffentlichen Größe in seinem Land geworden.

Wie aber sah Deutschland kurz vor der Wende zum 20. Jahrhundert aus? Nach der Reichsgründung von 1871 hatte sich das Deutsche Reich zu einer internationalen Großmacht entwickelt. Es besaß Kolonien, die Wirtschaft florierte, das nationale Selbst-

■ Verleihplakat der westdeutschen Aufführung des Films *Der Untertan* von Wolfgang Staudte nach dem gleichnamigen Roman von Heinrich Mann. Der Film wurde 1951 erstmals in der DDR gezeigt, in der BRD jedoch erst im Jahre 1957.

bewusstsein wuchs und wuchs. Das Militär war eine geheiligte Institution und bildete neben dem Adel die zweite große Macht im Staat. Der militaristische Zeitgeist wurde vom säbelrasselnden und kultisch verehrten Kaiser Wilhelm II. perfekt verkörpert, dessen unbekümmert nationalistische Weltsicht allgemeines Vorbild war: »Am deutschen Wesen soll die Welt genesen.« Wer an solchen Parolen etwas auszusetzen hatte, kam zwar nicht gleich ins Gefängnis, war aber von vornherein abgestempelt: als Verräter und vaterlandsloser Geselle, als Umstürzler und – Sozialdemokrat! Das war das schlimmste Schimpfwort. Ein Sozialdemokrat galt als Inbegriff des schlechten Deutschen, der an der gottgegebenen sozialen Ordnung von Monarchie und Militär zweifelte, seinem Kaiser den Respekt versagte und laut darüber nachdachte, ob Deutschland nicht langsam größenwahnsinnig wurde. Ein Sozialdemokrat war kein guter Untertan, kein »Hurra!«-Rufer wie Diederich Heßling.

■ Heinrich Mann, 1930.

»*Er schwenkte den Hut hoch über allen Köpfen, in einer Sphäre der begeisterten Raserei, durch einen Himmel, wo unsere äußersten Gefühle kreisen. Auf dem Pferd dort, unter dem Tor der siegreichen Einmärsche und mit Zügen, steinern und blitzend, ritt die Macht! Die Macht, die über uns hingeht und deren Hufe wir küssen. Die über Hunger, Trotz und Hohn hingeht! Gegen die wir nichts können, weil wir alle sie lieben.*«

Diederich ist der Untertan schlechthin. Wann immer er geprügelt wird – zu Hause vom Vater, in der Schule –, Diederich nimmt es demütig hin. Beim Militär drangsalieren ihn die Ausbilder, und Diederich steht stramm und ist stolz. Den »*Genuß der Uniform*« findet er auch in einer Berliner Studentenverbindung. Als zackiges Mitglied der »*Neuteutonia*«, in Stiefel und Schärpe, lernt Diederich, wie man sich bis zur Besinnungslosigkeit besäuft und dabei nationale Sprüche klopft. Bei den Kneipen-Ritualen kostet Diederich zum ersten Mal die Macht über andere aus, Neulinge haben bei ihm nichts zu lachen. Katzbuckeln nach oben, Treten nach unten – das wird Diede-

■ Reiterstandbild Kaiser Wilhelms II. von 1910.

> »Dieses Buch Heinrich Manns ist das Herbarium des deutschen Mannes. Hier ist er ganz: in seiner Sucht zu befehlen und zu gehorchen, in seiner Roheit und in seiner Religiosität, in seiner Erfolgsanbeterei und in seiner namenlosen Zivilfeigheit.«
>
> KURT TUCHOLSKY

Im Jahre 1945 schreibt Heinrich Mann in einem Brief an Ludwig Marcuse: »Wann immer die Deutschen einen Krieg verlieren, drucken sie meinen Untertan.«

richs Lebensphilosophie. Ein bisschen gerät er aus der Bahn, als er die feinsinnige Agnes kennen lernt und sich in sie verliebt. Sie schlafen miteinander, Diederich ist Agnes' erster Mann, und er ist ganz hingerissen von diesem Erlebnis. Aber die Konventionen sind streng, und da Agnes nach bürgerlichen Maßstäben keine sonderlich gute Partie ist, fürchtet er um sein Ansehen. Diederich macht sich aus dem Staub und fertigt Agnes' Vater, der empört auf Heirat besteht, mit dem infamen Hinweis ab, dass er kein Mädchen heiraten könne, das nicht mehr jungfräulich sei. Dabei fühlt er sich großartig und im Einklang mit der herrschenden Moral. Seine politische Überzeugung ist unterdessen zu einem unbeirrbaren kaisertreuen Fanatismus herangereift, der sein gesamtes Denken und Handeln steuert. Zuerst bekommen das seine Angestellten zu spüren, als Diederich in seine Heimatstadt zurückkehrt und die Papierfabrik des verstorbenen Vaters übernimmt. Mit einem sozialdemokratischen Maschinenmeister nimmt er sogleich den Kampf auf: Wer nicht

■ Szene aus dem Wolfgang-Staudte-Film *Der Untertan*. Der Regisseur pointiert Heinrich Manns Entlarvung des Untertanengeistes mit filmischen Mitteln, durch raffinierte Montagen und Überblendungen.

spurt, wird entlassen. Diederichs stramme Gesinnung verschafft ihm bald auch Gewicht in der Lokalpolitik des Provinzstädtchens. Er verklagt einen politisch liberalen Fabrikanten wegen Majestätsbeleidigung, gewinnt den Prozess und steigt zu einem gefürchteten und einflussreichen Mann auf. Diederichs größter politischer Triumph ist der Bau eines Kaiser-Denkmals, das er in der Stadtverwaltung anstelle eines geplanten Säuglingsheims durchsetzt. Für seinen patriotischen Einsatz wird ihm zum Schluss sogar noch ein Orden verliehen.

»(Diederich) dienerte, er legte, wie Karnauke ihm das Kreuz überreichte, die Hand auf das Herz, schloß die Augen und versank: so, als stände vor ihm ein anderer, der Geber selbst. (...) Der Kronenorden vierter Klasse blitzte, und es ward Ereignis, das Denkmal Wilhelms des Großen, (...) Geschäft und Ruhm.«

Ab 1. Januar 1914 druckte die Illustrierte *Zeit im Bild* den *Untertan* als Fortsetzungsroman. Die Reaktionen auf den Vorabdruck spiegelten die politische Stimmung der Vorkriegszeit wider: Größtes Lob der »linken« sozialdemokratischen Presse traf auf wütende Verrisse von Anhängern der Monarchie. Dabei hatte Heinrich Mann sogar einige allzu kaiserkritische Passagen gestrichen. Die Veröffentlichung wurde dennoch am 13. August eingestellt, der Erste Weltkrieg hatte begonnen.

■ Werner Peters als Diederich Heßling mit Renate Fischer als Agnes.

■ Diederich Heßling hält die Festrede bei der Denkmalenthüllung des Reiterstandbildes Wilhelms II.

■ Szene aus der Staudte-Verfilmung. Das Drehbuch schrieb Wolfgang Staudte zusammen mit seinem Vater Fritz Staudte, der auch eine kleine Rolle, nämlich die des Amtsgerichtsrats Kühlemann, übernahm.

Erst 1918, nach dem Zusammenbruch des Kaiserreiches, war die Zeit für die Buchausgabe gekommen. Innerhalb von sechs Wochen wurden 100 000 Exemplare abgesetzt. Der *Untertan* war Heinrich Manns größter literarischer Erfolg, und bis heute ist Diederich Heßling im literarischen Gedächtnis geblieben. Heinrich Mann hat ihn selbst als »interessanten Typus« bezeichnet, den es zu allen Zeiten gab und wohl leider auch immer geben wird. Diederich ist der Spießer in Vollendung. Stets schwimmt er mit dem Strom, fügt er sich jeder Autorität, die größer ist als die eigene. Die naive Bösartigkeit, die Diederichs Temperament bestimmt, wirkt erschreckend und komisch zugleich. Er ist ein Dreckskerl, man wünscht ihm die Pest an den Hals und lacht doch oft über ihn und die Cleverness, mit der er sich durchs Leben schleimt. Heinrich Manns Schilderungen sind fast immer kühl und sachlich. Nur an einer Stelle erlaubt er sich einen bösen Seitenhieb. Gegen Ende des Romans wird Diederichs Schwester von einem Leutnant verführt. Sie zu heiraten kommt diesem nicht in den Sinn. Diederich schreit Zeter und Mordio, aber er weiß, dass sein Toben vergeblich ist. Er kennt die Begründung des Offiziers. Ein »anständiger Deutscher« heiratet kein Mädchen, das nicht mehr Jungfrau ist.

■ »Dies Volk ist hoffnungslos.« Dies war das von Heinrich Mann geplante, jedoch später verworfene Motto zum *Untertan*.

»Ein nicht nur literarisch ganz außerordentliches, sondern absolut erschreckend prophetisches Buch: es kommt einfach alles schon vor.«

KLAUS MANN

DER UNTERTAN

 HEINRICH MANN, LEBEN UND WERK

Schon als Schüler begann der am 27. März 1871 in Lübeck geborene Heinrich Mann zu schreiben. Seine Eindrücke von einer Ferienreise nach St. Petersburg dokumentierte er ausführlich in einem Tagebuch, das er zwei Jahre später überarbeitete. Seit 1885 verfasste er literarische Skizzen, Novellen und Gedichte und fand im Schreiben ein Mittel, seinen schon damals gesellschaftskritischen Reflexionen Ausdruck zu verleihen. Nachdem er das Gymnasium vorzeitig verlassen hatte, begann er seinen Eltern zuliebe eine Buchhändlerlehre in Dresden, die er aber ebenso wie das anschließende Volontariat im S. Fischer Verlag in Berlin abbrach. Nach dem Tod seines Vaters 1891 veröffentlichte er erste Rezensionen; ab 1893 lebte er als freier Schriftsteller. In den folgenden Jahren bis 1898 hielt sich Heinrich Mann überwiegend in Italien auf, zeitweise gemeinsam mit seinem jüngeren Bruder Thomas Mann. Zwischen 1899 und 1914 lebte er in München, Berlin, meistens jedoch in Italien. Er schrieb Romane, Erzählungen, Theaterstücke und Essays. Sein politisches Denken brachte ihn mit dem konservativen Thomas Mann in immer stärkere Konflikte, die nach Ausbruch des Ersten Weltkrieges schließlich mit dem Abbruch der Beziehung endeten (1922 versöhnten sich die Brüder jedoch wieder). 1912 begann Heinrich Mann seinen Roman Der Untertan, der damals noch den programmatischen Untertitel Geschichte der öffentlichen Seele unter Wilhelm II. trug. Der große Verkaufserfolg des Romans nach Kriegsende begründete Heinrich Manns nationales Ansehen. 1930 wurde er zum Präsidenten der Sektion Dichtkunst der Preußischen Akademie der Künste gewählt. Die Verfilmung seines Romans Professor Unrat unter dem Titel Der blaue Engel machte ihn international bekannt. Zum Austritt aus der Akademie gezwungen, emigrierte Heinrich Mann 1933 nach Frankreich. Dort entstand sein wichtigstes Werk, Jugend und Vollendung des Königs Henri IV. Fünf Jahre später ging er nach Kalifornien. 1950 wurde ihm die Präsidentschaft der neu gegründeten Deutschen Akademie der Künste in Ostberlin angeboten. Kurz vor der geplanten Überfahrt starb er am 12. März in Santa Monica. 1961 wurde Heinrich Manns Leichnam nach Ostberlin überführt und auf dem Dorotheenstädtischen Friedhof bestattet. Wolfgang Staudtes Verfilmung des Untertan in der DDR 1951, die als sein Meisterwerk gilt, war in der Bundesrepublik zunächst verboten und wurde erst 1957, um zwölf Minuten gekürzt, freigegeben. Erst nach weiteren fast dreißig Jahren konnte Der Untertan auch im Westen ungekürzt gezeigt werden.

 DATEN

Erstveröffentlichung:
Leipzig 1918

Lesenswert:
Heinrich Mann: Der Untertan, Frankfurt/Main (Fischer) 1997.
Die Jugend des Königs Henri Quatre, Roman, Reinbek 1994.
Die Vollendung des Königs Henri Quatre, Roman, Reinbek 1994.
Professor Unrat. Roman, Reinbek 2000.
Ein Zeitalter wird besichtigt. Memoiren, Frankfurt/Main 1988.

Heinrich Mann/Thomas Mann: Briefwechsel 1900–1949, Frankfurt/Main 1994.

Klaus Schröter: Heinrich Mann. Mit Selbstzeugnissen und Bilddokumenten, Reinbek 1998.

Willi Jasper: Der Bruder Heinrich Mann. Eine Biographie, Frankfurt/Main 1994.

Hörenswert:
Heinrich Mann: Der Untertan. Gelesen von Hans Korte. Deutsche Grammophon 1994.
12 Audiocassetten.

Sehenswert:
Der Untertan. Regie: Wolfgang Staudte; mit Werner Peters, Paul Esser, Renate Fischer, Gertrud Bergmann, Sabine Thalbach, Eduard von Winterstein, Raimund Schelcher, DDR 1951.

 AUF DEN PUNKT GEBRACHT

Ein Charakterbild der Niedertracht und eine herrlich böse Antwort auf die Frage »Was ist deutsch?« – das Buch wird so schnell nicht veralten.

Die Abenteuer des braven Soldaten Schwejk
Jaroslav Hašek

■ Szene aus dem Film »*Der brave Soldat Schwejk*« mit Fritz Muliar und Heinz Rühmann.

»*Schwejk, Jesusmaria, Himmelherrgott, ich erschieß Sie, Sie Vieh, Sie Rind, Sie Ochs, Sie Idiot, Sie. Sind Sie so blöd?*« »*Melde gehorsamst, ich bin so blöd, Herr Oberlajtnant.*« Das ist er tatsächlich, und zwar amtsärztlich festgestellt, der größte Trottel der Kompanie, dabei aber schlau wie ein Fuchs, im zivilen Leben Hundefänger und Quartalssäufer: Josef Schwejk. Seine Geschichte, seine Person sind inzwischen Legende und Gemeingut wie das Leben und die Streiche Till Eulenspiegels. Dass ein Buch dahinter steckt, wissen manche gar nicht mehr: Das ist die höchste Stufe literarischer Popularität. Die ersten Leser verfolgten die *Abenteuer* als Heftchen-Fortsetzungsroman, 1911 hatte Jaroslav Hašek die Figur erfunden. Den Namen borgte er sich von einem tschechischen Parlamentsabgeordneten namens Schwejk, der bekannt dafür war, pausenlos Unsinn zu verzapfen. Pate stand auch noch der stadtbekannte, versoffene Adjutant Straslipka, der sich für diesen zweifelhaften Ruhm sogar noch bedankt haben soll. Dass er in die Weltliteratur eingehen würde, ahnte damals noch keiner. Der Erste Weltkrieg zog nicht nur den Romanhelden, sondern auch dessen Erfinder in seinen Strudel. Hašek geriet in Gefangenschaft, setzte sich zur Tschechischen Legion ab und kämpfte schließlich auf Seiten der Bolschewiki im Bürgerkrieg. Hašek

> »*Wer Kafka verstehen will, muss den Schwejk lesen. Schwejk ist wehrlos wie die Helden von Kafka. Hier wie dort gibt es keine Lösungen. Kafkas* Urteil, *Kafkas* Schloss *und Hašeks* Schwejk *stehen zueinander wie die Krönungsmesse zur Alltagsmesse. Es handelt sich in beiden Fällen um Gottesdienst. Negativ geführt.*«
> JIRÍ GRUŠA, Lyriker und früherer tschechischer Botschafter

> »Zu diesem Buch ist mir in der gesamten Literatur kein Gegenstück bekannt.«
>
> KURT TUCHOLSKY, *Weltbühne*, 1926

hatte einiges mit seinem Schwejk gemein. Er spielte gern den Anarcho-Clown, war ein harter Kampftrinker und kam überall irgendwie durch. Selbst bei den Kommunisten verbuchte er Erfolge. Weil er Russisch sprach, jeden beschwatzen und unter den Tisch saufen konnte, wurde Hašek zum Offizier der Roten Armee ernannt und Politkommissar. In Prag erwartete ihn die Konterrevolution, fast wäre er als russischer Spion auf dem Wenzelsplatz hingerichtet worden, er redete sich heraus. Zwei Ehefrauen, mit denen er gleichzeitig verheiratet war, ließen sich ähnlich einseifen.

■ Deutsches Verleihplakat des Films *Der brave Soldat Schwejk* von 1960 mit Heinz Rühmann in der Hauptrolle. Regie führte Axel von Ambesser, der Spezialist für leichte Unterhaltungsfilme.

Wie seine Figur war Hašek ein Verweigerer, ein Hanswurst und Bohemien – übrigens im ganz wörtlichen Sinne: Als Prager war Hašek Böhme. Aber Hašek war, anders als Schwejk, studiert und gebildet, er lebte vom Schreiben, als Journalist und Schriftsteller. Er schrieb alles, was Geld brachte, verkaufte ein und dieselbe »Exklusiv«-Geschichte gleich an mehrere Zeitungen, riss ein Tiermagazin aus der Pleite, indem er Reportagen über Tiere verfasste, die nur in seiner Phantasie existierten; er erfand auch andere Ereignisse und verkaufte sie als Nachrichten. Er saß in Kneipen und Cafés. Wer ihm eine Krone bezahlte, bekam eine Seite Text geschrieben. Annähernd 2000 Humoresken, kurze, drollige Geschichten, flossen ihm in wenigen Jahren aus der Feder, darüber hinaus drei Romane, von denen zwei verschollen sind. Übrig blieb der brave Soldat Schwejk – Bruder im Geist, Hauptwerk und Vermächtnis.

■ Rudolf Hrusinsky (rechts) in *Der brave Soldat Schwejk*.

»Schwejk und Oberleutnant Lukasch blickten einander in die Augen. ›Nein, das ist schrecklich. Jetzt wunder ich mich, dass ich Sie nicht erschossen hab. Was könnt mir geschehen? Nichts. Ich wär erlöst. Begreifen Sie das?‹ ›Melde

■ Jaroslav Hašek kurz vor seinem frühen Tod.

gehorsamst, Herr Oberlajtnant, dass ich das vollkommen begreif.‹«

Was macht den braven Soldaten so komisch? Brav ist er, weil er immer tut, was man von ihm verlangt, und bestätigt, was man zu ihm sagt. Komisch – und damit subversiv – ist er, weil er den Platz, der ihm unter Verwünschungen und Schmähungen zugewiesen wird, immer schon längst besetzt hat. Er weiß genau, wann es wieder so weit ist, und geht freiwillig in den Knast. Der Aufseher rauft sich die Haare: Der schon wieder! In der Konfrontation mit der Autorität ist Schwejk der gehorsam vorauseilende Igel. Und wie er daherredet! Er nimmt die Fragen, die ihm gestellt werden, nicht ernst, sondern wörtlich. Und antwortet direkt, spricht aus, was ihm gerade durch den Kopf schießt. Was dabei herauskommt, ist eine Art Schwundstufe des gesunden Menschenverstandes mit Humorfaktor 100. Da liest ihm zum Beispiel der Polizeirat vor, was er – angeblich – alles verbrochen hat, eine enorme Liste, die mit Majestätsbeleidigung anfängt, mit Hochverrat endet, und den Erzherzog soll er auch noch ermordet haben. »Das ist viel«, bemerkt der gänzlich Unschuldige dazu, »allzuviel ist ungesund.«

Erste Entwürfe der Figur des Josef Schwejk entstehen schon 1911. Der Roman erschien dann in drei Bänden in den Jahren 1921 bis 1923. Der Erfolg kam allerdings von außerhalb, durch die Übersetzung ins Deutsche. Die Tschechen selber waren anfangs gar nicht so begeistert und zum Teil sogar abgestoßen von diesem Bummelanten und Knastbruder Schwejk. Die Deutschen sahen das anders. Kurt Tucholsky feierte den Roman als Sensation, und eine Bühnenfassung am Theater von Erwin Piscator in Berlin wurde 1929 zum Hit. Bertolt Brecht verfasste das Theaterstück *Schweyk im Zweiten Weltkrieg*. Jetzt war Schwejk nicht mehr nur ein Säufer und Quertreiber, sondern human, rebellisch und ein wichtiger Fürsprecher des kleinen Mannes, der mit List und Schläue den bösen Mächten von Militär und Staatsmacht Paroli bietet. Mit dieser Lesart wurde Schwejk in aller Welt berühmt, doch sein Autor hatte davon nichts mehr. Jaroslav Hašek starb 1923, mit 39 Jahren. Er hatte sich zu Tode getrunken.

»Beim Schwejk finden wir eine Erklärung der Welt, eine Erklärung des Verhängnisses. Schwejk schlägt der Welt ein Schnippchen. Er führt vor, wie man sich behaupten kann.«
SIEGFRIED LENZ

DIE ABENTEUER DES BRAVEN SOLDATEN SCHWEJK
(OSUDY DOBRÉHO VOJÁKA ŠVEJKA ZA SVĚTOVÉ VÁLKY)

 JAROSLAV HAŠEK, LEBEN UND WERK

Am 30. April 1883 wurde Jaroslav Hašek in Prag geboren. Nach dem Tod seines Vaters verließ er mit dreizehn Jahren das Gymnasium und begann eine Lehre bei einem Drogisten. Aufgrund eines Streichs musste er die Drogerie wechseln – beide Arbeitgeber erwähnte er später im Roman Die Abenteuer des braven Soldaten Schwejk. Von 1899 bis 1902 studierte er an der Prager Handelsakademie und arbeitete dann als Beamter in einer Versicherungsgesellschaft, wurde aber nach kaum einem Jahr entlassen. Er beschloss, Schriftsteller zu werden; einige Erzählungen hatte er bereits veröffentlicht. Er bewegte sich in den Kreisen der Boheme und schloss sich vorübergehend den Anarchisten an. 1909 übernahm er die Redaktion der Zeitschrift Die Tierwelt, erhielt aber bald seine Entlassung, da er Nachrichten von Phantasie-Tieren abgedruckt hatte. Auch seinen nächsten Posten als Berichterstatter der Zeitung České slovo verlor er nach kurzer Zeit. Nachdem seine erste Ehe gescheitert war, lebte er ohne festen Wohnsitz in Prag oder war unterwegs auf Wanderungen durch Mitteleuropa. Er schrieb weiterhin für Zeitschriften und Zeitungen, wandte sich mit humoristisch-satirischen Skizzen gegen Kirche, Monarchie und die bürgerliche Moral und veröffentlichte zwischen 1912 und 1915 vier Bände mit Erzählungen. Jaroslav Hašek desertierte im Ersten Weltkrieg in Russland von der österreichischen zur tschechischen Legion, dann schloss er sich der Roten Armee an. 1920 kehrte er nach Prag zurück und begann Die Abenteuer des braven Soldaten Schwejk zu schreiben, die grotesk-komische Geschichte eines nur scheinbar einfältigen Soldaten, der den Militarismus lächerlich macht. Der Roman erschien zunächst in Heften als Fortsetzung und stieß von Anfang an auf großes Interesse. Jaroslav Hašek kaufte sich ein Haus in Lipnice und lebte dort mit seiner zweiten Frau. Er trank, und sein Gesundheitszustand verschlechterte sich zusehends. Am 3. Januar 1923 starb er an einer Herzlähmung. Die Abenteuer des braven Soldaten Schwejk blieben unvollendet. Jaroslav Hašek hatte gerade am vierten Buch seines Romans gearbeitet. Der Publizist Karel Vaňek schrieb ihn zu Ende und fügte dem Roman einen fünften und sechsten Teil hinzu mit dem Titel Die Abenteuer des braven Soldaten Schwejk in russischer Gefangenschaft. Internationale Anerkennung erreichte das Werk erst durch die deutsche Übersetzung 1926/27. Schwejk wurde zu einer Symbolfigur, der Stoff mehrfach dramatisiert, vertont und verfilmt. Bekannt wurde vor allem Bertolt Brechts Drama Schweyk im Zweiten Weltkrieg, das er zwischen 1941 und 1944 im amerikanischen Exil geschrieben hatte.

 DATEN

Erstveröffentlichung:
Prag 1921–23 (deutsch: 1926/27)

Lesenswert:
Jaroslav Hašek: Die Abenteuer des braven Soldaten Schwejk, Frankfurt/Main (Fischer) 2000.
Der Urschwejk und anderes aus dem alten Europa und dem neuen Russland, Stuttgart 1999.
Ein Silvester des Abstinenzler. Erzählungen, Stuttgart 1990.
Lausige Geschichten. Politische Satiren / Humoresken.
Anarchistische Feuilletons, Berlin 1992.

Hörenswert:
Jaroslav Hašek: Die Abenteuer des braven Soldaten Schwejk. Gelesen von Helmut Qualtinger, Hörsturz 1998. 3 Audio-CDs.

Sehenswert:
Dobry vojak Svejk (Der brave Soldat Schwejk in Prag / Melde gehorsamst). Regie: Karel Stekly; mit Rudolf Hrusínsky, Milos Kopecky, Svatopluk Benes, Eva Svobodová, František Filipovský, Bozena Havlíčková, Josef Hlinomaz. Tschechoslowakei 1956/57.

Der brave Soldat Schwejk. Regie: Axel von Ambesser; mit Heinz Rühmann, Ernst Stankowski, Ursula Borsody, Senta Berger, Erika von Thellmann, Franz Muxeneder. BRD 1960.

 AUF DEN PUNKT GEBRACHT

Immer noch die schönste Militärsatire der Welt mit dem rührendsten Schlitzohr der Literaturgeschichte.

Ulysses
James Joyce

»*Auf dem Kackstuhl hockend, entfaltete er seine Zeitung und schlug auf den entblößten Knien die Seiten um.*« Ein Mann hat abends gut gegessen. Behaglich setzt er sich morgens aufs Klo, mal schauen, was es Neues gibt auf der Welt und wie die Verdauung funktioniert: »*...die leichte Verstopfung von gestern ganz verschwunden. Hoffentlich ist's nicht zu groß, geht sonst mit den Hämorrhoiden wieder los. Nein, grade richtig. So. Ah!*«
Vorher hat er sich saure Nierchen zum Frühstück gemacht, seiner Frau den Tee ans Bett gebracht, gleich muss er los, er arbeitet bei einer Zeitung als Anzeigenverkäufer. Es ist Donnerstag, der 16. Juni 1904, ein Tag wie jeder andere hat begonnen.
Leopold Bloom heißt dieser Held und moderne Odysseus, den sein Autor James Joyce durch das irische Dublin irren lässt, von morgens um acht bis nachts um drei. Zeitweilig begleitet ihn der Medizinstudent Stephen Dedalus, die zweite Hauptfigur, und einen größeren Auftritt wird auch Leopolds Frau Marion, genannt Molly, haben. Am Schluss des Buches redet sie ganz alleine, im Halbschlaf, 60 Seiten lang, ohne Punkt und Komma, 40 000 Wörter, das erste und das letzte ist die bekannteste englische Vokabel: »Yes«.

■ Szene aus dem englischen Film *Ulysses* (1966) von Joseph Strick mit Maurice Roevers als Leopold Bloom. Dieser Film, der eine Oscar-Nominierung für das beste Drehbuch von Joseph Strick und Fred Haines erhielt, war höchst umstritten.

»*...und dann hat er mich gefragt ob ich will ja sag ja meine Bergblume und ich hab ihm zuerst die Arme um den Hals gelegt und ihn zu mir niedergezogen dass er meine Brüste fühlen konnte wie sie dufteten ja und das Herz ging ihm wie verrückt und ich hab ja gesagt ja ich will Ja.*«
Am Ende dieses Tages ist einiges passiert: ein Begräbnis, eine Geburt, in einem Pub bekommt Leopold Streit und dabei eine Teebüchse an den Kopf. Wüste Szenen spielen sich in einem

Bordell ab, in dem Leopold auf Stephen trifft und ihn zu sich nach Hause einlädt, wo Molly ihn am Nachmittag mit einem Liebhaber betrogen hat. Es wird viel getrunken und geflucht, gefressen, gevögelt, zwischendurch onaniert der Held sogar. Was der Autor selbst als »eine spaßhaft-geschwätzige allumfassende Chronik mit vielfältigstem Material« ansah, hielt eine amerikanische Strafkammer für »so obszön, unzüchtig, lasziv, nichtswürdig, anstößig und widerlich, dass eine genauere Beschreibung das Gericht beleidigen würde«.

1918 erschienen die ersten Auszüge aus Ulysses in einer amerikanischen Zeitschrift. Die Herausgeberinnen Margaret Anderson und Jane Heap wurden prompt verklagt und verurteilt, für mehr als 10 Jahre blieb der Roman in den USA und England verboten. Veröffentlicht wurde Ulysses schließlich in Paris. Es war wiederum eine Frau, die sich damit unsterblich machte: Sylvia Beach, die amerikanische Inhaberin der Buchhandlung Shakespeare & Co., brachte das Buch im Selbstverlag heraus. Am 2. Februar 1922 hielt James Joyce das erste Exemplar in Händen, es war sein vierzigs-

> »Ist deine Kunst nicht in Gefahr, eine sanitäre Wissenschaft zu werden? Alles Schmutzige scheint für dich dieselbe unwiderstehliche Anziehungskraft zu haben wie Kuhdreck für Fliegen. Ich wünschte, du würdest wieder Gedichte schreiben.«
>
> STANISLAUS JOYCE – James' Bruder – in einem Brief 1921 nach der Lektüre des Ulysses

■ Das deutsche Verleihplakat warb mit dem Spruch Der Film der unverschämten Dialoge! für den Film Ulysses.

James Joyce's
ULYSSES

> »Ulysses *ist ein hartnäckiger Versuch, die Welt in den Schlamm zu ziehen, eine Umkehrung des Viktorianismus, ein Versuch, die anmutige und lichte Seite des Lebens scheitern und stattdessen Verkehrtheit und Unflat triumphieren zu lassen, eine Vereinfachung des menschlichen Charakters im Dienst der Hölle.«*
>
> EDWARD MORGAN FORSTER

ter Geburtstag. Bis dahin war Joyce als Schriftsteller lediglich Insidern ein Begriff, und auch seine Beliebtheit hielt sich in Grenzen. Er galt als arroganter irischer Hagestolz, der über alles und jeden lachte außer über sich selbst, mit seiner Bildung und seiner Sprachenkenntnis protzte und entweder obszönes oder unverständliches, intellektuelles Zeug schrieb. Sein erstes Buch – *Dubliners* – wurde von vierzig Verlegern abgelehnt. Wie der Titel andeutet, handelte es sich dabei um einen Band mit Erzählungen über Menschen aus der Geburtsstadt des Autors. Ursprünglich sollte Leopold Blooms Gang durch Dublin auch eine dieser kürzeren Geschichten sein, doch Joyce stellte rasch fest, dass der Stoff genug für einen eigenständigen Roman hergab.

1914 erschienen die *Dubliners* dann doch, und die nächsten sieben Jahre schrieb Joyce am *Ulysses*. Der Roman wurde eine Sensation, sein Autor schlagartig berühmt (und berüchtigt), und das Werk gilt heute als das einflussreichste und bedeutendste des 20. Jahrhunderts. Dafür gibt es gleich mehrere Gründe. Zunächst ist da die spektakuläre Form: Das Buch gliedert sich in 18 Episoden, jede hat ihren eigenen Sprachstil und eine spezielle Erzähltechnik. Die Geschichte weist traditionell-realistische Passagen auf, andere Stellen sind als Reportage, Frage- und Antwortspiel gestaltet, in dramatisierten Dialogen, in erlebter

■ Stahlstich um 1845: Stadtansicht von Dublin mit dem Flusslauf des Liffey. In diesen Fluss warf Leopold Bloom einen zerknüllten Zettel, der von verschiedenen Personen im Laufe des Tages wahrgenommen wird.

Rede oder jenem berühmten inneren Monolog der Molly Bloom, den Joyce als »Clou des Buches« bezeichnete. Diese Methode des »Bewusstseinsstroms« wurde bereits im 19. Jahrhundert von dem französischen Romancier Édouard Dujardin entwickelt, aber erst von Joyce in ihren erzählerischen Möglichkeiten wirklich erkannt und genutzt. Mit dem inneren Monolog in *Ulysses* entstand eine Art literarische Psychoanalyse, die so präzise wie rücksichtslos die Bereiche des Un- und Unterbewussten ausleuchtete und die einander widerstreitenden Empfindungen und Gefühle als einzigen, wilden Sprachfluss in Worte fasste. Auch das war neu, großartig und setzte Maßstäbe, die zukünftig kein Romancier mehr ignorieren konnte.

Zugleich erzählt *Ulysses* eine uralte Geschichte in modernem Gewand. Leopold Blooms Erlebnisse orientieren sich exakt an den Abenteuern des Odysseus, wobei Joyce dessen zehnjährige Irrfahrt auf einen Tag zusammendrängt. Circe, der Zyklop Polyphem, die Sirenen – als Bordellmutter, Streithammel oder Kneipenchor tauchen die antiken Vorbilder wieder auf, Odysseus' Aufenthalt bei den Menschenfressern etwa findet bei Joyce in einem Pub zur Mittagszeit statt.

»Sieh dir das an: Fütterung der Raubtiere. Männer, Männer, Männer. Hoch hockend auf hohen Hockern an der Bar, die Hüte zurückgeschoben, an den Tischen nach Brot rufend, mehr Brot, das es gratis gab, saufend voll Gier, schlagweise den Drecksfraß verschlingend, mit quellenden Augen, benäßte Schnurrbärte wischend.«

Diese literarische Folie ist wesentlich für das tiefere Verständnis des Romans, aber man kann ihn auch lesen und genießen, ohne die antike Vorlage zu kennen. Anders ist der Spaß natürlich noch größer. Aber auch jenseits der Anspielungen auf Homers Klassiker ist *Ulysses*

» ... *das Werk eines der größten Schriftsteller, nicht nur unserer Zeit, sondern aller europäischer Literatur.«*

T. S. ELIOT

■ Das James-Joyce-Denkmal steht in Dublin an der Ecke Abbey Street Low und O'Connell Street.

■ Szene aus der Joseph-Strick-Verfilmung. Übrigens wählte James Joyce den 16. Juni als Datum für die Handlung des *Ulysses*, weil er an diesem Tag das erste Mal mit seiner Frau Nora ausging und vermutlich auch das erste Mal mit ihr schlief.

eine Daueraufgabe für Literaturwissenschaftler, die immer noch nicht alles entschlüsselt haben, was Joyce an Verweisen und Zitaten aus 3000 Jahren Geistesgeschichte in seinen Roman gepackt hat. Er selbst verstand das Buch auch als Hommage an seine Heimatstadt und rühmte sich, Gebäude und Straßen so genau beschrieben zu haben, dass man Dublin nach seinen Schilderungen neu erbauen könnte. Den Skandal, den Joyce mit seinem Roman auslöste, hat die Stadt ihrem mittlerweile berühmtesten Sohn längst verziehen, wenn *Ulysses* auch bis in die 1960er Jahre in Irland nicht erscheinen durfte. Heute dient das Buch in der Tat als Reiseführer, und eine Stadtrundfahrt à la Leopold Bloom, mit einem Besuch seiner Wohnung in der Eccles Street Nr. 7, gehört seit langem zu den touristischen Attraktionen Dublins. Alljährlich wird auch am 16. Juni der »Bloomsday« in Kneipen und Pubs gefeiert. Und so manchem Zecher mag es schon spätnachts wie dem irischen Odysseus und seinem Vorfahren ergangen sein: Er musste heimlich zu Hause eindringen. Aber vielleicht hatte er ja ebenso viel Glück wie Leopold Bloom und ein Fenster stand offen?

ULYSSES

 JAMES JOYCE, LEBEN UND WERK

 DATEN

Als ältestes von zehn Geschwistern kam James Joyce am 2. Februar 1882 in Rathgar, einem Vorort im Süden von Dublin, zur Welt. Mit sechs Jahren wurde er in ein Jesuiten-Kolleg eingeschult – die Erlebnisse aus dieser Zeit gingen ausführlich ein in seinen stark autobiographischen Roman *Ein Portrait des Künstlers als junger Mann* (*Portrait of the Artist as a Young Man*). Schon früh kam er mit den Irland erschütternden politischen Konflikten in Berührung und entwickelte einen starken Widerwillen gegen die englische Herrschaft. In gleichem Maße rebellierte er gegen die Autorität der Kirche, Kulturprovinzialismus und familiäre Enge. Von 1898 bis 1902 studierte er am jesuitischen University College in Dublin Philosophie und Sprachen und trat als vielbelesener Polemiker in Erscheinung. Er verfasste kurze Prosaskizzen, sogenannte Epiphanien, schrieb Gedichte, vertonte einige von ihnen, übersetzte deutsche Literatur und entwarf ein Drama. Nach Abschluss der Universität kehrte James Joyce Irland den Rücken und ging nach Paris. Dort lebte er in äußerster Armut, begann ein Medizinstudium, gab es aber aus finanziellen Gründen wieder auf. Der Tod seiner Mutter war der Anlass dafür, dass er 1903 nach Irland zurückkehrte. Er veröffentlichte mehrere Gedichte in Zeitschriften und begann sein erstes Prosawerk *Dubliners*, in dem er die geistig-moralische Lähmung seiner Heimatstadt wiederzugeben suchte. In dieser Zeit lernte er Nora Barnacle kennen, ließ Irland erneut hinter sich und lebte mit ihr in den folgenden Jahren in Zürich und Triest. 1905 wurde ihr Sohn Giorgio, 1907 ihre Tochter Lucia geboren. James Joyce gab Englischunterricht und beendete *Dubliners*, suchte jedoch zunächst vergeblich einen Verlag für die fünfzehn düsteren Geschichten. Er veröffentlichte den Gedichtband *Kammermusik* (*Chamber Music*) und arbeitete an dem Roman *Ein Portrait des Künstlers als junger Mann*, der 1916 in New York veröffentlicht wurde. Ebenfalls in New York, in der Zeitschrift *The Little Review*, erschienen ab 1918 Auszüge aus *Ulysses*, an dem James Joyce seit 1914 schrieb. Der in England und den USA lange wegen des Vorwurfs der Obszönität verbotene Roman kam schließlich 1922 in Paris heraus. Seine weitere Verbreitung konnte nicht mehr aufgehalten werden, weder durch die New Yorker Post, die zweitausend Exemplare verbrannte, noch durch den englischen Zoll, der Hunderte von Exemplaren beschlagnahmte. James Joyce, der seit 1920 auch in Paris lebte, machte sich an seinen nächsten Roman, *Finnegans Wake*, der ihn die folgenden fünfzehn Jahre beschäftigte und als eines der schwierigsten Werke der Weltliteratur gilt. 1940 floh James Joyce aus Paris zu Freunden in der Provinz. Er starb am 13. Januar 1941 in Zürich.

Erstveröffentlichung:
Paris (englisch) 1922 (deutsch: 1927)

Lesenswert:
James Joyce: *Ulysses*. Übersetzung Hans Wollschläger, Frankfurt/Main (Suhrkamp) 1996.
Dubliners. Kurzgeschichten, Frankfurt/Main 1996.
Ein Portrait des Künstlers als junger Mann. Roman, Frankfurt/Main 1994.
Finnegans Wake. Gesammelte Annäherungen. Roman. Herausgegeben von Klaus Reichert und Fritz Senn, Frankfurt/Main 1997.
Anna Livia Plurabelle. Englisch/Deutsch, Frankfurt/Main 1992.

Jean Paris: *James Joyce*. Mit Selbstzeugnissen und Bilddokumenten, Reinbek 1996.

Richard Ellermann: *James Joyce. Eine Biographie*, Frankfurt/Main 1999.

Hörenswert:
James Joyce: *Ulysses*. Read by Jim Norton and Marcella Riordan, Naxos 1994. 4 Audio-CDs.

Sehenswert:
Ulysses. Regie: Joseph Strick; mit Milo O'Shea, Barbara Jefford, Maurice Roeves, T. P. McKenna, Anna Manahan. GB 1967.

 AUF DEN PUNKT GEBRACHT

Das Jahrhundertbuch der Moderne – mit *Ulysses* beginnt ein neues literarisches Zeitalter.

Zeno Cosini
Italo Svevo

»Lieber Freund, Danke für den Roman mit Widmung. Ich habe jetzt zwei Exemplare davon, da ich mir eines schon aus Triest bestellt hatte. Ich lese ihn mit großem Vergnügen. Warum regen Sie sich auf? Sie müssen wissen, dass das bei weitem Ihr bestes Buch ist.«

■ Der Kritiker Eugenio Montale schrieb am 30. Januar 1926 in der Zeitschrift *Il Quindicinale*: »Wir glauben, dass dieser Autor, auch wenn ihn die Zeitgenossen verkannten, das Urteil der Zeit nicht allzusehr zu fürchten braucht.«

Ein Brief von James Joyce. An einen, der ganz verzagt war. Und empört. Darüber, dass man ihn mal wieder links liegen ließ. Kaum Notiz nahm von diesem neuen Werk, das er zwar in einem Rausch von 14 Tagen niedergeschrieben, aber dann drei Jahre lang so verbessert, umgearbeitet und geschliffen hatte, dass doch jeder sehen musste, wie gut es geworden war. Aber die Kritik wollte nichts davon wissen, »eine anti-literarische Kuriosität am Rande der italienischen Literatur«, musste er im *Corriere della Sera* lesen, und die wesentlichen Rezensenten jener Zeit schwiegen wie früher schon, als die beiden ersten Romane Svevos erschienen waren. Was sollte man auch schon halten von einem Unternehmer aus Triest, der eine Fabrik für Unterwasserfarben leitete, unter dem bürgerlichen Namen Ettore Schmitz, sich als Schriftsteller aber Italo Svevo nannte, den »italienischen Schwaben«, bloß weil er auf einem deutschen Internat gewesen war? Und so zweifelhafte Sachen schrieb er: über haltlose Personen, die ihre Frauen betrogen, sich durchs Leben treiben ließen und selbst zu schwach waren, mit dem Rauchen aufzuhören. Waren das Themen für ernst zu nehmende Literatur?

Niemand ahnte damals, dass Italo Svevo als einer der bedeutendsten italienischen Schriftsteller dieses Jahrhunderts in die Literaturgeschichte eingehen und sein Roman *Zeno Cosini* (*La coscienza di Zeno*) noch heute weltweit nicht nur Raucher faszinieren und erheitern würde.

»Ich bin überzeugt, dass die Zigarette anders und bedeutsamer schmeckt, wenn sie die letzte sein soll. Auch andere können einen eigenen Geschmack haben, aber nie einen so intensiven. Die letzte Zigarette hat das Aroma des Gefühls eines Sieges über sich selbst, der Hoffnung auf eine baldige Ära voll Kraft und Gesundheit. Andere Zigaretten besagen, dass man seine eigene Freiheit besitzt, indessen man raucht, und dass gleichwohl jene Ära voll Kraft und Gesundheit in hoffnungsvoller Nähe bleibt, wenn auch auf etwas später verschoben.«

Zeno Cosini ist ein älterer Herr, der reich ist und es sich leisten kann, viel über sein Leben nachzudenken. Und da gibt es viel zu grübeln, gerät er doch aus Mangel an Prinzipien und Entschlossenheit ständig in Schwierigkeiten. Stets ist sein Schicksal von anderen Menschen und äußeren Umständen abhängig.

■ Riva tre Novembre am alten Hafen von Triest, Photo von 1936.

■ Zigarettenwerbung aus der Entstehungszeit des *Zeno Cosini*.

■ Auch diese deutsche Zigarettenwerbung stammt aus der Zeit Zeno Cosinis.

Um etwa in der Nähe der von ihm geliebten Ada zu sein, die ihn zurückweist, heiratet er deren unattraktive Schwester Augusta, um sich dann alsbald eine Geliebte zuzulegen, die ihm ein permanent schlechtes Gewissen verschafft. »*Heute letzter Ehebruch*«, notiert er einmal in sein Tagebuch, aber wie beim Rauchen, das er sich schon seit Ewigkeiten abzugewöhnen versucht, hält dieser Vorsatz nur wenige Stunden. Wir erfahren all diese Dinge von Zeno Cosini selbst. Aufgefordert von einem Psychotherapeuten, zu dem er sich zerknirscht begeben hat, legt er eine Art Seelenbeichte ab, er lauscht tief in sich hinein, beschreibt all seine Stimmungen und Gefühle. Vor allem die Träume interessieren seinen Arzt, und Zeno berichtet auch davon gewissenhaft, obwohl er das für unsinnig hält. Überhaupt ist ihm die ganze Aktion suspekt, er kann seinen Psychiater nicht leiden und wehrt sich in einem fort gegen die Behandlung. Als dann der Erste Weltkrieg ausbricht und ein neuer unternehmerischer Elan in Zeno erwacht, erklärt er sich selbst für geheilt. Jetzt sieht er sich als tapferer Philosoph der Gesundheit: »*Es tut weiter nichts zur Sache, wenn man einmal da und dort eine Medizin einnimmt; aber alles übrige muß sich rühren und kämpfen, muß beweglich sein. Schmerz und Liebe, mit einem Wort das Leben, darf man doch nicht deshalb als Krankheit ansehen, weil sie weh tun.*«

Der Roman erschien 1923 und stieß, wie gesagt, auf wenig Resonanz, woraufhin Svevo das Buch an James Joyce schickte, seinen Freund und Bekannten aus frühen Triester Tagen. 1905 hatten sie sich kennen gelernt, Joyce unterrichtete damals Englisch an der Berlitz School von Triest, und Svevo war einer seiner Schüler. Der Ire war zu dieser Zeit noch völlig unbekannt, und er war es, der den bald 20 Jahre älteren Svevo in seinen literarischen Ambitionen bestärkte. Von *Zeno Cosini* war Joyce so begeistert, dass er seinen, mittlerweile durchaus beträchtlichen Einfluss – ein Jahr zuvor war der *Ulysses* in Paris erstmalig gedruckt worden – bei französischen Literaturkritikern geltend machte. Als Auszüge von *Zeno Cosini* dann wirklich in Frankreich veröffentlicht wurden, kam die Wende für Italo Svevo. Eine bedeutende Pariser Literaturzeitschrift widmete ihm ein Sonderheft, sein Romanheld wurde als »bürgerlicher Charlie Chaplin« (Benjamin Crémieux) gefeiert. Nun reagierte auch die italienische Presse, zunächst allerdings eher beleidigt. Man wollte sich nicht von Franzosen vorschreiben lassen, wer ein guter italienischer Schriftsteller sei. Italo Svevo und sein Roman wurden zum »Fall«, über den man sich heftig stritt. Doch bald gerieten die Gegner in die Minderheit, Svevo fand bedeutende Fürsprecher wie Luigi Pirandello oder den späteren Literaturnobelpreisträger Eugenio Montale, endlich sah er sich, mit 65 Jahren, als Autor anerkannt. Lange konnte Italo Svevo seinen Ruhm leider nicht genießen, da er nur drei Jahre später an den Folgen eines Autounfalls starb.

■ Die Zigarre als Symbol der Macht: »Der Hausherr« Federzeichnung von George Grosz aus dem Jahre 1921.

Was James Joyce an *Zeno Cosini* so bestrickend fand, war nicht nur der Inhalt: »Ich hätte nie gedacht, dass das Rauchen einen Menschen derart beherrschen kann.« Es war auch die moderne Form des Romans, die den Verfasser des *Ulysses* beeindruckte und an seine eigene Arbeit erinnerte. In seinem Bericht springt Zeno oft abrupt aus der Gegenwart in die Vergangenheit und umgekehrt, er erzählt von seinen Träumen, manchmal wie unter Hypnose. Es ist die Technik des »Bewusstseinsstroms«, die Svevo anwendet, eine Erzählform, die James Joyce und Virginia Woolf berühmt machten. In *Zeno Cosini* passt diese Erzählweise überdies perfekt zur Psychoanalyse, die an Zeno ja erprobt wird und die ebenfalls mit solchen Mitteln arbeitet. Die Psychoanalyse galt zu jener Zeit als der Letzte

»Es war eine Zeit starker, überwältigender Inspiration. Es gab keine Möglichkeit, sich in Sicherheit zu bringen. Dieser Roman musste geschrieben werden.«

ITALO SVEVO

■ Woody Allen, ein Zeno Cosini unserer Zeit.

Schrei der Wissenschaft und wurde gerade von Schriftstellern aufmerksam studiert. Zwar warfen Experten Svevo nach der Lektüre seines Romans vor, er habe im Grunde keinen Schimmer von den wahren Zusammenhängen einer Therapie, doch zeigt die spätere Entwicklung, wie präzise sich der Erzähler Zeno innerhalb der Möglichkeiten und Grenzen dieses Faches bewegte. Auch die heutigen kritischen Erkenntnisse nimmt das Buch bereits vorweg, mit viel Ironie und einem Humor, den man erst in unserer Zeit richtig erkannt hat. Italo Svevo hatte sich intensiv mit der neuen Wissenschaft auseinander gesetzt und dabei instinktiv auch ihre komischen Seiten erfasst. Insofern kann man Zeno Cosini als Vorläufer von Woody Allen betrachten: ein Stadtneurotiker auf der Couch. Zu intelligent für einen neuen Glauben, aber zu schwach und hilflos, um sich dagegen zur Wehr setzen zu können.

»*Zeno Cosini ist der Beitrag unserer Literatur zu jener Gruppe von ausgesprochen internationalen Büchern, die den lächelnden und verzweifelten Atheismus des neuen Ulysses besingen, des europäischen Menschen. Nicht dass es kosmopolitische Visionen, Ausnahmeseelen und dergleichen waren, aber die bürgerlichen Gestalten Svevos sind Abfälle und outcasts einer Zivilisation, die sich in sich selbst erschöpft und staut. (Mehr als das ewige Elend der Menschheit im Allgemeinen ist die ›Blödheit‹ von Svevos Personen der eigentümliche Charakter der Protagonisten unserer stürmischen Epoche.)*«

EUGENIO MONTALE

ZENO COSINI (LA COSCIENZA DI ZENO)

 ITALO SVEVO, LEBEN UND WERK

Italo Svevo war der Sohn einer Italienerin und eines aus dem Rheinland stammenden Glaswarenhändlers. Als Ettore Schmitz wurde er am 19. Dezember 1861 in der damals noch österreichischen Stadt Triest geboren. Mit zwölf schickten ihn seine Eltern auf eine kaufmännische Schule in der Nähe von Würzburg. Fünf Jahre später kam er zurück und besuchte eine höhere Handelsschule, musste die Ausbildung aber nach dem finanziellen Ruin des Vaters aufgeben. Fast zwanzig Jahre arbeitete er als Bankangestellter. Häufig ging er in die Bibliothek und studierte dort insbesondere die italienische und französische Literatur. Er begann zu schreiben, entwarf Komödien und veröffentlichte Kritiken und Erzählungen in der Tageszeitung *L'Indipendente*. 1892 erschien sein erster Roman *Ein Leben (Una vita)* Die Geschichte der Hauptfigur Alfonso Nitti weist viele Parallelen zum Leben des Autors auf. Die Kritiker lehnten den Roman mit dem Vorwurf des Dilettantismus ab. 1895 heiratete Italo Svevo Livia Veneziani. Neben seiner Beschäftigung als Bankangestellter war er nun auch als Lehrer an der Handelsschule und als Redakteur für eine Triestiner Zeitung tätig. Als ihm auch sein zweiter Roman *Ein Mann wird älter (Senilità)*, der 1898 zunächst in Fortsetzungen im *L'Indipendente* erschien, keinen Erfolg brachte, gab er die Hoffnungen auf eine literarische Karriere auf. 1899 kündigte er die Stelle in der Bank und trat in das Unternehmen seines Schwiegervaters ein. Einige Jahre später lernte er James Joyce kennen, der von 1904 an in Triest an der Berlitz School Englisch unterrichtete. Von ihm ermutigt, nahm er die literarische Arbeit wieder auf. Ab 1908 beschäftigte er sich eingehend mit den Schriften Sigmund Freuds und unterstützte seinen Neffen bei einer Übersetzung der *Traumdeutung* ins Italienische. Nach dem Ersten Weltkrieg war Italo Svevo einige Jahre Mitarbeiter bei der Tageszeitung *La Nazione* und schrieb an seinem dritten Roman *Zeno Cosini (La coscienza di Zeno)*, der, als er 1923 erschien, wie seine beiden Vorgänger erfolglos war. Wieder erfuhr er Zuspruch durch James Joyce, der den Roman für ein Meisterwerk hielt und Italo Svevo an die französischen Kritiker Benjamin Crémieux und Valéry Larbaud empfahl. Die Veröffentlichung von *Zeno Cosini* in Frankreich und eine heftige französisch-italienische Literaturdebatte machten den Roman berühmt und brachten dem Autor drei Jahre vor seinem Tod am 13. September 1928 den lang ersehnten Erfolg. Der italienische Lyriker Eugenio Montale würdigte das Werk seines Kollegen in einer *Hommage an Italo Svevo*. Für die Literaturgeschichte gilt Italo Svevo als einer der ersten und einer der bedeutendsten Vertreter des psychologischen Romans in Italien. Im Herbst 2000 ist *Zeno Cosini* in neuer Übersetzung unter dem Titel *Zenos Geschichte* veröffentlicht worden.

 DATEN

Erstveröffentlichung:
Bologna 1923 (deutsch: 1928)

Lesenswert:
Italo Svevo: *Zeno Cosini*. Reinbek (Rowohlt) 2000.
Ein Leben. Roman, Reinbek 1984.
Ein Mann wird älter. Roman, Berlin 2000.
Die Novelle vom guten alten Herrn und vom schönen Mädchen, Berlin 1998.
Kurze sentimentale Reise, Stuttgart 1999.
Die Kunst, sich das Rauchen nicht abzugewöhnen. Von Greisen, Dichtern und letzten Zigaretten, Reinbek 1995.

Livia Veneziani Svevo: *Das Leben meines Mannes Italo Svevo*, Frankfurt/Main 1994.

François Bondi / Ragni Maria Gschwend: *Italo Svevo*, Reinbek 1995.

Hörenswert:
Italo Svevo: *Zeno Cosini. Das Raucherkapitel*. Gelesen von Walter Schmidinger, Rowohlt 1988. Audiocassette.

Italo Svevo: *Kurze sentimentale Reise*. Gelesen von Gert Heidenreich, Verlag und Studio für Hörspielproduktionen 2000. 4 Audiocassetten/Audio-CDs.

 AUF DEN PUNKT GEBRACHT

Eines der witzigsten Bücher des 20. Jahrhunderts – ersetzt den Besuch beim Psychotherapeuten!

Die Falschmünzer
André Gide

■ Der junge André Gide.

Als er jung war, sah er aus wie Keanu Reeves: mit schmalen, schräggeschnittenen Augen, hohen Wangenknochen und sinnlichen Lippen. Er stammte aus einer reichen Familie und hatte nie in seinem Leben Geldsorgen. In der Literatur wurde er früh eine nationale Instanz, er schrieb den elegantesten Stil seiner Zeit, über Jahrzehnte hinweg sprach man vom größten lebenden Schriftsteller Frankreichs, wenn die Rede auf ihn kam. Der Nobelpreis, den er 1947 erhielt, war für die literarische Welt eine Selbstverständlichkeit.

Mit seiner Herkunft und Bildung hätte André Gide eigentlich das französische Pendant zu Thomas Mann werden können: ein bürgerlicher Groß-Schriftsteller, vornehmer geistiger Repräsentant seines Landes und Schulbuch-Klassiker. Aber er war nicht so recht vorzeigbar. Anders als Thomas Mann bekannte Gide sich offen zu seiner Homosexualität, und eine überstrenge religiöse und auf Etikette bedachte Erziehung hatte ihn zum Rebellen gemacht, den zeitlebens nur ein einziges Thema interessierte: die Freiheit des Individuums.

■ André Gide um 1920.

Gides unablässiger Kampf gegen die Zwänge von Ideologie, Moral und Religion brachte ihm Verehrer wie Feinde ein. Eines seiner ersten Bücher hieß *Der Immoralist*. Der Titel formulierte das Programm, dem Gide alles verschrieb, Leben und Arbeit. Der Jugend riet er: »*Glaubt denen, die die Wahrheit suchen, zweifelt an denen, die sie finden, zweifelt an allem, aber zweifelt nicht an euch selbst.*« Mit solchen Maximen verdarb es sich Gide gründlich mit allen Moralaposteln. Konsequent setzte die katholische Kirche gleich sein gesamtes Werk auf den Index.

Unter Kollegen war André Gide jedoch unumstritten, er galt jahrzehntelang als *der* französische Literaturpapst, und jedes seiner Bücher wurde auch deshalb mit Spannung erwartet, weil keines dem andern glich. *Die Falschmünzer* machte da keine Ausnahme. Erzählt in der Tonlage eines traditionellen realistischen Romans des 19. Jahrhunderts, ist das Buch von seiner Form her ein literarisches Experiment. Man vergleicht es heute mit den kühnen Leistungen eines James Joyce oder Robert Musil. Mit 56 Jahren stellte André Gide unter Beweis, dass die europäische Avantgarde noch auf ihn zählen konnte.

»*Darf ich Ihnen etwas sagen, mein Lieber? Sie haben alle Eigenschaften eines Literaten: Sie sind eitel, verlogen, ruhmsüchtig, unzuverlässig, egoistisch.*« »*Sie überhäufen mich mit Komplimenten ...*«

Die Falschmünzer ist ein Roman über das Romaneschreiben. Die Hauptfigur heißt Édouard. Er ist ein renommierter Romancier, der über sein nächstes Buch nachdenkt. Es soll *Die Falschmünzer* heißen und etwas literarisch ganz Neues, Unerhörtes werden. Édouard ist unzufrieden mit der herkömmlichen Romanform, er träumt von einem »*idealen*« oder abstrakten Roman, der weder Anlass noch Geschichte braucht, gewissermaßen aus sich selbst entsteht. Diese theoretische Entstehungsgeschichte notiert Édouard in ein Tagebuch, eine Art Arbeits-Journal. Täglich denkt er darüber nach, wie sein Roman aussehen müsste, schreiben wird er keine einzige Zeile. Was auch an den vielfältigen äußeren Verwicklungen liegt, in die der Schriftsteller im wirklichen Leben gerät. Gerade ist Édouard nämlich nach Paris gereist, um einer verheirateten Freundin beizustehen, die während einer Kur in eine Liebesaffäre geschlidert ist. Jetzt ist sie schwanger und weiß nicht ein noch aus. Als sich herausstellt, dass ihr Liebhaber mit Édouard verwandt ist, wird er in eine komplizierte Familiengeschichte mit vielen Nebenhandlungen und -figuren hineingezogen. Die Verwicklungen sind für ihn fast undurchschaubar. An seinen Roman denkt er nur noch zwischendurch. Dann ver-

■ Cover einer französischen Ausgabe der *Falschmünzer*.

»*Von allen Schriftstellern der Epoche ist André Gide vielleicht der, dem die Wirkung auf das zeitgenössische Publikum am tiefsten gleichgültig ist. Von seinen ersten Anfängen bis zum heutigen Tag ist er unabhängig von allen literarischen oder intellektuellen Moden geblieben.*«

KLAUS MANN

■ »Mann am Sekretär« von Georg Friedrich Kersting von 1811. Gide knüpft in seinen *Falschmünzern* und in der Schilderung seines Helden, des Romanautors Édouard, an die Kunst der realistischen Romanciers des 19. Jahrhunderts an.

»Wie Proust und Joyce verlangt auch Gide, dass sich der Roman endlich von den Gesetzen des alten Chronos löse und seine Bemühungen einstelle, ›Realität‹ wiederzugeben. Wirkliches vollzieht sich nur jenseits der Zeiger, in der Kühnheit des Entwurfs und im Verhältnis von Plan und Geschehnis.«

WALTER JENS

liebt er sich obendrein. In den Gymnasiasten Olivier, der zusammen mit seinem Kameraden Bertrand gegen Elternhaus und Schule revoltiert und im jugendlichen Überschwang allerlei Dummheiten begeht. Um diese Jungs entsteht nun ein erotischer Kampf zwischen Édouard und seinem bestgehassten Schriftsteller-Konkurrenten Passavant, wobei Édouard schließlich den Widersacher aus dem Feld schlägt. Wie steht es inzwischen mit dem *Falschmünzer*-Plan? Ursprünglich wollte Édouard mit dem Roman-Titel auf die seiner Meinung nach »unechten«, oberflächlichen Romane seiner Zeit anspielen, dann aber wird die Angelegenheit insofern überraschend konkret, als der kleine Bruder von Olivier tatsächlich falsche Goldmünzen in Umlauf bringt. Auf diese Weise lässt nun der reale Autor André Gide die Realität über Édouards Romanprojekt triumphieren, was Édouard wiederum als zusätzlichen Beweis für seine These auffasst, dass die Geschichte, d. h. die Genese eines Buches sowieso spannender sei als das Buch selbst. Gide hat diesen Kapriolen selbst noch eins draufgesetzt, indem er 1926 dem Roman seinerseits ein *Journal der »Falschmünzer«* nachschob, das den Entstehungsprozess des Werkes nun aus der Perspektive des wahren Verfassers rekonstruiert. Auch hat Gide *Die Falschmünzer* ironisch als seinen »ersten Roman« bezeichnet. Das trifft insofern durchaus zu, als das Buch das romanhaft Turbulenteste ist, was Gide je geschrieben hat. Intrigen, Ränke, Liebeshändel – all das wird kunstvoll arrangiert, durcheinander gewirbelt und wieder zusammengesetzt. Dahinter steht der überlegene Romancier Gide, der keinen Zweifel darüber aufkommen lässt, dass er sein Metier souverän beherrscht. Am Schluss merkt man jedoch, dass er es auch nicht mehr recht ernst nimmt. Da erschießt sich versehentlich ein Schüler, aber Édouard ist kaum bekümmert, Tragik kommt halt vor im Roman. Er freut sich schon auf's Abendessen mit dem nächsten hübschen Knaben.

DIE FALSCHMÜNZER (LES FAUX-MONNAYEURS)

 ANDRÉ GIDE, LEBEN UND WERK

Von seiner Kindheit und Jugend, die ganz im Zeichen der streng moralischen und puritanischen Erziehung durch seine Mutter stand, zeichnete André Gide, am 22. November 1869 in Paris geboren, als Fünfzigjähriger in seinen Erinnerungen *Stirb und Werde* ein düsteres Bild. Schon früh fand er im Schreiben ein Mittel, sich mit den Empfindungen und Neigungen auseinander zu setzen, die von den Konventionen in der »realen« Welt erstickt wurden. Mit fünfzehn begann er Tagebuch zu schreiben und führte dieses zeit seines Lebens weiter. Sein erstes größeres Prosawerk waren die 1891 erschienenen *Tagebücher André Walters*, die Aufzeichnungen eines Mannes, der im Alter von knapp zwanzig Jahren im Wahnsinn stirbt. Die Liebesbeziehung zwischen der Hauptperson André und seiner Kusine Emmanuèle ähnelt in vielem derjenigen des Autors und seiner Kusine Madeleine, die 1895 seine Frau wurde. Mit dem Buch begann eine erste literarisch sehr produktive, zehn Jahre andauernde Phase, an deren Ende der Roman *Der Immoralist* stand. Eine der wichtigsten Erfahrungen des Helden dieser Geschichte ist die Entdeckung seiner bisher verdrängten Homosexualität. André Gide ging es um die Befreiung von der bürgerlichen Moral und ihren Normen und Wertvorstellungen, die seine Kindheit geprägt hatten. In seinem gesamten Werk steht das Streben des Individuums nach Freiheit und persönlicher Entfaltung im Mittelpunkt. Die erste Erzählung, die 1907 nach einer längeren Phase des Schweigens erschien, war *Die Rückkehr des verlorenen Sohnes*. Rainer Maria Rilke, mit dem sich André Gide einige Jahre lang Briefe schrieb, übertrug sie ins Deutsche. Außer als Verfasser von literarischen und literaturkritischen Schriften war André Gide selbst auch als Übersetzer tätig; so übertrug er unter anderem Werke von Goethe, Shakespeare und Alexander Puschkin ins Französische. 1908 war er Mitbegründer der Zeitschrift *La Nouvelle Revue Française* und gehörte viele Jahre dem Redaktionsteam an. Schon immer viel unterwegs, hielt es ihn ab 1925 bis zu seinem Tod am 19. Februar 1951 nicht mehr an einem Ort; seine Pariser Wohnung war nur noch der vorübergehende Aufenthaltsort zwischen den Reisen. Einen Tag nach der Fertigstellung seines Romans *Die Falschmünzer* 1925 fuhr er für zehn Monate als Beauftragter des französischen Kolonialministeriums in den Kongo; seine Berichte über diese Reise wurden zu einer in Frankreich viel beachteten Anklage gegen die dort herrschende soziale Ungerechtigkeit. Einige Jahre stand er dem Kommunismus nahe, bis ihn eine Reise in die UdSSR 1936 ernüchterte. Seine Enttäuschung brachte er in seinem Buch *Zurück aus Sowjet-Rußland* zum Ausdruck. André Gide erhielt 1947 den Nobelpreis für Literatur.

 DATEN

Erstveröffentlichung:
Paris 1925 (deutsch: 1928)

Lesenswert:
André Gide: *Die Falschmünzer. Tagebücher der Falschmünzer*, München (DVA) 1996.
Stirb und werde, München 2001.
Der schlechtgefesselte Prometheus und andere Erzählungen, München 1999.
Der Immoralist. Roman, München 1997.
Die enge Pforte, München 1998.
Die Verliese des Vatikans. Roman, München 1996.
Die Pastoral-Symphonie, Stuttgart 1995.
Die Schule der Frauen. Erzählungen, München 2000.
Die Rückkehr des verlorenen Sohnes. Erzählung. Übertragen von Rainer Maria Rilke, Frankfurt/Main 1992.
Aufzeichnungen über Chopin, Frankfurt/Main 1993.

Martin Claude: *André Gide*. Mit Selbstzeugnissen und Bilddokumenten, Reinbek 1995.

Klaus Mann: *André Gide und die Krise des modernen Denkens*, Reinbek 1995.

 AUF DEN PUNKT GEBRACHT

Von allen Roman-Experimenten des 20. Jahrhunderts sicherlich das am wenigsten anstrengende: Man muss nur ein gutes Namensgedächtnis haben.

Der Prozeß
Franz Kafka

■ Franz Kafka, um 1917. Rainer Maria Rilke sagte über Franz Kafka: »Ich habe nie eine Zeile von diesem Autor gelesen, die mir nicht auf das eigentümlichste mich angehend oder erstaunend gewesen wäre.«

Wenn etwas ganz seltsam und sonderbar ist, ein Traum, ein Erlebnis, wenn man sich fürchtet oder verfolgt glaubt, ohne zu wissen, warum und von wem, wenn etwa ein dunkler, stiller Korridor mit vielen Türen beklemmend bedrohlich wirkt oder man sich in einem Labyrinth gefangen wähnt – dann spricht man von einem »kafkaesken« Gefühl. Es beschreibt eine urmenschliche Erfahrung von Angst und Verlorenheit, und Franz Kafka hat sie in so charakteristischer Weise literarisch festgehalten, dass man aus seinem Namen – günstigerweise hieß er nicht Müller oder Schmidt – jenes Adjektiv abgeleitet hat, das man mittlerweile auch in anderen Sprachen versteht und verwendet.

Als der in Prag gebürtige Autor 1924 mit 41 Jahren an Tuberkulose starb, nahm kaum jemand Notiz davon, nur wenige kannten sein Werk. Heute zählt man Franz Kafka zu den bedeutendsten Schriftstellern der Weltliteratur.

Das Leben hatte ihm kaum Erfolge beschert. Seine Tätigkeit als Jurist bei einer Versicherung war ihm eine Last, in der Liebe war ihm wenig Glück vergönnt, und um seine Gesundheit stand es immer schlecht. Verzweiflung und Depressionen waren seine ständigen Begleiter. Freude machte ihm nur das Schreiben, es war sein »*einziges Verlangen*«. Viel hielt er allerdings nicht davon, er nannte das, was er zu Papier brachte, »*Gekritzel*«. Zu Lebzeiten veröffentlichte Kafka daher nicht viel, und den Freund Max Brod bat er, ein Übriges zu tun und nach seinem Tod alle noch ungedruckten Manuskripte zu verbrennen. Brod hat diesen letzten Wunsch nicht erfüllt, man schaudert bei dem Gedanken, was sonst gewesen wäre. Das gleiche Schaudern überfällt einen bei der Geschichte vom *Prozeß*.

»*Jemand mußte Josef K. verleumdet haben, denn ohne dass er etwas Böses getan hätte, wurde er eines Morgens verhaftet.*«

Am Vorabend seines 30. Geburtstags wird Josef K. aus unerfindlichen Gründen in Arrest genommen, von zwei mysteriösen Herren in

> »Wir werden hier an die Grenze des menschlichen Denkens versetzt. Es ist das Schicksal und vielleicht auch die Größe dieses Werkes, dass es alle Möglichkeiten darbietet und keine bestätigt.«
> ALBERT CAMUS

Schwarz, die ihn aus dem Bett holen und darüber informieren, dass ein Verfahren gegen ihn eingeleitet sei. Um eine Begründung bittet K. vergeblich, so wie er auch im Folgenden keine Klarheit über Ursache und Hintergrund der Anklage gewinnen kann. K. erfährt nie, wessen man ihn bezichtigt. Die Behörden, die er aufsucht, entziehen sich ihm auf rätselhafte Weise, ein Anwalt kann ihm nicht helfen, alle scheinen von einer großen Schuld auszugehen, die auf K. lastet. Aber niemand ist bereit, sie auszusprechen. K. wird nie wissen, was gegen ihn vorliegt.

■ Szene aus der Orson-Welles-Verfilmung *Der Prozeß* mit Anthony Perkins in der Rolle des Josef K. Der Regisseur Orson Welles schrieb auch das Drehbuch. Für die Bühne hat André Gide mit Jean-Louis Barrault den Stoff dramatisiert.

»Ich bin aber nicht schuldig«, sagte K., »es ist ein Irrtum. Wie kann denn ein Mensch überhaupt schuldig sein. Wir sind doch hier alle Menschen, einer wie der andere.« »Das ist richtig«, sagte der Geistliche, »aber so pflegen die Schuldigen zu reden.«
Von Szene zu Szene wird die Geschichte gespenstischer. In einer Kirche erzählt ihm ein Geistlicher eine aberwitzige Legende von einem Mann, der sein ganzes Leben lang vor einer Tür wartet, hinter der »Das Gesetz« thront. Das Gericht, das K.s Prozess führen soll, haust auf einem Dachboden, die Beamten sitzen in Bretterverschlägen, dazwischen hängt Wäsche zum Trocknen. Allmählich beginnt K., sich mit seinem Schicksal abzufinden, er spürt, dass eine Verurteilung bereits feststeht. Genau ein Jahr nach seiner Verhaftung erscheinen wieder zwei Herren, um ihn abzuführen. Das Urteil ist gesprochen, es wird grausam vollstreckt. K. wehrt sich nicht.

»An K.s Gurgel legten sich die Hände des einen Herren, während der andere das Messer ihm tief ins Herz stieß und zweimal dort drehte.«
Der Prozeß ist erst nach Kafkas Tod erschienen. Das handschriftliche Manuskript trägt keinen Titel, Franz Kafka soll jedoch immer vom »Process« – so seine Schreibweise – gesprochen haben. Im August 1914 hatte er mit der Arbeit begonnen und schnell den Anfang und den Schluss geschrieben. Die Kapitel dazwischen fielen ihm schwer, bald stockte das Projekt, ein halbes Jahr später gab Kafka auf. 1920 nahm Max Brod die Manuskriptfragmente in Verwahrung und stellte jenen Text zusammen, der 1925 erstmals als Roman veröffentlicht wurde. Zu

■ Der Schriftsteller Max Brod, geboren am 27. 5. 1884 in Prag, gestorben am 20. 12. 1968 in Tel Aviv, war ein guter Freund von Franz Kafka. Ihm verdanken wir die Erhaltung der Kafka-Manuskripte. Diese Aufnahme entstand um 1950.

■ Szene aus dem albtraumhaften Orson-Welles-Film: Josef K. will die Tür des Gerichtssaals öffnen.

■ Kritzeleien Kafkas aus seinen Vorlesungsmitschriften, vermutlich aus dem Jahr 1905.

Lebzeiten Kafkas wurde aus dem *Prozeß* nur die Türhüter-Legende gedruckt, die der Geistliche erzählt. Sie erschien unter dem Titel *Vor dem Gesetz* und ist neben *In der Strafkolonie* und *Die Verwandlung* eine der bekanntesten Erzählungen Kafkas geworden. Später, als Kafka in den 1950er Jahren endlich berühmt wurde, begann ein langer Streit um die Herausgabe seiner Schriften, die nach dem Zweiten Weltkrieg in alle Welt verstreut waren. Das Manuskript vom *Prozeß* wurde 1988 im Londoner Auktionshaus Sotheby's für 3,1 Millionen Mark von der Bundesrepublik Deutschland ersteigert. Seither wird es im Marbacher Literaturarchiv aufbewahrt. 1990 erschien die erste historisch-kritische Ausgabe getreu dem Originaltext, wie ihn Kafka verfasst hat.

Man hat den *Prozeß* auf vielerlei Arten gedeutet: etwa als Gleichnis auf das Individuum im anonymen Räderwerk der Bürokratie oder als religiös-philosophische Abhandlung über Schuld und Strafe. Doch den namenlosen Schrecken, der den Roman (und das gesamte Werk) Kafkas durchzieht, hat noch niemand so recht entschlüsselt. Vielleicht, weil ihn jeder anders empfindet. Kafka schreibt von der Angst, von der wir manchmal nachts im Schlaf überfallen werden und die sich kaum in Worte fassen lässt. Kafkas Figuren werden stets stumm vernichtet, von höheren Mächten, die weder Gnade noch Mitleid kennen. Jeder Mensch hat davon schon einmal geträumt. Kafka selbst schien seinem Roman auch freundlichere Seiten abzugewinnen. Manchmal las er seinen Freunden daraus vor. Er soll dabei schallend gelacht haben.

> »Franz Kafka ist der Dichter, der unser Jahrhundert am reinsten ausdrückt.«
>
> ELIAS CANETTI

DER PROZESS

 FRANZ KAFKA, LEBEN UND WERK

Franz Kafka wurde 1883 in Prag als Sohn eines jüdischen Kaufmanns geboren. Das ganze Leben über hat er seinen Geburtsort nur selten verlassen. Er besuchte das Staatsgymnasium mit deutscher Unterrichtssprache in Prag-Altstadt und studierte nach dem Abitur Jura. Nebenbei hörte er Vorlesungen in Kunstgeschichte und Germanistik. Franz Kafka hatte bereits als Schüler zu schreiben begonnen, seine Frühwerke aber vernichtet. Die früheste erhaltene Prosa ist die Erzählung *Beschreibung eines Kampfes* aus der Universitätszeit. Nach seiner Promotion machte er ein einjähriges Gerichtspraktikum und arbeitete dann ein knappes Jahr bei der Versicherungsgesellschaft Assicurazioni Generali. Da diese Arbeit seine ganze Zeit und Kraft in Anspruch nahm und ihm keine Möglichkeit mehr zum Schreiben liess, wechselte er 1908 in die »Arbeiter-Unfall-Versicherungs-Anstalt für das Königreich Böhmen«, in der er bis zu seiner vorzeitigen Pensionierung 1922 als Beamter tätig war. Die Arbeitszeit war hier viel kürzer. Franz Kafka unternahm an den Nachmittagen und Abenden ausgedehnte Spaziergänge durch die Stadt, besuchte Parteiversammlungen der Sozialdemokraten, Realisten oder Anarchisten, nahm an einem philosophischen Diskussionszirkel und an Vortragsabenden teil oder ging ins Theater. 1912 entstanden die ersten Hauptwerke, die Erzählung *Das Urteil*, die er in einer Nacht niederschrieb, der größte Teil des Romans *Amerika* und *Die Verwandlung*. Als erste Veröffentlichung erschien im selben Jahr das Buch *Betrachtung*, das achtzehn frühe Prosastücke enthält. Außerdem schrieb er zu dieser Zeit viele Briefe an Felice Bauer, mit der er sich zweimal verlobte – auch die zweite Verlobung hob er wieder auf. In den Jahren ihrer Korrespondenz von 1912–1917 schrieb er ihr über fünfhundert Briefe und Postkarten. Franz Kafka, der wegen zu schwacher Konstitution vom Militärdienst zurückgestellt worden war, begann in den ersten Kriegsmonaten den Roman *Der Prozeß*, der 1925 aus dem Nachlass veröffentlicht wurde. Er schrieb nur nachts, in völliger Abgeschlossenheit; die literarische Produktivität stieg in dem Maße, wie er sich von dem ›wirklichen‹ Leben entfernte, und so zog er sich immer wieder in die Einsamkeit zurück. Eine weitere Verlobung, mit Julie Wohryzek, hob er wie die ersten beiden auf, und auch die Liebe zu Milena Jesenská und Dora Diamant scheiterte. Als Franz Kafka seine letzten Werke schrieb, darunter die Erzählungen, die 1920 in dem Buch *Ein Landarzt* erschienen, den nie abgeschickten *Brief an den Vater* und den Roman *Das Schloss*, war er bereits an Lungentuberkulose erkrankt. Kurz nach seinem Tod 1924 erschien der Erzählungsband *Ein Hungerkünstler*.

 DATEN

Erstveröffentlichung:
Berlin 1925

Lesenswert:
Franz Kafka: *Der Prozeß*, Frankfurt/Main (Fischer) 1998.
Das Schloss, Frankfurt/Main 1996.
Das Urteil und andere Erzählungen, Frankfurt/Main 1997.
Amerika, Frankfurt/Main 1997.
Brief an den Vater, Frankfurt/Main 1997.

Klaus Wagenbach: *Franz Kafka. Mit Selbstzeugnissen und Bilddokumenten*, Reinbek 1997.

Hörenswert:
Franz Kafka: *Der Prozeß*. Gelesen von Gert Westphal, Litraton Hamburg 1996. 7 Audiocassetten.

Sehenswert:
Der Prozeß. Regie: Orson Welles; mit Anthony Perkins, Jeanne Moreau, Orson Welles, Romy Schneider, Elsa Martinelli. Frankreich/Italien/BRD 1963.

Der Prozeß. Regie: David Jones; mit Kyle MacLachlan, Anthony Hopkins, Jason Robards jr. GB 1992.

Besuchenswert:
Die Ausstellung in Franz Kafkas Geburtshaus in der Rathausgasse 5 in Prag.

 AUF DEN PUNKT GEBRACHT

Literatur als Alptraum – man wird ihn so schnell nicht los, aber er gehört einfach zum Leben.

Mrs. Dalloway
Virginia Woolf

Am Ende soll die Heldin sterben. Auf ihrer Party einfach zusammenbrechen. Oder noch besser: durch Selbstmord enden. Schön dramatisch. Bei solch einem Schluss merkt vielleicht keiner, dass bis dahin nur vom gewöhnlichen Leben einer gewöhnlichen Frau an einem einzigen Tag erzählt worden ist. Was schließlich kaum ausreicht für einen richtig ernst zu nehmenden Roman, nicht wahr? Gut, dieser James Joyce aus Dublin hat das gerade recht ordentlich hingekriegt. Sein *Ulysses* (s. S. 42) geht innerhalb von vierundzwanzig Stunden über die Bühne, ist fast tausend Seiten dick und handelt von einem Vertreter, der einfach nur durch die Stadt läuft. Aber dahinter versteckt sich dieser ganze mythologische Quark, das sieht ja immer gleich nach etwas aus. Später werden sie sagen, ich hätte von ihm abgeschrieben. Dabei ist er so primitiv. Mein Buch wird

■ London, wie Mrs. Dalloway es kannte: Links Big Ben, die Turmuhr, dessen Glockenschläge im Roman das Motiv der verrinnenden Zeit versinnbildlichen.

■ Natasha McElhone als junge Mrs. Dalloway in der britischen Verfilmung von Marleen Gorris.

besser. Und vielleicht bringe ich Mrs. Dalloway doch nicht um... Das hat Virginia Woolf natürlich nicht laut gesagt. Aber ihre Tagebücher und etliche Briefe verraten heute die Gedanken, die ihr im Sommer 1922 durch den Kopf gingen, als sie sich an die Arbeit zu einem neuen, ihrem dritten Roman machte. Ursprünglich sollte er *The Hours* heißen, weil die verstreichende Zeit, die Stunden des Tages eine wichtige Rolle spielen. Ständig hört man in diesem Buch die Uhren ticken, es schlägt »*Big Ben in seiner Majestät*«, ein Tag im Juni 1923 vergeht: Morgens verlässt die Hauptfigur das Haus, um Blumen für ihren Dinnerempfang zu besorgen, der abends die Handlung beschließt.

»*Mrs. Dalloway sagte, sie wolle die Blumen selber kaufen. Denn Lucy hatte genug zu bestellen. Die Türen würden aus den Angeln gehängt werden; Rumpelmayers Leute kämen. Und dann, dachte Clarissa Dalloway, was für ein Morgen – frisch, wie geschaffen für Kinder am Strand.*«

Clarissa Dalloway ist eine Frau von 52 Jahren. Mit ihrer Tochter und ihrem Mann Richard, einem konservativen Parlamentsabgeordneten, bewohnt sie ein schönes Haus in London. Man ist wohlhabend und hat es komfortabel. Wie es sich für feine Leute der englischen upper class gehört, arrangiert Clarissa regelmäßig Abendgesellschaften, die zwar britisch steif und wenig unterhaltsam sind, aber berühmt für die gute Küche. Außerdem finden sich oft hohe Gäste aus Politik, Wirtschaft und Kunst ein; manchmal schaut sogar der Premierminister vorbei. Diese Partys sind das einzig Spektakuläre in Clarissas Alltag, an diesen Abenden ist sie in ihrem Element – und sorgt sich wie jede Gastgeberin verzweifelt um den Erfolg der Veranstaltung. Ist das alles nicht entsetzlich langweilig?, fragt sie sich insgeheim. Sicherlich, und doch irgendwie wichtig und interessant. So wie das Leben.

»*Clarissa dachte, sie sei wichtig, ihre Gesellschaft, und sie fühlte sich ganz elend, dass alles schiefging, alles verläpperte. Alles, jede Explosion, jedes Entsetzen war besser als so ziellos umher irrende Leute, die zusammengeklumpt in einer Ecke standen wie Ellie Henderson und nicht einmal Wert darauf legten, sich gerade zu halten.*«

Virginia Woolf wagte mit *Mrs. Dalloway* ein literarisches Experiment. Für sie ging es in einem Roman nicht darum, »*Lehren zu predigen, Lieder zu singen oder das Britische Weltreich zu verherrlichen*«. Sie wollte in die Seele der Menschen blicken und den »*unaufhörlichen Schauer von ungezählten Atomen*« beschreiben, der täglich auf das Bewusstsein herabprasselt. Diese

■ Robert Portal als Peter Walsh, der die junge Clarissa zur Hochzeit überreden will.

Empfindungen zu vermitteln sei die eigentliche Aufgabe des modernen Romanciers, und *Mrs. Dalloway* sollte ein konkretes Beispiel dafür liefern, in welchem Stil das zu bewerkstelligen war. Virginia Woolf nutzt die neue Technik, die sie bei James Joyce kennen gelernt hat: den so genannten »stream of consciousness«: Stimmungen, Gedankenfetzen, Erinnerungen fließen in diesem »Bewusstseinsstrom« ungeordnet durcheinander. Die übergreifende Perspektive eines Erzählers, der alles weiß und bedächtig schildert, gibt es hier nicht mehr. Man hört den »inneren Monolog«, das heißt nur die Stimmen der Personen, die auf die fortlaufenden äußeren oder inneren Reize reagieren, es ist, als ob ihr Hirn selber spricht. Auch eine objektive Charakterisierung der Figuren kommt so nicht zustande. Die Heldin Mrs. Dalloway skizziert sich selbst durch ihre Gedanken oder spiegelt sich im Bewusstsein von anderen Romangestalten. So etwa sieht sie ihr früherer Verehrer Peter Walsh, der unerwartet wieder aufgetaucht ist: »*Nicht dass Clarissa auffallend gewesen wäre; überhaupt nicht schön; es war nichts Kunstvolles an ihr, sie sagte nie etwas besonders Geistreiches; sie war da, trotzdem; sie war da*«. An solch einer Stelle spürt man die Kunstfertigkeit, mit der Virginia Woolf diese Erzählweise einsetzt. Ein Mann liebt eine Frau, immer noch. Einst wurde er von ihr abgewiesen, er hat sich damit abgefunden und denkt, er kann sie jetzt richtig einschätzen. Er tut sachlich, um Objektivität bemüht. Doch wenn Clarissa das Zimmer betritt, erliegt er immer noch ihrer Präsenz, und er weiß sofort wieder, warum er sie liebt und es nie vorbei sein wird. Der soeben aus Indien heimgekehrte Peter Walsh ist eine von mehreren Nebenfiguren, die Virginia Woolf scheinbar durch nichts miteinander verbunden an diesem Junitag durch ihren Roman schickt. Ein Angestellter im königlichen Palast taucht noch auf, man begegnet sich im Park. Dort auf einer Bank sitzt ein junges Paar. Der Mann benimmt sich merkwürdig. Er ist ein Ex-Offizier, der, im Krieg schwer traumatisiert, allmählich den Verstand verliert. Später wird er sich nach einem Besuch beim Psychiater aus dem Fenster stürzen. Und der Arzt, eine berühmte Kapazität, wird diesen tragischen Fall auf Clarissas Party zum Besten geben.

> »*Bei diesem Buch habe ich beinah zu viele Ideen. Ich will Leben & Tod, geistige Gesundheit & Wahnsinn zum Ausdruck bringen; ich will Kritik am Gesellschaftssystem üben & es in Aktion vorführen, da wo sie am intensivsten ist.*«
>
> VIRGINIA WOOLF, Tagebuch, 19. Juni 1923

■ Diese berühmte Aufnahme von Gisèle Freund zeigt Virginia Woolf 1939, also nur zwei Jahre vor ihrem Freitod. Zu dieser Zeit ist sie bereits stark von ihrer Krankheit gezeichnet. »In ihr verlor die Welt eines ihrer seltensten Güter, ein weibliches Genie.«, schrieb Hilde Spiel in einem Nachruf.

■ Szene aus der Marleen-Gorris-Verfilmung mit Vanessa Redgrave als Clarissa Dalloway beim Tanz während der Abendgesellschaft.

Virginia Woolf war fasziniert vom modernen Phänomen der »Gleichzeitigkeit«, wie man es vor allem in den großen Städten antrifft. Millionen von Menschen leben nah beisammen und sind doch unendlich weit voneinander getrennt. Die Schicksale kreuzen sich, hinter jedem Passanten verbirgt sich ein Drama, und nur wenige haben Anteil daran. Virginia Woolf liebte London über alles, das Gewimmel der Metropole, ihren oberflächlichen Geist.

London wird zum atmosphärischen Medium des Romans: So verschieden die Menschen sind – alle atmen dieselbe Luft, gehen über die gleichen Plätze und Straßen und hören stündlich das sonore Schlagen von Big Ben, Londons berühmtem Wahrzeichen. Insofern ist *Mrs. Dalloway* auch ein Großstadtroman, und in die Trauer über die Vergänglichkeit des Lebens, die jede Figur im Buch zumindest einmal überfällt, mischen sich stets Spannung und Freude, in einer aufregenden Umgebung zu leben.

Vielleicht entsprang diese besondere Intensität, mit der Virginia Woolf die Stadt literarisch so lebendig werden lässt, einer persönlichen Sehnsucht nach London. *Mrs. Dalloway* schrieb sie in der Provinz, in die sie ihr Mann Leonard wegen ihres angegriffenen Gesundheitszustandes geschickt hatte. Virginia Woolf war psychisch extrem labil, sie bekam häufig depressive Zustände, hörte Geisterstimmen. Noch während der Niederschrift des Romans überredete sie ihren Mann, wieder nach London zurückzuziehen. Am 14. Mai 1925 erschien das Buch in einer Auflage von 2000 Exemplaren im Verlag Hogarth Press, den das Ehepaar Woolf gemeinsam leitete. Mit *Mrs. Dalloway* etablierte sich Virginia Woolf als eine der führenden Autorinnen der europäischen Avantgarde, und sie selbst, die an ihrem Talent stets zweifelte, war zumindest für einen Augenblick zufrieden: »*Ich frage mich, ob mir diesmal nicht tatsächlich etwas gelungen ist …*«, schrieb sie in ihr Tagebuch, um gleich darauf hinzuzufügen: »*…nun ja, an Proust gemessen natürlich nicht.*«

MRS. DALLOWAY

 VIRGINIA WOOLF, LEBEN UND WERK

Virginia Woolf wurde am 25. Januar 1882 in London als Tochter des Schriftstellers Sir Leslie Stephen und seiner Frau Julia Duckworth geboren. Sie wuchs mit sechs Geschwistern und Halbgeschwistern in der geistig anregenden Atmosphäre eines Hauses auf, in dem die großen Dichter und Denker des viktorianischen Zeitalters ein und aus gingen. Ihre Mutter starb, als sie dreizehn war. »Mit dem Tod meiner Mutter war das fröhliche, abwechslungsreiche Familienleben, das sie aufrecht erhalten hatte, für immer zu Ende. Statt seiner senkte sich eine düstere Wolke auf uns herab.« Nach dem Tod des Vaters 1904 zog sie mit ihren Geschwistern in den Stadtteil Bloomsbury, wo ab 1905 die wöchentlichen Treffen der »Bloomsbury Group« stattfanden, des legendären Freundeskreises aus Verlegern, Kritikern, Schriftstellern, Wissenschaftlern und Philosophen. Virginia Woolf schrieb ihre ersten Artikel für die Frauenbeilage des *Guardian* und unterrichtete unter anderem Geschichte am Morley College. 1912 heiratete sie den Literaturkritiker Leonard Woolf. Schwere Depressionen und psychische Zusammenbrüche veranlassten Virginia Woolfs Ärzte, sie wiederholt in eine Heilanstalt zu schicken, wodurch ihr Zustand sich eher noch verschlechterte. 1913 versuchte sich sie das Leben zu nehmen – bereits zum zweiten Mal. Ihr erster Roman *Die Fahrt hinaus* (*Voyage out*) erschien 1915; im selben Jahr begann sie, regelmäßig Tagebuch zu schreiben. Mit dem Kauf einer Druckpresse gründeten Virginia und Leonard Woolf 1917 den Verlag Hogarth Press, der neben zeitgenössischer englischer und amerikanischer Literatur und Übersetzungen aus dem Russischen unter anderem auch Werke Sigmund Freuds auf Englisch herausbrachte. Zu den wichtigsten Autoren des Verlags gehörte Virginia Woolf selbst; ab 1922, mit dem Roman *Jakobs Zimmer* (*Jacob's Room*), erschienen ihre Werke im eigenen Hause. Ihr nächster Roman *Mrs. Dalloway* gilt als ein Markstein der modernen Erzählkunst, in dem – vergleichbar wie in James Joyces *Ulysses* und Marcel Prousts *Auf der Suche nach der verlorenen Zeit* – nicht die Handlung von Interesse ist, sondern das subjektive Erleben der Figuren, ihre Gedanken- und Gefühlsprozesse. Zu Virginia Woolfs beliebtesten Romanen zählen *Die Fahrt zum Leuchtturm* (*To the Lighthouse*, 1927), dem sie ihre Familiengeschichte zugrunde legt, und *Die Wellen* (*The Waves*, 1931). In *Orlando* (1928) erzählt sie – unter Verwendung vieler Details aus dem Leben ihrer Geliebten Vita Sackville-West – die Geschichte eines Phantasiegeschöpfs. Neben ihren insgesamt neun Romanen schrieb sie zahllose Geschichten, Skizzen, Essays und Rezensionen, Briefe und mehrere Bände Tagebücher. Virginia Woolf nahm sich am 28. März 1941 in der Ouse bei Lewes (Sussex) das Leben.

 DATEN

Erstveröffentlichung:
London 1925 (deutsch: 1928)

Lesenswert:
Virginia Woolf: *Mrs. Dalloway*, Frankfurt/Main (Fischer) 1999.
Zum Leuchtturm. Roman, Frankfurt/Main 1993.
Orlando. Eine Biographie. Roman, Frankfurt/Main 2000.
Die Wellen, Roman, Frankfurt/Main 1994.

Werner Waldmann: *Virginia Woolf*. In Selbstzeugnissen und Bilddokumenten, Reinbek 1994.

Hörenswert:
Edna O'Brian: *Virginia Woolf*. Gelesen von Tatja Seibt, Wolf-Dietrich Sprenger, Manfred Steffen u. a. Audio Verlag 2000. Audio-CD.

Virginia Woolf: *Ein Zimmer für sich allein*. Gelesen von Gisela Zoch-Westphal, Litraton 1995. 2 Audio-CDs.

Sehenswert:
Mrs. Dalloway. Regie: Marleen Gorris; mit Vanessa Redgrave, Natasha McElhone, Rupert Graves, Michael Kitchen, Alan Cox, Lena Headey, Sarah Badel. GB 1997.

 AUF DEN PUNKT GEBRACHT

Die schönste Widerlegung des Vorurteils, moderne Romane seien nicht unterhaltsam – lockerer als Joyce, kürzer als Proust und wunderbar zu lesen.

Der große Gatsby
Francis Scott Fitzgerald

»Ich glaube, dass mein Roman der beste amerikanische Roman ist, der je geschrieben wurde. Ich bin zwar unglücklich gewesen, aber meine Arbeit hat nicht darunter gelitten. Ich bin erwachsen geworden ...«

Sommer 1924. An der französischen Riviera sitzt ein amerikanischer Schriftsteller und arbeitet an seinem neuen Buch. Es ist sein dritter Roman, und er hat sich einiges vorgenommen: »*... etwas Ungewöhnliches und Schönes und Schlichtes und doch zugleich Kompliziertes*«. Francis Scott Fitzgerald ist 28 Jahre alt und schon berühmt. Gleich sein erstes Buch *This Side of Paradise* (Diesseits vom Paradies) hat ihn 1920 zum populären Bestseller-Autor gemacht, und nach einem weiteren Roman sowie einigen Erzählungen wird sein Name zu einem Markenzeichen. Mit Fitzgerald verbindet man die Welt der oberen Zehntausend, die Sucht nach Geld, Sex und Zerstreuung, den Rausch der Golden Twenties. Er schreibt über schöne, junge Menschen, die reich sind, nichts zu tun haben, sich modischen Depressionen hingeben und ihre luxuriöse Langeweile pflegen. Dazu wird Jazz gespielt. Mit *Tales from the Jazz Age* (Geschichten aus der Jazz-Ära), dem Titel seines Erzählungsbandes, prägt Fitzgerald das Schlagwort für ein Zeitalter und eine »verlorene« Generation, die nach dem Ersten Weltkrieg ziellos durchs Leben streift und sich lieber mit Alkohol und Parties betäubt, als über den Sinn ihres Daseins nachzudenken.

»›*Du siehst, ich finde alles irgendwie grässlich*‹*, fuhr Daisy in überzeugtem Tone fort.* ›*Und so denken wir alle – die kultiviertesten Leute.*

■ Francis Scott Fitzgerald, undatiertes Photo.

Ich weiß Bescheid. Ich bin überall gewesen, habe alles gesehen, was es gibt, und alles mitgemacht. Blasiert – Gott, bin ich blasiert.‹«

Fitzgerald leidet unter dem Image, als Person mit seinen Roman-Figuren identisch zu sein, tut aber letztendlich wenig dagegen. Der Erfolg seiner Bücher finanziert ihm ein Leben, in dem der Champagner nie ausgeht und zu dem große Autos und teure Reisen an die mondänsten Orte der Welt gehören. Er und seine schöne, kapriziöse Ehefrau Zelda verkörpern ein Traumpaar der 1920er Jahre, und sie sind regelmäßig auf den Klatschseiten der Boulevardpresse zu finden. Aber Fitzgerald ist unzufrieden. Was ihm schmerzlich fehlt, ist die Anerkennung als Schriftsteller. Für die seriöse Literaturkritik ist er lediglich der Verfasser von schicken Society-Romanen und ein Lebemann, dem es an wahrer literarischer Begabung mangelt. Das soll sich ändern. Schon zu Beginn der Arbeit am *Großen Gatsby* ist Fitzgerald überzeugt, dass dieser Roman ihm zum Durchbruch verhelfen wird. Während er früher schnell und sorglos schrieb, arbeitet er nun konzentriert, sorgfältig und für seine Verhältnisse extrem lang-

> »Er hatte eine der seltensten Qualitäten in der Literatur – Charme.«
>
> RAYMOND CHANDLER

■ New York 1928: Autoschlangen auf dem Broadway. In den »swinging twenties« will sich jeder amüsieren.

■ Szene aus dem Film *Der große Gatsby* von Jack Clayton mit Robert Redford in der Hauptrolle und Sam Waterston, der seinen Nachbarn Nick Carraway darstellt.

Erst die spektakuläre Verfilmung von Jack Clayton (1974) nach dem Drehbuch von Francis Ford Coppola – bereits die dritte Verfilmung des Romans – machte den Roman zu einem weltweiten Bestseller.

sam. Fast ein Jahr schreibt er an dem mit knapp 200 Seiten eher kurzen Buch.

In jeder Zeile müsse ein Kunstwerk sich als solches rechtfertigen, hat der von ihm verehrte Joseph Conrad einmal gesagt. Fitzgerald hat diesen Satz die ganze Zeit im Kopf. *Der große Gatsby* erscheint am 10. April 1925 und bekommt sofort überschwengliche Rezensionen. Plötzlich spricht man von Fitzgerald als dem »derzeit besten amerikanischen Schriftsteller«, und der englische Dramatiker T. S. Eliot, der internationale Literatur-Gott jener Zeit, schreibt ihm persönlich: »Seit Jahren hat mich keine Neuerscheinung so interessiert und bewegt wie Ihr Roman.« Der Adressat ist überglücklich, den Brief Eliots zeigt er überall herum, Fitzgerald hat sein Ziel erreicht.

»*Der Grundgedanke von* The Great Gatsby *ist die Ungerechtigkeit, dass ein armer junger Mann nicht ein Mädchen mit Geld heiraten kann. Dieses Thema taucht bei mir immer wieder auf, weil ich es selbst durchgemacht habe. Ich habe es nie fertig gebracht, den Reichen ihren Reichtum zu verzeihen, und das hat mein ganzes Leben und Werk gefärbt.*«

Konsequent hat Fitzgerald die Geschichte seines Romans als Gleichnis über den schönen Schein angelegt. Die Hauptfigur Jay Gatsby heißt eigentlich James Gatz und ist auf den ersten Blick ein reicher Nichtstuer, der außerhalb von New York, am Sund von Long Island, in einer prächtigen Villa wohnt und dort beständig verschwenderische Empfänge gibt. Um den Gastgeber ranken sich Legenden, niemand weiß genau, wo er herkommt und wie er zu Reichtum gelangt ist. Man sieht nur, dass er ein Mann von Welt und Stil ist. Er verbreitet eine Aura von Großartigkeit und Aristokratie um sich, und jeder, der mit ihm in Kontakt kommt, ist beeindruckt von seiner Persönlichkeit. So auch sein Nachbar Nick Carraway, den Fitzgerald die Geschichte erzählen lässt. Nick ist ein junger Mann aus dem mittleren Westen. Er ist arm und versucht sein Glück als Börsenmakler in New York. Zunächst ist Gatsby für Nick »*der Inbegriff all dessen, was ich aus tiefster Seele verachte*«. Als er ihn näher kennenlernt, verwandelt sich diese Abneigung in Faszination und Sympathie. Nach und nach vertraut Gatsby Nick das Geheimnis seiner Herkunft an. Wie Nick stammt Gatsby aus der Provinz. Ein glücklicher Zufall verschlug ihn in die Sphäre der Reichen, und er lernte schnell, so zu tun, als gehöre er dazu. Das Vermögen, das er dann durch dubiose Geschäfte wirklich erwarb, hat am Ende nur einen bestimmten Zweck: Gatsby will eine Frau, Daisy, zurückerobern, der er einst vergeblich den Hof machte, weil er arm war und sie aus einer reichen Familie kam. Daisy ist eine entfernte Cousine von Nick, die mit ihrem Ehemann Tom – Beruf: Erbe – ebenfalls in der Nähe wohnt. Nur ihretwegen hat Gatsby die Villa auf Long Island bezogen, für Daisy inszeniert er die luxuriösen Parties, er glaubt, sie auf diese Weise wieder für sich zu gewinnen. Obwohl Nick erkennt, dass Gatsby ihn benutzt, um in Kontakt mit Daisy zu treten, arrangiert er ein Zusammentreffen, das Gatsby tatsächlich wieder hoffen lässt. Die flatterhafte Daisy, eine verwöhnte, eingebildete Pute, entbrennt kurzfristig für ihren früheren Verehrer, doch Tom gelingt es, Gatsby als Emporkömmling und zwielichtigen Geschäftsmann zu entlarven. Nach etlichen Verwicklungen, dramatischen Szenen und einem tödlichen Autounfall, den Daisy am Steuer seiner Limousine verursacht, wird Gatsby am Ende von einem Tankwart erschossen.

■ Mia Farrow glänzt in der Rolle der von Jay Gatsby begehrten Daisy Fay.

»*Noch einmal schaute ich zurück. Im Garten, der von der Hitze noch nachglühte, war das Lachen verklungen, und der Mond, der alles überdauert hatte, machte die Sommernacht wieder still und klar und stand wie eine große Oblate über Gatsbys Haus. Den geöffneten Fenstern und Türen schien eine plötzliche*

> »Fitzgerald – my alltime favourite hero!«
> DORIS DÖRRIE

Leere zu entströmen, in der sich, nunmehr völlig isoliert, die Gestalt des Hausherrn abzeichnete, der auf dem Altan stand, die Hand zu einer förmlichen Abschiedsgeste erhoben.«

Fitzgerald hatte sich neben dem literarischen Ruhm auch einen großen kommerziellen Erfolg ausgerechnet, doch zu seinem Kummer verkaufte sich *Der große Gatsby* schlecht. Kaum 20 000 Exemplare wurden abgesetzt. Fitzgerald hatte Literaturgeschichte, aber am Zeitgeschmack vorbei geschrieben. Die Artistik des Romans, seine Vielschichtigkeit und kluge Psychologie waren für den einfachen Leser unattraktiv. Auch dass mit der Figur des Gatsby der amerikanische Traum vom sozialen Aufstieg kritisiert wurde, mochte das große Publikum nicht hinnehmen, für die Melancholie der Niederlage hatten die Amerikaner noch nie einen Sinn. Das wird im Roman am Begräbnis Gatsbys deutlich. Nick Carraway organisiert die Bestattung. Doch außer dem traurigen, greisen Vater des Toten, einigen Dienstboten und einem Pfarrer ist niemand gekommen. Die feine Gesellschaft hat den großen Gatsby schon vergessen. Er war ja auch nur ein Scharlatan.

■ Daisy und Jay am Goldfischteich. Der amerikanische Filmverleih Paramount Pictures warb mit folgendem Slogan für den Film: »F. Scott Fitzgeralds klassisches Porträt des Jazz-Zeitalters wird zu einer harten Nervenprobe für diejenigen, bei denen sich alles um Geld und Reichtum dreht.«

DER GROSSE GATSBY (THE GREAT GATSBY)

 FRANCIS SCOTT FITZGERALD, LEBEN UND WERK

 DATEN

Francis Scott Fitzgerald wurde am 24. September 1896 in St. Paul/Minn. geboren. Von 1913 bis 1917 studierte er in Princeton. Mehr als das Studium an sich bedeuteten ihm das gesellige Leben in den Clubs und gesellschaftliches Ansehen. Durch Prosastücke und Gedichte für die Universitätszeitschrift Nassau Lit und Theaterstücke tat er sich im College hervor, das er schließlich ohne Abschluss verließ. Gesellschaftlich motiviert war auch seine Entscheidung, sich freiwillig zum Militärdienst zu melden. In einem Ausbildungscamp in Alabama lernte er seine spätere Frau Zelda Sayre kennen. Nach seiner Militärzeit arbeitete F. Scott Fitzgerald als Werbetexter in New York und veröffentlichte Kurzgeschichten u. a. in der Saturday Evening Post. Sein erster Roman Diesseits vom Paradies (This Side of Paradise), der 1920 erschien, war sofort ein Bestseller und der Autor mit dreiundzwanzig Jahren berühmt. Im selben Jahr kam sein erster Kurzgeschichtenband heraus und bald darauf der Roman Die Schönen und Verdammten (The Beautiful and Damned), die Geschichte einer Liebe und Ehe und deren Scheitern. Nach der Geburt der Tochter Scottie 1921 zog die Familie nach Great Neck, Long Island, dem Wohnort vieler prominenter Künstler und Schauplatz des Romans Der große Gatsby (The Great Gatsby). Die literarischen Erfolge brachten den Fitzgeralds in kurzer Zeit riesige Summen Geld, das sie genauso schnell wieder ausgaben. Sie nahmen weiter intensiv am extravaganten New Yorker Gesellschaftsleben teil und galten als der strahlende Inbegriff eines Traumpaars. Immer wieder zogen sie das öffentliche Interesse aber auch durch Skandale auf sich. 1922 erschienen die Geschichten aus der Jazz-Ära, in denen F. Scott Fitzgerald engagiert und distanziert zugleich ein Bild der ihn umgebenden Menschen entwarf. Einmal mehr bestätigte er damit seinen Ruf, seine Generation am treffendsten zu charakterisieren. Sein nächster und berühmtester Roman The Great Gatsby wurde 1926 in einer Schauspielfassung erfolgreich am Broadway aufgeführt und im selben Jahr von Herbert Brenon verfilmt. Ab Mitte der 1920er Jahre hielten sich die Fitzgeralds abwechselnd in Europa – dort besonders an der französischen Riviera und in Paris – und in den USA auf. Ihr Leben war zunehmend von finanzieller und gesundheitlicher Zerrüttung gezeichnet. Auf den 1934 erschienenen Roman Zärtlich ist die Nacht (Tender is the Night) gab es gespaltene Reaktionen. 1937 ging F. Scott Fitzgerald als Drehbuchautor nach Hollywood, dem Schauplatz seines letzten, unvollendeten Romans Der letzte Taikun (The Last Tycoon). Am 21. Dezember 1940 starb er an einem Herzinfarkt. The Great Gatsby wurde ein weiteres Mal 1974 von Jack Clayton mit Robert Redford in der Hauptrolle verfilmt.

Erstveröffentlichung:
New York 1925 (deutsch: 1928)

Lesenswert:
F. Scott Fitzgerald: Der große Gatsby, Zürich (Diogenes) 1996.
Die Schönen und Verdammten. Roman, Zürich 2000.
Zärtlich ist die Nacht. Roman, Zürich 1996.
Der letzte Taikun. Roman, Zürich 1998.
Der Rest von Glück. Erzählungen, Zürich 1989.
Ein Diamant so groß wie das Ritz. Erzählungen, Zürich 1998.
Der gefangene Schatten. Erzählungen, Zürich 1999.
Wiedersehen mit Babylon, Erzählungen, Zürich 1991.
Die letzte Schöne des Südens. Erzählungen, Zürich 1989.
Pat Hobby's Hollywood-Stories. Erzählungen. Zürich 1989.

Kyra Stromberg: Zelda und Scott F. Fitzgerald, Berlin 1997.

Hörenswert:
F. Scott Fitzgerald: Genau nach Plan / Die Kinderparty. Erzählungen. Gelesen von Hannelore Hoger und Ernst Schröder, Berlin 1995. Audiocassette.

Sehenswert:
The Great Gatsby (Der große Gatsby). Regie: Jack Clayton; mit Robert Redford, Mia Farrow, Bruce Dern, Karen Black. USA 1974.

 AUF DEN PUNKT GEBRACHT

Ein wundervolles Buch über die alte Einsicht, dass man Glück mit Geld nicht kaufen kann, auch wenn die Vorstellung immer wieder faszinierend ist.

Der Steppenwolf
Hermann Hesse

■ Max von Sydow als Harry Haller und Dominique Sanda als Hermine in der Steppenwolf-Verfilmung von Fred Haines. Dass dieser Film dem Roman fast wortwörtlich folgt, brachte ihm sowohl überschwängliches Lob als auch vernichtende Kritik ein.

»Es war einmal einer, der hieß Harry, genannt der Steppenwolf. Er ging auf zwei Beinen, trug Kleider und war ein Mensch, aber eigentlich war er doch eben ein Steppenwolf.«

Harry Haller ist fünfzig und ein verzweifelter Mann. Ohne Beruf, ohne Familie wohnt er in einem möblierten Zimmer in irgendeiner deutschen Stadt. Er fühlt sich vom Leben geschlagen, er verachtet die Welt. Warum, weiß er im Grunde selber nicht so genau. Er fühlt nur einen tiefen Abscheu. Vor dem bürgerlichen Leben, vor der Gedankenlosigkeit und Kriegslust der Zeit. In philosophischen Büchern und in der klassischen Musik sucht er Zuflucht, einen neuen Sinn für sein Leben. Aber vergeblich. Ziellos streift er durch die Stadt, sitzt in schäbigen Kneipen, betrinkt sich und starrt benommen vor sich hin. Bis er auf der Straße eine Broschüre in die Hand gedrückt bekommt:

»*Tractat vom Steppenwolf*« steht im Titel. Und darunter: »*Nur für Verrückte*«. In dem anonymen Text wird die Lehre vom Steppenwolf entwickelt, und verblüfft erkennt Harry, dass von ihm die Rede ist.

»*Wenn Harry als Mensch einen schönen Gedanken hatte, eine feine, edle Empfindung fühlte oder eine sogenannte gute Tat verrichtete, dann bleckte der Wolf in ihm die Zähne und lachte und zeigte ihm mit blutigem Hohn, wie lächerlich dieses ganze edle Theater einem Steppentier zu Gesicht stehe, einem Wolf, der ja in seinem Herzen ganz genau darüber Bescheid wußte, was ihm behage, nämlich einsam durch Steppen zu traben, zuzeiten Blut zu saufen oder eine Wölfin zu jagen …*«

> »*Ist es nötig zu sagen, dass der* Steppenwolf *ein Romanwerk ist, das an experimenteller Gewagtheit dem* Ulysses *von James Joyce, den* Falschmünzern *von André Gide nicht nachsteht? Der Steppenwolf hat mich seit langem zum erstenmal wieder gelehrt, was Lesen heißt.*«
>
> THOMAS MANN

Im *Tractat* findet Harry sein Unbehagen entschlüsselt. In ihm kämpfen zwei feindliche Prinzipien, Mensch und Wolf. Auf der einen Seite stehen Kultur und Zivilisation, auf der anderen das Tierhafte, Ursprüngliche, das nach Abenteuern, Ausschweifungen giert und den braven Spießer verspottet, der ein ruhiges und ordentliches Leben führen will. Wie soll ein solcher Mensch mit sich in Frieden leben? Gar nicht. Er kann sich nur umbringen. Als Hermann Hesse den *Steppenwolf* im Jahr 1923 zu schreiben begann, steckte er in einer tiefen Lebenskrise, die ihn durchaus an Selbstmord denken ließ. Seine Familie war in alle Winde zerstreut, er fühlte sich einsam, heimatlos, als Schriftsteller ausgebrannt, seine ganze Existenz war ihm verleidet: »*Schreiben Sie mir keinen Brief mehr. Jeder Blick in Euer normales, bürgerliches, befriedigtes Leben hinüber ist mir zur Zeit unerträglich*«, schrieb er damals an einen Bekannten. Noch verstärkt wurde diese trübe Stimmung duch die neuen, technischen Entwicklungen der Zeit, die in Hesse nur »*das Gefühl der Bedrohtheit durch nahe Katastrophen und Kriege*« auslösten. »*Hochjagd auf Automobile*« heißt es später im Roman an einer Stelle, und auch das gerade entstandene, sensationelle Medium Radio verdammt er als Instrument des Kulturverfalls. Das moderne Zeitalter der Massenmedien hat eingesetzt, und Hermann Hesse alias Harry Haller

■ Hermann Hesse kurz vor seinem Tod.

■ Szene aus der Fred-Haines-Verfilmung: Die Kurtisane Hermine führt Haller in die Großstadthalbwelt ein. Der Roman galt übrigens wegen seiner mehrfach wechselnden Erzählperspektiven, einem eingeschobenen Essay und der verwirrenden Visionenfolge als nicht verfilmbar.

steht ihm fassungslos gegenüber. »*Ich kann weder in einem Theater noch in einem Kino lange aushalten, kann kaum eine Zeitung lesen, selten ein modernes Buch, ich kann nicht verstehen, welche Lust und Freude es ist, die die Menschen in den überfüllten Eisenbahnen und Hotels, in den überfüllten Cafés bei schwüler, aufdringlicher Musik, in den Bars und Varietés der eleganten Luxusstädte suchen, in den Weltausstellungen, auf den Korsos, in den Vorträgen für Bildungsdurstige, auf den großen Sportplätzen.*«

Als der *Steppenwolf* 1927 erschien, waren viele Hesse-Leser geschockt. Mit seinen poetischen Schilderungen von Jugendleid und Selbstfindung, als stiller Beobachter von Mensch und Natur in einer oft lyrisch wirkenden Sprache hatte Hesse schon früh eine stattliche Gemeinde von Anhängern gewonnen, die in Werken wie *Peter Camenzind*, *Demian* und *Siddharta* die Verbindung von abendländischer Aufklärung mit östlich-orientalischer Weisheit schätzten und darin Trost und Zuspruch fanden. Mit

> »Dies Werk spricht in scharfen, erschütternden, phantastischen und klaren Worten zu uns, es hat eine wunderbare Höhe über jener einst seinen Dichter umfangenden Sentimentalität erreicht. (...) Der Steppenwolf ist eine Dichtung des gegenbürgerlichen Mutes.«
>
> DIE WELTBÜHNE 29, 19. Juli 1927

seinem tiefen Pessimismus fiel der *Steppenwolf* aus der gewohnten Art, so negativ hatte man den Dichter noch nicht erlebt. Um das Buch entstand ein heftiger Streit, es wurde scharf kritisiert, wiewohl vor allem Schriftstellerkollegen den Roman als großartiges, kritisches Zeitdokument lobten und den oft als zart besaiteten Mystiker belächelten Hesse zum ersten Mal wirklich ernst nahmen. Er selbst empfand den Roman als Befreiung vom ewigen Idyll, auf das man ihn gern festlegte. Er habe, sagte er einmal, die »*dunkle, oft tiefere Lebenshälfte*« im Menschen zu sehr vernachlässigt, und verteidigte den *Steppenwolf* hartnäckig als gleichberechtigten »*Bruder*« seiner anderen Dichtungen, die alle zusammen lediglich ein einziges Thema variierten: die »*Verteidigung der individuellen Persönlichkeit*«.

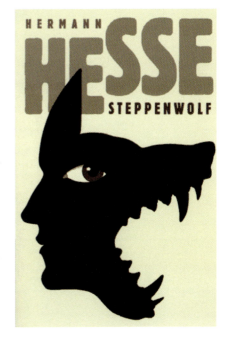

■ »Ich habe die Bücher mit großem Staunen und immer mehr Neugierde gelesen. Dieser Hermann Hesse ist nicht nur eine romantische Idee der Amerikaner, sondern ganz gewiss ein vernünftiger, überprüfbarer großer Schriftsteller.«   Peter Handke

In der Tat vollzieht der zunächst so durchweg skeptisch wirkende *Steppenwolf* bei genauer Betrachtung eine positive Wende, er lernt, das Leben zu bejahen. Im zweiten Teil des Romans wird Harry Haller durch die rätselhafte Hermine und den schönen Jazz-Musiker Pablo in die Freuden der Sinnlichkeit eingeweiht, um dann seine Erlösung im »*Magischen Theater*« zu finden. Wie in einem Spiegelkabinett wird Harry durch die Räume seiner Seele geführt und erkennt, dass er sich mit seiner Zweiteilung in Mensch und Steppenwolf geirrt hat. Das Schema ist viel zu einfach, sein Wesen bietet noch viel mehr Facetten, Denk- und Gefühlswelten, und sie lassen sich zu einer Einheit verbinden, wenn man nur bereit ist, ihren produktiven Gegensatz zu akzeptieren.

»*Harry war älter geworden, er hatte tanzen gelernt, hatte magische Theater besucht, er hatte Mozart la-*

> »Hesses Schauen hält eine eigene Mitte zwischen der Kontemplation eines Mystikers und dem Scharfblick eines Amerikaners.«
>
> WALTER BENJAMIN

■ Hermann Hesse dichtete nicht nur, sondern zeichnete und aquarellierte Zeit seines Lebens. Diese handgeschriebene Manuskriptseite zu seinem Werk »Piktors Verwandlungen« aus dem Jahre 1923 verzierte er mit einem Aquarell.

chen gehört, er hatte vor Tänzen, vor Frauen, vor Messern keine Angst mehr. Auch der mäßig Begabte, wenn er ein paar Jahrhunderte durchrannt hat, wird reif.«

Zu seiner Zeit war der *Steppenwolf* ein zwar heiß diskutiertes, aber kein sonderlich erfolgreiches Buch. Doch kurz nach Hesses Tod geschieht das Wunder. In den 1960er Jahren entdecken die amerikanischen Hippies den *Steppenwolf*. Praktisch über Nacht bricht ein Hesse-Boom aus, der rasch auf Japan und Australien übergreift und schließlich nach Europa schwappt. Alles, was lange Haare und Batikhemden trägt, liest den *Steppenwolf*. Der amerikanische Drogen-Papst jener Jahre, Timothy Leary, kürt Hesse zu seinem Lieblings-Schriftsteller und empfiehlt: »…vor deiner LSD-Sitzung solltest du *Siddharta* und *Steppenwolf* lesen. Der letzte Teil des *Steppenwolfs* ist ein unschätzbares Lehrbuch.« Nach einer Statistik gehen allein im Jahr 1969 in den Vereinigten Staaten monatlich 360 000 Exemplare über den Ladentisch, bis heute beträgt die Gesamtauflage mehrere Millionen. Die anderen Werke geraten ebenfalls in diesen populären Sog. Hesse wird zum meistgelesenen, meistübersetzten europäischen Autor der letzten einhundert Jahre. Man schätzt, dass bis heute zwischen 80 und 100 Millionen Exemplare seiner Bücher weltweit verkauft worden sind. Musikhistorisch ist Hermann Hesse auch im Namen der US-Rockband Steppenwolf verewigt. Ob deren internationale Rausch- und Geschwindigkeitshymne *Born To Be Wild* den Zuspruch des Autors gefunden hätte, ist allerdings fraglich.

Obwohl: Zwischendurch hat Harry Haller im Roman auch ein bisschen Kokain schnupfen dürfen.

DER STEPPENWOLF

 HERMANN HESSE, LEBEN UND WERK

Die Erinnerung an die Jahre der Kindheit und Jugend durchzieht das Werk Hermann Hesses. Die psychische Entwicklung des Kindes und die Einflüsse durch Erziehung und Bildung haben ihn immer wieder beschäftigt. Hermann Hesse wurde am 2. Juli 1877 in Calw in eine Missionarsfamilie hineingeboren. Mit dem pietistischen Glauben seiner Eltern konnte er sich nicht identifizieren. Nach einigen Jahren Lateinschule kam er in das evangelisch-theologische Seminar im Kloster Maulbronn, hielt es dort aber nur ein Jahr aus. Nach einigen weiteren Ausbildungsversuchen begann er in Tübingen eine Buchhändlerlehre und bildete sich weiter, indem er abends nur noch las, vorzugsweise die Literatur der Romantiker. Außer mit Lesen war er mit eigenen dichterischen Versuchen beschäftigt. 1898 erschien sein erster Gedichtband, *Romantische Lieder*, der zweite folgte knapp eine Jahr später. Kurz darauf zog er nach Basel und arbeitete dort als Buchhändler und Antiquar. Zwischendurch unternahm er Reisen in die Schweiz und nach Italien. Mit seiner Erzählung *Peter Camenzind* erzielte er 1904 den ersten großen literarischen Erfolg, der ihm das Leben eines freien Schriftstellers ermöglichte. 1905 heiratete er die Baslerin Maria Bernoulli und verbrachte die nächsten Jahre mit ihr in Gaienhofen am Bodensee. Sie hatten drei Söhne. Hermann Hesse war später noch zweimal verheiratet. In der Gaienhofener Zeit nahmen seine Erfolge und die allgemeine Anerkennung schnell zu. Sein Roman *Unterm Rad*, die tragische Geschichte eines Schülers, erreichte bald zahlreiche Auflagen. Als kritischer Beobachter der zeitgenössischen Literatur schrieb Hermann Hesse außerdem regelmäßig Rezensionen für diverse Zeitungen und Zeitschriften und war 1907–12 Mitherausgeber der liberalen und demokratischen Zeitschrift *März*. Nach einer Indienreise 1911 zog er mit seiner Familie nach Bern. Neben der schriftstellerischen Tätigkeit arbeitete er 1914–19 in der Deutschen Gefangenenfürsorge Bern. Sein antichauvinistischer Artikel *O Freunde, nicht diese Töne* in der *Neuen Zürcher Zeitung* 1914 trug ihm üble Beschimpfungen der deutschen Presse ein. Ab 1919 lebte er bis zu seinem Tod am 9. August 1962 überwiegend in Montagnola im Tessin, seit 1923 als schweizerischer Staatsbürger. Dort entstanden seine erfolgreichen Romane *Siddhartha* (1922), *Der Steppenwolf* (1927), *Narziß und Goldmund* (1930) und *Das Glasperlenspiel* (1943). Nach dem Krieg schrieb er zwar weiter, beschäftigte sich aber wesentlich mit der Herausgabe seines umfangreichen Werkes. 1946 erhielt er den Frankfurter Goethe-Preis und den Nobelpreis für Literatur, 1955 den Friedenspreis des deutschen Buchhandels.

 DATEN

Erstveröffentlichung:
Berlin 1927

Lesenswert:
Hermann Hesse: *Der Steppenwolf*, Frankfurt/Main (Suhrkamp) 2000.
Peter Camenzind. Roman, Frankfurt/Main 1995.
Unterm Rad. Roman, Frankfurt/Main 2000.
Siddhartha. Roman, Frankfurt/Main 2000.
Narziß und Goldmund. Roman, Frankfurt/Main 2000.
Das Glasperlenspiel. Roman, Frankfurt/Main 1996.
Meistererzählungen, Zürich 1992.

Hugo Ball: *Hermann Hesse. Sein Leben und sein Werk*, Frankfurt/Main 1999.

Hörenswert:
Hermann Hesse: *Der Steppenwolf*. Gelesen von Will Quadflieg. Deutsche Grammophon 1987. 5 Audiocassetten.

Hermann Hesse: *Der Dichter. Märchen, Erzählungen und Gedichte*. Gelesen von Hermann Hesse und Siemen Rühaak. Der Hör Verlag 1999. Audiocassette/Audio-CD.

 AUF DEN PUNKT GEBRACHT

Als Anweisung zum ausgeflippten Leben eigentlich ein Missverständnis – als zivilisationskritische Seelenzergliederung ist der *Steppenwolf* jedoch noch heute ein magisches Buch.

Lady Chatterley
D. H. Lawrence

»*Eines der schmutzigsten und verabscheuungswürdigsten Bücher, das je geschrieben wurde, eine Schandtat wider den Anstand ...*«

14. Oktober 1928: Ein Rezensent ist außer sich. Er hat einen Roman gelesen, der ihn zutiefst schockiert. Schon der Titel ist anstößig, der Inhalt schlichtweg skandalös. Eine adelige, verheiratete Dame treibt es mit einem Forstangestellten. Was dieser Naturbursche mit seiner Geliebten anstellt und wie offen und obszön er darüber spricht, ist unerhört, eine Schweinerei sondergleichen, man muss dagegen vorgehen. Schließlich ist man nicht in Frankreich. Mit seiner Meinung steht der (anonyme) Kritiker des *Sunday Chronicle* nicht allein. In den folgenden Wochen formiert sich ein Chor der Empörung, wie man ihn im britischen Feuilleton noch nie vernommen hat. Die Öffentlichkeit weiß allerdings gar nicht recht, was los ist, da die meis-

■ Szene aus dem französischen Film *Die Liebe der Lady Chatterley* aus dem Jahre 1955. Regie führte Marc Allégret; die Rolle der Constance Chatterley (rechts im Bild) spielte Danielle Darrieux.

ten Kritiker es vornehm ablehnen, über die Handlung des Romans zu schreiben, weil allein das in ihren Augen schon verwerflich ist.

Das Publikum erfährt also nicht, worum es in *Lady Chatterley's Lover* – so der englische Originaltitel – überhaupt geht. Es weiß nur, dass das Werk »schmutzig« ist und man es ohnehin nicht lesen kann, weil die britischen Behörden das in Italien gedruckte Buch sogleich verbieten. Exemplare, die per Post nach Großbritannien gelangen, werden konfisziert und verbrannt. Der Autor selbst hat die erste Ausgabe finanziert, da seine Verleger in London und New York keine Möglichkeit für eine Veröffentlichung gesehen haben. Es wird mehr als dreißig Jahre dauern, bis ein Gericht *Lady Chatterley* für das Vereinigte Königreich freigibt und endgültig vom Ruch des Schmuddel-Pornos erlöst; das Vorwort einer der zahlreichen Ausgaben, die dann folgen, beginnt mit einem Stoßseufzer der Erleichterung: »This is *not* a dirty book.«

Nein, das ist es wirklich nicht, sondern eine rührende Liebesgeschichte, wenig originell in ihren Grundzügen, pathetisch erzählt, von ergreifender Ernsthaftigkeit und oft sentimentalkitschig wie ein Lore-Roman.

»*Dann sah er sie an, mit diesem furchtbaren Verlangen in den großen, glühenden Augen. Sie war vollkommen unfähig, sich ihm zu widersetzen. Aus ihrer Brust flutete die Antwort ungeheurer Sehnsucht zu ihm. Sie mußte ihm alles geben, alles.*«

Constance »Connie« Chatterley ist eine junge Frau Ende zwanzig und lebt mit ihrem Mann Sir Clifford auf einem Landsitz in der englischen Grafschaft Nottinghamshire. Die Ehe steht unter keinem guten Stern. Kurz nach der Heirat muss Clifford in den Ersten Weltkrieg ziehen und kehrt als Krüppel heim. Er ist querschnittgelähmt, sitzt im Rollstuhl und wird bald zu einem frustrierten Zyniker. Connie erträgt das anfangs tapfer, sehnt sich aber nach einem anderen Leben. Sie findet es in Ge-

■ Szene aus demselben Film: Der Wildhüter Oliver Mellors, Lady Chatterleys Liebhaber, wird von Leo Genn dargestellt. Marc Allégrets Verfilmung wirkt heute nur noch banal.

»*Es ist ein schönes und seltsames Buch, aber unsagbar traurig. Doch das war ja im Grunde auch das Leben des Autors.*«

ALDOUS HUXLEY

> »Es ist kein unanständiges Buch – ich habe versucht, die sexuelle Beziehung als etwas Wertvolles darzustellen, nicht als etwas, für das man sich schämen muss. Mit diesem Roman bin ich so weit gegangen wie nie zuvor. Für mich ist er wunderschön und zart und zerbrechlich wie ein nackter Körper.«
>
> D. H. LAWRENCE

■ D(avid) H(erbert) Lawrence um 1925. Simone de Beauvoir sagte über ihn: »Bei Lawrence geht es nicht darum, die speziellen Beziehungen zwischen Mann und Frau zu definieren, sondern sie alle beide in die Wahrheit des Lebens einzuordnen. Diese Wahrheit ist weder Wille noch Vorstellung: Sie schließt auch die tierische Natur in sich ein, in der das menschliche Wesen seine Wurzeln hat.«

stalt des Försters Oliver Mellors auf, den sie im Wald trifft. Schnell liegt sie in den Armen dieses »Waldhüters« und entdeckt die Welt der Sexualität. Eine geheime, rauschhafte Liebesbeziehung beginnt. Als Connie schwanger wird, kommt es zum Eklat. Sie will das Kind haben, mit Mellors zusammenleben und riskiert den Bruch mit ihrem Mann und der Gesellschaft. Am Ende bleibt offen, ob es für die Liebenden eine gemeinsame Zukunft gibt. Wegen des Skandals muss Mellors die Gegend verlassen, Connie verspricht ihm zu folgen.

David Herbert Lawrence war 43 Jahre alt und ein bekannter und sehr umstrittener Schriftsteller, als er *Lady Chatterley* abschloss. Er vertrat radikale politische Ansichten, kritisierte Englands Teilnahme am Ersten Weltkrieg und setzte sich für die Gleichberechtigung der sozialen Klassen ein. Sein Vater war Bergmann gewesen, und Lawrence verabscheute die Industriegesellschaft, die er als ein Verbrechen an Mensch und Natur ansah. In seinen Büchern beschrieb er die moderne Zivilisation als kalte, feindliche Maschinenwelt, die alle wahren Empfindungen und Gefühle niederstampft, wenn man sich nicht dagegen wehrt. Die Rettung lag für Lawrence in der Liebe. Sie galt ihm als die Kraft,

■ Dieses Szenenphoto stammt aus dem Film *Lady Chatterleys Liebhaber* von Just Jaeckin aus dem Jahre 1981. In den Hauptrollen Sylvia Kristel und Nicholas Clay.

die Menschen stark macht und vor der Seelenlosigkeit bewahrt. Dass Lawrence dabei nicht ans Händchenhalten und Schmusen im Mondschein dachte, sondern an Sex und Leidenschaft, hatte ihn schon früher, vor *Lady Chatterley,* in Verruf gebracht. Bereits 1916 war der Roman *Der Regenbogen (The Rainbow)* verboten worden, in dem Lawrence zu euphorisch seine erotische Vision einer schöneren Welt wiedergab. Mann und Frau als einander ebenbürtige Partner, Sexualität als Quelle der Wahrhaftigkeit – alle Bücher von D. H. Lawrence verkünden im Grunde nur diese eine Philosophie.

Es war sein lebenslanges Projekt, das er mit *Lady Chatterley* zu vollenden trachtete: »*Ich will, dass Männer und Frauen fähig werden, sexuell zu denken, völlig, vollständig, aufrichtig und sauber. Genau darum geht es mir in dem Buch.*« Und er wollte es in klaren Worten sagen, in Begriffen, die – das wusste er – in seinem Heimatland niemand zu drucken wagen würde. Bis heute übrigens sind die so genannten »four-letter-words« in britischen Zeitungen tabu, bei »fuck« steht höchstens »f…«. Großbritannien war und ist ein traditionell prüdes Land. Lawrence jedoch scherte sich nicht darum.

»Ich mag dich, ich lieb dich, wenn du da so liegst. Eine Frau ist was Schönes, wenn man sie tief ficken kann und sie eine gute Fud hat. Ich liebe dich und deine Beine und deine Figur und das Weib an dir. Ich liebe das Weib, das du bist. Ich liebe dich mit meinen Eiern und genauso mit meinem Herzen.«

Die strenge Moral der Epoche ließ *Lady Chatterley* und ihrem Autor keine Chance. Lawrence wurde zum literarischen Lustmolch abgestempelt, was ihn tief verletzte. Er selbst hasste jede Form von Pornographie, die er als menschenunwürdig empfand. Von Casanovas Memoiren, die er las, als er an *Lady Chatterley* arbeitete, fühlte er sich abgestoßen. D. H. Lawrence war alles andere als ein Lüstling. Mit seiner Ehefrau Frieda – sie soll die

■ Szene aus der englisch-französischen Verfilmung mit Sylvia Kristel, die durch Softpornofilme bekannt wurde.

> »Unsere einzige vollkommene moderne Liebesgeschichte.«
>
> ANAÏS NIN

erste und einzige Frau seines Lebens gewesen sein – lebte er in strenger Monogamie.

Lady Chatterley in heutiger Zeit zu lesen ist ein merkwürdiges Erlebnis. Man ist hin und her gerissen zwischen Respekt und Heiterkeit. Es ist verblüffend, wie direkt und unbekümmert Lawrence seine Figuren über Sex sprechen lässt: Darüber, wie Frauen sich beim Orgasmus fühlen, darüber, dass Männer – auch der Waldhüter! – immer zu früh kommen, über Schamhaare und Samenflüssigkeit. Gleichzeitig wirkt vieles inzwischen ziemlich albern. So glaubte Lawrence etwa an das so genannte »phallische Bewusstsein«, das seiner Ansicht nach zur perfekten sexuellen Erfüllung gehört. Wenn Connie also an ihrem Liebhaber beobachtet, wie »*sein Penis sich mit schweigender wunderbarer Gewalt und Sicherheit erhebt*«, um dann in eine Art Gebet an das männliche Glied zu verfallen, muss man einfach lachen, obwohl man spürt, wie bitter ernst es dem Autor mit diesem Thema war. Für Ironie hatte D. H. Lawrence gar keinen Sinn. Solche »Stellen« gibt es reichlich, und es ist heute schwer nachzuvollziehen, dass derartig drollige Passagen einmal als obszön gegolten haben. 1960 durfte *Lady Chatterley* erstmals in Großbritannien erscheinen, und der Roman ist – ein einzigartiger Fall in der Literaturgeschichte – jenen zwölf Geschworenen gewidmet, die entschieden, dass D. H. Lawrence doch kein schmutziges Buch geschrieben hatte.

■ Sylvia Kristel und Nicholas Clay in der typischen Softpornokitschästhetik der achtziger Jahre.

LADY CHATTERLEY (LADY CHATTERLEY'S LOVER)

 D. H. LAWRENCE, LEBEN UND WERK

David Herbert Lawrence wurde am 11. September 1885 in Eastwood bei Nottinghamshire als viertes Kind eines Bergarbeiters geboren. Seine Jugenderlebnisse verarbeitete er in seinem ersten bedeutenden Roman, *Söhne und Liebhaber*, erschienen 1913. Im Mittelpunkt der Handlung steht das Familienleben, besonders die intensive Beziehung zwischen Mutter und Sohn. Von Geburt an litt D. H. Lawrence unter einer schwachen Gesundheit; mit sechsundzwanzig erkrankte er das erste Mal an Tuberkulose. Nachdem er in Nottinghamshire die Schule und ein Studium absolviert hatte, nahm er 1908 in London die Stelle eines Lehrers an, die er jedoch nach drei Jahren aus gesundheitlichen Gründen aufgeben musste. 1912 lernte er die deutsche Frau seines ehemaligen Professors, Frieda Weekley, geborene von Richthofen, kennen, brannte mit ihr durch und heiratete sie nach ihrer skandalträchtigen Scheidung. Nach Reisen durch Deutschland und Italien blieben sie zunächst in England. D. H. Lawrence schrieb seinen längsten Roman, *Der Regenbogen*, der ihm bald nach seinem Erscheinen (1915) einen Prozess wegen Obszönität und das Verbot des Buches einbrachte. Auch sein nächster Roman *Liebende Frauen* stieß auf heftige Kritik der sittenstrengen Presse. Während des Ersten Weltkriegs wurden er und seine Frau der Spionage verdächtigt und aus Cornwall, wo sie damals lebten, ausgewiesen. D. H. Lawrence beantragte die Ausreise in die USA, die ihm aber erst vier Jahre später, als der Krieg vorbei war, gewährt wurde. Enttäuscht verließ er England, wo ihm die schriftstellerische Anerkennung versagt geblieben war und er in großer Armut hatte leben müssen. Erfolg und finanzielle Unabhängigkeit bescherten ihm erst die amerikanischen Ausgaben und Übersetzungen seiner Bücher. Die Jahre ab 1919 bis zu seinem Tod waren von Reisen bestimmt. Er kam in Italien herum, fuhr nach Australien und lebte längere Zeit in New Mexico zurückgezogen auf einer kleinen Ranch. In seinem Kurzroman *Der Hengst von St. Mawr* bildet die wilde, unberührte Natur in den Bergen New Mexicos den Hintergrund einer Geschichte, in der es um scharfe Kritik an der modernen industriellen Zivilisation geht, eine Kritik, die auch seinen Roman *Lady Chatterley* durchzieht. Neben Romanen verfasste D. H. Lawrence Reiseberichte, Gedichte, Dramen, Erzählungen und Essays. 1926 zog er in die Toskana; dort schrieb er *Lady Chatterley*. Wegen des Vorwurfs der Obszönität und der angeblichen Verherrlichung von Ehebruch konnte der ungekürzte Roman erst 1959 in den USA und ein Jahr später in England erscheinen. D. H. Lawrence starb am 2. März 1930 in Vence (Frankreich) an Tuberkulose. Frieda Lawrence ließ neben der gemeinsamen Ranch in New Mexico eine Kapelle zum Gedächtnis für ihren Mann errichten und seine Asche darunter einmauern.

 DATEN

Erstveröffentlichung:
Florenz (Englisch, Privatdruck) 1928 (deutsch: 1930)

Lesenswert:
D. H. Lawrence: *Lady Chatterley*, Reinbek (Rowohlt) 1995.
Söhne und Liebhaber. Roman, Reinbek 1993.
Etruskische Orte. Reisetagebücher, Berlin 1999.
Italienische Dämmerung. Reisetagebücher, Zürich 1985.
Der Hengst von St. Mawr. Roman, Zürich 1990.
Mexikanischer Morgen. Reisetagebücher, Zürich 1985.
Mr. Noon. Autobiographischer Roman, Zürich 1993.
Meistererzählungen. Zürich 1991.
Liebesgeschichten, Frankfurt/Main 1994.
Vögel, Blumen und wilde Tiere. Gedichte, Bonn 2000.

Richard Aldington: *D. H. Lawrence. Mit Selbstzeugnissen und Bilddokumenten*, Reinbek 1995.

Hörenswert:
D. H. Lawrence: *Die Hauptmannspuppe. Erzählung.* Gelesen von Gert Westphal, Litraton Hamburg 1998. 3 Audiocassetten.

D. H. Lawrence: *Zwei blaue Vögel / Samson und Dalilah. Erzählungen.* Gelesen von Dietmar Mues, Solo Verlag Berlin.

 AUF DEN PUNKT GEBRACHT

Der erste seriöse Roman, der Männern sagt, dass Sex länger als drei Minuten dauern sollte – und das von einem Engländer!

Im Westen nichts Neues
Erich Maria Remarque

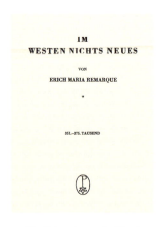

■ Titelblatt des antimilitaristischen Kriegsromans aus dem Jahre 1929.

■ Diese vier Bilder stammen vom amerikanischen Verleihplakat der zweiten Verfilmung von Im Westen nichts Neues aus dem Jahre 1979 unter der Regie von Delbert Mann. In den Hauptrollen spielten Richard Thomas, Ernest Borgnine, Donald Pleasence, ...

Im Winter 1929 konnte man in Berlin an den Litfaßsäulen, jede Woche immer an der gleichen Stelle, ein ungewöhnliches Plakat lesen: »Er kommt!«, hieß es darauf. Dann »Der große Kriegsroman«. Es folgte der Titel: *Im Westen nichts Neues*. Und schließlich, in der vierten Woche, nur ein Name: »Von Erich Maria Remarque«. Viele Berliner wussten schon Bescheid. Seit dem Herbst druckte die *Vossische Zeitung* den Roman eines unbekannten Schriftstellers in Fortsetzungen, die Auflage stieg rasant. Am 31. Januar 1929 erschien die Buchausgabe, und in den nächsten Monaten mussten zeitweise bis zu sechs Druckereien Sonderschichten fahren. 925 000 Exemplare gingen im ersten Jahr über den Ladentisch, an manchen Tagen wurden 20 000 verkauft, Anfang 1931 lag die Auflage bei 3, 5 Millionen. Noch nie hatte ein Buch in so kurzer Zeit so großen Erfolg. Bis heute ist *Im Westen nichts Neues* mit rund 30 Millionen der weltweit meistverkaufte deutsche Roman.

»Unsere Gesichter sind verkrustet, unser Denken ist verwüstet, wir sind todmüde; – wenn der Angriff kommt, müssen manche mit den Fäusten geschlagen werden, damit sie erwachen und mitgehen (…). Haie Westhus wird mit abgerissenem Rücken fortgeschleppt; bei jedem Atemzug pulst die Lunge durch. Ich kann ihm noch die Hand drücken; – »Is alle, Paul«, stöhnt er und beißt sich vor Schmerz in die Arme.«

Erzählt wird die Geschichte des 19-jährigen Gefreiten Paul Bäumer, der im Ersten Weltkrieg an der französischen Westfront kämpfen muss. Sieben seiner Kameraden sind Schulfreunde, die ganze Klasse hatte sich, angefeuert von einem patriotischen Lehrer, freiwillig gemeldet. Als die Erzählung einsetzt, haben die früheren Gymnasiasten bereits jeden Enthusiasmus verloren. Keiner denkt mehr an Ruhm und Ehre. Sie hocken dreckig und verlaust in ihren Schützengräben, Tag und Nacht »trommelt« die Artillerie. In sinnlosen Angriffen und Gegenstößen, die keiner Seite zum Sieg verhelfen, im Kampf von Mann gegen Mann verbluten die Soldaten zu Tausenden. Den jahrelangen Stellungskrieg überleben nur die Stärksten: »*Das Grauen läßt sich ertragen, solange man sich einfach duckt; – aber es tötet, wenn man darüber nachdenkt.*« Aus Paul und seinen Gefährten werden harte Frontkämpfer, die alle Gefühle unterdrücken, weil sie sonst den Verstand verlören. Jeder Tag kann der letzte sein.

»*Wir sehen Menschen leben, denen der Schädel fehlt; wir sehen Soldaten laufen, denen beide Füße weggefetzt sind; sie stolpern auf den splitternden Stümpfen bis zum nächsten Loch; ein Gefreiter kriecht fast einen Kilometer weit auf Händen und schleppt die zerschmetterten Knie hinter sich her, ein anderer*

> »*Man darf nicht den Kampf verschieben und sich die bürgerliche Person des Autors vornehmen, (dessen Haltung nach einem in der Geschichte des deutschen Buchhandels beispiellosen Erfolg mustergültig ist). Der Mann erzählt uns keine dicken Töne, er hält sich zurück; er spielt nicht den Ehrenvorsitzenden und nicht den Edelsten der Nation – er läßt sich nicht mehr photographieren, als nötig ist, und man könnte manchem engeren Berufsgenossen so viel Takt und Reserve wünschen, wie jener Remarque sie zeigt.*«
>
> KURT TUCHOLSKY

■ ... Ian Holm und Patricia Neal. Der Film wurde in der damaligen Tschechoslowakei gedreht. Trotz seiner »naturalistischen« Kriegsszenen konnte dieser Film in keiner Weise an den Erfolg der Erstverfilmung anknüpfen.

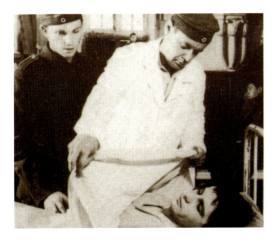

> »Ein vollkommenes Kunstwerk und unzweifelhaft Wahrheit zugleich.«
>
> STEFAN ZWEIG

■ Szene aus der legendären Lewis-Milestone-Verfilmung von 1929/30. Für diesen Film schrieb George Cukor die Dialogregie. Das Drehbuch wurde von George Abbott, Maxwell Anderson, Lewis Milestone und Del Andrews geschrieben. Der Film war für sieben Oscars nominiert und gewann zwei: für den besten Film und den besten Regisseur. Er war der erste Antikriegsfilm, der um die Welt ging.

geht zur Verbandstelle und über seine festhaltenden Hände quellen die Gedärme; wir sehen Leute ohne Mund, ohne Unterkiefer, ohne Gesicht.«

Den Plan, einen Roman über den Krieg zu schreiben, fasste Remarque bereits 1917, als er, durch Granatsplitter verletzt, in einem Duisburger Hospital lag. Zur Durchführung des Vorhabens kam es jedoch erst zehn Jahre später. Remarque war damals Journalist, als Redakteur bei der Berliner Zeitung *Sport im Bild* schrieb er Artikel über Autos und Cocktails. Aus kleinen Verhältnissen stammend, neigte Remarque zu einem mondänen Lebensstil, er war ein Party-Löwe, liebte schöne Frauen und Luxus. Ein früher Roman war längst vergessen, und niemand ahnte, dass der gut aussehende, immer fröhliche Reporter an einem so düsteren Manuskript arbeitete. Den vielen Legenden zufolge, die nach der Veröffentlichung bald kursierten, soll er es in sechs Wochen niedergeschrieben haben. (1995 tauchte das handschriftlich, mit Bleistift verfasste Original wieder auf und wurde für 620 000 DM vom Londoner Auktionshaus Sotheby's versteigert). Zunächst bot Remarque es Samuel Fischer an, dem Verleger von Thomas Mann. Fischer lehnte mit der Begründung ab, an Kriegsliteratur bestünde kein Interesse. Das war, wie Fischer später sagte, nicht nur sein »größter Fehler« als Verleger, sondern eine generell falsche Einschätzung. Schon auf den Vorabdruck hin erhielt die *Vossische Zeitung* Tausende von Leserbriefen, in denen Kriegsteilnehmer Remarques Schilderung begrüßten oder kritisierten. Der Roman berührte einen wunden Punkt – das kaum verarbeitete Trauma des verlorenen Krieges – und schlug in der politisch aufgeheizten Stimmung jener Jahre wie eine Bombe ein. *Im Westen nichts Neues* versetzte der immer noch populären »Dolchstoß-Legende«, wonach der mangelnde politische Rückhalt aus der Heimat an der Niederlage schuld war, einen schweren Schlag, und die rechtskonservative nationalistische Presse unternahm alles, um Buch und

■ Szene aus der Milestone-Verfilmung. Hier sehen wir Louis Wolheim als Landwehrmann Stanislaus Katczinsky, der für Lew Ayres (links im Bild) als Paul Bäumer ebenso wie für seine Kameraden an der Front Vater, Mutter und Ausbilder zugleich ist.

Verfasser zu diskreditieren. Remarque habe gar nicht am Krieg teilgenommen, hieß es, man geißelte seinen Lebensstil und zieh ihn kommunistischer Propaganda. Vor allem die Nazis bekämpften den Roman mit allen Mitteln. Bei der Berliner Uraufführung des nach der Romanvorlage gedrehten Films von Lewis Milestone im April 1930 ließ die SA weiße Mäuse im Kinosaal los und zündete Stinkbomben. Die schon geschwächte demokratische Regierung ließ sich von der Reichtagsfraktion der Nationalsozialisten dazu bewegen, den Film schließlich zu verbieten, wegen »Gefährdung des deutschen Ansehens in der Welt«; die Kontroverse um Remarques Roman sorgte für den ersten parlamentarischen Sieg der Nazis. Nach ihrer Machtergreifung landete *Im Westen nichts Neues* sofort auf dem Scheiterhaufen der Bücherverbrennung. Aber auch von links regte sich nach anfänglichem Zuspruch zunehmend Kritik. Irritiert von Remarques Persönlichkeit, entdeckten auch linke Rezensenten nun plötzlich befremdliche Seiten an dem Roman: das Pa-

»*Ein heißes Eisen in charmanter Hand.*«
HEINRICH BÖLL

■ Erich Maria Remarque, um 1940.

thos des Kameradentums, frohe Saufgelage im Hinterland der Front und Techtelmechtel mit Franzosen-Mädchen. Hartnäckig hielt Remarque sich aus den Diskussionen heraus. »*Der Roman ist unpolitisch*«, erklärte er, »*seine Intention ist weder pazifistisch, noch militaristisch, sondern schlicht menschlich.*« Schon das Motto des Buches ging in diese Richtung. Keine Anklage, kein Bekenntnis: »*Es soll nur den Versuch machen, über eine Generation zu berichten, die vom Kriege zerstört wurde – auch wenn sie seinen Granaten entkam.*« Jenseits der drastischen Beschreibung, wie es ist, wenn Menschen einander massakrieren, ist dies vielleicht das größte Verdienst des Romans: zu zeigen, wie Krieg jeden Beteiligten innerlich vernichtet, zum Tier macht, das nur noch nach Instinkt reagiert, um mit dem Leben davonzukommen. Die ersehnte Rückkehr in die Normalität wird zur Enttäuschung: »*Ich finde mich hier nicht mehr zurecht, es ist eine fremde Welt*«, schreibt Paul bei einem Heimaturlaub. Fast erleichtert fährt er wieder zur Front, zu seinen Kameraden, die ihn verstehen. Alle sterben, auch Paul, einen Monat vor Kriegsende: »*Er fiel im Oktober 1918, an einem Tag, der so ruhig und still war an der ganzen Front, dass der Heeresbericht sich nur auf den Satz beschränkte, im Westen sei nichts Neues zu melden.*«

»*Ist es nicht ein Jahrhundert her, dass uns der Triumph des Kriegsbuches von Remarque als eine spontane Wandlung zum Friedensgeist gedeutet wurde? (...) Die Friedensgesinnung ist dahin wie der Schnee vom vorigen Jahre. Gegen eine Million Remarque recken sich sechs Millionen Kriegsbeile.*«

CARL VON OSSIETZKY,
Weltbühne, 14. September 1930

IM WESTEN NICHTS NEUES

 ERICH MARIA REMARQUE, LEBEN UND WERK

Erich Maria Remarque, als Erich Paul Remark am 22. Juni 1898 in Osnabrück als Sohn eines Buchbinders geboren, besuchte nach der Volksschule das katholische Lehrerseminar in Osnabrück. 1916 wurde er als Soldat an die Front einberufen. Nach dem Ersten Weltkrieg setzte er seine Ausbildung fort, war kurz als Aushilfslehrer angestellt und übernahm dann Gelegenheitsjobs. Er arbeitete als Buchhalter, kaufmännischer Angestellter, Grabsteinverkäufer, Klavierlehrer, Organist und schrieb Theaterkritiken für Osnabrücker Zeitungen. Zwei Jahre lebte er in Hannover, war als Werbetexter tätig, danach als Sportredakteur bei der Zeitschrift *Sport im Bild* in Berlin. Sein Roman *Im Westen nichts Neues* machte ihn 1929 schlagartig weltberühmt, wurde kurz nach Erscheinen von Lewis Milestone in Hollywood verfilmt und in etwa fünfzig Sprachen übersetzt. Die kontroverse Diskussion um den Film übertraf an Schärfe noch die Auseinandersetzungen um den Roman. Erich Maria Remarque, der sich von 1929 an bereits häufig in die Schweiz zurückgezogen hatte, verließ Deutschland 1931 endgültig und zog ins Tessin in sein neu erworbenes Haus am Lago Maggiore. Im selben Jahr erschien sein zweiter Roman *Der Weg zurück*. Die Nazis ließen 1933 seine Werke öffentlich verbrennen und entzogen ihm 1938 die deutsche Staatsbürgerschaft. Kurz darauf emigrierte er in die USA, wo er zunächst überwiegend in Los Angeles lebte und an Filmprojekten mitarbeitete, dann in New York. Der zuerst in englischer Übersetzung im Jahre 1945 erschienene Roman *Arc de Triomphe* wurde ein zweiter Welterfolg und bereits 1946 von Lewis Milestone unter Mitwirkung von Ingrid Bergman und Charles Boyer verfilmt (*Arch of Triumph*). Der in Paris spielende Emigrantenroman handelt von einem deutschen Arzt, dem es gelang, aus der Gestapohaft zu flüchten, und der sich nun in Paris durchschlägt. Zufällig begegnet er dem Beamten, der ihn gefoltert hat, und bringt ihn um. 1947 nahm Remarque die amerikanische Staatsbürgerschaft an. Ab 1948 lebte er abwechselnd in New York und im Tessin. In seinen danach entstandenen Romanen – *Der Funke Leben* (1952), *Zeit zu leben und Zeit zu sterben* (1954) und *Der schwarze Obelisk* (1956) – thematisierte er die Verbrechen des Nationalsozialismus, erreichte jedoch keine großen Erfolge mehr. Man warf ihm vor, über eine Zeit zu berichten, die er als Emigrant gar nicht unmittelbar beurteilen könne. Nachdem die Ehe mit seiner ersten Frau Ilse Jutta Zambona schon 1930 geschieden worden war, heiratete er 1958 die Filmschauspielerin Paulette Godard. Aus dem öffentlichen Leben zog er sich mehr und mehr zurück. Am 25. September 1970 starb er in Locarno. Ein Jahr später erschien posthum sein Roman *Schatten im Paradies*.

 DATEN

Erstveröffentlichung:
Berlin 1929

Lesenswert:
Erich Maria Remarque: *Im Westen nichts Neues*, Köln (KiWi) 1998.
Der Weg zurück. Roman, Köln 1998.
Arc de Triomphe. Roman, Köln 1998.
Drei Kameraden. Roman, Köln 1998.
Schatten im Paradies. Roman, Köln 1998.
Der Pazifist. Texte und Interviews 1929–1966. Herausgegeben und mit einem Vorwort von Thomas Schneider, Köln 1998.

Wilhelm von Sternburg: »Als wäre alles das letzte Mal«. Erich Maria Remarque. Eine Biographie, Köln 1998.

Hörenswert:
Erich Maria Remarque: *Arc de Triomphe*. Hörspielfassung und Regie: Christian Gebert. Gesprochen von Hans Peter Boegel, Christian Brückner, Cornelia Hudl u. a. Der Hör Verlag 1998.

Sehenswert:
Im Westen nichts Neues (All Quiet on the Western Front). Regie: Lewis Milestone; mit Lew Ayres, Louis Wolheim, John Wray, George »Slim« Summerville, Russell Gleason, William Bakewell, Scott Kolk. USA 1930.

 AUF DEN PUNKT GEBRACHT

Immer noch das beste Buch, das über den Krieg geschrieben wurde. Es sei speziell all jenen empfohlen, die keinen erlebt haben und sich darunter vielleicht ein romantisches Abenteuer vorstellen.

Berlin Alexanderplatz
Alfred Döblin

Szene aus *Berlin Alexanderplatz. Ein Film in 13 Teilen und einem Epilog*. Der Regisseur Rainer Werner Fassbinder schrieb auch das Drehbuch. Günter Lamprecht spielt den Franz Biberkopf, hier mit Brigitte Mira als Frau Bast und Barbara Valentin als der toten Ida.

»Von einem einfachen Mann wird hier erzählt, der in Berlin am Alexanderplatz als Straßenhändler steht. Der Mann hat vor, anständig zu sein, da stellt ihm das Leben hinterlistig ein Bein. Er wird betrogen, er wird in Verbrechen hineingezogen. Zuletzt wird ihm seine Braut genommen und auf rohe Weise umgebracht. Ganz aus ist es mit dem Mann Franz Biberkopf.« So steht es auf dem Schutzumschlag der Erstausgabe von 1929, und eigentlich ist das schon die ganze Geschichte. Ein Ex-Sträfling versucht nach seiner Haft, wieder Fuß zu fassen. Im Zorn hat er seine Geliebte Ida erschlagen, vier Jahre war er im Gefängnis Tegel. Jetzt will er ein ehrlicher Mann sein, Arbeit haben, ein ordentliches Leben führen. Franz Biberkopf ist nicht gebildet, aber er hat Charakter und ein gutes Herz. Als ehemaliger Transportarbeiter ist er auch ein starker Kerl, die Frauen mögen das und seine Art, immer geradeaus zu sein. Dummerweise gerät er in die falschen Kreise. Er trifft auf Reinhold, einen gemeinen Gauner, den er für einen Freund hält. Doch Reinhold hat nur seine kriminellen Machenschaften im Sinn. Außerdem kann er den Franz sowieso nicht leiden, weil dieser bei den Frauen besser ankommt. Bei einem Einbruch lässt ihn Reinhold Schmiere stehen, arglos macht Franz mit und kapiert gar nicht, was da läuft. Und hinterher wird er von Reinhold aus dem Auto geschubst und überfahren. So kommt Franz Biberkopf ganz wörtlich unter die Räder, verliert einen Arm. Von nun an geht es wirklich abwärts mit ihm. Reinhold schleimt sich wieder bei Franz ein, der ihm seine Gemeinheit gutmütig verzeiht, nur um wenig später plötzlich unter Mordverdacht zu stehen: Reinhold hat sich an Mieze, die neue Freundin von Franz, rangemacht und sie verführt. Aus Hass auf Franz bringt er sie um und schiebt Franz die Tat in die Schuhe. Dieser bricht verzweifelt zusam-

■ So wie auf dieser kolorierten Photopostkarte von 1910 sah der Alexanderplatz in der Jugend des Franz Biberkopf aus. Blick aus der Königsstraße auf den Alexanderplatz.

men und landet im Irrenhaus. Zwar wird Reinhold überführt und bestraft, aber für Franz ist sein Glück dahin. Als Hilfsportier in einer kleinen Fabrik fristet er am Ende sein Dasein: »*Ramponiert steht er zuletzt wieder am Alexanderplatz, das Leben hat ihn mächtig angefaßt.*«

Es ist nicht unbedingt diese Geschichte, die *Berlin Alexanderplatz* sofort zu einem Bestseller machte, dazu ist sie zu simpel. Der Erfolg kam durch die Person Franz Biberkopf. Er war keine Literaturfigur im üblichen Sinn, er war ein Typ wie aus dem Leben gegriffen, von der Straße geklaubt, ein Verlierer wie so viele in jener Zeit, die vom Glanz der »Golden Twenties« nichts mitbekamen. Weil sie Pech gehabt hatten, durch Krieg, Inflation und Arbeitslosigkeit arm geworden waren, sich irgendwie durchschlagen mussten und dennoch davon träumten, wieder dazuzugehören und wie Franz Biberkopf »*mehr vom Leben zu verlangen als das Butterbrot*«. Zu der Zeit, als Alfred Döblin seinen Roman schrieb, hatte er eine Arztpraxis

»*Der progressiven Linken war er zu katholisch, den Katholiken zu anarchistisch, den Moralisten versagte er handfeste Thesen, fürs Nachtprogramm zu unelegant, war er dem Schulfunk zu vulgär. (…) Der Wert Döblin wurde und wird nicht notiert.*«

GÜNTER GRASS:
Über meinen Lehrer Döblin, 1967

■ Heinrich George als Franz Biberkopf in der Verfilmung von Piel Jutzi aus dem Jahre 1931.

im Berliner Osten. Als Nervenarzt mit Kassenzulassung behandelte er vor allem Patienten, die aus den unteren sozialen Schichten kamen, Leute mit wenig Geld, die ihm von ihren Sorgen und Nöten erzählten. Aus diesen Erfahrungen heraus formte Döblin das Gemüt seines Helden, gab ihm eine typische Berliner Schnauze und ließ ihn ein Schicksal durchleben, mit dem sich viele identifizieren konnten. Gleich nach Erscheinen des Buches wurde *Berlin Alexanderplatz* verfilmt. Die Hauptrolle spielte Heinrich George, damals der berühmteste deutsche Schauspieler. Hunderttausende lernten Franz Biberkopf durch den Film kennen, bevor sie überhaupt das Buch aufschlugen. Warum sich die Filmleute sofort für den Stoff interessierten, lag, neben der Hauptfigur, auch daran, dass *Berlin Alexanderplatz* anders erzählt ist, als man es bis dahin von Romanen gewohnt war. Alfred Döblin hatte dafür eine eigene Technik entwickelt. Er wollte nicht realistisch erzählen, sondern das Buch »bauen«, aus vielen Einzelteilen zusammensetzen. Wie in einer bunten, chaotischen Straßenszene im Film sollte alles gleichzeitig passieren, auf einen Blick sichtbar werden. Deshalb ist der Ort des Geschehens in diesem Roman ganz entscheidend. Döblin postierte seinen Franz Biberkopf genau dort, wo vor dem Krieg das Zentrum Berlins lag

> »Doktor Döblin hat während langer Jahrzehnte in Berlin praktiziert – keineswegs als Modearzt im Westen. Am Wedding, einer Zentrale der Existenzsorgen, da war er der Doktor, zu dem sie kamen, Arbeiter, Arbeitslose, Weiber mit ihrer Brut. Sie kamen erstens, weil es sie nichts extra kostete: die Kasse zahlte für sie. Aber sie fanden auch einen Freund, um sich auszusprechen, sich zu erleichtern.«
>
> HEINRICH MANN: Alfred Döblin zum 70. Geburtstag

und das Leben tobte: am Alexanderplatz. Diese Gegend ist nicht nur Kulisse, sie spielt gewissermaßen mit: »*Der Rosenthaler Platz unterhält sich. (...) Die Invalidenstraße wälzt sich linksherum ab. Es geht nach dem Stettiner Bahnhof, wo die Züge von der Ostsee ankommen: Sie sind ja so berußt – ja hier staubts. – Guten Tag, auf Wiedersehen. – Hat der Herr was zu tragen, 50 Pfennig. – Sie haben sich aber gut erholt. – Ach, die braune Farbe vergeht bald. – Woher die Leute das viele Geld zu verreisen haben. – In einem kleinen Hotel da in einer finstern Straße hat sich gestern früh ein Liebespaar erschossen, ein Kellner aus Dresden und eine verheiratete Frau, die sich aber anders eingeschrieben haben. Von Süden kommt die Rosenthaler Straße auf den Platz. Drüben gibt Aschinger den Leuten zu essen und Bier zu trinken. Konzert. Großbäckerei.*« Dazu streut Döblin Reklametexte, Zeitungsanzeigen, Kinoplakate in seinen Text, Graphiken und Stadtsymbole werden abgedruckt, er lauscht auf die Gespräche der Ladenbesitzer und Busfahrer, hört den fliegenden Händlern zu, die an jeder Ecke stehen und lauthals ihre Waren anpreisen, dazwischen braust »die Elektrische«, Autos hupen, und in den Kneipen geht es Tag und Nacht rund. Man bezeichnet *Berlin Alexanderplatz* als den ersten deutschen »Großstadtroman«, und eigentlich ist er der einzige geblieben, der das Wesen einer schon damals so hektischen Metropole wie Berlin wirklich einfängt. Und Franz Biberkopf geht in diesem

■ Alfred Döblin, 1930. Marcel Reich-Ranicki sagte über ihn: »Eigensinnig und selbstvergessen suchte er seinen Weg – ein wahrer Amokläufer unter den Schriftstellern unseres Jahrhunderts.«

■ Szene aus der Fassbinder-Verfilmung mit Barbara Sukowa als Mieze mit »ihrem« Franz Biberkopf.

■ Dieses Schutzumschlagmotiv der Erstausgabe des Fischer Verlags von 1929 geht auf einen Entwurf von Georg Salter zurück. Es wurde ebenfalls für den Umschlag der vom Walter Verlag im Jahre 1957 herausgegebenen Sonderausgabe zum zehnten Todestag Döblins verwandt.

Gewimmel fast verloren. Er war ja im Gefängnis, draußen hat sich die Welt rasant verändert, und diesem Treiben, diesem Tempo steht er ziemlich fassungslos gegenüber. Nicht nur der schlechte Umgang, auch die Stadt tut das ihre hinzu, um den Helden zu zerstören. Diese Wirkung unterstreicht Döblin durch einen weiteren stilistischen Trick, indem er die Großstadtstimmung oft mit einem orakelhaften Bibel-Ton untermalt. Wie ein mittelalterlicher Moritaten-Sänger zitiert er Abschnitte aus dem Alten Testament und der Apokalypse des Johannes. Das moderne Berlin wird so zu einem mythischen Sodom, zur »großen Hure Babylon«, die die Menschen verdirbt. Franz Biberkopfs Weg ist ein Opfergang, und er wird buchstäblich zur Schlachtbank geführt, wenngleich er auch nicht ganz untergeht: Insofern ist *Berlin Alexanderplatz* ein sehr moralisches Buch, allerdings mit viel Ironie und Humor, wie sich an der »klaren Belehrung« des Franz Biberkopf im Klappentext der Erstausgabe ablesen lässt: »*Man fängt nicht sein Leben mit guten Worten und Vorsätzen an, mit Erkennen und Verstehen fängt man es an und mit dem richtigen Nebenmann.*«

Alfred Döblin war schon 51 Jahre alt, als der Roman erschien, es war sein einziger großer Erfolg. Bis 1933 wurden mehr als 50 000 Exemplare verkauft. Dann wurde das Buch von den Nazis verboten und bei der Bücherverbrennung auf den Scheiterhaufen geworfen. Döblin ging nach Amerika ins Exil, wo er bittere Not litt. Nach seiner Rückkehr gelang es ihm nicht, mit weiteren Werken an seinen großen Erfolg anzuknüpfen, er blieb stets nur der Autor von *Berlin Alexanderplatz*. So klang es sehr enttäuscht, als er in einem Vorwort zu einer neuen Ausgabe des Romans schrieb: »Wenn man meinen Namen nannte, fügte man *Berlin Alexanderplatz* hinzu.« Das war 1955, zwei Jahre vor seinem Tod. Da war er schon ein zu Lebzeiten vergessener Autor.

BERLIN ALEXANDERPLATZ

 ALFRED DÖBLIN, LEBEN UND WERK

Der spätere Nervenarzt und Schriftsteller Alfred Döblin wird am 10. August 1878 als eines von fünf Kindern des jüdischen Schneidermeisters Max Döblin und seiner Frau Sophie (geb. Freudenheim) in Stettin geboren. Als Döblin zehn Jahre alt ist, verlässt sein Vater die Familie. Die mittellos gewordene Mutter zieht mit den Kindern nach Berlin. Alfreds Ausbildung wird dadurch unterbrochen. Erst im September 1900 macht er sein Abitur und schreibt sich einen Monat später für das Studium der Medizin und Philosophie an der Universität Berlin ein. In Freiburg promoviert er schließlich 1905. Er arbeitet in den Folgejahren in der Psychiatrie, von 1911–1933 als niedergelassener Arzt in Berlin. Inzwischen hat er die junge jüdische Medizinstudentin Erna Reiss (1888–1957) kennen gelernt, die er 1912 heiratet und mit der er vier Söhne hat. Gleichzeitig mit seiner Niederlassung als Arzt beginnt er, intensiv an seinem ersten Roman zu schreiben: *Die Drei Sprünge des Wang-lun*. 1915 erscheint das Buch im S. Fischer Verlag. Unter dem Pseudonym Linke Poot schreibt er Anfang der 1920er Jahre politische Glossen und Essays. Nach weiteren vier Romanen entsteht von 1927 bis 1929 sein einziger beim Publikum erfolgreicher Roman: *Berlin Alexanderplatz*. Vor der Verfolgung durch die Nationalsozialisten flieht er 1933 über Zürich nach Paris, wo er 1936 französischer Bürger wird. Mit seiner Frau und dem jüngsten Sohn emigriert Döblin 1940 in die USA. Als seine Stelle als »writer« bei der Filmfirma MGM ausläuft, lebt er praktisch mittellos von Sozialfürsorge und Spenden. Er konvertiert in dieser Phase der Isolation zum Katholizismus, was bei seinen Schriftstellerkollegen Befremden auslöst. Im August 1945 erhalten die Döblins Visa für die Rückreise nach Frankreich. 1946 kehren sie nach Deutschland zurück, wo sein Werk jedoch unbeachtet bleibt. 1953 siedelt Döblin nach Paris über. Gesundheitlich schwer angeschlagen, stirbt er schließlich am 26. Juni 1957. Seine Frau nimmt sich kurz darauf in ihrer Pariser Wohnung das Leben.

 DATEN

Erstveröffentlichung:
Berlin 1929

Lesenswert:
Alfred Döblin: *Berlin Alexanderplatz. Die Geschichte vom Franz Biberkopf*, München (dtv) 1997
Die drei Sprünge des Wang-Lun. Chinesischer Roman, München 1980
Wallenstein. Roman, München 1983
Berge, Meere und Giganten. Roman, München 1980
Hamlet oder Die lange Nacht nimmt ein Ende. Roman, Berlin 2000

Klaus Schröter: *Alfred Döblin. Mit Selbstzeugnissen und Bilddokumenten*, Reinbek 1978

Hörenswert:
Berlin Alexanderplatz: die Geschichte vom Franz Biberkopf. Gelesen von Hannes Messemer. Deutsche Grammophon 1987. 9 Audiocassetten.

Sehenswert:
Berlin Alexanderplatz. Regie: Piel Jutzi; mit Heinrich George, Maria Bard, Bernhard Minetti. Deutschland 1931

Berlin Alexanderplatz. Regie: Rainer Werner Fassbinder; mit Günter Lamprecht, Karin Baal, Gottfried John, Barbara Sukowa. Deutschland 1980

Besuchenswert:
Schiller-Nationalmuseum / Deutsches Literaturarchiv (Nachlass Alfred Döblins) in der Schillerhöhe 8-10 in Marbach am Neckar.

 AUF DEN PUNKT GEBRACHT

Einer der wenigen wirklich modernen deutschen Romane mit Weltgeltung und ein immer noch beeindruckendes Berlin-Porträt der 1920er Jahre.

Der Mann ohne Eigenschaften
Robert Musil

- Auszug aus einer handschriftlichen Manuskriptseite von Robert Musil.

- Anfang der zwanziger Jahre dürfte Robert Musil eine Reiseschreibmaschine dieses Typs in Berlin erworben haben. Auf ihr schrieb er zwanzig Jahre lang an seinem unvollendeten Roman *Der Mann ohne Eigenschaften*.

»*Wenn man annimmt, dass Gott am Mann ohne Eigenschaften oder dergleichen etwas gelegen sein könnte, wenn man diese Tätigkeit so überschätzt, muß man sich töten, wenn sie nicht vorwärtsgeht.*«

Er hat nicht wirklich daran gedacht, sich umzubringen. Aber verzweifelt ist er schon an seinem Roman, der ihn viel und am Ende vielleicht auch das Leben gekostet hat. Robert Musil starb 1942 an einem Gehirnschlag, im Alter von nur 61 Jahren. Von den Nazis aus Deutschland vertrieben, hatte er vergessen und verarmt im Schweizer Exil gelebt. Bis zum letzten Tag hatte er am *Mann ohne Eigenschaften* gearbeitet, bald 20 Jahre, ohne ihn je fertig zu stellen. Über 1000 Seiten erschienen zu Musils Lebzeiten, der erste Band kam 1931 heraus. Die Entwürfe, Varianten und Überarbeitungen, die sich im Nachlass befanden und erst Jahrzehnte später veröffentlicht wurden, beliefen sich auf insgesamt mehr als 6000 Seiten. Der *Mann ohne Eigenschaften* ist das größte Fragment der deutschsprachigen Literaturgeschichte.

»*Die Zeit bewegte sich. Leute, die damals noch nicht gelebt haben, werden es nicht glauben wollen, aber schon damals bewegte sich die Zeit so schnell wie ein Reitkamel; und nicht erst heute. Man wußte bloß nicht, wohin. Man konnte auch nicht recht unterscheiden, was oben und unten war, was vor und zurück ging.*«

Der Mann ohne Eigenschaften heißt Ulrich. Zum Zeitpunkt, als der Roman einsetzt, im August 1913, ist er 32 Jahre alt. Nach gescheiterten beruflichen Versuchen als Offizier und Ingenieur beschließt er, »*ein Jahr Urlaub von seinem Leben zu nehmen*« und über die Welt nachzudenken. Denn irgendetwas stimmt nicht mehr. Die Wirklichkeit scheint Ulrich zu zerfließen, alte Wertvorstellungen lösen sich auf, frühere Gewissheiten geraten ins Wanken. Mit streng logischen Gedanken glaubt Ulrich zunächst, diesem Wandel auf die Spur kommen zu können. Aber seine Suche nach einer »Ordnung des Ganzen« scheitert, weil er selbst schon Teil der Entwicklung ist. Unfähig, einen eigenen Standpunkt zu beziehen, hat er sich in die Rolle eines passiven und stets schwankenden Beobachters begeben, der zu keiner eindeutigen Aussage mehr fähig ist. Den Sinn für die Wirklichkeit ersetzt er durch den »Möglichkeitssinn«: Nichts ist so, wie es ist, alles kann auch immer anders sein. Die Folge sind Orientierungslosigkeit und das Gefühl der Ohnmacht gegenüber den Verhältnissen: »*Es ist eine Welt von Eigenschaften ohne Mann entstanden, von Erlebnissen ohne den, der sie erlebt.*« Wer sich aber auf eine derartige Weise der Realität ausgeliefert fühlt, verliert jeden seelischen Halt. Nach außen hin spielt Ulrich den feschen jungen Mann mit glänzenden Aussichten auf beruflichen und gesellschaftlichen Erfolg, innerlich ist er ein seltsam wesenloser Mensch, der alle Erscheinungen des Lebens, sich eingeschlossen, kalt durchleuchtet und seziert, ohne je zu einem Schluss zu kommen: ein Mann ohne Eigenschaften.

»*Stil ist für mich die exakte Herausarbeitung eines Gedankens.*«

ROBERT MUSIL

■ Robert Musil, um 1940, zwei Jahre vor seinem Tod. Ludwig Marcuse sagte über den *Mann ohne Eigenschaften*: »Musils Buch ist für mich eins der männlichsten, eins der geistigsten, eins der revolutionärsten Bücher, die je geschrieben worden sind.«

»*Kein Ding, kein Ich, keine Form, kein Grundsatz sind sicher, alles ist in einer unsichtbaren, aber niemals ruhenden Wandlung begriffen, im Unfesten liegt mehr von der Zukunft als im Festen, und die Gegenwart ist nichts als eine Hypothese, über die man noch nicht hinausgekommen ist.*«

Der gewaltige Umfang des Buches, sein anspruchsvolles Thema, die wenig romanhafte Erzählform sowie das hohe intellektuelle Renommee, das sich Musil damit sofort erwarb, haben den *Mann ohne Eigenschaften* zu einem Ehrfurcht gebietenden literarischen Riesen gemacht, vor dem man sich respektvoll verbeugt, um dann möglichst rasch das Weite zu suchen. Das war schon so, als der Roman erschien. Trotz einhellig begeisterter

■ Elektromobilbau bei den AEG-Automobilwerken in Berlin um 1900. Herr über den Weltkonzern AEG war in den Jahren vor dem ersten Weltkrieg Walther Rathenau, das Vorbild für den Arnheim im *Mann ohne Eigenschaften*.

Kritiken musste sich Musil bekümmert eingestehen, dass er mit seinem Buch viele Leser überforderte: »*Dieses Buch hat eine Leidenschaft, die im Gebiet der schönen Literatur heute einigermaßen deplaciert ist, die nach Richtigkeit, nach Genauigkeit.*« Es ist die zu diesem Zweck von Musil entwickelte und auch so genannte »essayistische« Schreibweise, die den Roman auf den ersten Blick theoretisch und kompliziert erscheinen lässt. Beständig wird die Romanhandlung von Betrachtungen, allgemeinen Überlegungen und Vermutungen unterbrochen, oft sind die Figuren und Szenen nur konstruiert, um Gedanken daran zu entzünden. Für Musil war diese Technik eins mit dem Inhalt. Die Verworrenheit der Zeit ließ sich nach seiner Ansicht nicht anhand einer Geschichte schildern, die traditionell – mit eindeutiger Handlung, klarem Anfang und Ende – erzählt wird. Denn dieses »*primitiv Epische*«, wie es im Roman heißt, passt nicht mehr zum modernen Leben, es ist »*unerzählerisch*« geworden und hat im Wortsinn »*den Faden verloren*«. Musil leitete daraus die Vorstellung von einem Roman als »*einer unendlich verwobenen Fläche*« ab, die immer in Bewegung bleibt und im Grunde gar nicht zu überblicken ist. So gesehen, war es kein Wunder, dass Musil sein Buch nie zu Ende brachte. Bis zu zwanzigmal schrieb er manche Passagen um, stets war er unzufrieden, alles sollte noch genauer, noch präziser sein. Doch wie sein Held Ulrich verlief er sich dann ein ums andere Mal auf jener »*Fläche*«, die Ideen verknäuelten sich oder wurden undurchsichtig – also fing er wieder von vorne an. Sein Verleger, der auf Fertigstellung drängte, verlor bald die Geduld.

Trotz seiner komplizierten Konzeption ist *Der Mann ohne Eigenschaften* jedoch alles andere als abstrakte Menschenkunde und überraschend leicht zu lesen. Das liegt zum einen an Musils wundervollem Stil, dem man die Mühen seiner Entstehung in keiner Zeile anmerkt. Musil schreibt klar, elegant und oft ungeheuer witzig, ein Kritiker stellte zu Recht »Heiterkeit bis zu tanzendem Übermut« fest. Und zum anderen gibt es doch auch eine handfeste Geschichte.

Von seinem Vater schließlich zur Tätigkeit verdonnert, muss Ulrich Kontakt zu den feinen Kreisen der Gesellschaft von »Kakanien« aufnehmen. Kakanien ist Musils Umschreibung für die österreichische k.u.k.-Monarchie, die sich, kurz vor dem Ersten Weltkrieg, in einem satten, selbstzufriedenen Dämmerzustand befindet. Aufregung weckt die Nachricht, dass in Deutschland das 30-jährige Regierungsjubiläum von Kaiser Wilhelm II. mit großem Pomp gefeiert werden soll. Die Wiener High Society will da nicht zurückstehen und konkurriert mit einer »Parallel-Ak-

■ Der Musil-Verleger Ernst Rowohlt, (23. 6. 1887 – 1. 12. 1960) im Jahre 1959.

»*Man muß die Öffentlichkeit aufrufen und sie ermahnen, dass sie sich nicht durch Teilnahmslosigkeit schuldig mache an der Verkümmerung eines dichterischen Unternehmens, dessen Außerordentlichkeit, dessen einschneidende Bedeutung für die Entwicklung, Erhöhung, Vergeistigung des deutschen Romans außer Zweifel steht.*«

THOMAS MANN, Aufruf zur Gründung der Robert-Musil-Gesellschaft, 1934

■ Das Musil-Haus in der Bahnhofstraße 10 in Klagenfurt.

■ Franz Joseph I. war von 1848–1916 österreichischer Kaiser.

tion« für ihren Franz Joseph I., der immerhin schon 70 Jahre als Kaiser der Österreicher vorzuweisen hat. Ein Festkomitee wird gegründet. Die besten Köpfe aus Kultur, Militär und Industrie kommen im Salon einer engagierten Dame zusammen, um Vorschläge zu machen, wie man das kaiserliche Jubiläum gebührend begehen könnte. Ulrich wird zum Sekretär der Initiative, von der niemand so recht einen Begriff hat. Und die auch zu nichts anderem führt als zu permanenten Abendgesellschaften mit hohem Gerede, Intrigen und erotischen Verwicklungen. Dennoch sind alle ergriffen von der Vision einer großen und national bedeutenden Idee. Die Geschichtsschreibung selbst hat Musil eine reale Pointe geliefert: Die Kaiserjubiläen fallen ins Jahr 1918. Es ist das Jahr, in dem beide Monarchien endgültig versinken. Die Schilderungen der »Parallel-Aktion« zeigen Musil als glänzenden Satiriker, der den Verfall einer Epoche in allen Einzelheiten zu erfassen und zu analysieren versteht. Da ist er also doch wieder: der rote Faden. Und mit Vergnügen stellt man fest, dass der Roman die theoretischen Absichten seines Autors erfolgreich unterläuft.

»*Dieser Roman ist ein letztes Prunkstück österreichischen Barocks, strotzend von Überfülle, Fleisch und Kostüm, Vorhang und Hintergrund, Sinnlichkeit und Reflexion.*«
                             ERNST FISCHER

DER MANN OHNE EIGENSCHAFTEN

 ROBERT MUSIL, LEBEN UND WERK

Robert Musil wurde am 6. November 1880 in Klagenfurt geboren. Mit zwölf Jahren gaben seine Eltern ihn in ein Internat, die Militär-Unterrealschule in Eisenstadt, anschließend besuchte er die Militär-Oberrealschule. Die fünfjährige strenge Internatserziehung verbitterte Robert Musil sehr. Seine Erfahrungen aus dieser Zeit verarbeitete er in seinem ersten Roman, *Die Verwirrungen des Zöglings Törleß*, 1906 erschienen, in dem er den Auswirkungen der totalitären Herrschaftsstruktur des Instituts auf die Entwicklung der Schüler nachgeht. 1897 begann Robert Musil ein Studium an der technischen Militärakademie in Wien, brach seine Offizierslaufbahn jedoch bald ab und wurde Maschinenbauingenieur. 1903 ging er nach Berlin, um Psychologie, Philosophie, Mathematik und Physik zu studieren. 1908 promovierte er mit einer Arbeit über den Physiker und Philosophen Ernst Mach. Das Angebot, sich an der Universität in Graz zu habilitieren, schlug er aus, da er sich der Literatur widmen wollte. 1911 erschienen seine ersten Erzählungen: *Die Versuchung der stillen Veronika* und *Die Vollendung der Liebe*. Im selben Jahr heiratete er Martha Marcovaldi, geborene Heimann, und nahm eine Stelle als Bibliothekar an der Technischen Hochschule in Wien an. Drei Jahre später konnte er diese aufgeben, weil man ihm beim S. Fischer Verlag eine Stelle als Redakteur der *Neuen Rundschau* angeboten hatte. Der Ausbruch des Ersten Weltkriegs beendete diese Tätigkeit allerdings bereits nach einem halben Jahr. Robert Musil wurde Kompanieführer in einem Landsturmbataillon, war Herausgeber der *Soldaten-Zeitung* in Bozen und arbeitete schließlich im Kriegspressequartier in Wien. Ab 1922 lebte er als freier Schriftsteller, Essayist, Theater- und Literaturkritiker in Wien und Berlin. In den 1920er Jahren erschienen unter anderem das Buch *Drei Frauen*, das die Erzählungen *Grigia*, *Die Portugiesin* und *Tonka* beinhaltet, und die Theaterstücke *Die Schwärmer* und *Vinzenz und die Freundin bedeutender Männer*. Seit etwa 1920 arbeitete Robert Musil an seinem Romanprojekt *Der Mann ohne Eigenschaften*, dessen Entstehungsgeschichte bis zum Anfang des Jahrhunderts zurückreicht. Nachdem der Roman Anfang der 1930er Jahre in zwei Teilen erschienen war – ab 1939 war er in Deutschland verboten –, unterzog Robert Musil ihn bis zu seinem Tod 1942 ständigen Überarbeitungen. 1938 emigrierte Robert Musil in die Schweiz und lebte die letzten Jahre fast mittellos und sozial isoliert in Genf. Der Ruhm blieb ihm zu Lebzeiten versagt; das Interesse für sein Werk wuchs erst mit der Veröffentlichung der mit einem umfangreichen Nachlassteil versehenen Neuausgabe 1952.

 DATEN

Erstveröffentlichung:
Berlin 1930/1933 – Lausanne 1943

Lesenswert:
Robert Musil: *Der Mann ohne Eigenschaften I. Erstes und zweites Buch*. Hg. v. Adolf Frisé, Reinbek (Rowohlt) 1994.

Der Mann ohne Eigenschaften II. Aus dem Nachlass. Hg. v. Adolf Frisé, Reinbek 1994.
Die Verwirrungen des Zöglings Törleß. Roman, Reinbek 1998.
Drei Frauen. Erzählungen, Reinbek 1996.
Die Schwärmer. Drama, Reinbek 1995.
Nachlass zu Lebzeiten. Essays, Reinbek 1962.
Über die Dummheit. Rede, Berlin 1999.

Wilfried Berghahn: *Robert Musil. Mit Selbstzeugnissen und Bilddokumenten*, Reinbek 1996.

Thomas Pekar: *Robert Musil zur Einführung*, Hamburg 1997.

Hörenswert:
Robert Musil: *Der Mann ohne Eigenschaften*. Gelesen von Christoph Bantzer, Reinbek 1989. 3 Audiocassetten.

 AUF DEN PUNKT GEBRACHT

Der klügste, wohl meistungelesene deutschsprachige Roman des 20. Jahrhunderts. Wer sich an ihn heranwagt, schüttelt den Kopf darüber, dass er sich dieses Buch so lange hat entgehen lassen!

Licht im August
William Faulkner

William Faulkner, um 1960.

»*Im August gibt es um die Mitte des Monats herum ein paar Tage, wo man plötzlich einen Vorgeschmack des Herbstes bekommt; es ist kühl, und das Licht hat eine besonders helle, strahlende Qualität.*« Dieses Licht hat William Faulkner zum Titel seines Romans inspiriert. Er sah darin jedoch auch eine symbolische Bedeutung: einen Leuchtstrahl in die Vergangenheit, »*in die alten, klassischen Zeiten, älter als unsere christliche Zivilisation*«. Dort wollte Faulkner mit seinen Geschichten hin, in die zeitlose Sphäre des Mythos, in der sich die großen universalen Menschheitsdramen um Liebe, Hass, Tod, Schande und Verbrechen abspielen. Faulkners bedeutendste Romane und Erzählungen sind in den 1920er und 1930er Jahren geschrieben worden. Sie handeln auch von dieser Zeit und spielen fast sämtlich in den amerikanischen Südstaaten. Dennoch hat Faulkner immer die ganze Welt im Blick, Vergangenheit, Gegenwart und Zukunft zugleich, den Menschen an sich. Um dessen Schuld, dessen Versagen geht es ihm, aber auch um die Überzeugung, dass der Mensch sein Schicksal bestimmen und Fehler korrigieren kann. Faulkner glaubte an das Gute und dass es sich durchsetzen werde. In seiner berühmt gewordenen Rede, die er bei der Verleihung des Literatur-Nobelpreises 1950 hielt, widersprach er den modern-existenzialistischen Thesen vom Ende des Individuums im von der Technik dominierten Zeitalter. Ganz traditionell hielt er an den Begriffen von Seele und Geist fest, der »des Mitgefühls, des Opfers und des Erduldens fähig« sei. Am Ende aller finsteren Zeiten werde der Mensch siegen, rief er aus, und ihn im Kampf gegen das Schlechte zu unterstützen, dazu seien die Dichter auf der Welt. Dieses Credo klang seltsam aus dem Munde eines Schriftstellers,

Faulkner war ein notorischer Nesthocker, den kaum etwas aus seinem Ort Oxford wegbrachte. Als er von Präsident John F. Kennedy zum Dinner ins Weiße Haus eingeladen wurde, soll er mit den Worten abgesagt haben: »In meinem Alter kann ich nicht mehr so weit reisen, um mit Fremden zu essen.« Er war 64 Jahre alt.

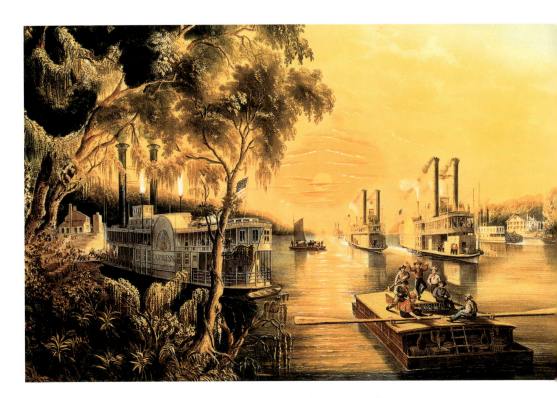

■ Der Mississippi – Lebensader des amerikanischen Südens. Kreidelithographie von Francis F. Palmer aus dem Jahre 1885.

in dessen Werk so viel Verzweiflung, Untergangsstimmung und Grausamkeit herrschten und der im Ruf stand, der modernste amerikanische Autor seiner Zeit zu sein. Doch das kümmerte den Mann aus Oxford, Mississippi, nicht. Er war kein Intellektueller; die ästhetischen Neuerungen und Methoden, für die man ihn rühmte, gebrauchte er wie ein Farmer einen technisch ausgereifteren und dadurch besseren Traktor. Wichtig war, wie bei der Feldarbeit, der Ertrag; Kunst hatte gefälligst einen Nutzen zu haben. William Faulkner fühlte sich als literarischer Bauer und war stolz darauf.

»›Ach‹, sagte Christmas. ›Das hätten sie tun können? Sie ausgraben, nachdem sie schon umgebracht, tot waren? Wann werden bloß Menschen, die verschiedenes Blut haben, aufhören, einander zu hassen?‹«

Licht im August ist eine weit verzweigte Geschichte, in der Faulkner mehrere Erzählstränge kunstvoll miteinander verknüpft. Es gibt drei Hauptpersonen. Ort der Handlung ist Jefferson, ein fiktives Städtchen, in dem mehrere Romane Faulkners spielen. Aus Alabama trifft Lena Grove ein. Sie ist jung und schwanger und auf der Suche nach dem Vater ihres Kindes, der

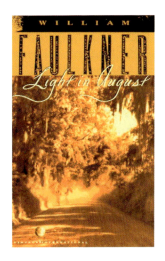

■ Szene aus dem hochgelobten Südstaaten-Film *Intruder in the Dust* des Regisseurs Clarence Brown aus dem Jahre 1949. Zwei Weiße, ein Junge und eine alte Frau, bewahren einen Schwarzen davor, gelyncht zu werden. In den Hauptrollen Juano Hernandez, Elisabeth Patterson und Claude Jarman jr.

sich davongemacht hat. In Jefferson herrscht helle Aufregung, denn gerade ist bekannt geworden, dass der Arbeiter Joe Christmas seine Wirtin und Geliebte getötet hat. Auch der Geistliche Gail Hightower wird in diesen Wirbel mit hineingezogen. Hightower ist ein von der Gemeinde geächteter Priester, ein verbitterter, halsstarriger Südstaatler und Rassist. In Rückblenden, inneren Monologen oder Erzählungen von Nachbarn und Bekannten wird das Schicksal dieser drei Figuren nachgezeichnet, in deren Mittelpunkt Joe Christmas steht. Er ist ein Findelkind gewesen, von dem man munkelt, dass es »Negerblut« in sich habe. Das ist der äußerlich nicht sichtbare »Makel«, der aber Christmas' Leben und Denken bestimmt. Er ist ein typischer Faulknerscher Held: ein Verdammter, ein Außenseiter, der Katastrophe ausgeliefert, die stets wie eine Naturgewalt über alle Beteiligten hereinbricht. Nach dem Mord – das Motiv dafür bleibt dunkel – flieht Christmas nur zögerlich, er wird gefasst und später erschossen. Man hat den Eindruck, als habe er sich das geradezu gewünscht. Religiöser Fanatismus, unterdrückte Sexualität und Rassenhass – das sind die bestimmenden Themen und Triebkräfte in diesem

■ Szene aus demselben Film mit Juano Hernadez und Claude Jarman jr. Der Junge will dem Schwarzen helfen, den Fall zu lösen.

beklemmend grausamen Roman, der 1932 erschien und das weltweit bekannteste Buch Faulkners geworden ist. Einige Jahre zuvor hatte er sich zu jener »regionalen« Erzählweise entschlossen, die sein Markenzeichen wurde. Der von ihm verehrte berühmte Schriftsteller Sherwood Anderson hatte dem noch unsicheren jungen Kollegen geraten, über das zu schreiben, was er kannte. Aufgewachsen in der Provinz und dem Stadtleben nie recht gewogen, entdeckte Faulkner schon bei seinen ersten literarischen Gehversuchen, »*dass es sich lohnte, über die kleine Briefmarke meiner heimatlichen Erde zu schreiben, und dass ich keinesfalls lange genug leben würde, um sie auszuschöpfen*«. So entstand der literarische Kosmos vom Yoknapatawpha County, einer erfundenen Landschaft – der Name ist indianisch – mit der Stadt Jefferson und einer »*Goldmine von Menschen*«, die Faulkner fortan betrieb. Alle seine Hauptwerke erzählen vom amerikanischen Süden. Faulkners Heimat liefert ihm Schauplatz und Stoff, vor allem aber Kolorit und Atmosphäre für seine dramatischen Romane, die er bisweilen wie antike Tragödien gestaltet. Yoknapatawpha County und Jefferson bilden die Kulissen für Faulkners stets gewaltiges Theater.

»*Nun schwindet das letzte kupferfarbene Licht des Nachmittags; nun ist die Straße unter den niedrigen Ahornbäumen und der niedrigen Tafel bereit und leer; vom Fenster eingerahmt sieht sie aus wie ein Bühnenbild.*«

> »*Faulkners* Licht im August *war mein letzter, stärkster Eindruck vor dem Krieg.*«
>
> GOTTFRIED BENN, 1946

■ Schwarze Landarbeiter auf einer Farm in Florissant bei St. Louis im Jahre 1903.

> »Faulkners Genie ist für mich gleichbedeutend mit seinem Gedächtnis, oder doch mit seinen erinnernden Fähigkeiten, die ihn zum Gedächtnis des Südens werden ließen.«
>
> SIEGFRIED LENZ, 1963

Anders als Margaret Mitchell, die mit *Vom Winde verweht* (s. S. 126) das wohl berühmteste Südstaaten-Epos schrieb, ist William Faulkner kein Volksschriftsteller gewesen. Er war geachtet, aber nicht populär. Die modernistisch komplizierte Form, in der er schrieb, irritierte die Zeitgenossen ebenso, wie seine eindeutige Haltung gegen den Rassismus viele empörte. Für Faulkner war die Versklavung und Unterdrückung der Schwarzen ein nicht wieder gutzumachendes Unrecht, »der Fluch« – wie es im Roman heißt – »aller weißen Kinder, die jemals zur Welt gekommen sind und jemals zur Welt kommen werden«. Obwohl die Sklaverei seit mehr als einem halben Jahrhundert offiziell abgeschafft war, herrschten im Süden der USA immer noch die alten Ressentiments und Ungerechtigkeiten. Faulkners Plädoyer für die Gleichberechtigung kam einem gesellschaftlichen Skandal gleich. In seinem Wohnort Oxford wurde er anfangs als »Niggerfreund« geschmäht, erst der Nobelpreis machte ihn unangreifbar und zum »großen Sohn der Stadt«. Bei aller Kritik ist Faulkner den Menschen seiner Heimat aber stets verbunden geblieben. Neben den gebrochenen Gestalten in seinen Romanen gibt es immer auch die humanen, liebenswerten »southerners«, die das Herz auf dem rechten Fleck tragen. In *Licht im August* ist es Lena Grove, die für das Gute steht. Alle mögen die vom Leben Gebeutelte, ehrlich und offen geht sie ihrer Wege. Am Ende findet Lena den Vater ihres Kindes, der prompt wieder durchbrennt. Aber zumindest hat sie ihm einmal ins Gewissen geredet.

■ Memphis, Tennessee 1997: die Beale Street, das Vergnügungsviertel.

LICHT IM AUGUST (LIGHT IN AUGUST)

 WILLIAM FAULKNER, LEBEN UND WERK

Im Alter von fünf Jahren kam William Faulkner, am 25. September 1897 in New Albany (Mississippi) geboren, in den Ort, in dem er die meiste Zeit seines Lebens verbrachte: nach Oxford in Mississippi. Er stammte aus einer ehemals wohlhabenden, im Sezessionskrieg verarmten Südstaatenfamilie. Bevor er sich im Jahre 1919 an der Universität einschrieb, war er ein halbes Jahr Pilot der kanadischen Luftwaffe. Er studierte englische und französische Literatur und veröffentlichte zunächst Jugendstilzeichnungen, dann Gedichte in Zeitschriften. Während eines Aufenthaltes in New York im Herbst 1921 arbeitete William Faulkner kurzzeitig in einer Buchhandlung. Nach seiner Rückkehr in den Heimatort wurde er Leiter des dortigen Postamts und blieb in diesem Amt drei Jahre. Als sich die Klagen mehrten, kündigte er erleichtert: »Gott sein Dank brauche ich nie wieder nach der Pfeife eines jeden Hundesohns zu tanzen, der 2 Cents hat und eine Briefmarke kaufen will.« Unter anderem wurde ihm vorgeworfen, dass sein 1924 erschienener Gedichtband *Der Marmorfaun (The Marble Faun)* größtenteils während der Dienstzeit entstanden sei. Dem Arbeitsalltag entronnen, reiste er 1926 nach New Orleans und begegnete dort dem von ihm bewunderten Schriftsteller Sherwood Anderson, der ihn zum Schreiben ermutigte. Im selben Jahr unternahm Faulkner eine Reise nach Europa, kam nach Italien, in die Schweiz, nach Frankreich und England. Zurück in Oxford begann er Romane zu schreiben. Beinahe gleichzeitig mit *Schall und Wahn (The Sound and the Fury)* entstand *Sartoris*, sein erster großer Familienroman, der im fiktiven Yoknapatawpha County im nördlichen Mississippi spielt. 1929 heiratete William Faulkner Estelle Oldham-Franklin. Sie stammte aus einer angesehenen Oxforder Familie, die schon lange mit der Familie Faulkner bekannt war. Sie hatten eine Tochter. 1932 erschien der Roman *Licht im August*. Er wurde von der Kritik durchweg positiv aufgenommen und ist bis heute das wahrscheinlich bekannteste Werk des Autors. 1935 wurde er als erster seiner Romane ins Deutsche übersetzt. Ab 1932 hielt sich William Faulkner immer wieder in Hollywood auf und verdiente Geld als Drehbuchautor. Er schrieb die Drehbücher unter anderem zu Filmen von Howard Hawks, wie *Haben oder Nichthaben (To Have and Have not)* und *Tote schlafen fest (The Big Sleep)*. Auch durch das Schreiben von Kurzgeschichten versuchte er seiner chronischen Geldnot zu begegnen. Er hatte zunehmend internationalen Erfolg und bekam als höchsten Ruhm 1950 – nachträglich für das Jahr 1949 – den Nobelpreis für Literatur verliehen. Er starb am 6. Juli 1962 in Oxford, Mississippi.

 DATEN

Erstveröffentlichung:
New York 1932
(deutsch: 1935)

Lesenswert:
William Faulkner: *Licht im August*, Reinbek (Rowohlt) 1995.
Sartoris. Roman, Reinbek 1985.
Schall und Wahn. Roman, Zürich 1990.
Als ich im Sterben lag. Roman, Frankfurt/Main 1997.
Go Down, Moses. Chronik einer Familie. Zürich 1990.
Eine Legende. Roman, Zürich 1991.
Die Spitzbuben. Roman, Zürich 1991.
Requiem für eine Nonne. Roman in Szenen, Zürich 1991.
Schwarze Musik. Erzählungen, Zürich 1991.
Rotes Laub. Erzählungen, Zürich 1990.
Briefe. Ausgewählt und aus dem Amerikanischen von Elisabeth Schnack, Zürich 1997.

Peter Nicolaisen: *William Faulkner*. Mit Selbstzeugnissen und Bilddokumenten, Reinbek 1995.

 AUF DEN PUNKT GEBRACHT

Oft brutal und entschlossen unromantisch: das literarisch bedeutendste Südstaaten-Epos Amerikas – nichts für Scarlett-O'Hara-Fans.

Wendekreis des Krebses
Henry Miller

■ Dieses Gemälde von Henri de Toulouse-Lautrec aus dem Jahre 1894 heißt »Im Salon der Rue de Moulins« – ganz so gepflegt dürften die Bordelle zu Henry Millers Zeit in Paris nicht mehr gewesen sein.

»Der Wendekreis des Krebses ist ein mit Blut getränktes Testament, das die verheerenden Wirkungen meines Kampfes im Bauch des Todes zeigt. Der starke Geruch des Sexus, den das Buch ausströmt, ist in Wirklichkeit das Aroma der Geburt. Er ist nur für jene unangenehm oder abstoßend, die seine Bedeutung nicht kennen.«

Den Umschlag der Originalausgabe ziert ein Horrorbild: Ein riesiger Krebs umklammert mit seinen Zangen eine nackte Frau und scheint sie zu verschlingen. Jack Kahane, der amerikanische Verleger der Obelisk Press in Paris, hat sich dieses Cover ausgedacht und hofft auf den Knalleffekt. Kahane verlegt schlüpfrige Softpornos, in englischer Sprache, auf diese Weise entgeht er der französischen Zensur. Bei diesem neuen Roman hat Kahane jedoch lange gezögert, denn das ist nun wirklich ein »schmutziges« Buch, *hardcore* sozusagen. Wenn sich das herumspricht, könnte man womöglich doch noch im Gefängnis landen. Schließlich druckt er es – auf Kosten des Autors.

»Die Negerin war die Königin des Harems. Man brauchte sie nur anzuschauen, um einen Ständer zu bekommen. Ihre Augen schienen wie in Samen zu schwimmen. Sie war trunken von all der Begierde um sie herum. Während ich die enge, gewundene Treppe hinter ihr hinaufstieg, konnte ich der Versuchung nicht widerstehen, meine Hand zwischen ihre Beine zu schieben.«

> *»Ein königliches Buch, ein abscheuliches Buch, genau die Art von Buch, wie ich sie am liebsten mag.«*
>
> BLAISE CENDRARS

Als *Wendekreis des Krebses* (*Tropic of Cancer*) im September 1934 erscheint, ist Henry Miller 43 Jahre alt und als Schriftsteller völlig unbekannt. Seit mehr als zwanzig Jahren schreibt er, seine Manuskripte liegen unveröffentlicht zu Hause in der Schublade: *»Mein einziger Trost war, dass Cervantes, Jean-Jacques Rousseau und Marcel Proust auch nicht jünger waren, als sie debütierten.«* In New York geboren und in ärmlichen Verhältnissen aufgewachsen, hat Miller schon als Teenager nur den einen Wunsch: Künstler zu sein. Genauere Vorstellungen hat er nicht, und so sucht er – ohne Ausbildung oder Studium – über viele Jahre hinweg erfolglos nach künstlerischen Formen und Ausdrucksmöglichkeiten. Mit Gelegenheitsjobs als Bote und Telegraphist hält er sich über Wasser. Daneben malt er und schreibt Gedichte, die er auf der Straße an Passanten verkauft. 1930 kommt er nach Paris: *»Ich habe kein Geld, keine Zuflucht, keine Hoffnungen. Ich bin der glücklichste Mensch der Welt.«* An der Seine führt Miller buchstäblich ein Hungerleider-Dasein. Er schnorrt sich durch, weiß nie, wann er die nächste Mahlzeit in den Bauch bekommt.

■ Henry Miller in Paris im Jahre 1959.

Eine feste Adresse hat er nicht, er schläft bei Bekannten auf einer Matratze, tagsüber strolcht er wie ein Penner durch die Stadt, in den Cafés klaut er das Trinkgeld von den Tischen. Und wo er geht und steht, schreibt er. Auf Zettel, Buchdeckel, Quittungen. In den Bars und Spelunken am Montparnasse ist er bald eine bekannte Figur: Henry, »l'écrivain américain«, der amerikanische Schriftsteller. Er beschreibt, was er sieht und fühlt, wie einer lebt und denkt, der gesellschaftliche Normen verachtet und sich als Ausge-

■ Szenenbilder aus dem Film *Wendekreis des Krebses* von Joseph Strick (1970). In den Hauptrollen Rip Torn, James Callahan, Ellen Burstyn, David Bauer und Laurence Ligneres. Der Film wurde sehr kontrovers beurteilt, ...

stoßener betrachtet. Aus diesen Notizen entsteht sein Roman.
»Meine Menschenwelt war untergegangen, ich war vollkommen allein in der Welt, und zu Freunden hatte ich nur die Straßen, und die Straßen sprachen zu mir in der traurigen, bitteren Sprache, die zusammengesetzt ist aus menschlichem Elend, aus Sehnsucht, Reue, Versagen und vergeblicher Mühe.«
In Paris findet Henry Miller endlich sein großes literarisches Thema: das eigene Leben. *Wendekreis des Krebses* ist der erste Baustein einer permanenten Autobiographie und zugleich der Durchbruch zu einer künstlerischen Identität, an der Miller fortan nicht mehr zweifelt. Seine bitteren Erfahrungen verwandelt er in eine Vision von einer wilden, »authentischen« Existenz, die er in immer neuen Bildern einfängt. Vor allem in der Sexualität sieht Miller die unerschöpfliche Quelle des wahren Lebens. Er selbst ist von Jugend an ein Erotomane ersten Gra-

> *»Dieses Buch führt einen Wind mit sich, der die toten und hohlen Bäume umbläst, deren welke Wurzeln im unfruchtbaren Boden unserer Zeit verdorrt sind. Dieses Buch dringt bis zu den Wurzeln vor und gräbt tiefer, gräbt nach unterirdischen Quellen.«*
>
> ANAÏS NIN

des, hat zahllose Liebschaften, ist mehrmals verheiratet. In Paris zieht es ihn magisch zu den Prostituierten, er treibt sich in Bordellen herum, aber er trifft auch auf eine Frau, die ihm entscheidend weiterhilft. Miller lernt Anaïs Nin kennen, die später ebenfalls als Schriftstellerin berühmt wird. Zu Beginn der 1930er Jahre aber ist sie nur eine wohlhabende Bankiersgattin, die Tagebuch schreibt und sich nach einem abenteuerlicheren Leben sehnt. Die zierliche Schönheit verliebt sich in den Macho Miller, bald haben sie eine leidenschaftliche Affäre miteinander, in der sich Sex und Schriftstellerei kreativ verbinden. Anaïs spornt den oft wankelmütigen Miller an und unterstützt ihn finanziell. Die 5000 Francs, die Verleger Kahane für den Druck des *Wendekreises* verlangt, kommen von Anaïs, und sie ist es auch, die das chaotische Manuskript erst in eine publizierbare Form bringt, indem sie die Hälfte streicht und viele stilistische Schwächen ausbügelt. Gemeinsam mit Anaïs hat Miller die Idee für den Titel des Romans: der Krebs als Symbol für eine todkranke Gesellschaft. Ohne Anaïs Nin hätte es den Autor Henry Miller vielleicht nie gegeben.

Wendekreis des Krebses wird zunächst kein Verkaufserfolg. Dennoch ist das Buch eine literarische Sensation und etabliert Miller mit einem Schlag als Schriftsteller. Prominente Autoren werden auf ihn aufmerksam, es regnet Glückwünsche und Zustimmung, wobei die schäumenden Proteste der konservativen

■ … es war sowohl die Rede von gefährlicher Pornographie, als auch davon, dass der Regisseur sich zu sehr an der literarischen Vorlage orientiert habe und die Dialoge daher teilweise hölzern wirkten. Der Wahrheit am nächsten dürfte die Kritikerin Pauline Kael gekommen sein: »Eine triviale, aber unterhaltsame Sexkomödie.«

■ Szene aus der Joseph-Strick-Verfilmung *Wendekreis des Krebses*.

Presse gegen den »Pornographen« Henry Miller dessen neuen Ruhm nur mehr vergrößern. Materiell hat er davon noch wenig. Eine französische Ausgabe des Buches darf nicht erscheinen, in Amerika bleibt es jahrzehntelang verboten. Aber Miller ist am Ziel seiner Träume und fortan nicht mehr zu halten. Er stürzt sich in die Arbeit, schreibt Buch um Buch. Es folgen der *Wendekreis des Steinbocks* (*The Tropic of Capricorn*), die Trilogie *Nexus/Plexus/Sexus*, seine unveröffentlichten Manuskripte werden nun gedruckt. Und wenn auch Miller immer intellektueller, philosophischer und zeitkritischer wird, so liest sich doch jeder Roman wie die Fortsetzung ein und derselben Geschichte: ein Amerikaner in Paris.

»Ich bin aus der Welt geschleudert worden wie eine Patrone. Ein dichter Nebel hat sich herabgesenkt, die Erde ist mit gefrorenem Fett verschmiert. Ich spüre, wie die Stadt pulsiert, als wäre sie ein eben aus einem warmen Leib entferntes Herz. Die Fenster meines Hotels eitern, in der Luft ist ein stickiger, beißender Gestank wie von brennenden Chemikalien.«

Heute wirkt vieles an Millers Prosa seltsam penetrant. Die radikale Anti-Bürgerlichkeit und jene beständig zelebrierte Obszönität, die schließlich auch Anaïs Nin – »Frauen sind für Henry nur Löcher« – kräftig auf die Nerven ging, erscheinen aufgesetzt und selbstverliebt. Man vergisst dabei aber leicht, dass es solcher Bücher wie *Wendekreis des Krebses* bedurfte, um die Freiheit des modernen Denkens zu ermöglichen. Insofern war Henry Millers Einfluss beträchtlich – die »Beat Generation« um Jack Kerouac (s. S. 174), Allen Ginsberg und William S. Burroughs ist ohne sein Werk kaum vorstellbar. Was für uns heute so leicht aussieht, war früher ein Kampf: einfach ohne Angst zu sagen, was man empfindet.

> »Millers Werk hat auf seine Weise den Abgrund zwischen dem denkenden und dem nicht denkenden Menschen erfolgreicher überbrückt als der Joycesche *Ulysses*. Es ist ein bemerkenswerter Versuch, den denkenden Menschen vom Podest seiner kühlen Überlegenheit herunterzuholen und ihn wieder in Kontakt mit dem Mann von der Straße zu bringen.«
> GEORGE ORWELL

WENDEKREIS DES KREBSES (TROPIC OF CANCER)

 HENRY MILLER, LEBEN UND WERK

Henry Miller wurde am 26. Dezember 1891 in New York geboren und wuchs in den Straßen von Brooklyn auf. Seine lang anhaltende Abneigung gegen den Geburtsort, die auch in seinem Roman *Wendekreis des Krebses (Tropic of Cancer)* noch zum Ausdruck kommt, weicht später einer regelrechten Verklärung seiner Kindheit. Das New Yorker City College besuchte er zwei Monate, dann flüchtete er aus der Schule und begann sich mit Gelegenheitsjobs durchzuschlagen. Eine längere Reise führte ihn 1913 nach Kalifornien. Zurück in New York, arbeitete er vorübergehend in der Schneiderei seines Vaters. Er nutzte jede freie Minute zum Lesen und begann zu schreiben, vor allem Briefe – »40 oder 50 Seiten lange Briefe über Gott und die Welt«. Nicht das Handwerk interessierte ihn, sondern die Kundschaft, die Vielzahl der unterschiedlichsten Menschen und ihre Probleme. Nur eine Stelle behielt er länger: die des Personalchefs einer Telegraphengesellschaft. Während eines Urlaubs im Jahre 1922 schrieb er sein erstes Buch, eine Prosastudie. Das frühe, unbestimmte Verlangen, Schriftsteller zu werden, wurde zunehmend zu einem regelrechten Schreibdrang, der sich nicht mehr unterdrücken ließ. Er gab die Stelle auf und beschloss, nie wieder einen Job anzunehmen. Die folgenden Jahre, 1923–1930, sind Gegenstand einer Romantrilogie *The Rosy Crucifixion*, die aus den Teilen *Sexus* (erschienen 1945), *Plexus* (1949) und *Nexus* (1957) besteht. Von 1930–1940 lebte Henry Miller überwiegend in Paris. Dort lernte er die Amerikanerin Anaïs Nin kennen (1903–1977), die ihn in seiner schriftstellerischen Arbeit unterstützte. Er begann seinen Roman *Wendekreis des Krebses*, sein – wie er sagte – »erstes Buch, das zählt« und das 1934 seinen Ruhm begründete. Über die Freundschaft mit Henry Miller sowie ihre zunehmend kritische Haltung ihm gegenüber geben die Tagebücher von Anaïs Nin Auskunft. Dem *Wendekreis des Krebses* folgte der Roman *Wendekreis des Steinbocks (Tropic of Capricorn)*, der sich um eine Jugend in New York dreht. Eine fünfmonatige Griechenlandfahrt 1939 bezeichnete Henry Miller als die bedeutendste geistige Erfahrung seines Lebens. Der daraus hervorgehende Reisebericht *Der Koloß von Maroussi (The Colossus of Maroussi)* zählt zu seinen besten Büchern. Zur selben Zeit nahm die langjährige Freundschaft zu dem Schriftsteller Lawrence Durrell ihren Anfang und wurde von einem regen Briefwechsel begleitet. 1940 ging Henry Miller zurück in die USA und lebte dort bis zu seinem Tod am 7. Juni 1980 in Kalifornien.

 DATEN

Erstveröffentlichung:
Paris (englisch) 1934
(deutsch: 1953)

Lesenswert:
Henry Miller: *Wendekreis des Krebses*, Reinbek (Rowohlt) 2000.
Wendekreis des Steinbocks. Roman, Reinbek 1996.
Der Koloss von Maroussi. Eine Reise nach Griechenland. Reinbek 1999.
Das Lächeln am Fuße der Leiter. Mit Illustrationen von Joan Miró, Reinbek 1995.
Sexus. Roman, Reinbek 1995.
Plexus. Roman, Reinbek 1994.
Nexus. Roman, Reinbek 1995.
Big Sur und die Orangen des Hieronymus Bosch, Reinbek 1993.
Stille Tage in Clichy, Reinbek 1998.
Insomnia oder Die schönen Torheiten des Alters, Reinbek 1995.

Anaïs Nin: *Tagebücher 1931-1934*, München 1979.

Walter Schmiele: *Henry Miller.* Mit Selbstzeugnissen und Bilddokumenten, Reinbek 1990.

Hörenswert:
Henry Miller: *Das Lächeln am Fuße der Leiter.* Sprecher: Martin Neubauer, Litraton 1993.

Henry Miller: *Lachen, Liebe, Nächte.* Gelesen von Hans Michael Rehberg, Rowohlt 1988. 2 Audiocassetten.

 AUF DEN PUNKT GEBRACHT

Immer noch ganz schön dreckig und gemein – und der beste Reiseführer für Paris, wenn man keinen Pfennig in der Tasche hat.

Die Blendung
Elias Canetti

Peter Kien ist vierzig Jahre alt und ein sehr sonderbarer Mensch. Er lebt in einer großen Wiener Wohnung mit zugemauerten Fenstern, nur vom Dach fällt Licht herein. Eine riesige Bibliothek mit 25 000 Bänden füllt die Räume, die Kien so gut wie nie verlässt. Als Sinologe beschäftigt er sich mit chinesischer Sprache und Kultur, eine feste berufliche Stellung hat er nicht. In Fachkreisen ist er durch seine Veröffentlichungen berühmt, aber jede Professur, jedes Amt, das man ihm bislang antrug, hat er abgelehnt. Das väterliche Erbe erlaubt ihm diese Existenz als Privatgelehrter, die Welt um ihn herum interessiert ihn nicht. Seine Nachbarn halten ihn für einen schrulligen Professor, dem man am besten aus dem Weg geht. Mit Kiens Ruhe ist es jedoch vorbei, als er aus einer Laune heraus seine Wirtschafterin Therese heiratet, eine gerissene Person, die ihren Gatten umgehend terrorisiert und schließlich auf die Straße setzt. Dort fällt der Hilflose dem Kleingauner Fischerle in die Hände, der ihn ausnimmt wie eine Weihnachtsgans. Im halbkriminellen Milieu beginnt Kien allmählich den Verstand zu verlieren, steigert sich in Mordphantasien hinein, verlottert und steht mit einem Bein im Gefängnis. Kurz bevor er ganz am Boden ist, reist sein Bruder Georg aus Paris an, ein berühmter Psychiater. Georg rückt Kiens Verhältnisse wieder gerade. Zumindest glaubt er dies. Er realisiert nicht, dass Kien längst völlig durchgedreht ist. Nach der Abreise seines Bruders schließt sich Kien in seiner Wohnung ein, in die er zurückgekehrt ist, und steckt unverzüglich seine Bibliothek in Brand: »*Als ihn die Flammen endlich erreichen, lachte er so laut, wie er in seinem Leben nie gelacht hat.*« Das ist der letzte Satz dieses Romans, der zum Zeitpunkt seines Erscheinens kaum Aufmerksamkeit fand. Heute gilt er als stilistisch-literarischer Geniestreich der modernen Erzählkunst. Man nennt *Die*

■ Ungefähr so kann man sich die Bibliothek des Peter Kien vorstellen. Dieses Photo zeigt die Handbibliothek von Johannes Brahms in Wien.

Blendung in einem Atemzug mit Robert Musils *Mann ohne Eigenschaften*, dem *Ulysses* von James Joyce oder den Werken von Franz Kafka und Samuel Beckett. Alle diese Autoren hatten sich vom konventionellen Roman verabschiedet, und auch der junge Elias Canetti war davon überzeugt, dass die Welt keine erzählerische Einheit mehr bildete und »*vom Standpunkt eines Schriftstellers aus nicht mehr so darzustellen sei*«, man musste den Mut haben, »*sie in ihrer Zerfallenheit zu zeigen*«. Und so setzte Canetti sich hin, um eines der verrücktesten Bücher des 20. Jahrhunderts zu schreiben. Er war damals 26 Jahre alt.

»*Die Vergangenheit ist gut, sie tut niemand was zuleid, zwanzig Jahre hat er sich frei in ihr bewegt, er war glücklich. Wer fühlt sich in der Gegenwart glücklich? Ja, wenn wir keine Sinne hätten, da wäre auch die Gegenwart erträglich.*«

■ Unruhen in Wien im Juli 1927: Eine Menschenmenge hat sich vor dem Parlamentsgebäude versammelt, im Hintergrund der brennende Justizpalast.

■ Bücherverbrennung auf dem Opernplatz in Berlin am 10. Mai 1933. Studenten und Nationalsozialisten werfen »verfemte« Bücher in die Flammen.

Es ist keine leichte Lektüre, die Canetti seinen Lesern zumutet. Nicht, dass er kompliziert schriebe. Der Stil ist einfach und den oft schlichten Charakteren angepasst, die im Umfeld von Peter Kien auftreten. Diese aber sind – und das ist die Schwierigkeit, auf die man sich einstellen muss – alle mehr oder minder gestört, durchgeknallt und benehmen sich auch so. Alle in diesem Roman reden kompletten Unsinn, plappern wie Automaten, sind gefangen in Wahnvorstellungen, reagieren rührend emotional wie Kinder oder fal-

»*Canettis Welt ist eine prophetische Welt. Die Blendung wurde in den frühen 30er Jahren abgeschlossen. Und doch ist ihre Analyse der Quellen des Faschismus und ihr Schlüsselbild der brennenden Bücher nur allzu treffend. Es gibt Augenblicke im Leben jedes Schriftstellers, wo er gewahr wird, dass, was er als Phantasie hervorgebracht hat, nichts weniger als die buchstäbliche Wahrheit ist; und der Albdruck Elias Canettis endete als der böse Traum der Welt.*«

Salman Rushdie

> »Ich bin tief angetan vom Reichtum dieses Romans, von dem Debordierenden seiner Phantasie, der gewissen erbitterten Großartigkeit seines Wurfes, seinem künstlerischen Mut, der tiefen Trauer und stolzen Kühnheit.«
>
> THOMAS MANN

■ Der 76-Jährige Elias Canetti in Stockholm am 10. Dezember 1981 bei der Entgegennahme des Nobelpreises für Literatur.

len roh übereinander her wie hungrige Raubkatzen. Dementsprechend absurd wirkt die Handlung, sie folgt keinerlei logischen Gesetzen, man fühlt sich wie in einem Irrenhaus und muss stets mit allem rechnen. Dazwischen streut Canetti philosophische Spekulationen ein, die das bizarre Spektakel von außen zu kommentieren scheinen, etwa Überlegungen zur »Masse«, ein Thema, das Canetti zeitlebens beschäftigen wird. Man hat den Roman als literarische Vorahnung politischer Massenphänomene begriffen; Canetti schrieb *Die Blendung* 1931, der Nationalsozialismus stand vor der Tür.

»Die Masse brodelt, ein ungeheures, wildes, saftstrotzendes und heißes Tier in uns allen, sehr tief, viel tiefer als die Mütter. Sie ist trotz ihrem Alter das jüngste Tier, das wesentliche Geschöpf der Erde, ihr Ziel und ihre Zukunft. Wir wissen von ihr nichts, noch leben wir als vermeintliche Individuen.«

Bevor Canetti mit seinem Roman begann, hatte er eine Zeit lang, 1928/29, in Berlin gelebt und war vom chaotischen Gewühl der Großstadt tief beeindruckt gewesen. Zuvor hatte er den Brand des Wiener Justizpalastes miterlebt, in der ersten Fassung seines Romans hieß der Held auch »Brand«. Der spätere Name Kien (= Kienspan) verwies dann deutlich auf den Gedanken von der »*Entzündbarkeit der Welt*«, der Canetti zur Niederschrift des Buches angeregt hatte.

Die Blendung fand längere Zeit keinen Verleger. In Deutschland war nach 1933 an eine Veröffentlichung nicht zu denken. Der Roman erschien 1936 in einem Wiener Verlag, nachdem sich der berühmte Stefan Zweig für Elias Canetti eingesetzt hatte. Die Resonanz auf das Buch fiel gering aus, es war zu »modern«. Als die Nazis in Österreich einmarschierten, musste der Sohn spanisch-jüdischer Eltern nach England fliehen. Erst in den 1960er Jahren wurde *Die Blendung* wieder entdeckt und damit ein Autor, der mit seinen weiteren, vor allem essayistischen Schriften bald als einer der bedeutendsten Intellektuellen Europas galt. 1981 erhielt Elias Canetti den Nobelpreis für Literatur.

DIE BLENDUNG

 ELIAS CANETTI, LEBEN UND WERK

Elias Canetti wurde am 25. Juli 1905 als Sohn spanisch-jüdischer Eltern in Rustschuk, Bulgarien, geboren. Seine Vorfahren mussten Spanien im 15. Jahrhundert verlassen. Die ersten Sprachen, die Elias Canetti lernte, waren das mittelalterliche Spanisch, das sich unter den vertriebenen Juden jahrhundertelang erhalten hatte, und bulgarisch. Noch als Kind zog er mit seiner Familie nach Manchester, wo er englisch lernte. Der frühe Tod seines Vaters 1913 war der Anlass dafür, dass seine Mutter England wieder verließ und nach Wien ging. Mit acht Jahren lernte Elias Canetti deutsch, die Sprache, in der er schrieb. Er ging zunächst in Wien zur Schule, dann in Zürich, bis die Familie schließlich nach Frankfurt/Main umzog. 1924 nahm er in Wien ein Chemiestudium auf, das er 1929 mit der Promotion abschloss. Neben seinem Hauptfach beschäftigte er sich mit Literatur. Er plante eine achtbändige Romanfolge mit dem Thema des menschlichen Irrsinns. Aus diesem Vorhaben ging sein Roman Die Blendung hervor, der 1936 in Wien erstmals veröffentlicht wurde, aber erst viel später größere Beachtung fand. Bei einer Vorlesung des Schriftstellers und Kritikers Karl Kraus lernte Elias Canetti seine spätere Frau Veza kennen. Nach seinem ersten – und einzigen – Roman schrieb er sein erstes Drama Hochzeit, in dem er die Scheinwelt der morbiden bürgerlichen Gesellschaft radikal entlarvt. Das zweite Drama, das er kurz darauf verfasste, ist eine Satire auf die Entstehung einer Massenhysterie. Nach der Annexion Österreichs durch Hitler 1938 emigrierte Elias Canetti nach London, wo er sich in den nächsten zwei Jahrzehnten intensiv mit den Studien zu seinem umfangreichen philosophischen Werk Masse und Macht beschäftigte. Daneben begleiteten ihn ständig seine Aufzeichnungen, Sammlungen von Notizen zu seinem Werk, Beobachtungen und Reflexionen sowie Aphorismen, die er in mehreren Bänden veröffentlichte. Durch sein gesamtes Werk zieht sich »der unerschütterte Hass gegen den Tod«. Das Drama Die Befristeten, von Elias Canetti als »Ein Lehrbuch des Todes« bezeichnet, handelt von Personen, denen ihre Lebensdauer bekannt ist. Die Aufzeichnungen einer Reise nach Marokko im Jahre 1954 veröffentlichte er 1968 unter dem Titel Die Stimmen von Marrakesch. 1963 starb Veza Canetti. Mit seiner zweiten Frau Hera Buschor und ihrer gemeinsamen Tochter lebte Elias Canetti bis zu seinem Tod 1994 anwechselnd in London und Zürich. Ab 1971 schrieb er an den drei Bänden seiner Autobiographie Die gerettete Zunge (1977), Die Fackel im Ohr (1980) und Das Augenspiel (1985). Er erhielt zahlreiche Auszeichnungen, 1981 den Nobelpreis für Literatur.

 DATEN

Erstveröffentlichung:
Wien 1936

Lesenswert:
Elias Canetti: Die Blendung, Frankfurt/Main (Fischer), 2000.
Dramen. Hochzeit. Komödie der Eitelkeit. Die Befristeten, Frankfurt/Main 1995.
Die gerettete Zunge. Geschichte einer Jugend, Frankfurt/Main 1997.
Fackel im Ohr. Lebensgeschichte 1921–31, Frankfurt/Main 1997.
Das Augenspiel. Lebensgeschichte 1931–37, Frankfurt/Main 1997.
Die Stimmen von Marrakesch. Aufzeichnungen nach einer Reise, Frankfurt/Main 1980.
Die Provinz des Menschen. Aufzeichnungen 1942–1972, Frankfurt/Main 1994.
Das Geheimherz der Uhr. Aufzeichnungen 1973–1985, Frankfurt/Main 1994.
Aufzeichnungen 1992–1993, Frankfurt/Main 1999.
Masse und Macht, Essay Frankfurt/Main 1995.
Der Ohrenzeuge. 50 Charaktere, Frankfurt/Main 1995.

Dagmar Barnouw: Elias Canetti zur Einführung, Hamburg 1996.

Hörenswert:
Die Stimmen von Marrakesch. Gelesen von Elias Canetti, Der Hör Verlag. 2 Audiocassetten.

 AUF DEN PUNKT GEBRACHT

Ein düsterer Alptraum von einem Buch – im Nachhinein erschreckend prophetisch: 1933 brannten in Deutschland tatsächlich die Bücher.

Mephisto
Klaus Mann

Hamburg, Juni 1966: einem Roman wird der Prozess gemacht. Die Richter am Oberlandesgericht Hamburg haben darüber zu befinden, ob und inwieweit ein Buch die Persönlichkeitsrechte des kurz zuvor verstorbenen Schauspielers Gustaf Gründgens verletzt. Der Kläger, ein Erbe Gründgens', stützt sich unter anderem auf die Worte eines Kritikers, wonach der Roman »ein Dokument der Privatrache eines von Ressentiments geschüttelten blindwütigen Bruders« sei. Gustaf Gründgens war mit Erika Mann, der Schwester des Autors Klaus Mann, verheiratet gewesen – eine eher unglückliche Ehe, die bald geschieden wurde. Es hatte einmal eine enge Freundschaft zwischen dem Schriftsteller und dem Schauspieler bestanden, man hatte gemeinsam Theaterstücke geschrieben und sie zusammen auf der Bühne gespielt. Dann hatte es Spannungen gegeben, die zur Entfremdung und schließlich zur Feindschaft geführt hatten. Der eine ging ins Exil, der andere blieb und wurde unter den Nazis ein Star. War *Mephisto* nicht ein klarer Fall?

Zweifellos trägt die Hauptfigur des Buches viele reale Züge, und der *Roman einer Karriere*, wie es im Untertitel heißt, zeichnet auch den Aufstieg Gründgens' unter der nationalsozialistischen Herrschaft nach. Durch Protektion von Hermann Göring, Hitlers Stellvertreter, brachte es Gründgens bis zum preußischen Staatsrat, er war die unbestrittene Nr. 1 des deutschen Theaters, ein kulturelles Aushängeschild. Und die Rolle, mit der Gründgens seinen Ruhm begründete, war einst der Mephisto in Goethes *Faust* gewesen.

Das Hamburger Gericht entscheidet sich für ein Verbot des Romans, das 1971 vom Bundesverfassungsgericht bestätigt wird. Offiziell besteht es bis heute. Zum Glück ist das Urteil recht schwammig formuliert. Als der Roman 1981 nach etlichem juristischen Hin und Her endlich erscheint, erhebt niemand mehr Einwände gegen die Veröffentlichung, die Akte »Mephisto« bleibt geschlossen.

■ René Deltgen in der Rolle des Mephisto in Goethes *Faust* in einer Berliner Aufführung zwischen 1940 und 1944.

»Der Ministerpräsident hatte sich erhoben: da stand er in all seiner Größe und funkelnden Fülle, und er streckte dem Komödianten die Hand hin. Gratulierte er ihm zu seiner schönen Leistung? Es sah aus, als wollte der Mächtige einen Bund schließen mit dem Komödianten.«

Heute weiß man, dass Klaus Mann gar nicht von allein auf das Thema kam. Es war der Schriftsteller Hermann Kesten, der ihn dazu angeregt und sogar einen Titel, *Der Intendant*, vorgeschlagen hatte. Kestens Brief tauchte erst in den 1970er Jahren wieder auf, er selbst hatte das alles vergessen.

Klaus Mann wehrte sich vergeblich dagegen, dass man seinen *Mephisto* als persönliche Auseinandersetzung mit Gustaf Gründgens auffasste. Schon 1936, nachdem das Buch erstmals in Fortsetzungen in einer Exil-Zeitung gedruckt worden war und das Wort vom »Schlüsselroman« sogleich die Runde gemacht hatte, beteuerte er: »*Hier handelt es sich um kein Porträt, sondern um einen symbolischen Typus.*« Die Buchausgabe, die im gleichen Jahr im Amsterdamer Verlag Querido erschien, versah Klaus Mann mit einem entsprechenden Zusatz. Aber das half

■ Der Schauspieler, Regisseur und Theaterleiter Gustaf Gründgens als Mephisto in seiner Berliner Faustinszenierung von 1941.

■ Dieses um 1925 entstandene Bild zeigt Klaus Mann mit seiner links neben ihm sitzenden Schwester Erika und mit Pamela Wedekind. Thomas Mann sagte über seinen Sohn Klaus: »Ich glaube ernstlich, dass er zu den begabtesten seiner Generation gehörte, vielleicht der Allerbegabteste war.«

■ Szene aus dem Film *Mephisto* von István Szabó (1981). Einzug des »Generals« (Rolf Hoppe), und seiner späteren Frau, der Schauspielerin Lotte Lindenthal, (Christine Harbort). Durch die opulenten Bilder des Films, wie hier die in monumentaler Naziästhetik geschmückte Halle, wird die damalige Realität eindringlich präsent. Der Film wurde 1982 als »Bester ausländischer Film« mit dem Oscar prämiert.

»Er gründete Emigranten-Zeitschriften in Holland und Amerika, und plötzlich waren sie alle an der Seite dieses jungen Literaten. Er wurde zum Mittelpunkt, zu einer zentralen Figur der antifaschistischen Publizistik.«

MARTIN GREGOR-DELLIN

wenig. Wer den Roman damals las, hatte Gründgens und viele andere wirkliche Personen vor Augen. Ein Freund schrieb: »Ich erkannte wieder: Gründgens, Johst, St. Germain (dieses Schwein! Glänzend!), Sternheim (nicht minder glänzend!), Reinhardt, Erika, die Bergner, Ihering, und in Benjamin Pelz (ich habe mich schiefgelacht) den Abgott, wenn auch ehemaligen, unsrer linken Kollegenschaft: Gottfried Benn.« Wenn auch manche dieser Vorbilder heute verblasst erscheinen, spürt man doch noch immer: *Mephisto* ist ein Roman, in dem abgerechnet wird. Und nicht nur mit einer Person.

»›*Das Leben in den Demokratien war ungefährlich geworden*‹, sprach tadelnd der Dichter Pelz. ›*Unserem Dasein kam das heroische Pathos mehr und mehr abhanden. Das Schauspiel, dem wir heute beiwohnen dürfen, ist das der Geburt eines neuen Menschentyps. (…) Welch erregender Prozeß! Seien Sie stolz darauf, lieber Höfgen, dass Sie aktiv an ihm teilhaben dürfen.*‹«
Der Roman spielt von 1926 bis 1936. In dieser Zeit vollzieht sich in Deutschland die Wende von der Demokratie zur Diktatur, und jeder muss sich entscheiden, ob er mitmacht oder sich gegen das neue System stellt. Auch der Schauspieler Hendrik Höfgen befindet sich in diesem Dilemma. Aber er will es nicht wahrhaben. »*Eingesperrt in seinen Ehrgeiz*«, träumt er nur von seinem Ruhm, der gerade zu blühen begonnen hat. Höfgens Bühnentalent ist enorm, es bezaubert auch die neuen Machthaber, die sich gerne mit großen Künstlern schmücken. Dummerweise sind die meisten schon geflohen. Höfgen hat ebenfalls kurz mit dem Exil geliebäugelt, denn er weiß, in welche Hände er sich begibt, wenn er in Deutschland bleibt. Aber als armer Emigrant im Ausland leben? Höfgen muss nicht lange überlegen, zumal ihm frühere politische Sünden – er hatte in einem kommunistischen »Revolutionären Theater« mitgespielt – von den Nazi-Mächtigen mit einem großzügigen »Schwamm drüber!« verziehen

werden. »*Jetzt habe ich mich beschmutzt … jetzt habe ich mich verkauft … jetzt bin ich gezeichnet!*« So denkt er noch, als sein Gönner, der Ministerpräsident, ihm anlässlich einer Premiere öffentlich die Hand reicht. Doch dann versinkt er schnell im Rausch der Prominenz und des Geldes und dem Gefühl, endlich ganz oben zu sein. Er hat den Pakt mit dem Teufel geschlossen.

Höfgen wird »*zum Affen der Macht, zum Clown der Mörder*«, der sich auch Eskapaden leisten kann. Für einen kommunistischen Freund legt er ein gutes Wort ein, und er hält sich einen nicht-arischen Sekretär. Er beruhigt damit sein Gewissen – und sorgt zugleich vor! Denn er ahnt, dass sich solche »guten Taten« später, nach einem möglichen Ende des nationalsozialistischen Abenteuers, vielleicht auszahlen.

Klaus Mann hat *Mephisto* im Zorn geschrieben. Erbittert musste er registrieren, wie schnell man sich mit der Gewaltherrschaft in Deutschland arrangierte. Die Künstler machten da keine Ausnahme. Viele zögerten lange, bis sie sich zum Widerstand bekannten. Klaus Mann, der sich im Exil sofort politisch engagierte, erlebte den Konflikt in der eigenen Familie. Sein Vater Thomas Mann, Nobelpreisträger und weltberühmt, verhielt sich zunächst abwartend. Anders sein Onkel Heinrich Mann, der wusste, was die Glocke geschlagen hatte. In dessen Roman *Der Untertan* (s. S. 32) fand Klaus Mann den

■ Filmszene mit Klaus Maria Brandauer als Hendrik Höfgen im Mittelpunkt der Macht und auf dem Höhepunkt seiner Karriere.

> *»Die deutsche Öffentlichkeit hat kein Interesse, ein falsches Bild über die Theaterverhältnisse nach 1933 aus der Sicht eines Emigranten zu erhalten.«*
>
> Aus dem Urteil des Oberlandesgerichtes Hamburg, 1966

Charakter der »autoritären Persönlichkeit« bereits beschrieben, eben jenen Typus, der sich immer anpasst und vor der Macht eilfertig kuscht. Mit Hendrik Höfgen verschärft Klaus Mann diese psychologische Studie, indem er zeigt, wie bereitwillig auch intelligente und künstlerische Menschen sich die Verhältnisse schönreden, wenn es dem eigenen Vorteil dient. Hendrik sieht klar die Verbrechen, die rings um ihn passieren, aber er nutzt jeden harmonischen Moment mit den Machthabern, um seine Skrupel abzuschütteln: »*Sie sind ja gar nicht so schlimm, dachte Hendrik und fühlte sich ehrlich erleichtert.*«

So jemand kommt immer durch. Im Roman wie in der Wirklichkeit. Im Mai 1949 machte sich Klaus Mann Hoffnungen, dass sein Roman endlich in Deutschland erscheinen würde. Doch der Verleger Jacobi trat von seiner Zusage wieder zurück. Er fürchtete sich vor einer Klage angesicht der »bereits sehr bedeutenden Rolle«, die Gustaf Gründgens auch in der Nachkriegszeit schon längst wieder spielte. Im Roman hatte es geheißen: »*Das Theater braucht mich, und jedes Regime braucht das Theater. Kein Regime kann ohne mich auskommen!*« Am 21. Mai 1949 nahm sich Klaus Mann mit einer Überdosis Schlaftabletten das Leben.

■ Hendrik Höfgen im Scheinwerferlicht: Es wird ihm klar, dass er ein einsamer Mensch ist.

> *»Er wurde von dieser Epoche getötet.«*
>
> HEINRICH MANN

MEPHISTO

 ## KLAUS MANN, LEBEN UND WERK

Klaus Mann wurde am 18. November 1906 als zweites Kind von Katia und Thomas Mann in München geboren. Einblicke in seine Kindheit und Jugend vermitteln zwei frühe autobiographische Schriften: In seiner *Kindernovelle* vergegenwärtigte der Zwanzigjährige in märchenhafter Form die Atmosphäre des Elternhauses; mit *Kind dieser Zeit* legte er im Alter von fünfundzwanzig Jahren seine erste Autobiographie vor. Schon seine Schulhefte füllte er mit zahllosen Geschichten, Gedichten und Stücken. 1924 veröffentlichte er erste Aufsätze und Erzählungen in Zeitungen und Zeitschriften und war ein halbes Jahr in Berlin als Theaterkritiker angestellt. Mit seiner Verlobten Pamela Wedekind, seiner älteren Schwester Erika und deren damaligem Mann Gustaf Gründgens bildete er 1925 ein Theaterensemble, das auch seine eigenen Stücke aufführte. 1927/28 unternahmen er und Erika eine Weltreise. Aus ihren Reiseerlebnissen entstand das gemeinsame Buch *Rundherum. Ein heiteres Reisebuch*. 1933 emigrierte Klaus Mann und hielt sich überwiegend in Amsterdam auf, wo er die kulturkritische und politische Emigrantenzeitschrift *Die Sammlung* herausgab, die sich als ein Forum von Nazigegnern profilierte. Im selben Jahr, in dem sein Roman *Mephisto* erschien, 1936, begab er sich auf eine erste mehrmonatige Vortragsreise in die USA. Nachdem er im Sommer 1938 als Reporter im spanischen Bürgerkrieg gewesen war, verließ er Europa endgültig und lebte von da ab in den USA. Seit 1940 schrieb er fast nur noch auf Englisch – seine Novelle *Speed* war sein erster erzählerischer Versuch in der neuen Sprache. Daneben gab er die Zeitschrift *Decision* mit dem Untertitel *A Review of Culture* heraus, »ein Instrument, um die Beziehungen zwischen amerikanischer und europäischer Geisteswelt zu intensivieren«. Als amerikanischer Soldat und Korrespondent kam er 1944 über Italien nach Deutschland. Klaus Mann starb am 22. Mai 1949 in Cannes nach einer Überdosis Schlaftabletten. Peter Gorski, der Adoptivsohn von Gustaf Gründgens, erwirkte 1966 ein Publikationsverbot für die weitere Verbreitung des Romans *Mephisto* in der Bundesrepublik Deutschland, da die Hauptfigur eine »Beleidigung, Verächtlichmachung und Verunglimpfung von Gründgens« darstelle. 1979 brachte die französische Regisseurin Ariane Mnouchkine mit ihrem Pariser »Théatre du Soleil« eine Dramatisierung des *Mephisto* auf die Bühne, im Jahr darauf veröffentlichte der Rowohlt Verlag trotz des formal bestehenden Verbots eine Neuausgabe des Romans und verkaufte in knapp zwei Jahren eine halbe Million Exemplare. István Szabós Verfilmung des *Mephisto* wurde 1982 mit dem Oscar für den besten ausländischen Film ausgezeichnet.

 ## DATEN

Erstveröffentlichung:
Amsterdam 1936

Lesenswert:
Klaus Mann: *Mephisto. Roman einer Karriere*. Reinbek (Rowohlt) 2000.
Kind dieser Zeit. Autobiographie, Reinbek 2000.
The Turning Point. Der Wendepunkt. Ein Lebensbericht, Reinbek 1984.
Speed. Die Erzählungen aus dem Exil. Reinbek 1990.
Erika Mann / Klaus Mann: *Rundherum. Abenteuer einer Weltreise*. Reinbek 1999.

Ruhe gibt es nicht bis zum Schluß. Klaus Mann 1906–1949. Bilder und Dokumente. Herausgegeben von Uwe Naumann, Reinbek 1999.

Hörenswert:
Klaus Mann: *Mephisto / Speed / Ruhe gibt es nicht bis zum Schluß*. Hörspiele und Originalton-Feature von Michael Farin, Klaus Buhlert, Gerhard Ulrich. Hör Verlag 1999. 3 Audio-CDs / 3 Audiocassetten.

Sehenswert:
Mephisto. Regie: István Szabó; mit Klaus Maria Brandauer, Krystyna Janda, Ildikó Bánsági, Karin Boyd, Rolf Hoppe, Christine Harbort, György Cserhalmi, Péter Andorai. Ungarn/Österreich/BRD 1981.

 ## AUF DEN PUNKT GEBRACHT

Wenn der Roman auch in manchen Passagen zu wütend für die gute Sache eintritt, ist *Mephisto* als literarische Analyse des politischen Feiglings und Opportunisten doch von zeitloser Gültigkeit.

Vom Winde verweht
Margaret Mitchell

»*Ich befinde mich auf der Flucht. Ich bin mir sicher, Scarlett O'Hara kann nicht heftiger darum gekämpft haben, während der Belagerung, die sie in Atlanta erlebte, aus der Stadt zu kommen, als ich unter der Belagerung gelitten habe, die seit der Veröffentlichung meines Buches eingesetzt hat.*«

Paparazzi gab es schon 1936, und Margaret Mitchell war hoffnungslos überfordert. Kaum dass sie damit gerechnet hatte, ihr Buch je gedruckt zu sehen – und nun das: Reporter und Fans rannten ihr die Tür ein, das Telefon klingelte alle drei Minuten, und immer waren es die gleichen Fragen: Wie wird es Scarlett ergehen, wenn sie nach Tara zurückkehrt? Werden sie und Rhett wieder zueinander finden? Oder hat er sie wirklich endgültig verlassen? Über Nacht waren diese Romanfiguren zu Volkshelden geworden. Auch die Kritiker waren begeistert, zum großen Unglauben der

■ Kaum ein Filmliebespaar, abgesehen vielleicht von Rick (Humphrey Bogart) und Ilsa (Ingrid Bergman) in *Casablanca*, ist so weltberühmt wie Scarlett O'Hara (Vivien Leigh) und Rhett Butler (Clark Gable) aus der Victor-Fleming-Verfilmung *Vom Winde verweht*.

Autorin, die sich nie als Schriftstellerin begriffen hatte. *Vom Winde verweht* war Margaret Mitchells erstes Buch und sollte ihr letztes bleiben.

»Der Kodex war einfach. Verehrung für die Südstaaten und ihre Veteranen, treues Einhalten der alten Formen, Stolz in der Armut, eine offene Hand für die Freunde und nie endender Haß gegen die Yankees. Scarlett und Rhett aber hatten gegen jedes einzelne dieser Gesetze verstoßen.«

Der Roman spielt in den 60er Jahren des 19. Jahrhunderts. Die Südstaaten, die so genannten »Konföderierten«, befinden sich im Bürgerkrieg mit den »Unionisten« des Nordens. Es ist ein Kampf um wirtschaftliche Interessen, aber auch um die von der Union abgeschaffte Sklaverei, an der die Plantagenbesitzer des Südens hartnäckig festhalten. Vier Jahre dauert dieser mit äußerster Erbitterung geführte Krieg. Die Niederlage der Konföderierten 1865 besiegelt den Untergang einer Epoche: Die südliche weiße Oberschicht, die jetzt Macht, Einfluss und Besitz verloren hat, kämpft ums Überleben – und um ihre Ehre. Lieber in Armut sterben als Geschäfte mit dem Feind machen. Scarlett O'Hara ist von anderem Kaliber. Sie schert sich längst nicht mehr um Konventionen. Die alte Welt ist dahin; wer sich in der neuen behaupten will, darf vor nichts zurückschrecken. Früher war sie eine verwöhnte »Southern Belle« – jetzt wird aus der Südstaaten-Schönheit eine harte, skrupellose Person, die alles tut, um Tara, die zerstörte Plantage ihres Vaters, zu retten. Scarlett lügt, betrügt – und heiratet einen Mann, den sie eigentlich verachtet. Geld ist ihr das Wichtigste. »*Nie wieder*«, schwört sie sich, »*will ich arm sein.*« Es ist dieser Kampfgeist, der Rhett Butler fasziniert. Wie Scarlett ist er ein Außenseiter, verstoßen von der gesellschaftlichen Elite des Südens, die es ihm verübelt, dass er durch den Krieg reich geworden ist. Denn Rhett hatte keine Bedenken, sich mit den Yankees einzulassen. Er ist rücksichtslos, aber charmant. Er liebt Scarlett und heiratet sie schließlich, obwohl er weiß, dass sie sich nach einem anderen sehnt. Nach Ashley, dem sensiblen Träumer, der für diese harten Zeiten des Wiederaufbaus so gar nicht geschaffen ist. Und für Scarlett auch nicht. Aber das begreift sie erst, als es zu spät ist.

»Sie hatte keinen der beiden Männer, die sie

■ Margaret Mitchell in den dreißiger Jahren.

»Meine Güte! Mit all den Anzeigen und der großen Publicity, die die Zeitungen mir gewidmet haben, hätte Macmillan sogar Karl Marx hier oben in den Bergen verkaufen können.«

M. MITCHELL in einem Brief an George Brett, den Präsidenten des Macmillan-Verlages

■ Scarlett O'Hara (Vivien Leigh) während einer Nachmittagsgesellschaft im Kreise ihrer Verehrer. Ihr Lebensmotto ist: »Morgen ist auch noch ein Tag.« Bevor der Romantitel *Vom Winde verweht* feststand, zog Margaret Mitchell folgende Titel in Erwägung: »Morgen ist ein neuer Tag«; »Ein anderer Tag«; »Morgen wird alles wieder gut«; »Morgen früh«. Der Titel *Vom Winde verweht* stammt aus einem Gedicht von Ernest Dowson.

liebte, je verstanden, und daher verlor sie beide.« Das war der erste Satz, den Margaret Mitchell zu Papier brachte. Als das Manuskript nach sieben Jahren fertig war, stand er auf dem vorletzten Blatt – von mehr als eintausend Seiten insgesamt. Wie in einem Kriminalroman hatte Margaret Mitchell von hinten begonnen, bei der großen Lovestory, deren Ende offen bleibt. Wesentlicher ist jedoch der historische Hintergrund, der viel mit Margaret Mitchells Biographie zu tun hat. *Vom Winde verweht* spielt vorwiegend in Atlanta, der Heimatstadt der Autorin. Hier fand eine der entscheidenden Schlachten des Bürgerkriegs statt. Atlanta war um die Mitte des 19. Jahrhunderts eine junge, aufstrebende Stadt – in etwa so alt wie Scarlett und von ähnlichem energischem Temperament.

Als Margaret Mitchell am 8. November 1900 in Atlanta geboren wurde, waren die großen Schlachten zwar schon längst Vergangenheit, aber die Heldengeschichten jener Zeit gehörten zum

Alltag der Stadt. Jedes Jahr gab es eine große Parade zum Gedenken an die Toten der Konföderierten. Veteranen erzählten von den tapferen Soldaten des Südens und von beherzten Frauen: Margaret Mitchells Großmutter musste – wie Scarlett – aus dem brennenden Atlanta fliehen. Alle waren schrecklich mutig, von Niederlage war nie die Rede. Erst mit elf Jahren erfuhr Margaret Mitchell, dass der Süden den Krieg nicht gewonnen hatte. Sie war fassungslos.

Die historischen Einzelheiten in *Vom Winde verweht* hat Margaret Mitchell sorgfältig recherchiert, nichts wäre ihr peinlicher gewesen, als bei einem Fehler ertappt zu werden. Bis heute hat diese Beschreibung das kollektive Bild von der Zeit des Sezessionskrieges geprägt. Der gigantische Erfolg des Romans hatte jedoch auch mit der aktuellen politischen Situation um 1936 zu tun. Die USA steckten in einer tiefen wirtschaftlichen Rezession, die kein Ende zu nehmen schien und ähnliche katastrophale Auswirkungen wie 70 Jahre zuvor der Bürgerkrieg hatte. Millionen Amerikaner waren arbeitslos, viele verloren Haus und Hof, die Stimmung im Land war auf einem Tiefpunkt. Und da kam diese unverwüstliche Scarlett daher! Eine junge Frau, die ohne Rücksicht auf Verluste um ihre Existenz kämpft, die sich durch nichts unterkriegen lässt und so den amerikanischen Traum perfekt verkörpert: Kopf hoch! Jeder kann es schaffen! Vielleicht klappt es nicht sofort. Aber: »Mor-

---

Scarlett sollte erst Pansy heißen. Auch »Scarlett« stieß im Verlag nicht nur auf Freunde, jemand meinte: »Das hört sich an wie eine Reportage in einer Hausfrauenzeitschrift.« »Pansy« wurde deswegen verworfen, weil man das Wort im Norden als Ausdruck für verweichlichte Männer benutzt.

Als der Studio-Boss Louis B. Mayer erfuhr, dass der Film nahezu vier Stunden lang sein würde, kommentierte er das trocken: »Wenn Christus zurückkehren und vier Stunden predigen würde, würde man ihn steinigen.«

Bis Mitte der 80er Jahre war Mitchells Roman das meistverkaufte (gebundene) Buch nach der Bibel.

■ Hattie McDaniel erhielt 1936 als erste Schwarze einen Oscar, und zwar für die beste Nebenrolle als Mammy. Insgesamt wurde der Film mit vier Oscars ausgezeichnet.

> »Dieses Buch ist wirklich phantastisch. Seine menschlichen Qualitäten würden es vor jedem Hintergrund wirken lassen, aber in der Szenerie des Bürgerkriegs und der Zeit des Wiederaufbaus sind sie wirklich atemberaubend. Außerdem steht das Buch auf einem hohen literarischen Niveau. Kaufen Sie das Buch auf jeden Fall. Es kann gar nicht fehlschlagen.«
>
> Professor C. W. EVERETT,
> Gutachter für den Macmillan-Verlag

gen ist auch ein Tag«, lautet der letzte, zum berühmten Zitat gewordene Satz des Romans.

Vom Winde verweht erschien am 30. Juni 1936 und erreichte binnen weniger Wochen schwindelerregende Verkaufszahlen, obwohl der Band unerhörte drei Dollar kostete – ungefähr so viel wie die Übernachtung in einem Kleinstadthotel. Margaret Mitchell erhielt den Pulitzer-Preis, Hollywood kaufte die Filmrechte für die damalige Rekordsumme von 50 000 Dollar.

Alle Schauspieler waren scharf auf eine Rolle: Bette Davis bekundete per Telegramm ihr Interesse, Scarlett O'Hara zu spielen. Henry Fonda wollte gerne Rhett Butler sein, ganz Amerika diskutierte darüber, wer die geeignete Besetzung wäre. Sogar Eleanor Roosevelt, die Frau des amerikanischen Präsidenten, schrieb an den Produzenten David O. Selznick, er möge doch ihr Hausmädchen Lizzy testen – für die Rolle von Mammy, Scarletts resolutem Kindermädchen. Das aber durfte schließlich Hattie McDaniel spielen, die dafür – als erste schwarze Schauspielerin – einen Oscar erhielt. Es wurde einer der längsten und teuersten Streifen, die Hollywood bis dahin produziert hatte, und einer der größten Erfolge der Filmgeschichte. Vivian Leigh und Clark Gable galten fortan als das Traumpaar schlechthin, die Premiere in Atlanta, am 15. Dezember 1939, knapp drei Jahre nachdem das Buch erschienen war, geriet zu einem nationalen Ereignis. Hattie McDaniel übrigens war bei der Feier nicht dabei. Im Bundesstaat Georgia herrschte noch die Rassentrennung.

■ Vivien Leigh und Clark Gable: *Das* Liebespaar der dreißiger Jahre.

VOM WINDE VERWEHT (GONE WITH THE WIND)

 MARGARET MITCHELL, LEBEN UND WERK

Margaret Mitchell, am 8. November 1900 in Atlanta geboren, stammte aus einer prominenten Familie; ihr Vater war Rechtsanwalt und Präsident der Atlanta Historical Society. Schon in ihrer Kindheit interessierte sich Margaret Mitchell für die Geschichte der Südstaaten. Im Alter von zehn Jahren schrieb sie kurze Texte und kleine Theaterstücke, die sie ihren Eltern vorspielte. Sie studierte in Atlanta und in Northampton in Massachusetts und war danach von 1922 bis 1926 als Jounalistin für das *Atlanta Journal* tätig. Anschließend begann sie mit der Arbeit an ihrem einzigen Roman: *Gone with the Wind (Vom Winde verweht)*, für den sie umfangreiche Recherchen durchführte. Sie verarbeitete Erinnerungen ihrer Familie, deren Geschichte seit Generationen eng mit der des Staates Georgia verbunden war. Als sie das Manuskript nach zehn Jahren abschloss und es im Sommer 1936 als Buch erschien, wurde es schlagartig zum Bestseller und seine bis dahin unbekannte Verfasserin weltberühmt. Nach einem halben Jahr waren eine Million Exemplare verkauft. 1937 erhielt Margaret Mitchell den Pulitzer-Preis. David O. Selznick erwarb die Filmrechte. Nachdem sich die Verfilmung dreieinhalb Jahre hingezogen hatte, wurde die Premiere des Monumentalfilms Ende 1939 am Grand Theatre in Atlanta gefeiert. Hinter dem genannten Drehbuchautor Sidney Howard verbarg sich in Wahrheit eine Gruppe von zwölf Autoren, darunter unter anderem die Schriftsteller F. Scott Fitzgerald und Ben Hecht. Mehr als drei Jahrzehnte stand *Vom Winde verweht* an oberster Stelle in der Liste der erfolgreichsten Filme aller Zeiten. Nach dem Erscheinen ihres Romans schrieb Margaret Mitchell nichts mehr – außer Briefen. Sie war eine leidenschaftliche Briefeschreiberin und beantwortete Tausende von Leserbriefen. Der größte Teil ihrer persönlichen Schriften, Durchschläge eigener Briefe und erhaltene Briefe sowie ihre Unterlagen zu *Vom Winde verweht* wurden auf Veranlassung ihres Mannes John Marsh und ihres Bruders Stephen Mitchell verbrannt, die damit dem Wunsch Margaret Mitchells nachkamen. Margaret Mitchell starb am 16. August 1949 an den Folgen eines Autounfalls. Sie wurde auf dem Oakland Friedhof in Atlanta begraben. Außer ihrem Roman erschien von ihr die Geschichte *Insel der verlorenen Träume*, eine Liebesgeschichte, deren Schauplatz eine Insel im Südpazifik ist. 1991 wurde eine von den Erben Margaret Mitchells autorisierte Fortsetzung des Romans *Vom Winde verweht* mit dem Titel *Scarlett* veröffentlicht, geschrieben von der 1934 geborenen amerikanischen Schriftstellerin Alexandra Ripley.

 DATEN

Erstveröffentlichung:
New York 1936 (deutsch: 1937)

Lesenswert:
Margaret Mitchell: *Vom Winde verweht*, Berlin (Ullstein) 2000.
Insel der verlorenen Träume, Bergisch-Gladbach 1998.

Alexandra Ripley: *Scarlett. Vom Winde verweht 2*. München 1995.

Sehenswert:
Gone with the Wind (Vom Winde verweht). Regie: Victor Fleming; mit Clark Gable, Vivien Leigh, Leslie Howard, Olivia de Havilland, Thomas Mitchell, Hattie McDaniel. USA 1939.

Besuchenswert:
Das Margaret-Mitchell-Museum in Atlanta, Georgia, USA.

 AUF DEN PUNKT GEBRACHT

Charmant, leidenschaftlich, mutig, durchtrieben: Als Lady und Miststück ist Scarlett O'Hara in der Weltliteratur unerreicht.

Der Ekel
Jean-Paul Sartre

»Monsieur, wir senden Ihnen einen unterzeichneten Vertrag zu Ihrem Werk mit dem Titel Melancholia *zu. Wir bitten Sie, den Titel, der uns für die Verbreitung des Buches ungünstig erscheint, zu ändern. Wollen Sie sich dazu Gedanken machen?«*
Es gehört zu den Gesetzmäßigkeiten des literarischen Lebens, dass Verleger mit Autoren über die Titel ihrer Werke streiten. Selten konnten beide Seiten jedoch so zufrieden sein wie im Falle von *La Nausée*, dem ersten Roman von Jean-Paul Sartre. Mehrere Titel wurden verworfen, bis der Verleger Gaston Gallimard den entscheidenden Vorschlag machte. Natürlich lag es nicht nur an der Überschrift, dass der Ruhm so schnell einsetzte und das Buch auf Jahrzehnte zu den meistverkauften des Verlages zählen sollte. Aber es klang schon wie ein dumpfer Paukenschlag: *Der Ekel.* Die Aufmerksamkeit war garantiert, und die Kritiker antworteten postwendend auf einen Roman, dessen Titel so schlagend mit seinem Inhalt übereinzustimmen schien.

■ Le Havre, die Hafenstadt an der Seine-Mündung, wird in Sartres Roman zu Bouville, das heisst Dreckstadt.

»Kein Buch zuvor hat, wie mir scheint, seine Leser mit so viel Ekel überschüttet. (…) Wir bekommen den Eindruck, bei den Spaziergängen eines Visionärs durch eine Welt, die gerade geschaffen wird, zugegen zu sein: alles ist klebrig, zähflüssig und ungestalt.« (Edmond Jaloux, *Les Nouvelles Litteraires,* 18.6.1938)
Antoine Roquentin heißt Sartres Held, der in der Kleinstadt Bouville Quartier genommen hat, um an einer Biographie über einen obskuren Adeligen aus dem 18. Jahrhundert zu arbeiten. Roquentin ist dreißig Jahre alt, bezieht eine bescheidene Rente aus einem ererbten Vermögen und könnte als Privatgelehrter eigentlich ein gemütliches Leben führen. Doch ihn befallen merkwürdige Gedanken und Gefühle: *»Et-*

was ist mir passiert, daran ist kein Zweifel möglich. Es ist wie eine Krankheit über mich gekommen ...« Roquentin sieht plötzlich alles in einem anderen Licht. Die Stadt mit ihren Plätzen, Museen und Cafés, die Menschen, mit denen er zu tun hat, seine Arbeit – alles ist ihm mit einem Male widerlich. Er sieht nur noch die Hässlichkeit der Dinge, alles erscheint ihm sinnlos und überflüssig. Roquentin ist vom Ekel gepackt, dem Ekel an der Existenz, den er in knappen, schnörkellosen Sätzen beschreibt: »Ich existiere, die Welt existiert – das ist alles.« Existenz – das ist das Schlüsselwort in langen philosophischen Spekulationen, die Roquentin immer weiter in Verzweiflung und Teilnahmslosigkeit treiben. Wie ein Zombie streift er durch seine Umgebung, resigniert bricht er seine Studien ab und verlässt am Ende die Kleinstadt. In Paris will er ein neues Leben beginnen. Viel Hoffnung hat er nicht.

»*Die Existenz ist das Absolute und mithin das vollkommen Zwecklose. Alles ist zwecklos – der Park, die Stadt, ich selbst. Wenn man sich darüber klar wird, dreht es einem das Herz im Leibe um, und alles beginnt zu schwimmen: das ist der Ekel.*«

Bei seiner Veröffentlichung am 21. März 1938 hatte *Der Ekel* einen langen Weg hinter sich. Zunächst war das Buch gar nicht

> »*Geniales, bemerkenswertes, außergewöhnliches Werk, das wahrscheinlich das einzige dieses Schriftstellers bleiben wird.*«
> Lektor JEAN PAULHAN in einem Gutachten über *Der Ekel*

■ Jean-Paul Sartre in Paris beim Signieren eines seiner Bücher im Jahre 1953.

■ Pariser Theaterpublikum um 1950.

als Roman geplant. Die erste Fassung war eine rein philosophische Abhandlung, die Sartre 1931 zu schreiben begann. *Factum über die Kontingenz* nannte er seinen Text, ein Versuch über die Zufälligkeit der menschlichen Existenz. Zu dieser Zeit war der 26-Jährige als Lchrer in Le Havre angestellt. Die Hafenstadt in der Normandie wurde später zum Vorbild für Bouville, im »Hotel Printania«, in dem Roquentin logiert, hatte auch Sartre gewohnt. Bouville heißt übersetzt »Dreck- oder Schlammstadt« und steht als Symbol fast überdeutlich für die Sichtweise Roquentins. Aber auch der Autor hatte sich auf diese Weise an den Bürgern von Le Havre gerächt, die dem unkonventionellen jungen Philosophielehrer mit unverhohlenem Misstrauen begegnet waren. Mit seinen Schülern trieb er sich in Cafés und Kneipen herum und setzte ihnen Flausen von der Nichtigkeit des Lebens in den Kopf, auf einer Schulfeier hielt er eine skandalöse Rede, in der er das damals noch anrüchige Medium des Films als neue Kunstform pries. Er selbst fühlte sich als Schriftsteller, von Jugend an wollte er durch Schreiben berühmt werden und war sehr frustriert, weil seine ersten Manuskripte auf Ablehnung stießen. »*Ich gehe durch die Straßen wie ein Autor...*« – notierte er überglücklich, nachdem *Der Ekel* endlich, sechs Jahre nach Beginn der Arbeit, von Gallimard angenommen worden war. Es war der Start einer sensationellen Karriere. Innerhalb kurzer Zeit war Sartre Ausgangs- und Mittelpunkt einer neuen literarischen Bewegung, die man heute ge-

■ Pariser Straßenszene in den vierziger Jahren.

■ Pariser Straßencafé in den dreißiger oder vierziger Jahren.

meinhin unter dem Begriff Existenzialismus zusammenfasst. Jenes pessimistische Lebensgefühl, das die Figur des Antoine Roquentin so exemplarisch verkörpert und das durch den Krieg und die Besetzung Frankreichs durch die Deutschen noch verstärkt wurde, war geprägt von der Absage an die bürgerliche Gesellschaft und ihre traditionellen Werte. Diese Haltung kam aus ohne Transzendenz, den Glauben an Gott oder einen höheren Sinn des Daseins, sie war rebellisch, anarchistisch und trat für die vollkommmene Freiheit des Individuums ein.

Jean-Paul Sartre wurde der Prophet dieser geistigen Revolte. In *Der Ekel* sind bereits die Spuren angelegt, die zu seinem massiven Hauptwerk *Das Sein und das Nichts* (*L'être et le néant*) führen. Diese philosophische Abhandlung erschien 1943 und kreiste um die bereits im Roman diskutierte Frage, was es heißt, als Mensch in der Welt zu sein. Der Mensch sei nichts anderes als das, wozu er sich selbst mache, lautete eine der Antworten. Er ist frei, aber er muss auch wählen, sein Schicksal bestimmen, niemand, keine Obrigkeit, kein Gott nimmt ihm diese Aufgabe ab. Sartres erster Held Roquentin fühlt diese Einsicht nur unbestimmt, und er ist noch nicht fähig, daraus Gewinn für sein Leben zu ziehen. Später hat Sartre in weiteren Romanen, Erzählungen und zahlreichen Theaterstücken viele Figuren ge-

> »Eine Geschmeidigkeit, die so natürlich ist, dass sie sich an den äußersten Enden des Denkens behaupten kann, und eine so schmerzliche Klarheit offenbaren eine grenzenlose Begabung. Das genügt, um uns La Nausée als ersten Aufruf eines einzigartigen und starken Geistes lieben zu lassen, auf dessen kommende Werke und Lehren wir voller Ungeduld warten.«
>
> ALBERT CAMUS, 20.10.1938

schaffen, die die Erkenntnis von der Freiheit in moralische Verantwortung umsetzen und Hass, Grausamkeit und Intoleranz bekämpfen. Sogar zu seinem Erstlingswerk ging der Autor vorsichtig auf Distanz: »*Ich verleugne kein einziges meiner Bücher*«, sagte er 1955 in einem Interview, »*aber ich habe mich verändert. Ich habe allmählich gelernt, das Reale zu sehen. Ich habe Kinder verhungern sehen. Gegenüber einem sterbenden Kind hat* Der Ekel *kein Gewicht.*«

Nach dem Krieg wurde Sartre eine internationale Berühmtheit und zu einem der einflussreichsten Intellektuellen des 20. Jahrhunderts. Als Philosoph vertrat er das radikale Denken, als Schriftsteller eine »littérature engagée«, d.h. eine Literatur, die sich auch politisch einsetzt für die Verbesserung der Welt. Sartre wurde zu einer öffentlichen Autorität, der selbst die Staatsmacht Respekt bezeugte. So etwa, als er 1960, auf dem Höhepunkt des Algerienkriegs, französische Soldaten zur Fahnenflucht aufrief. Die Forderung empörter konservativer Kreise, Sartre vor Gericht zu stellen, lehnte der damalige Staatspräsident Charles de Gaulle schlicht ab: »Einen Voltaire verhaftet man nicht.« Bis zu seinem Tod war Sartres Popularität ungebrochen. Er starb am 15. April 1980 in Paris. Vier Tage darauf folgten 50000 Menschen seinem Sarg zum Friedhof Montparnasse.

■ Jean-Paul Sartre und Simone de Beauvoir im Jahre 1975. Sie gelten als das intellektuelle Traumpaar des 20. Jahrhunderts. Ihr Beziehungsideal »Freiheit trotz Liebe, Bindung trotz Unabhängigkeit« ist für viele zum Vorbild geworden.

DER EKEL (LA NAUSÉE)

 JEAN-PAUL SARTRE, LEBEN UND WERK

Jean-Paul Sartre wurde am 21. Juni 1905 in Paris geboren. Sein Vater starb, als er kaum ein Jahr alt war. Seine Mutter, eine Kusine von Albert Schweitzer, zog daraufhin zu ihren Eltern zurück. Die zehn Jahre, die Jean-Paul Sartre bei seinen Großeltern verlebte, rekonstruierte er mit über fünfzig in seinem autobiographischen Werk *Die Wörter* (*Les mots*). In den 1920er Jahren studierte er Philosophie, Philologie, Psychologie und Soziologie an der Pariser École Normale Supérieure, wo er Simone de Beauvoir kennenlernte. Ihre lebenslange Bindung mit dem Verzicht auf bürgerliche Normen hatte für viele Intellektuelle Vorbildcharakter. Von 1931 bis 1944 war Jean-Paul Sartre Philosophielehrer an Gymnasien in Le Havre, Laon und Paris. Zwischenzeitlich, 1933/34, verbrachte er als Stipendiat des Institut Français einige Monate in Berlin. In Le Havre schrieb er seinen ersten Roman, der 1938 unter dem Titel *Der Ekel* erschien. 1939 wurde er als Sanitäter zum Militär einberufen und geriet 1940 in deutsche Kriegsgefangenschaft. Von 1941 an war Jean-Paul Sartre Mitglied der Résistance, der französischen Widerstandgruppe gegen die deutsche Besatzungsmacht. Nach dem Kriegsende 1945 war er freier Schriftsteller. Inzwischen hatte er einige Werke veröffentlicht: die Erzählung *Die Mauer* (*Le mur*, 1937), sein umfangreiches philosophisches Hauptwerk *Das Sein und das Nichts* (*L'être et le néant*, 1943) sowie die Dramen *Die Fliegen* (*Les mouches*, 1943) und *Geschlossene Gesellschaft* (*Huis clos*, 1944). Der zentralen These des atheistischen Existenzialismus, den Jean-Paul Sartre vertrat, liegt die Überzeugung zugrunde, dass »der Mensch zuerst existiert, sich begegnet, in der Welt auftaucht und sich (danach) definiert«. Jean-Paul Sartre gründete die politisch-literarische Zeitschrift *Les temps modernes* und blieb bis an sein Lebensende ihr Herausgeber. Er unternahm zahlreiche Reisen, u. a. in die USA, UdSSR, China, Brasilien, Jugoslawien und Japan. Von 1952 bis 1956 war er Mitglied der französischen KP. Er trat vielfach politisch hervor, so 1956 mit seinem Protest gegen das sowjetische Vorgehen in Ungarn und 1968 mit seiner Verurteilung der Intervention der Warschauer-Pakt-Staaten gegen den »Prager Frühling«. Er engagierte sich für die Beendigung des Algerienkriegs und setzte sich kritisch mit der amerikanischen Vietnampolitik auseinander. Nach dem Zweiten Weltkrieg schrieb er unter anderen wichtigen literarischen Werken sein unvollendetes vierbändiges Romanwerk *Die Wege der Freiheit* (*Les chemins de la liberté*, 1945–1949). 1964 lehnte er den ihm verliehenen Nobelpreis für Literatur ab. Jean-Paul Sartre starb am 15. April 1980 in Paris.

 DATEN

Erstveröffentlichung:
Paris 1938 (deutsch: 1949)

Lesenswert:
Jean-Paul Sartre: *Der Ekel*, Reinbek (Rowohlt) 2000.
Das Sein und das Nichts. Versuch einer phänomenologischen Ontologie, Reinbek 1993.
Bariona oder Der Sohn des Donners. Ein Weihnachtsspiel / Die Fliegen. Drama in drei Akten, Reinbek, 1991.
Geschlossene Gesellschaft. Stück in einem Akt, Reinbek 1986.
Die schmutzigen Hände, Stück in sieben Bildern, Reinbek 1991.
Der Teufel und der liebe Gott. Drei Akte und elf Bilder, Reinbek 1991.
Die Kindheit eines Chefs. Erzählungen, Reinbek 1997.
Die Wörter. Autobiographische Schriften, Reinbek 1997.
Walter Biemel: *Jean-Paul Sartre*, Reinbek 1995.

Hörenswert:
Walter von Rossum: *Simone de Beauvoir und Jean-Paul Sartre. Die Kunst der Nähe.* Gelesen von Juliane Bartel und Otto Sander, Der Hör Verlag 1998. Audiocassette.

Sehenswert:
Sartre – par lui-même. Ein Film von Alexandre Astruc, Frankreich 1975.

 AUF DEN PUNKT GEBRACHT

Der Ekel ist ein außerordentliches literarisches Zeitdokument und in seiner pessimistischen Düsternis nach wie vor eine aufregende Lektüre.

Wem die Stunde schlägt
Ernest Hemingway

■ Ernest Hemingway mit seiner vierten Ehefrau Mary 1946 auf der Terrasse seiner Finca Vigia in Kuba. Ein Rezensent schrieb über ihn: »Tatsache ist, dass es Hemingway an Vertrauen mangelt, dass er ein ganzer Mann ist. Aus obskuren Gründen fühlt er sich kontinuierlich dazu gezwungen, seine Männlichkeit zu beweisen. Mehr als der Schwung seiner breiten Schultern oder seine Kleidung haben die Gefühle, die er in seiner Prosa an die Oberfläche kommen lässt, einen literarischen Stil geschaffen, der sich mit falschen Haaren auf der Brust schmückt.« Er wurde daraufhin von Hemingway zusammengeschlagen.

■ Nationalspanische Truppen verhören gefangene Milizionäre an der Front bei Bilbao während des Spanischen Bürgerkriegs 1936–39.

Immer wollte er sich prügeln. Kritikern hielt er schon mal die Faust unter die Nase, wenn sie an seinen Büchern etwas auszusetzen hatten. Sogar Kollegen forderte er zum Boxen auf. Wenn sie sich sträubten, mussten sie wenigstens bewundernd seinen Bizeps fühlen. Er war ein *womanizer*, ein Prahlhans, aber auch ein Abenteurer, der den besonderen Kick suchte. Beim Hochseefischen kämpfte er mit Haien, in Afrika jagte er Löwen. Wahnsinnig männlich fand er auch den Stierkampf, den er in seinem allerersten Roman begeistert beschrieb: Ernest Hemingway war der Super-Macho der Weltliteratur und zeitlebens stolz auf diesen Ruf. Dass er als einer der einflussreichsten und besten Schriftsteller seiner Generation galt, kümmerte ihn weniger, es schien ihm selbstverständlich. Mit 30 Jahren war er ein arrivierter und von den Medien umschwärmter Autor. Drei Romane und einige Kurzgeschichten hatte er bis dahin veröffentlicht. Und auf das nächste Buch war das Publikum besonders gespannt.

Hemingway war in den 1930er Jahren mehrmals in Spanien gewesen. Nach dem Aufstand der Militärs tobte dort von 1936 an ein blutiger Bürgerkrieg zwischen den Faschisten unter General Franco und den »roten« Republikanern. Hemingway hatte als Korrespondent für Zeitungen darüber berichtet und sich persönlich für die Sache der Franco-Gegner engagiert. Er sammelte Geld, spendete selbst 40 000 Dollar und organisierte Hilfslieferungen. Im Krieg wurde Hemingway Zeuge der Brutalitäten auf beiden Seiten. Die Faschisten triumphierten schließlich im März

1939. In diesem Monat begann Hemingway mit der Arbeit an *Wem die Stunde schlägt* (*For Whom the Bell Tolls*).
»*Man war an einer Sache beteiligt, an die man von ganzem Herzen glauben konnte und in der man sich mit seinen Mitkämpfern brüderlich verbunden fühlte. Das ist etwas, das man vorher nicht gekannt hat ... der Grund dafür, dass einem der eigene Tod völlig unwichtig erscheint ...*«
Der Held des Buches ist der amerikanische Spanischdozent Robert Jordan. Er ist »*Antifaschist, seit er weiß, was Faschismus ist*«. Deshalb kämpft er als Freiwilliger auf der Seite der »Roten«, allerdings ohne deren politische Überzeugungen zu teilen. Jordan erhält den Auftrag, mit Hilfe von Partisanen eine strategisch wichtig gelegene Brücke zu sprengen. Drei Tage hat er dafür Zeit. Bei den Partisanen, die den Fremden, den Ausländer, teils respektvoll, teils ablehnend empfangen, trifft Jordan auf das Mädchen Maria. Sie hat im Krieg ihre Eltern verloren, wurde von den Faschisten vergewaltigt und misshandelt. Jordan und Maria verlieben sich ineinander, aber es ist eine verzweifelte Leidenschaft, von der beide wissen, dass sie nur 72 Stunden dauern wird. Denn die Sprengung der Brücke ist ein Himmelfahrtskommando, ein überflüssiges dazu, weil der Gegner über den Plan informiert ist. Jordan führt den Auftrag dennoch aus und jagt die Brücke in die Luft. Schwer verwundet deckt er den

■ Szene aus *Wem die Stunde schlägt*, der erfolgreichen Verfilmung von Sam Wood aus dem Jahre 1943. In den Hauptrollen Ingrid Bergman als das Mädchen Maria und Gary Cooper als Robert Jordan. Im Hintergrund Katina Paxinou, die einen Oscar als beste Nebendarstellerin erhielt.

»*... eines jeden Menschen Tod bekümmert mich, weil es mir um die Menschheit geht; und darum frage nie, wem die Stunde schlägt; sie schlägt für Dich.*« Diese Verse aus einem Gedicht des englischen Renaissance-Dichters John Donne hat Ernest Hemingway seinem Roman als Motto vorangestellt.

■ Am 13. Juni 1947 wird Hemingway in Havanna von Colonel Edgar E. Glenn die Tapferkeitsmedaille für seine Verdienste während des Zweiten Weltkriegs verliehen. Zweiter von rechts ist Lester D. Mallory von der US-Botschaft in Havanna.

»Mr. Hemingway ist mutig; er ist frech; er versteht sein Handwerk; er setzt die Worte genau, wie er es möchte; er hat Augenblicke nackter und nervöser Schönheit; er ist modern in seinem Gebaren, aber nicht in seiner Eingebung; er gibt sich übermäßig männlich ...«
VIRGINIA WOOLF

Rückzug seiner Gefährten und wartet auf den Tod. Er wird in dem Bewusstsein sterben, im Kampf auf der richtigen Seite gestanden zu haben. Und die Liebe zu Maria hat ihm noch einmal gezeigt, was es heißt, glücklich zu sein.

Wem die Stunde schlägt erschien am 21. Oktober 1940 und wurde sofort ein überwältigender Erfolg, mit einer halben Million verkaufter Exemplare allein im ersten Jahr. Bis heute ist es neben der Novelle *Der alte Mann und das Meer* (*The Old Man and the Sea*) Hemingways populärstes Buch, jedoch auch sein literarisch schwächstes.

Kampf, Liebe, Tod – auf der Basis dieser existenziellen Erfahrungen hat Hemingway beeindruckende Dramen inszeniert. Oft stand davon gar nichts auf dem Papier. Denn Hemingway war ein Meister im Weglassen. In einem knappen, lakonischen Stil erzählt Hemingway von menschlichen Konflikten, die umso konkreter erscheinen, als kaum darüber gesprochen wird. Die Helden reden wenig über ihr Schicksal, sie erleiden es einfach. Das hat Hemingway berühmt und, vor allem mit seinen Kurzgeschichten, zum Vorbild für viele junge Schriftsteller gemacht. In *Wem die Stunde schlägt* gelingen Hemingway großartige Passagen wie etwa der Kampf des mit seinen Gefährten eingekesselten Partisanenführers El Sordo oder die Sprengung der Brücke. Doch diesem prallen Realismus steht ein quälendes Pathos gegenüber – die Roten sind die Guten – und eine gelegentlich ermüdende Philosophie über Mannesmut und Heldentum. Hemingway unterschlägt nicht die Grausamkeit des Krieges, aber er ist bis ins Klischeehafte hinein bewegt vom Heroismus der Tapferkeit, selbst im Falle eines sinnlosen Kampfes. Es ist diese Einstellung, die dem heutigen Leser wahrscheinlich besonders fremd erscheinen. Im 20. Jahrhundert haben so viele Massaker stattgefunden, dass es heute kaum mehr gelingen will, den verbissen durchlittenen Tod im Krieg als Sieg für die gute Sache zu betrachten. Auch steht das inzwischen mythische Bild von Hemingways Person einer neutralen Lektüre im Weg. Seine supermännliche Attitüde passt leider nur allzu gut zur Aura eines Romans, in dem Männer stolz und wortkarg sterben. Eine solche Interpretation wäre zu Lebzeiten Hemingways übrigens riskant gewesen. Man hätte von ihm kurzerhand eins aufs Maul bekommen.

WEM DIE STUNDE SCHLÄGT (FOR WHOM THE BELL TOLLS)

 ERNEST HEMINGWAY, LEBEN UND WERK

Ernest Hemingway wurde am 21. Juli 1899 als Sohn eines Landarztes in Oak Park, einem Vorort von Chicago, geboren. Nach Abschluss der High School 1917 arbeitete er vorübergehend als Lokalreporter für die Zeitung Kansas City Star, nahm dann als Sanitätsfreiwilliger beim Roten Kreuz am Ersten Weltkrieg teil. Die Fronterlebnisse verarbeitete er zehn Jahre später in seinem Roman In einem andern Land (A Farewell to Arms). Einige Monate hielt er sich in Michigan auf und beschäftigte sich mit Fischen, Lesen und dem Schreiben von Erzählungen, die jedoch von keiner Zeitung gedruckt wurden. 1920 bekam er eine Stelle als »feature writer« beim Toronto Star Weekly, Ende des Jahres zog er nach Chicago, wo er als Journalist und Redakteur tätig war. Aber es hielt ihn nicht in dieser Stadt. Bereits Ende 1921 schiffte er sich nach Frankreich ein und bereiste in den folgenden Jahren als Korrespondent Europa und den Nahen Osten. Zwischenzeitlich hielt er sich hauptsächlich in Paris auf. Durch die wohlhabende amerikanische Schriftstellerin Gertrude Stein lernte Ernest Hemingway die Avantgarde der europäischen und amerikanischen Moderne kenne. In ihrem Pariser Salon traf er unter anderen James Joyce, Jean Cocteau, John Dos Passos, F. Scott Fitzgerald, Ezra Pound, Pablo Picasso und Joan Miró. 1923 gelang ihm mit Beiträgen in Literaturzeitschriften ein erster literarischer Erfolg. Bald darauf erschien sein erster Kurzgeschichtenband In unserer Zeit (In Our Time). Eine Reise nach Pamplona weckte seine Begeisterung für Stierkämpfe. Nach mehreren Spanienaufenthalten in den Jahren 1923–25 veröffentlichte er mit Fiesta seinen ersten Roman. 1928 zog er, des Stadtlebens überdrüssig, mit seiner zweiten Frau Pauline Pfeiffer, die die Mutter seines zweiten und dritten Sohnes war, zurück in die USA und ließ sich in Key West in Florida nieder, wo seine Werke In einem andern Land (1929), Tod am Nachmittag (Death in the Afternoon, 1932), Der Sieger geht leer aus (Winner Take Nothing, 1933) und Die grünen Hügel Afrikas (The Green Hills of Africa, 1935) entstanden. Fasziniert vom Meer, ging er seiner Leidenschaft, dem Fischen, nach. Seine häufigen Reisen führten ihn mehrfach nach Kuba, Afrika, Asien und immer wieder nach Europa, wo er im Zweiten Weltkrieg als Kriegsberichterstatter tätig war. Sein Engagement im Spanischen Bürgerkrieg 1936/37 spiegelte sich nicht nur in dem Roman Wem die Stunde schlägt wider, sondern fand auch Ausdruck in dem Theaterstück Die fünfte Kolonne (The Fifth Column). Für Der alte Mann und das Meer (The Old Man and the Sea) erhielt er 1954 den Nobelpreis für Literatur. 1961 beging Ernest Hemingway, der zunehmend unter Krankheiten und Depressionen litt, Selbstmord.

 DATEN

Erstveröffentlichung:
New York 1940 (deutsch: Stockholm 1941)

Lesenswert:
Ernest Hemingway: Wem die Stunde schlägt, Reinbek (Rowohlt) 2000.
Fiesta. Roman, Reinbek 2000.
In einem andern Land. Roman, Reinbek 1999.
Tod am Nachmittag, Reinbek 1999.
Die grünen Hügel Afrikas, Reinbek 2000.
Haben und Nichthaben. Roman, Reinbek 1995.
Über den Fluss und in die Wälder. Roman, Reinbek 1999.
Der alte Mann und das Meer. Erzählung, Reinbek 1999.
Paris – Ein Fest fürs Leben. Reinbek 1999.
Hans-Peter Rodenberg: Ernest Hemingway. Reinbek 1999.

Hörenswert:
Ernest Hemingway: Der Schnee vom Kilimandscharo. Gelesen von Otto Sander, Audiobuch 1998. Audio-CD.

Sehenswert:
Wem die Stunde schlägt (For Whom the Bell Tolls). Regie: Sam Wood; mit Gary Cooper, Ingrid Bergman, Vladimir Sokoloff, Arturo de Cordova, Akim Tamiroff. USA 1943.

 AUF DEN PUNKT GEBRACHT

Spannend und aufrecht in der politischen Aussage, aber auch das Werk eines echten Macho: Caramba, Caracho, Tequila – Prosa gegen das Weichei im Mann!

Das siebte Kreuz
Anna Seghers

»Ein entkommener Flüchtling, das ist immer etwas, das wühlt immer auf. Das ist immer ein Zweifel an ihrer Allmacht. Eine Bresche.«

Ein ehemaliger Häftling hatte es Anna Seghers erzählt: Nach einer misslungenen Flucht ließ der Kommandant eines Konzentrationslagers ein Kreuz auf dem Lagerhof aufstellen und den wieder aufgegriffenen Gefangenen daran hängen und zugrunde gehen. Das war die Idee für *Das siebte Kreuz*, den *Roman aus Hitlerdeutschland*, wie es im Untertitel der Originalausgabe von 1942 hieß. Das Buch erschien in Mexiko – dorthin hatte sich Anna Seghers geflüchtet – und zeitgleich auf Englisch in den USA, in einer sensationellen Auflage von 600 000 Exemplaren. Die kluge Kalkulation des Bostoner Verlags Little Brown ging auf: Die Amerikaner rissen sich um den Roman, Zeitschriften druckten eine Version als Comic Strip, und die 1944 in Hollywood gedrehte Verfilmung von Fred Zinnemann, mit Spencer Tracy in der Hauptrolle, machte *Das siebte Kreuz* in der ganzen freien Welt bekannt.

■ Szene aus der Fred-Zinnemann-Verfilmung von 1944 mit Spencer Tracy als Georg Heißler in der Hauptrolle.

Anna Seghers hatte 1938 mit der Arbeit an ihrem Buch begonnen. Sie wollte die Geschichte einer geglückten Flucht erzählen und damit all jenen Mut machen, die unter der Nazi-Knechtschaft litten und keinen Ausweg sahen. *Das siebte Kreuz* sollte ein Symbol für die Hoffnung sein, dass noch nicht alles verloren, ein Entkommen möglich war, wenn Humanität, Würde und Güte zusammenstanden. Der Roman handelt von Menschen, die sich entscheiden müssen zwischen Anpassung und Widerstand, zwischen einem bequemen Alltag und dem Risiko, die ganze Existenz aufs Spiel zu setzen. Was macht man, wenn es abends klingelt und ein Verfolgter steht vor der Tür? Es ist ein Freund aus alten Tagen, jetzt wird er gejagt wie ein Stück Wild. Haben die Nachbarn ihn vielleicht auf der Treppe gesehen? Man weiß, dass die Gestapo keine Gnade kennt – und auch vor den Familienangehörigen nicht Halt macht…

■ Szene mit Spencer Tracy, Jessica Tandy und Hume Cronyn, der für seine Darstellung eine Oscar-Nominierung erhielt. In Nebenrollen spielten übrigens einige deutsche Emigranten: Felix Bressart, Alexander Granach und Helene Weigel.

Georg Heisler heißt der Flüchtling in Anna Seghers Roman, dessen Schicksal viele seiner Bekannten auf die Probe stellt. Mit sechs Leidensgenossen ist er aus dem KZ Westhofen am Rhein geflohen, nach und nach werden sie wieder eingefangen. Einer stirbt auf der Flucht, ein Zweiter stellt sich, die anderen werden zu Tode gequält – an Kreuzen, die im Lager auf sie warten. Nur das siebte bleibt frei. Tagelang gelingt es Georg, seinen Häschern ein Schnippchen zu schlagen, doch das Netz, das sich um ihn zusammenzieht, wird immer enger…

»Wir fühlten alle, wie tief und furchtbar die äußeren Mächte in den Menschen hineingreifen können bis in sein Innerstes, aber wir fühlten auch, dass es im Innersten etwas gab, was unangreifbar war und unverletzbar.«

Es ist ein aufregender Krimi, den Anna Seghers hier inszeniert: Dr. Kimble in der deutschen Provinz. Und subtil fängt sie die Stimmung ein, in die Georgs Flucht seine Familie, Freunde, Nachbarn versetzt. Der Roman spielt im Jahr 1937. Auch auf dem Land hat man die neue Herrschaft akzeptiert. Es gibt Arbeit, Deutschland stellt wieder etwas dar, das Leben ist annehmbar. Das Konzentrationslager draußen vor dem Dorf hätte nicht unbedingt sein müssen, aber es wird schon alles seine Richtigkeit damit haben. Ab und zu hört man Schreie, da ist's dem einen oder

»Man spürt das besondere, klare Licht, das aus diesem Kunstwerk kommt, so tragisch einzelne seiner Szenen, so bitter der Ausgang mancher Handlung: Das Licht eines nicht leicht erworbenen, nicht oberflächlichen und billigen Glaubens an dieses Volk, das mancher in jenen Jahren glaubte aufgeben zu müssen, das Anna Seghers niemals aufgab, weil sie es besser kannte.«

CHRISTA WOLF, 1971

■ Undatiertes Photo von Anna Seghers, die einmal gesagt hat: »Was hat unsere Freiheit für einen Sinn, wenn wir nicht immer wieder die Namenlosen nennen, wir, die wir reden und schreiben können.«

andern mulmig zumute – also macht man lieber schnell die Fenster zu!

Die Flucht der Gefangenen reißt alle aus dieser mehr oder weniger behaglichen Ruhe. In kurzen, montagehaften Sequenzen zeigt Anna Seghers, wie schwer dem Einzelnen die Entscheidung fällt, sich für Georg einzusetzen, Stellung zu beziehen. Man hat Angst und verspürt auch Unmut. Denn Georg ist nicht unbedingt der liebenswerteste Zeitgenosse, er hat früher viele verprellt mit seiner spöttischen Art und Arroganz. Er war Kommunist, deshalb ist er im KZ gelandet. Aber auch seine Genossen haben wenig Lust, Georg zu helfen. Die ganze Sache ist irgendwie störend und unangenehm. Auch der Flüchtling selbst ist zerrissen. Er ist nur ein halbherziger Widerständler, und er verflucht sein Los. Plötzlich kommt ihm ein gewöhnliches Leben als braver Bürger unendlich begehrenswert vor, er will kein Ausgestoßener sein, er sehnt sich nach Normalität. Hätte er sich doch damals nur nicht mit der neuen Macht angelegt…

Anna Seghers hat diese Zweifel und Ängste selbst gut gekannt. Als aktive Kommunistin war sie jahrelang vor den Nazis auf der Flucht, die sie, zusammen mit ihren zwei Kindern, quer durch Europa bis ins rettende mexikanische Exil führte. Das Manuskript ihres wichtigsten Romans wäre dabei fast verloren gegangen.

Nach dem Krieg entschied sich Anna Seghers, nach Deutschland zurückzukehren, in die DDR. Dort feierte man *Das siebte Kreuz* als Hymne auf den kommunistischen Widerstand. Anna Seghers wurde zu einer Nationalheldin, die fortan treu und unbeirrbar die Parteilinie vertrat. In der Bundesrepublik ging die Kontroverse um ihre Person über Jahrzehnte, ihr Werk wurde als eintönige, literarisch wertlose Propaganda diffamiert. Auch *Das siebte Kreuz* geriet in diese Kritik, die erst nach und nach revidiert wurde. Heute sieht man die historische Leistung des Romans nicht mehr im Widerstreit zu seiner moralischen Botschaft, die, schaut man genauer hin, anspruchsvoller kaum sein kann: Würden Sie Georg in die Stube lassen?

> »*Im* Siebten Kreuz *findet sich der Satz: ›Furcht, das ist, wenn eine bestimmte Vorstellung anfängt, alles andere zu überwuchern.‹ Warum hatte sie, gerade sie, soviel Angst vor Ulbricht und seinen Vollstreckern? Was immer wir in Zukunft über Anna Seghers noch erfahren sollten, unsere Dankbarkeit für ihre besten Bücher hat davon unberührt zu bleiben.«*
>
> MARCEL REICH-RANICKI, 1990

DAS SIEBTE KREUZ

 ANNA SEGHERS, LEBEN UND WERK

 DATEN

Anna Seghers wurde am 19. November 1900 als Netty Reiling in Mainz als Tochter eines Antiquitätenhändlers geboren. Sie studierte in Köln und Heidelberg Kunstgeschichte, Geschichte, Philosophie und Sinologie und promovierte 1924 mit einer Arbeit über Rembrandt. Kurze Zeit später erschien ihre erste Erzählung Die Toten auf der Insel Djal. Im Jahr darauf heiratete sie den aus Ungarn geflüchteten marxistischen Gesellschaftswissenschaftler Laszlo Radvanyi, mit dem sie zwei Kinder hatte. Für ihre Erzählung Der Aufstand der Fischer von St. Barbara erhielt sie kurz nach deren Erscheinen 1928 den Kleist-Preis. Die aus mehreren Episoden bestehende Erzählung handelt von dem vergeblichen Aufstand bretonischer Fischer gegen die sie ausbeutenden Schiffsreeder. Ebenfalls 1928 trat Anna Seghers in die KPD ein und war bald auch Mitglied im Bund proletarisch-revolutionärer Schriftsteller. Ihr Roman Die Gefährten, 1932 erschienen, beschreibt das Schicksal beispielhafter proletarischer Kämpfer und fand in der internationalen revolutionären Bewegung viel Beachtung. Anna Seghers wurde 1933 von der Gestapo verhaftet und emigrierte nach ihrer Freilassung nach Paris. Sie floh weiter in das unbesetzte Südfrankreich und von dort nach Mexiko. In ihrem 1944 zunächst in spanischer Übersetzung erschienenen Roman Transit schildert Anna Seghers die Erfahrungen, die sie in Marseille machte, als sie gemeinsam mit Tausenden von Flüchtlingen auf ein Visum nach Mexiko wartete. Bevor sie Europa verlassen können, müssen die Menschen sich einem zermürbenden und demütigenden bürokratischen Verfahren unterziehen. Der Roman kam 1948 erstmals in deutscher Sprache heraus. Weltbekannt wurde Anna Seghers, als 1942 ihr Roman Das siebte Kreuz erschien. Im mexikanischen Exil entstand auch ihre berühmte Erzählung Der Ausflug der toten Mädchen, in dem die Autorin selbst – unter ihrem Namen Netty – in Erscheinung tritt. Die Erinnerung an den Ausflug einer Mädchenschulklasse vor dem Ersten Weltkrieg verbindet sie darin mit Reflexionen über das spätere Geschick der Schülerinnen unter dem Einfluss des Faschismus. In Mexiko war Anna Seghers Vorsitzende des antifaschistischen Heine-Clubs und Mitarbeiterin bei der Zeitschrift Freies Deutschland. Nach ihrer Rückkehr aus Mexiko im Jahre 1947 lebte sie in Ostberlin; im selben Jahr erhielt sie den Georg-Büchner-Preis. Von 1952 bis 1978 war sie Präsidentin des Schriftstellerverbandes der DDR. Neben Romanen und Erzählungen schrieb sie auch Essays. Mit vielen Preisen ausgezeichnet und weltbekannt, im Westen jedoch lange als Sozialistin angefeindet, starb Anna Seghers am 1. Juni 1983.

Erstveröffentlichung:
Mexiko 1942

Lesenswert:
Anna Seghers: Das siebte Kreuz, Frankfurt/Main (Fischer) 1999.
Der Aufstand der Fischer von St. Barbara. Erzählung, Berlin 2000.
Transit. Roman, Berlin 2000.
Der Ausflug der toten Mädchen und andere Erzählungen, Berlin 2000.
Karibische Geschichten, Berlin 2000.
Das wirkliche Blau. Eine Geschichte aus Mexico, Berlin 1993.
Die Kraft der Schwachen. Neun Erzählungen, Berlin 1994.
Die Trennung. Geschichten über Frauen, Berlin 1999.

Christiane Zehl Romero: Anna Seghers. Mit Selbstzeugnissen und Bilddokumenten, Reinbek 1993.

Anna Seghers. Eine Biographie in Bildern. Herausgegeben von Frank Wagner, Ursula Emmerich, Ruth Radvanyi. Mit einem Essay von Christa Wolf, Berlin 2000.

Sehenswert:
The Seventh Cross (Das siebte Kreuz). Regie: Fred Zinnemann; mit Spencer Tracy, Signe Hasso, Hume Cronyn, Jessica Tandy, Agnes Moorehead, USA 1944.

 AUF DEN PUNKT GEBRACHT

Eine bewundernswerte Darstellung der seelischen Nöte von Menschen in einer Diktatur – in seiner Wirkung das einflussreichste Buch der deutschen Exil-Literatur.

Der Fremde
Albert Camus

■ Marcello Mastroianni als Meursault in Luchino Viscontis Verfilmung von Camus' Roman.

»*Vom Meer kam ein starker, glühender Hauch. Mir war, als öffnete sich der Himmel in seiner ganzen Weite, um Feuer regnen zu lassen. Ich war ganz und gar angespannt, und meine Hand umkrallte den Revolver. Der Hahn löste sich, ich berührte den Kolben, und mit hartem, betäubendem Krachen nahm alles seinen Anfang.*«

Meursault ist ein junger Mann. Er lebt in Algier und arbeitet als Angestellter in einem Büro. Er wohnt in einem ärmlichen Viertel, hat wenig Geld. Eine Liebschaft verbindet ihn mit Maria, einer früheren Kollegin. Sonst hat Meursault kaum Bekannte. Nur mit zwei Hausgenossen spricht er ab und zu: mit dem alten Salamano und dem Zuhälter Raymond, der sich Meursault als Freund aufdrängen will. Bei einem Ausflug zum Strand treffen sie auf einen Araber, mit dem Raymond im Streit liegt. Zunächst passiert nichts, doch später leiht sich Meursault Raymonds Revolver und erschießt den Araber, der mit in der Sonne blitzendem Messer vor ihm steht.

Das ist die Handlung des ersten Teils von *Der Fremde*. Es ist Albert Camus' erster Roman. Er war 27 Jahre alt, als er das Buch beendete, ein völlig unbekannter Schriftsteller, in Algerien geboren und aufgewachsen. Camus verdiente sein Geld als Journalist und hatte schon zwei Bände mit Aufsätzen veröffentlicht. Doch fern von Paris, dem kulturellen Zentrum Frankreichs, blieben diese Arbeiten unbeachtet. Der Krieg verschlug Camus in die Hauptstadt, im Gepäck hatte er das fertige Ma-

■ In den Händen des »Arabers«, des Bruders von Raymonds Freundin blitzt ein Messer auf. Meursault wird ihn wenige Augenblicke später erschießen.

nuskript, das nach der Besetzung Frankreichs am 15. Juni 1942 in einer Auflage von 4400 Exemplaren als Buch erschien. Ein Zeitgenosse schrieb: »*Ich werde die Sensation nie vergessen, die Der Fremde hervorrief. Zu jener Zeit, da so viele Menschen nach der Verwirrung der Niederlage sich endgültig zum Handeln entschlossen, wusch die großartige Gleichgültigkeit dieses entblößten, allein der Welt gegenüberstehenden Meursault die Schlacken der Vergangenheit und der Gegenwart von uns ab.*«
Es ist eine seltsame Teilnahmslosigkeit, die den Helden und seine Erzählung bestimmt. Scheinbar unberührt erfährt er zu Beginn des Buches vom Tod seiner Mutter, an ihrem Grab zeigt er keine Regung. Schon am nächsten Tag bandelt er mit Maria an, abends sitzen sie im Kino, es läuft ein lustiger Film. All das werden die Behörden nach dem Mord recherchieren und vor Gericht gegen Meursault verwenden. Nach den Indizien ist er

■ Anna Karina als Meursaults Freundin Maria.

»*Für mich ist Meursault ein armer, nackter Mensch, der die Sonne liebt, die keinen Schatten wirft. Er ist durchaus nicht gefühllos, denn er ist von einer tiefen, wortlosen Leidenschaft beseelt, der Leidenschaft für das Absolute, für die Wahrheit. Es ist eine negative Wahrheit, ohne die es nicht möglich ist, sich selbst oder die Welt zu erkennen.*«
ALBERT CAMUS, im Vorwort zu einer amerikanischen Ausgabe von *Der Fremde*, 1955

■ Meursault während der Gerichtsverhandlung. Er erklärt, dass er nicht die Absicht gehabt habe, den »Araber« zu erschießen. Schuld sei die Sonne, deren Strahl das Messer reflektiert habe.

ein gefühlloser, kaltblütiger Killer, dem alles egal und ein Menschenleben nichts wert ist. Auch seine Antwort auf die Frage, warum er den Araber getötet habe, scheint bezeichnend. Die Sonne war schuld, gibt Meursault zu Protokoll. Und vorher, bei einem Verhör, als ein Richter ihn fragt, ob er denn wenigstens seine Tat bereue: »*Ich überlegte und sagte, dass ich eher als echte Reue eine gewisse Langeweile empfände.*« Es ist diese offenkundige Gleichgültigkeit, die Meursaults Richter im Verlauf der Gerichtsverhandlung mehr schockiert als der Mord selbst. Meursault lügt nicht, er heuchelt nicht, er sagt immer, was er empfindet und denkt. Insofern ist er ein »Fremder« in der Gesellschaft, einer, der – so hat es Camus selbst formuliert – »*sich nicht an die Spielregeln hält*«. Zugespitzt lässt sich sagen, und Meursault drückt es am Ende genauso aus, dass er schließlich zum Tode verurteilt wird, weil er nicht geweint hat, als seine Mutter starb.

Vor allem im zweiten Teil der Handlung, nach Meursaults Prozess, wird jedoch deutlich, dass Camus weit mehr im Sinn hatte als reine Gesellschaftskritik. Hintergrund des ganzen Romans ist eine philosophische Idee: die Vorstellung von der Welt als einem absurden Spektakel. Camus war zu gleichen Teilen Schriftsteller wie Philosoph, der Begriff des Absurden stand im Mittelpunkt seiner Überlegungen. Absurd – das heißt für Camus: Der Sinn des Lebens ist in einer Welt voller Konventionen, Regeln, Rituale und Ideologien nicht zu entdecken. Der Einzelne bleibt allein mit seinen Fragen, ist zurückgeworfen auf sich selbst. Der Mensch fragt, die Welt schweigt.

Diese Philosophie hat Camus in *Der Mythos von Sisyphos* entwickelt, einer theoretischen Schrift, die zur gleichen Zeit wie *Der Fremde* entstand und einen wichtigen Begleittext zum Roman darstellt.

Im mythologischen Bild des Sisyphos, der dazu verdammt ist, unablässig einen Stein

> »*Er stellt in unserem Jahrhundert, und zwar gegen die Geschichte, den wahren Erben jener langen Ahnenreihe von Moralisten dar, deren Werke vielleicht das Echteste und Ursprünglichste an der ganzen französischen Literatur sind.*«
>
> JEAN-PAUL SARTRE

auf einen Berg zu wälzen und immer wieder von vorn anzufangen, sieht Camus das Drama des modernen Menschen veranschaulicht, dessen Bemühungen, seiner Existenz einen Sinn zu verleihen, stets vergeblich bleiben. Es sei denn, er nimmt sein Schicksal an, begreift es als seine Bestimmung. Das ist der Ausweg aus dem Dilemma: Wenn man erkennt, dass die Welt absurd ist, verschwindet die Verzweiflung über den fehlenden höheren Sinn, man ist einverstanden mit seiner Existenz. So deutet Camus den armen Sisyphos als glücklichen Menschen, weil er sein schreckliches Los akzeptiert. Diese Erkenntnis gewinnt nun auch Meursault. Durch sein Verbrechen findet er zu einem neuen Bewusstsein. Bis zum Zeitpunkt der Tat war ihm alles »*ganz einerlei*« – diese Formulierung kehrt im Roman immer wieder. Der Revolverschuss reißt ihn aus dieser inneren Lethargie. Meursault wird sich darüber klar, dass er ein glückliches Leben geführt hat, das durch den Mord unwiderruflich zerstört ist. Seine Strafe nimmt er an, Meursault hat zu sich selbst gefunden.

Man hat Camus' Roman oft in einem Atemzug mit Jean-Paul Sartres *Der Ekel* (s. S. 132) genannt und Camus dem Kreis der

■ 1936 in der Kasbah von Algier.

- 1957 erhielt Albert Camus den Nobelpreis für Literatur. Hier ist der Schriftsteller mit einigen seiner Werke zu sehen, die kurz nach der Bekanntgabe der Preisverleihung mit der Banderole »Prix Nobel« versehen wurden.

»Der Fremde *ist ein klassisches Werk, ein Werk der strengen Ordnung, geschrieben in Bezug auf das Absurde, und gegen das Absurde.*«

JEAN-PAUL SARTRE

Existenzialisten zugerechnet. Doch obwohl sich die Romanfiguren Meursault und Roquentin in ihrem pessimistischen Weltverdruss sehr ähneln und ihre Autoren über lange Zeit eng miteinander befreundet waren, hat sich Camus vom Existenzialismus, wie Sartre ihn vertrat, immer distanziert. Er sah darin »*ein großes Abenteuer des Geistes, dessen Schlussfolgerungen falsch sind.*« Von Beginn an war Camus der Moralist, zu dem sich Sartre erst später entwickeln sollte. In Theaterstücken, weiteren Essays und hauptsächlich dann im Roman *Die Pest* von 1947 vertrat Camus ein streng moralisches Programm, das die Verantwortlichkeit der Menschen füreinander anmahnte. In einer sinnlosen Welt hielt Camus einzig und allein humanes Handeln für die richtige Antwort auf die Frage, ob das Leben es wert sei, gelebt zu werden.

Neben Jean-Paul Sartre wurde Albert Camus zum berühmtesten französischen Autor seiner Zeit, der auch das große Publikum erreichte. Die Verkaufszahlen etwa von *Die Pest* waren so gewaltig, dass in einem Lexikon das Stichwort »Bestseller« mit diesem Roman erklärt wurde. 1957 erhielt Camus den Nobelpreis, mit 44 Jahren war er einer der jüngsten Preisträger. Sein plötzlicher Tod war ein Schock für die gesamte geistige Welt. Im Winter 1960 befand sich Camus auf dem Land, um an einem neuen Roman zu arbeiten. Sein Verleger kam zu Besuch und bot ihm an, gemeinsam im Auto nach Paris zurückzufahren. Am 4. Januar raste der Sportwagen gegen einen Baum, Camus war sofort tot. Die Umstände des Unfalls wurden nie ganz aufgeklärt. In der Tasche von Albert Camus fand man einen Fahrschein für die Bahn. Er hatte eigentlich den Zug nehmen wollen.

DER FREMDE (L'ÉTRANGER)

 ALBERT CAMUS, LEBEN UND WERK

Über die Hälfte seines Lebens verbrachte Albert Camus in Algerien, wo er am 7. November 1913 in dem Dorf Mondovi als zweiter Sohn eines besitzlosen Siedlerehepaars geboren wurde. Seine Mutter war spanischer, sein Vater französischer Herkunft. Die nordafrikanische Heimat spielte bis zu seinem Tod eine wichtige Rolle in seinem Werk. Algerien war für ihn der Inbegriff des naturnahen Daseins, das er immer als eine Grundvoraussetzung des Glücks ansah. Albert Camus war neun Monate alt, als der Erste Weltkrieg ausbrach und sein Vater nach Frankreich einberufen wurde, wo er in der Marneschlacht starb. Die Mutter zog mit ihren Söhnen nach Belcourt, einem ärmlichen Stadtviertel Algiers. Dort besuchte Albert Camus Grundschule und Gymnasium und studierte anschließend Philosophie. Seit einer Lungentuberkulose-Erkrankung im Alter von siebzehn Jahren war ihm die Nähe des Todes immer bewusst. Er entwickelte den Willen, das Leben nach besten Kräften zu nutzen und auszuschöpfen, und stürzte sich in intellektuelle Aktivität. Er begeisterte sich für das Theater und brachte mit seinem Ensemble »Théâtre du Travail« erfolgreiche Aufführungen auf die Bühne; schon bald spielte er eine aktive Rolle unter den Intellektuellen Algiers. Anderthalb Jahre war er Mitglied der Kommunistischen Partei. 1938 begann er als Reporter für die links stehende Zeitung *Alger Républicain* zu arbeiten. Sein Ressort war Kunst und Kultur, insbesondere Rezensionen. Außerdem verfasste er engagierte Gerichtsreportagen und deckte Folter und Unterdrückung von Algeriern durch die französische Kolonialmacht auf. Seine ersten drei Werke, in denen es um den Begriff des Absurden geht, schrieb er noch überwiegend in Algerien: den Roman *Der Fremde*, den Essay *Der Mythos von Sisyphos*, die beide 1942 in Paris erschienen und ihn berühmt machten, und das Drama *Caligula*. Albert Camus verließ sein Geburtsland 1940 und nahm in Paris für kurze Zeit eine Stelle als Redaktionssekretär bei der viel gelesenen Zeitung *Paris Soir* an. Im selben Jahr heiratete er und wurde 1945 Vater von Zwillingen. Ab Ende 1943 war er Lektor im Verlag Gallimard und arbeitete nebenbei als Journalist für die Widerstandszeitung *Combat*, deren Leitung er bald übernahm. Das Erscheinen seines Essays *Der Mensch in der Revolte* 1952 führte zum Bruch mit dem Existenzphilosophen Jean-Paul Sartre. Seit 1954 unternahm Albert Camus zahlreiche Vermittlungsversuche im Algerienkrieg. Er erhielt 1957 den Nobelpreis für Literatur. Am 4. Januar 1960 kam er bei einem Autounfall ums Leben. Sein Roman *Der erste Mensch*, der von seiner Kindheit in Algerien berichtet, blieb Fragment.

 DATEN

Erstveröffentlichung:
Paris 1942 (deutsch: 1948)

Lesenswert:
Albert Camus: *Der Fremde*, Reinbek (Rowohlt) 1996.
Der Mythos von Sisyphos. Ein Versuch über das Absurde, Reinbek 2000.
Die Pest. Roman, Reinbek 1998.
Der Mensch in der Revolte. Essay, Reinbek 1997.
Der Fall. Erzählung, Reinbek 1997.
Verteidigung der Freiheit. Politische Essays, Reinbek 1997.
Der erste Mensch. Roman, Reinbek 1997.

Olivier Todd: *Albert Camus. Ein Leben*. Reinbek 1999.

Hörenswert:
Albert Camus: *Der Fremde*. Gelesen von Bruno Ganz, Reinbek 1991. 3 Audiocassetten.

Albert Camus: *Der erste Mensch*. Gelesen von Martin Benrath, Leuberg Edition München 2000. 5 Audio-CDs.

Sehenswert:
Lo Straniero/L'Étranger (Der Fremde). Regie: Luchino Visconti; mit Marcello Mastroianni, Anna Karina, Bernard Blier, Georges Wilson. Italien/Frankreich 1967.

 AUF DEN PUNKT GEBRACHT

Wer an Gott glaubt, muss *Der Fremde* nicht lesen; für alle anderen ist der Roman eine Offenbarung.

Pippi Langstrumpf
Astrid Lindgren

■ Astrid Lindgren, undatierte Aufnahme.

■ Inger Nilsson als Pippi Langstrumpf in der schwedisch/deutschen Verfilmung von 1969. Das Drehbuch schrieb Astrid Lindgren.

Kann man mit einem Märchen eine Regierung stürzen? Astrid Lindgren ist dies gelungen. Sie hatte sich über die schwedischen Steuergesetze geärgert und am 10. März 1976 in der Zeitung *Expressen* die Geschichte der Hexe *Pomperipossa in Monismanien* veröffentlicht. Für jedes Kind nachvollziehbar erklärte Astrid Lindgren den staunenden Lesern, dass »die weisen Männer«, die dem Land vorstanden, die so genannte Marginalsteuer von 83 auf 102 Prozent erhöhen wollten. Der Hexe Pomperipossa, die zufällig auch Kinderbücher schrieb und prima verdiente, wäre so gut wie nichts mehr zum Leben übrig geblieben. Die Geschichte zeigte prompt Wirkung: Finanzminister Sträng bestätigte »seiner geschätzten Freundin Astrid Lindgren«, sie hätte »ein ernstes Problem« angeschnitten, man werde diese Regelung unverzüglich berichtigen. Aber das half nichts mehr. Zum ersten Mal nach dem Zweiten Weltkrieg wurden die Sozialdemokraten nicht wiedergewählt. Ihr publizistisches Kabinettstück machte Astrid Lindgren endgültig zu einer Institution. Ob sie sich für Umwelt, Frieden oder den Ausstieg aus der Atomkraft engagiert – ihr Wort hat Gewicht.

Pomperipossa in Monismanien ist ein Musterbeispiel für ihren Stil, nämlich komplexe Zusammenhänge konkret und einfach zu beschreiben. Hinter Astrid Lindgrens reizenden Geschichten steckt stets mehr, als man auf den ersten Blick vermutet. Zumindest keine heile Welt. Und wie sieht es mit Lindgrens berühmtester Figur aus, dieser widerspenstigen und eigenständigen Göre? Ist sie nicht eigentlich ein Albtraum für Erwachsene?

»Pippi war ein sehr merkwürdiges Kind. Das allermerkwürdigste an ihr war, dass sie so stark war. Sie war so furchtbar stark, dass es

auf der Welt keinen einzigen Polizisten gab, der so stark war wie sie. Sie konnte ein ganzes Pferd hochheben, wenn sie wollte. Und das wollte sie.«

Als *Pippi Langstrumpf*, Astrid Lindgrens erstes Buch, am 1. September 1945 erschien, fürchteten Pädagogen wie Kritiker gleichermaßen, dass diese Heldin ein ziemlich schlechtes Beispiel für Kinder abgeben würde. Ein Mädchen, das über außergewöhnliche Kräfte verfügte, Geld wie Heu besaß, sich von niemandem etwas sagen ließ und dann noch log wie gedruckt – selbst die Autorin hatte ihren Brief an den Verlag, dem sie das Manuskript geschickt hatte, mit dem Satz beendet: » *…in der Hoffnung, dass sie nicht das Jugendamt alarmieren!«*

Das hätte eigentlich auch geschehen müssen. Denn Pippi Langstrumpf wohnt ganz alleine in der Villa Kunterbunt. Ihre Mutter ist tot, ihr Vater, ein Seemann, verschollen. Dafür hat Pippi Herrn Nilsson, einen Affen. Und ein Pferd, das auf der Veranda lebt. Denn im Wohnzimmer gefällt es ihm nicht, und in der Küche würde es nur im Weg herumstehen, nicht wahr? Den beiden allzu braven Nachbarskindern Thomas und Annika zeigt Pippi, wie man sich mit Phantasie und Unverfrorenheit eine eigene Welt bastelt, in der Erwachsene nichts zu melden haben; resolut stellt Pippi die Autorität der »Großen« in Frage und deren Logik auf den Kopf.

»›*Wer sagt dir, wenn du abends ins Bett gehen sollst und all so was?*‹ ›*Das mache ich selbst*‹*, sagt Pippi.* ›*Erst sag ich es ganz freundlich, und wenn ich nicht gehorche, dann sag ich es noch mal streng, und wenn ich dann immer noch nicht hören will, dann gibt es Haue.*‹«

Pippi Langstrumpf verdankt ihre Geburt einer Verkettung von Krankheiten in der Familie Lindgren. Erst musste Tochter Karin mit sieben Jahren wegen einer Lungenentzündung das Bett hüten und bat ihre Mutter, etwas Spannendes zu erzählen – und diese erfand Pippi Langstrumpf. Ein Mädchen, das so heißt, überlegte Astrid Lindgren, muss außergewöhnlich sein. Also dachte sie sich die Abenteuer eines aufmüpfigen Kindes aus, das rote Zöpfe hatte, ein kurzes gelbes Kleid trug und schwarze Schuhe, »*die genau doppelt so groß waren wie ihre Füße*«.

■ »Pippi ist eine Despotin. Aber sie ist der Herrscher mit den guten Absichten. Kinder träumen insgeheim von Macht. Pippi befriedigt diese Kinderwünsche, und hier, glaube ich, steckt die Erklärung für ihre Beliebtheit.«
Astrid Lindgren

■ Wie heißt Pippi Langstrumpf in den verschiedenen Sprachen?
Dänemark: Pippi Langströmpe
England: Pippi Longstocking
Frankreich: Fifi Brindacier
Spanien: Pippa Mediaslargas
Brasilien: Bibi Meia-Longa
Wales: Pippi Hosan-Hier
Polen: Fizia Pończoszanka

> »*Sehr geehrte Frau Astrid Lindgren, Ich bin Ihnen für Ihren Brief tief dankbar. Millionen sowjetischer Kinder lesen Ihre Bücher. Diese Bücher lehren Güte und Mitgefühl und tragen dadurch zu der Erziehung der jungen Generation auch in unserem Lande bei.*«
> MICHAIL GORBATSCHOW, 1989, in einem Brief an Astrid Lindgren

Drei Jahre später, im Winter 1944, rutschte Astrid Lindgren im Stockholmer Vasapark auf Glatteis aus, verstauchte sich den Fuß und musste ihn 14 Tage ruhig halten. In dieser Zeit schrieb sie *Pippi Langstrumpf* auf – um den Text ihrer Tochter zum zehnten Geburtstag zu schenken. Der Verlag, dem sie das Manuskript dann schickte, lehnte die Geschichte ab. Erst nachdem sie damit das Preisausschreiben eines anderen Verlages gewonnen hatte, erschien *Pippi Langstrumpf* als Buch und wurde sofort ein Bestseller. Astrid Lindgren war damals 37 Jahre alt.

Aber ihre Kinderzeit hatte sie nicht vergessen. Sie dachte sogar mit Sehnsucht daran. Und das ist vielleicht das Geheimnis ihres Erfolges.

Aufgewachsen war Astrid Lindgren »*im Pferdezeitalter*« nahe der Kleinstadt Vimmerby in Småland, einer kargen Region im Süden Schwedens. »*Das entschwundene Land*« wird sie es später nennen. Die Familie lebte in ärmlichen Verhältnissen, der Vater war Bauer. In ihren Büchern ließ Astrid Lindgren diese Kindheit wiederauferstehen. Der Hof der Eltern wurde Vorbild von Bullerbü, und die Stadt Kleinköping, in der die Geschichte von Kalle Blomquist spielt, ist Vimmerby bis ins Detail nachgezeichnet. Die Spiele, die Pippi Langstrumpf mit ihren Freunden spielt – »Nicht den Fußboden berühren« und »Der Sachensucher« – hatte einst Astrids Bruder Gunnar erfunden. Es war eine glückliche Zeit. Mit 15, erinnerte sich Astrid Lindgren später, »merkte ich, *dass ich erwachsen wurde, und das wollte ich nicht sein*«. Rund 20 Jahre weiter wird sie Pippi Langstrumpf in einem Schrank in der Villa Kunterbunt nach Pillen gegen das Erwachsenwerden suchen lassen.

■ »*Eine Figur tritt auf die Kinderbühne mit einem Eklat, einem Knall, einer Explosion der Phantasie. Sie benimmt sich antilogisch, antipädagogisch, unvernünftig, sie stellt die Welt auf den Kopf, wie es Alice im Wunderland tat.*«
Geno Hartlaub, 1977

»Sie war nicht wie andere Mütter«, sagte ihr Sohn Lars einmal, »sie saß nicht auf einer Bank bei der Sandkiste und guckte zu, wie die Kinder spielten. Sie wollte selbst mitspielen.«

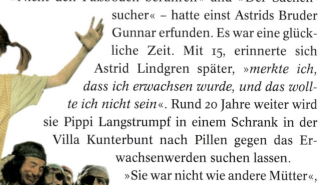

PIPPI LANGSTRUMPF (PIPPI LÅNGSTRUMP)

 ASTRID LINDGREN, LEBEN UND WERK

Astrid Lindgren, geborene Ericsson, ist die meistgelesene zeitgenössische skandinavische Schriftstellerin; ihre Bücher wurden in über siebzig Sprachen übersetzt. Sie wurde als Tochter eines Landwirts am 14. November 1907 in Näs nahe der Kleinstadt Vimmerby geboren. Ihre Kindheit beschreibt sie später in ihrer Autobiographie *Das entschwundene Land* und schildert sie so idyllisch wie das Leben in ihren *Bullerbü*-Geschichten. Nach Abschluss der Schule war sie Volontärin bei der Zeitung *Vimmerby Tidningen*. Mit neunzehn ging sie nach Stockholm, um sich zur Sekretärin ausbilden zu lassen. Im selben Jahr, 1926, wurde ihr Sohn geboren, der in den ersten zwei Jahren in einer Pflegefamilie in Kopenhagen aufwuchs. Astrid Lindgren arbeitete vorübergehend in einem Verlagskontor, dann im Königlichen Automobilclub. Dort lernte sie Sture Lindgren kennen, den sie 1931 heiratete. 1934 kam ihre Tochter zur Welt. Ende der 1930er Jahre war sie im Büro eines Kriminologen angestellt, bis sie 1940 eine Stelle in der Abteilung Briefzensur des Nachrichtendienstes annahm. Die Geschichte von Pippi Langstrumpf, die sie sich am Krankenbett ihrer Tochter ausgedacht hatte, schrieb Astrid Lindgren 1944 auf. Der erste Verlag, dem sie das Manuskript schickte, lehnte eine Veröffentlichung ab. Es erschien im Jahr darauf bei Rabén und Sjögren, wo sie ab 1946 die Kinderbuchabteilung übernahm und bis 1970 als Lektorin tätig war. Die in den 1950er Jahren entstandenen Werke wie etwa die Romane mit dem *Meisterdetektiv Kalle Blomquist*, die Geschichten von *Karlsson vom Dach* und die *Bullerbü*-Trilogie machten sie zur beliebtesten Kinderbuchautorin in Schweden und waren auch für die deutsche Kinderliteratur prägend: 1956 wurde Astrid Lindgren der Deutsche Jugendliteraturpreis, 1978 der Friedenspreis des Deutschen Buchhandels verliehen; in Deutschland sind viele Schulen nach ihr benannt. Astrid Lindgren erhielt mehrere Ehrendoktorwürden und zahlreiche nationale und internationale Auszeichnungen. Neben ihrer literarischen Tätigkeit wurde auch mehrfach ihr Engagement für den Frieden und gegen Gewalt, insbesondere ihr Eintreten für einen verbesserten Tierschutz gewürdigt. Ihre Initiativen bewirkten u.a. strengere Vorschriften für die Tierhaltung in der Landwirtschaft. Für großes Aufsehen sorgte sie 1976 mit ihrem Protest gegen das schwedische Steuersystem. Nach mehr als siebzig Kinderbüchern, Drehbüchern und Theaterstücken, darunter auch die späteren Klassiker *Die Brüder Löwenherz*, die Geschichten von *Michel aus Lönneberga*, *Madita* und *Ronja Räubertochter*, beschloss Astrid Lindgren Anfang der 1990er Jahre, keine Bücher mehr zu schreiben, sondern nur noch Briefe zu beantworten. Sie starb am 28. Januar 2002 in Stockholm.

 DATEN

Erstveröffentlichung:
Stockholm 1945 (deutsch: 1949)

Lesenswert:
Astrid Lindgren: *Pippi Langstrumpf*. 3 Bände, Hamburg (Oetinger) 1999.
Mio, mein Mio. Hamburg 1998.
Karlsson vom Dach. Gesamtausgabe, Hamburg 1991.
Kalle Blomquist. Gesamtausgabe, Hamburg 1996.
Immer dieser Michel. Gesamtausgabe, Hamburg 1988.
Das entschwundene Land, Hamburg 1997.
Die Brüder Löwenherz, Hamburg 1995.
Ronja Räubertochter, Hamburg 1982.

Hörenswert:
Astrid Lindgren erzählt ihre Karlsson-Geschichten. Eine Co-Produktion mit dem RIAS Kinderfunk Berlin 1956. Deutsche Grammophon 1992. 2 Audio-CDs.

Sehenswert:
Pippi Langstrumpf. Drehbuch: Astrid Lindgren, Regie: Olle Hellbom; mit Inger Nilsson, Maria Persson, Pär Sundberg. Schweden/BRD 1969.

 AUF DEN PUNKT GEBRACHT

Pippi Langstrumpf hat entscheidend dazu beigetragen, die Kindererziehung in der zweiten Hälfte des 20. Jahrhunderts zu revolutionieren. Wie Pippi wollen auch große Kinder sein: so hinreißend renitent und stark.

1984
George Orwell

Die Moral seiner Geschichte sei eine ganz einfache, sagte George Orwell ein Jahr vor seinem Tod: »*Lasst es nicht geschehen. Es hängt von euch ab.*« Im Juni 1949 war der englische Schriftsteller bereits todkrank, mit letzter Kraft hatte er seinen Roman *1984* beendet, soeben war dieser in Großbritannien und gleichzeitig in den USA erschienen. Das Buch wurde sofort ein Bestseller und blieb es über Jahrzehnte. Der Höhepunkt der Popularität war im Dezember 1983 erreicht. An der Schwelle zum Orwell-Jahr gingen allein in den USA zwei Millionen Exemplare von *1984* über den Ladentisch, und im Fernsehen, in Zeitungen und Büchern wurde darüber diskutiert und geschrieben, inwiefern denn Orwells schreckliche Zukunftsvision Wirklichkeit geworden sei. Längst war zu dieser Zeit der Romantitel im kollektiven Bewusstsein der Welt verankert. Man brauchte das Buch nicht gelesen zu haben und wusste doch, was gemeint war, wenn die Rede auf *1984* kam: der Überwachungs-Staat, der gläserne Mensch, Gehirnwäsche – und der »Große Bruder«. »*Big Brother is watching you*« wurde zum geflügelten Wort für die vollständige Kontrolle des Individuums. Folgerichtig hieß

■ Szene aus der 1984-Verfilmung von Michael Anderson aus dem Jahre 1955/56 mit Michael Redgrave und Edmond O'Brien in den Hauptrollen.

> »Seit 1984 sieht eine von Orwell belehrte Welt dem wirklichen 1984 als einem ominösen Datum entgegen. Längst ist sichtbar: Die Zukunft, die Orwell mit so nachhaltigem Welterfolg aus- und schwarzgemalt hat, diese Zukunft des ›Großen Bruders‹, sie hat schon begonnen.«
>
> Der Spiegel, 3. Januar 1983

■ Blick in eines der kameraüberwachten Schlafzimmer der holländischen Reality-Soap »Big Brother«, gemäß dem Motto »Big Brother is watching you«.

eine im Frühjahr 2000 im deutschen Fernsehen startende Reality-Show, in der mehrere Kandidaten drei Monate lang in einem Container Tag und Nacht von Kameras beobachtet wurden, nach diesem Orwellschen Zitat. Was hätte der Schriftsteller wohl zu diesem Modell von »Big Brother« gesagt?

»*Das schwarzschnurrbärtige Gesicht starrte von jeder dominierenden Ecke herab. Eines hing an der Hauswand unmittelbar gegenüber. DER GROSSE BRUDER SIEHT DICH, verkündete die Unterzeile, und die dunklen Augen blickten tief in Winstons.*« Auch in *1984* dominieren die »*Tele-Schirme*«. Überall hängen sie, auf öffentlichen Plätzen, in Büros, Kantinen, in den Wohnungen. Es sind Überwachungskameras, die alles registrieren: jede Bewegung, jedes gesprochene Wort. Das Land wird regiert von einer übermächtigen Partei, deren Oberhaupt der Große

■ Winston Smith (John Hurt) ist nur ein unbedeutendes Mitglied der Partei. Szene aus der gelungenen 1984-Neuverfilmung des englischen Regisseur Michael Radford aus dem Jahr 1984. In weiteren Hauptrollen spielten Richard Burton als O'Brien und Suzanna Hamilton als Julia.

■ Nur wenige haben in dem Überwachungsstaat von 1984 die Möglichkeit, den »Teleschirm«, der sie manipuliert und kontrolliert, abzuschalten. Zu diesen wenigen gehört O'Brien. Er ist das systemtreue Parteimitglied, das Orwells unglücklichen Helden Winston und Julia zum Verhängnis wird. Richard Burton in seiner letzten Rolle als zwielichtiger Freund – und Verräter – O'Brien.

Bruder ist. Niemand kennt ihn, niemand hat ihn je gesehen, außer auf Plakaten, wie ein Gott wird er verehrt. Jeder Verstoß gegen die staatlichen Prinzipien – das oberste lautet: »*Die Partei hat immer recht*« – wird hart bestraft, die »*Gedankenpolizei*« kennt keine Gnade. Der Erdball ist politisch aufgeteilt in die drei Supermächte Ozeanien, Eurasien und Ostasien, die sich in permanentem Kriegszustand miteinander befinden. Das frühere Europa gehört zu Ozeanien. In »*Airstrip One*«, dem ehemaligen London, lebt Winston Smith. Er ist einfaches Parteimitglied und arbeitet im Propagandaministerium, dem »*Ministerium für Wahrheit*«. Tag für Tag schreibt Winston Zeitungsmeldungen, Dokumente, ja ganze Bücher um – so, wie es die herrschende (und jeweils wechselnde) Parteimeinung verlangt.

Gestern befand man sich noch im Krieg mit Eurasien und war mit Ostasien verbündet, heute ist es genau andersherum. Winston und seine Kollegen korrigieren alle widersprüchlichen Daten und Fakten, sodass der neue Gegner schon immer der alte gewesen ist. Doch in Winston regt sich Widerstand gegen diese permanente Geschichtsfälschung. Er rebelliert, zunächst nur innerlich, gegen die offiziellen Lügen und sucht Anschluss an eine geheime Widerstandsorganisation. In dem Mädchen Julia findet er eine Gefährtin und Geliebte. Doch nach einer kurzen Zeit des Glücks werden sie verraten und der Gedankenpolizei übergeben. Ihr Verhältnis allein ist bereits ungesetzlich, da man Sexualität nur zu Fortpflanzungszwecken erlaubt.

»›Sie haben mich einmal gefragt‹, sagte O'Brien, ›was in Zimmer 101 wäre. Ich sagte Ihnen, Sie würden die Antwort bereits kennen. Jeder kennt sie. In Zimmer 101 erwartet einen das Schrecklichste der Welt.‹«

> »Wir können beruhigt in das neue Jahr gehen, es wird uns nicht mehr Schrecknisse bringen als das vergangene. Dafür hat zum beträchtlichen Teil George Orwells Roman 1984 gesorgt.«
> ANTHONY BURGESS,
> *Die Welt*, 31. Dezember 1983

Im »*Ministerium für Liebe*« beginnt die »*Umerziehung*«, eine grausame Folter, die Winston körperlich und geistig völlig zerstört. Er denunziert Julia und wird als »*geheilt*« entlassen. Winston ist nur noch ein seelisches Wrack, die Partei hat gesiegt.
1984 ist ein Plädoyer für die Menschlichkeit, die George Orwell durch die totalitären Systeme seiner Zeit – Faschismus und Kommunismus – gefährdet sah. Er selbst war überzeugter Sozialist, kämpfte im Spanischen Bürgerkrieg gegen die Faschisten Francos. Aber beinahe wäre er einer von Moskau befohlenen »Säuberung« zum Opfer gefallen, nur eine Flucht bei Nacht und Nebel rettete sein Leben. Diese Enttäuschung hat Orwell nie verwunden, und sein Misstrauen gegen den totalitären Sowjet-Kommunismus verwandelte sich 1939 angesichts des Hitler-Stalin-Pakts in offene Ablehnung und Kritik. Seine scharfe antiideologische Satire *Farm der Tiere*, Orwells zweites weltberühmtes Buch, wollte im Krieg niemand drucken, schließlich war die Sowjetunion ein Verbündeter Großbritanniens. Der Kalte Krieg änderte dies gründlich. Plötzlich sah sich Orwell als prominenter »Kommunistenfresser«, von konservativer Seite gefeiert und hofiert.

Vergeblich wehrte er sich gegen diese Vereinnahmung und pochte auf seine sozialistische Gesinnung. Noch 1950, das Jahr, in dem er starb, appellierte Orwell an amerikanische Gewerkschafter, sie sollten *1984* nicht als Kritik am Wesen des Sozialismus missverstehen. Jenseits des Eisernen Vorhang hatte man den Roman sehr wohl verstanden, in allen kommunistischen Ländern wurde das Buch verboten.

George Orwell wollte *1984* nicht als realistische Zukunftsprognose verstanden wissen, sondern als moralisches »So könnte es kommen«, wenn man Diktaturen nicht bremst. Das Datum ist Zufall, Orwell hat lediglich die Zahl des Entstehungsjahres, 1948, umgedreht, als sein Verleger den ursprünglich geplanten Titel *Der letzte Mensch Europas* ablehnte.

Verschiedentlich haben Kritiker den Roman weniger als soziale Utopie denn als kritische Zustandsbeschreibung der englischen Nachkriegsgesellschaft gelesen und Orwell naive Schwarzweißmalerei

■ Big Brother is watching you!

■ Winston Smith mit seiner Freundin Julia. Bald wird er sie, nach Folter und Umerziehung, denunzieren.

1984

GEORGE ORWELL

> *»Ich bin davon überzeugt, dass ein Schriftsteller nur ehrlich bleiben kann, wenn er sich von Parteietiketten fernhält. Ideologie heißt immer, ein Erbe an ungelösten Widersprüchen übernehmen.«*
>
> GEORGE ORWELL

■ George Orwell im Jahre 1945. In seinem Tagebuch schrieb er: »Was ich mir am meisten wünschte, war, die politische Polemik in eine Kunst zu verwandeln. Mein Ausgangspunkt war immer ein Gefühl des Beteiligtseins, ein Gefühl für Gerechtigkeit und Ungerechtigkeit.«

vorgeworfen. Auch die literarische Qualität des Buches wurde nicht als besonders hoch eingeschätzt. Tatsächlich hat der Roman arge Längen und wirkt in manchen Passagen eher wie eine wissenschaftliche Abhandlung. So fügte Orwell seinem Text einen separaten Essay über die Sprache seines Zukunftsstaates hinzu, die nur noch ein gemäß Parteidoktrin reduziertes Kauderwelsch zulässt: Wörter werden gestrichen, Differenzierungen vereinfacht, jeder Wohlklang ist verpönt. Diese Zuspitzungen erscheinen heute übertrieben, wiewohl auch hier einige Begriffe mittlerweile in die Umgangssprache eingeflossen sind. Beispielsweise wird ein Mensch, der eklatant gegen die Parteidoktrin verstößt, zur »Unperson«. Nach seiner Hinrichtung tut man so, als habe er nie gelebt, seine Existenz erlischt. Dieses Schicksal hätte Winston wegen der Schwere seines Vergehens eigentlich blühen müssen. Es ist ein wenig rätselhaft, dass er mit dem Leben davonkommt. Umso dankbarer ist er der Partei. Die letzten Sätze des Romans zeigen, wie zuverlässig Winston in Zukunft sein wird: *»Aber jetzt war es gut, es war alles in Ordnung, der Kampf war zu Ende. Er hatte sich selbst überwunden. Er liebte den Großen Bruder.«*

1984 (NINETEEN EIGHTY-FOUR)

 GEORGE ORWELL, LEBEN UND WERK

Der Name George Orwell tauchte erstmals 1933 auf einem Buch mit dem Titel *Erledigt in Paris und London* auf. Die Wahl dieses Pseudonyms war eher zufällig, abgeleitet von dem Fluss Orwell in Suffolk, wo der Autor zeitweilig gelebt hatte. George Orwell alias Eric Arthur Blair wurde am 25. Januar 1903 in Motihari in Indien geboren. Sein Vater war britischer Kolonialbeamter. Orwell wuchs in England auf. Nach seiner Schulzeit folgte er zunächst dem väterlichen Vorbild und ging 1922 für fünf Jahre als Beamter nach Burma, das damals ebenfalls britische Provinz war. Seine scharfe Kritik am Kolonialismus formulierte Orwell später in seinem Roman *Tage in Burma*. Sein brennendes Interesse an sozialen Fragen machte ihn zum Schriftsteller, der sich ganz auf die Seite der Unterprivilegierten schlug. 1927 mischte er sich unter die Tramps im Londoner East End, um über deren Schicksal zu schreiben. In Paris lebte er achtzehn Monate von Gelegenheits-Jobs. Seine Erlebnisse lieferten ihm den Stoff für sein erstes Buch: *Erledigt in Paris und London* – eine detaillierte Beschreibung von Elend und Ausbeutung, Obdachlosigkeit und dem Leben in der Gosse. Aus Geldnot nahm George Orwell für anderthalb Jahre eine Stelle als Lehrer an, dann arbeitete er in einem Londoner Buchladen. Er kündigte die Stelle nach gut einem Jahr, als der linke Verleger Victor Gollancz ihm anbot, eine Reportage über die wirtschaftliche Depression in den Industriegebieten Nordenglands zu schreiben. Im selben Jahr, 1936, heiratete er die Irin Eileen O'Shaughnessy. 1937 kämpfte George Orwell vier Monate auf republikanischer Seite im Spanischen Bürgerkrieg; nach einem Halsdurchschuss im Mai reiste er nach England zurück. Seine Kriegserfahrungen veröffentlichte er unter dem Titel *Mein Katalonien*. Ein Tuberkuloseanfall brachte ihn 1938 für fast ein halbes Jahr ins Krankenhaus, anschließend lebte er sieben Monate in Marrakesch. Dort begann er seinen neuen Roman *Auftauchen, um Luft zu holen*. Während des Zweiten Weltkriegs schrieb George Orwell zahlreiche Artikel für verschiedene Zeitschriften, war Mitarbeiter beim indischen Dienst der BBC, bei der linken Wochenzeitung *Tribune* und dem *Observer*. Seine Satire *Farm der Tiere* machte ihn Ende 1945 schlagartig international bekannt. Kurz bevor er am 21. Januar 1950 im Alter von sechsundvierzig Jahren starb, beendete er seinen Roman *1984*.

 DATEN

Erstveröffentlichung:
London 1949 (deutsch: 1950)

Lesenswert:
George Orwell: *1984*, Berlin (Ullstein) 1998.
Erledigt in Paris und London. Essays, Zürich 1995.
Tage in Burma. Essays, Zürich 1996.
Mein Katalonien. Essay, Zürich 2000.
Im Innern des Wals. Erzählungen und Essays, Zürich 1996.
Auftauchen, um Luft zu holen. Roman, Zürich 1999.
Die Farm der Tiere. Roman, Zürich 1995.

Stefan Howald: *George Orwell*, Reinbek 1997.

Michael Sheldon: *George Orwell*, Zürich 2000.

Hörenswert:
George Orwell: *Die Farm der Tiere*. Gelesen von Hans Korte, Litraton 1995. 3 Audio-CDs.

Sehenswert:
1984. Regie: Michael Anderson; mit Edmond O' Brian, Michael Redgrave, Jan Sterling, David Kossoff, Mervyn Johns. GB 1955.

Brazil. Regie: Terry Gilliam; mit Jonathan Pryce, Robert De Niro, Katherine Helmond, Ian Holm, Bob Hoskins, Michael Palin. GB 1984.

 AUF DEN PUNKT GEBRACHT

Immer noch die beste Pflichtlektüre für alle, die Demokratie für eine Selbstverständlichkeit halten.

Der Fänger im Roggen
Jerome D. Salinger

■ Jerome D. Salinger im Jahre 1953.

■ Der erste große Entwicklungsroman Amerikas war *Huckleberry Finn*, dessen Protagonist genau wie Holden Caulfield von einem freien Leben in unberührter Natur träumt. So wie es auf diesem Gemälde »Delaware Water Gap« Gemälde von George Innes aus dem Jahre 1867 zu sehen ist.

New York zur Weihnachtszeit. Am Central Park geht eine Familie spazieren, ein Mann, eine Frau, ein sechsjähriger Junge. Das Kind läuft am Rinnstein entlang und singt vor sich hin. Der Kleine bemerkt nicht, dass hinter ihm ein schlaksiger junger Mann zuhört. Der Text geht so: »*Wenn einer einen anderen fängt, der durch den Roggen läuft.*« Später wird der Lauscher am Bett seiner kleinen Schwester Phoebe sitzen und ihr diese Geschichte erzählen. Phoebe, ein altkluges Mädchen, erklärt, dass dieses Lied auf ein Gedicht des schottischen Dichters Robert Burns zurückgeht, aber darum geht es ihrem Bruder nicht.

»*(...) jedenfalls stelle ich mir immer kleine Kinder vor, die in einem Roggenfeld ein Spiel machen. Tausende von kleinen Kindern, und keiner wäre in der Nähe – kein Erwachsener, meine ich – außer mir. Und ich würde am Rand einer verrückten Klippe stehen. Ich müßte alle festhalten, die über die Klippe hinauslaufen wollen – ich meine, wenn sie nicht achtgeben, wohin sie rennen, müsste ich vorspringen und sie fangen. Das wäre (...) der Fänger im Roggen. Ich weiß schon, dass das verrückt ist, aber das ist das einzige, was ich wirklich gern wäre.*«

Holden Caulfield heißt der Erzähler. Er ist 16 Jahre alt und findet so ziemlich alles zum Kotzen. Die Schule, seine Lehrer und Klassenkameraden, im Grunde die ganze Welt. Dabei könnte er eigentlich zufrieden sein. Er hat wohlhabende Eltern, die ihm schöne Sachen kaufen. Er ist intelligent und schreibt gute Noten, wenn er mal will. Er ist groß gewachsen, sieht gut aus, hat keine Pickel. Aber er ist trotzdem deprimiert. Gerade ist er wieder von der Schule geflogen, einem teuren Internat. Zum vierten Mal packt er seine Sachen.

»*Als ich mit allem fertig war, blieb ich mit meinen Koffern noch*

eine Weile an der Treppe stehen und warf einen letzten Blick auf den verdammten Gang. Dabei heulte ich sozusagen. Ich weiß nicht warum. Ich setzte meine rote Jagdmütze auf, mit dem Schild nach hinten, so wie ich es am liebsten hatte, und schrie, so laut ich konnte: ›Schlaft gut, ihr Idioten!‹ Sicher wachten im Stock alle auf. Dann machte ich mich davon.«

Holden traut sich nicht nach Hause. Er fährt nach New York, um sich ein bisschen rumzutreiben. Streift durch Clubs und Bars, trinkt und raucht wie ein Schlot. In einem Hotel hat er ein peinliches Erlebnis mit einer Prostituierten, er verabredet sich mit alten Bekannten, die er dann beleidigt, weil er sie noch genauso blöde findet wie früher. Alle Leute, die er trifft, wenden sich kopfschüttelnd von Holden ab. Er redet dummes Zeug, zum Beispiel dass er lieber ein Pferd hätte als ein Auto, weil ein Pferd »menschlicher« sei. Oder dass Filme ihn krank machen, Kinos hält er für »*blöde Löcher*«. Was ist nur mit diesem Typen los?

Der Fänger im Roggen erschien am 16. Juli 1951, und alles sah nach einem kurzlebigen Erfolg des Romans aus. Einige Wochen lang hielt sich das Buch in den Bestsellerlisten, dann verschwand es. Erst mit der billigen Taschenbuchausgabe kam drei Jahre später der große Durchbruch. Jetzt entdeckten die Jugendlichen den *Fänger im Roggen*. Sie erkannten in Holden Caulfield einen Leidensgenossen, und seine Geschichte entwickelte sich an den amerikanischen High Schools und Colleges umso mehr zum Kult, als das Buch auf Druck christlich-konservativer Kreise aus den meisten Schulbibliotheken verbannt wurde. Es hieß, der Held sei ein schlechtes Vorbild für die Jugend, die entsprechend reagierte. Holden wurde ein Idol, der »erste Pop-Star der Weltliteratur« (*Stern*).

Zehn Jahre nach Erscheinen des Romans lag die Auflage allein in Amerika bei 1,5 Millionen Exemplaren, *Der Fänger im Roggen* war in drei Dutzend Sprachen übersetzt, und überall auf der Welt wurde das Buch verschlungen. Völlig unwesentlich für diesen Weltruhm war die Tatsache, dass man über den Autor so gut wie nichts wußte. Neben Thomas Pynchon (s. S. 232) ist J. D. Salinger der berühmteste Unbekannte der amerikanischen Litera-

■ Hollywood Boulevard, Hollywood im Jahre 1956: Massenandrang bei der Nachmittagsvorstellung von *Seven Wonders of the World* im Cinerama. Inmitten solch hektischer Vergnügungen einer Riesenstadt gerät Holden Caulfield in eine verzweifelte Einsamkeit. Es ist eine satirische Bezugnahme auf den »American Dream«, dass Holden seinen Bericht in einem Sanatorium in der »Traumfabrik« Hollywood niederschreibt.

»*Ohne den* Fänger im Roggen *wäre ich ein langweiliges Mädchen geblieben.*«
WYNONA RIDER

> *»Ich kam nach Hollywood, versuchte Musik zu machen und las den* Fänger im Roggen. *Danach war alles anders, es ging los«*
> JOHNNY DEPP

■ Übrigens sagte Hermann Hesse über dieses Buch: »In einer problematischen Welt und Zeit kann Dichtung nichts Höheres erreichen.«

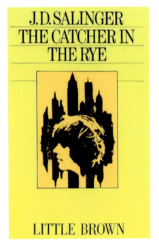

tur. 1953 zog sich der 34-Jährige auf eine Farm in New Hampshire zurück, seitdem gibt er keine Interviews, verbittet sich jeden Besuch, und außer seinen Nachbarn weiß inzwischen niemand mehr, wie er eigentlich aussieht. Auch geschrieben hat Salinger nicht mehr viel: einen Band mit Erzählungen, zwei weitere schmale Bücher mit Roman-Fragmenten. Seit 1965 hat Salinger nichts mehr veröffentlicht, und es ist zweifelhaft, ob der große Roman, an dem er nach Gerüchten seit Jahrzehnten schreibt, je erscheinen wird. Holden Caulfield ist unterdessen eingegangen in die »Hall of Fame« der unvergesslichen Romanfiguren, mit denen sich jede heranwachsende Generation neu identifizieren kann. Kaum bemerkt man, dass das Buch in den späten 1940er Jahren spielt. So sehr sich die Moden und Stile seither geändert haben: Holden macht durch, was jeder Jugendliche kennt. Beispielhaft stehen er und sein Wesen für die Ängste, Sehnsüchte und Widerborstigkeiten in der Pubertät, und nichts verabscheut Holden mehr, wenn seine Eltern und Lehrer von einer »Phase« sprechen, die irgendwann vorbei ist. Dann will er nur noch eins, nämlich abhauen und allein sein, weil ihn keiner versteht. Man hat Salingers Helden als Nachfahren von Mark Twains Huckleberry Finn bezeichnet, dem ersten Aussteiger der amerikanischen Literatur. Wie Huck träumt Holden von einem freien, einfachen Leben in der Natur – fern von aller Zivilisation und vor allem von den *»verdammten«* Erwachsenen und ihrer verlogenen Welt, in der es nur um Geld, Ansehen und Macht geht. Dennoch ist sein Protest nicht wirklich aggressiv. Holden ist ein Rebell, aber ein lieber. Das drückt sich schon in seiner großen Zärtlichkeit aus, die er für Kinder empfindet. Er wünscht sich einfach eine bessere Welt, in der es gut und gerecht zugeht und jedermann glücklich ist. Und eigentlich ist er nur wütend, weil die Erwachsenen seinen Kummer nicht ernst nehmen – und ihn stattdessen zum Psychotherapeuten schicken. Da muss Holden am Ende nämlich hin. In einem Sanatorium soll er wieder zu sich kommen. Dort schreibt er seine Geschichte auf. Und im nächsten September wartet auf ihn eine neue Schule.

DER FÄNGER IM ROGGEN (THE CATCHER IN THE RYE)

 JEROME D. SALINGER, LEBEN UND WERK

Jerome David Salinger wurde am 1. Januar 1919 in New York geboren. Er ging in Manhattan in die Schule und besuchte von 1934 bis 1936 die Militärakademie in Wayne/Pennsylvania. Im zweiten Weltkrieg nahm er als Soldat in Frankreich teil. Mit Anfang zwanzig veröffentlichte er seine erste Geschichte in der Zeitschrift Story. Es erschienen weitere Erzählungen in diversen Zeitschriften, vor allem in der Wochenzeitschrift The New Yorker. Bereits vor dem Erscheinen seines einzigen Romans Der Fänger im Roggen im Jahr 1951 hatte er sich als Autor von gelegentlich erscheinenden Kurzgeschichten einen Namen gemacht. Sein Roman bescherte ihm einen überwältigenden internationalen Erfolg. Der amerikanische Schriftsteller William Faulkner bezeichnete das Buch als »das beste der gegenwärtigen Generation«, in mehr als dreißig Sprachen übersetzt wurde es von Millionen von Jugendlichen gelesen. Danach schrieb J. D. Salinger noch neun Erzählungen. Im Mittelpunkt dieser Geschichten, die zunehmend unter dem Einfluss seiner Beschäftigung mit dem Zen-Buddhismus standen, steht die fiktive Familie Glass. Schon vor Der Fänger im Roggen tauchte der Name dieser Familie zuweilen in seinen Kurzgeschichten auf. Die letzte der neun Erzählungen erschien 1965. Danach zog sich J. D. Salinger ganz und gar aus der Öffentlichkeit zurück. Seit 1953 lebt er in Cornish in New Hampshire. Auf Gerüchte um seine Person hin ließ er wissen, dass er noch immer gerne schreibe, aber nur noch für sich selbst. Seine vollständige Zurückgezogenheit trug ihm Bezeichnungen wie »Eremit« oder »Greta Garbo der amerikanischen Literatur« ein. In den letzten Jahrzehnten gab es nur zwei Vorkommnisse, die ihn veranlassten, sich öffentlich zu Wort zu melden. Mitte der 1970er Jahre war eine Sammlung seiner frühen Gedichte als Raubdruck erschienen. J. D. Salinger, der sich von seinen frühen Texten distanziert hatte, lehnte es immer entschieden ab, sie gesammelt in einem Buch der Öffentlichkeit zugänglich zu machen. Die 30 000 Exemplare der unautorisierten Ausgabe der Complete Uncollected Stories of J. D. Salinger waren nach nur wenigen Monaten verkauft. Etwa zehn Jahre später kam es zu einem Rechtsstreit mit dem britischen Journalisten Ian Hamilton, der nach jahrelangen Recherchen eine unerwünschte Biografie verfasst und die Veröffentlichung in die Wege geleitet hatte. J. D. Salinger verhinderte das Erscheinen des Manuskripts in der geplanten Form; später erschien eine gekürzte Fassung in England. 1997 überließ er seine letzte, 1965 erschienene Erzählung Hapworth 16, 1924 einem kleinen Verlag in Alexandria/Virginia.

 DATEN

Erstveröffentlichung:
London 1951 (deutsch: 1954)

Lesenswert:
J. D. Salinger: Der Fänger im Roggen. Ganz neu übersetzt von Eike Schönfeld, Köln 2003

J. D. Salinger: Der Fänger im Roggen. Roman. Nach der ersten Übersetzung neu durchgesehen und bearbeitet von Heinrich Böll, Reinbek (Rowohlt) 1996.

Franny und Zooey, Reinbek 1996.
Hebt den Dachbalken hoch, Zimmerleute / Seymour wird vorgestellt, Reinbek 1994.
Neun Erzählungen, Reinbek 1996.

Sehenswert:
Der Club der toten Dichter (Dead Poets Society). Regie: Peter Weir; mit Robin Williams, Robert Sean Leonard, Ethan Hawke, Josh Charles. USA 1989.

 AUF DEN PUNKT GEBRACHT

Das Teenager-Weltbuch für alle Zeiten. Solange 16-Jährige das Leben scheiße finden, bleibt Der Fänger im Roggen aktuell.

Bonjour tristesse
Françoise Sagan

■ Tanzszene aus Otto Premingers gleichnamiger Verfilmung des Romans *Bonjour Tristesse* aus dem Jahre 1957. Jean Seberg in der Rolle der Cécile. Die Filmaufnahmen in Paris wurden in schwarz/weiß, die an der Riviera in Farbe gemacht.

»Ich war siebzehn Jahre alt in jenem Sommer. Und ich war vollkommen glücklich.«

Es beginnt wie ein Groschenroman, aber das Happy End fällt aus. Das Finale ist tödlich, doch ohne Drama. Übrig bleibt eine Tristesse, die kaum mehr ist als Ernüchterung, allenfalls leichte Melancholie. Nichts ist wirklich wichtig.

Mit knappen Sätzen und in kühlem, distanziertem Ton erzählt Françoise Sagan eine Geschichte aus der Pariser Society. Sie spielt an der Côte d' Azur, zwischen Strand, Bars und Spielcasino. Sie handelt von der Vergänglichkeit der Liebe, von Sex und Verrat. Es ist eine »Mischung aus trivialer Situation und existenzieller Wahrheit«, wie ein Kritiker später schreibt.

Als *Bonjour tristesse* 1954 erschien, gab es einen gewaltigen Skandal. Françoise Sagan war erst achtzehn Jahre alt und wie ihre Romanheldin Cécile gerade durch eine Prüfung gerasselt. In den Ferien sollte sie sich neuerlich darauf vorbereiten. Stattdessen notierte sie in nur drei Wochen einen Roman in ihr Schulheft. Den Titel entnahm sie einer Gedichtzeile des französischen Lyrikers Paul Éluard.

Die Öffentlichkeit reagierte verblüfft und ratlos auf die Abgeklärtheit, mit der eine so junge Autorin die Gefühle ihrer Figuren sezierte. Viele Eltern waren schockiert, die katholische Kirche forderte zutiefst entrüstet, den Roman auf keinen Fall in die Hände von Jugendlichen gelangen zu lassen. Aber vergeblich. Die jungen Leute verschlangen das Buch zu Hunderttausenden, wenn es sein musste, heimlich unter der Bettdecke. Der Tonfall des Buches kam an, Françoise Sagan wurde zur Stimme einer Generation, der die Prüderie und Verklemmtheit jener

Zeit zunehmend auf den Geist ging. »*Die Liebe muss stürmisch, rastlos und vergesslich sein.*« Solche Sätze, dazu noch aus dem Mund von Céciles Vater Raymond, waren »cool« und ein Affront gegen die Moral der Nierentisch-Ära, die in Liebesdingen vor allem Beständigkeit predigte. *Bonjour tristesse* war ein einziger Verstoß gegen diesen Kodex und trug der Autorin den Spitznamen »le petit monstre«, das kleine Ungeheuer, ein. Françoise Sagan nahm das mit Gelassenheit, es konnte ihr auch egal sein. *Bonjour tristesse* wurde auf Anhieb ein Bestseller und sie »die Sagan«: die erfolgreichste französische Schriftstellerin der Nachkriegszeit; sie ist es bis heute.

■ Szene aus demselben Film mit David Niven als Céciles Vater und Deborah Kerr als Anne, seine neue Geliebte.

»*Papa weigerte sich konsequent, Begriffe wie Treue, Ernst, Verpflichtung gelten zu lassen. Er erklärte mir, dass sie willkürlich und unfruchtbar seien.*«

An der Riviera hat Céciles Vater eine Villa für die Ferien gemietet. Er ist ein erfolgreicher Pariser Werbemanager. Geld spielt keine Rolle, man schwelgt im Luxus: Champagner, teure Kleider, Sportwagen. Céciles Mutter ist schon lange tot. Der gut aussehende, charmante Papa umgibt sich mit jungen und reizenden, aber etwas dümmlichen Gespielinnen, die nicht weiter stören – zumal sie alle sechs Monate ausgetauscht werden. Cécile ist über die Amouren Raymonds auf dem Laufenden, er verheimlicht ihr nichts, sie ist seine Komplizin. Cécile lernt rasch: Sie erlebt in diesem Sommer ihr »erstes Mal« und entdeckt, dass Sex großartig ist – auch ohne Liebe. Sie mag den attraktiven Studenten Cyril schon sehr, aber bedenkenlos opfert Cécile eine mögliche gemeinsame Zukunft für ein dramatisches Ränkespiel, das sie inszeniert, als ihr unbeschwertes Leben sich zu verändern droht. Denn die fröhlichen Tage am Meer und die Nächte in den Cafés sind schlagartig

> »*Den Romanen von Françoise Sagan fehlt auch das letzte Minimum geistlichen Lichts. Es ist sehr bedauerlich, dass ihre Romanfiguren völlig die Moral ignorieren, sodass sie sich ständig auf niedrigem Niveau befindet. Es ist daher die heilige Aufgabe von Priestern, Eltern und Lehrern, dieses Gift entschieden von den Lippen der Jugend fernzuhalten.*«
> L'Osservatore della Domenica, Wochenzeitung des Vatikans, 1958

■ Françoise Sagan im Jahre 1958.

»*In meinen Liebesgeschichten ließ ich nie andere Hindernisse als die Schwäche oder Stärke meiner Figuren gelten, und schon gar nicht irgendwelche äußeren Ereignisse. Das war meine Art von Existenzialismus (um es mal philosophisch auszudrücken): den Leuten die Freiheit zu lassen, nach ihrem Gutdünken zu handeln und sich ausschließlich über ihre Handlungen zu definieren.*«

FRANÇOISE SAGAN in ihrer Autobiographie

vorbei, als Anne eintrifft. Eine Modedesignerin, schön, intelligent und so alt wie Raymond, den sie im Nu umgarnt. Die aktuelle Geliebte Elsa muss weichen, und Raymond, der ewige Filou, will Anne sogar heiraten. Cécile vermisst die alten Freiheiten und weiß, dass es ihrem Vater bald ähnlich gehen wird. Sie beschließt, Anne zu vergraulen. Mit Durchtriebenheit und Raffinesse manipuliert sie alle Beteiligten. Am Ende stirbt Anne in ihrem Auto auf der kurvenreichen Küstenstraße. Es war Selbstmord, doch Cécile und Raymond trösten sich mit der Illusion eines Unfalls.

Man ahnt es: die beiden werden weiter wie bisher durchs Leben gleiten, die eine oder andere unverbindliche Affäre eingehen, gleichgültig gegenüber den eigenen Gefühlen und denen anderer.

Man trifft sich, trennt sich, ist wieder allein. In fast allen Romanen von Françoise Sagan findet sich dieses Motiv. »Stilistin der Einsamkeit« ist sie häufig genannt worden. Die Single-Kultur unserer Tage hat sie bereits literarisch vorweggenommen: Ihre Figuren sehnen sich zwar nach der »ewigen« Liebe, trauen ihr aber längst nicht mehr, sie wissen, dass keine Beziehung von Dauer ist. Françoise Sagan hat es selbst vorgemacht. Von ihren zwei Ehen dauerte die eine zwei Jahre, die andere zehn Monate. Das konnte die Lebensfreude nicht trüben. »*Ich habe mir eine fröhliche Hellsicht von der Absurdität des Lebens errungen*«, sagte sie einmal. Und viel Spaß hat die Sagan auch gehabt. Die durchtanzten Nächte in St. Tropez, die Kokain-Skandale, ihre Verschwendungssucht, die Freundschaft mit Juliette Greco, Jean-Paul Sartre und François Mitterand sind legendär. Nicht zu vergessen ihre Leidenschaft fürs Glücksspiel und für rasante Autos: Denen wenigstens ist sie stets treu geblieben.

BONJOUR TRISTESSE

 FRANÇOISE SAGAN, LEBEN UND WERK

Françoise Sagan – ihr eigentlicher Familienname ist Quoirez – wurde am 21. Juni 1935 im französischen Cajarc geboren. Ihr Pseudonym geht auf die Romanfigur Princesse de Sagan von Marcel Proust zurück; lange war er ihr Lieblingsschriftsteller. Sie wurde streng katholisch erzogen, war Schülerin der Klosterschule Couvent des Oiseaux in Paris und im Sacré Cœur. Durch ihre Freundschaft mit André Malraux' Tochter Florence kam sie früh in Kontakt mit der Literatur. Ihre bevorzugten Schriftsteller neben Marcel Proust waren Gustave Flaubert, Simone de Beauvoir und Jean-Paul Sartre. Nachdem sie als Sechzehnjährige das Abitur (Baccalauréat) gemacht hatte, begann sie an der Sorbonne Literatur zu studieren. 1954, mit achtzehn Jahren, schrieb sie innerhalb von drei Wochen ihren ersten Roman *Bonjour tristesse* nieder, der sofort ein Bestseller und noch im selben Jahr mit dem Prix des Critiques ausgezeichnet wurde. Mit ungewöhnlicher Offenheit hatte sie eine unkonventionelle, als unmoralisch geltende Lebensauffassung dargestellt – verkörpert durch Cécile, die siebzehnjährige Hauptperson des Romans –, und wurde damit zur Kultfigur der jungen Generation. Vier Jahre später wurde das in neunzehn Sprachen übersetzte Buch von Otto Preminger verfilmt. Françoise Sagan brach nach dem großen Erfolg des Buches ihr Studium ab und ist seitdem freie Schriftstellerin. In den letzten Jahrzehnten schrieb sie regelmäßig Romane – inzwischen über zwanzig –, und viele davon wurden verfilmt. Mit *Goodbye again* nach dem Roman *Lieben Sie Brahms?* (*Aimez-vous Brahms?*) mit Ingrid Bergman und Anthony Perkins nahm sich 1961 Hollywood eines weiteren ihrer Bestseller an. Ihre Romane spielen vorzugsweise im Paris der High Society mit seinen Salons, Casinos und gehobenen Restaurants sowie im mondänen Milieu der Côte d' Azur. Sie handeln von der Oberflächlichkeit zwischenmenschlicher Beziehungen, von Liebe und ihrer Vergänglichkeit und von Einsamkeit. Auch Sagans neuere Bücher finden sich auf den Bestsellerlisten wieder. Françoise Sagan schrieb außerdem Theaterstücke, Chansontexte, Erzählungen und führte Regie in mehreren Filmen. Für die Frauenzeitschrift *Elle* verfasste sie in den 1950er Jahren zahlreiche Reiseberichte. Als engagierte Linke bezog sie bei verschiedenen Anlässen öffentlich Stellung zum politischen Geschehen. Eng mit Jean-Paul Sartre befreundet, protestierte sie gegen den Algerienkrieg. Sie verfasste Artikel über Fidel Castros Kuba und schrieb 1990 über Michail Gorbatschow. Ihre kürzlich erschienen Erinnerungen *Mein Blick zurück* (*Derrière l' épaule*) wurden von der französischen Presse begeistert gefeiert.

 DATEN

Erstveröffentlichung:
Paris 1954 (deutsch: 1955)

Lesenswert:
Françoise Sagan: *Bonjour tristesse*, Bergisch-Gladbach (Lübbe) 1996.
Lieben Sie Brahms? Roman, Bergisch-Gladbach 1997.
Die Landpartie. Roman, Düsseldorf 1993.
Die Lust zu leben. Roman, Bergisch-Gladbach 1998.
Stehendes Gewitter. Roman, Berlin 1999.
Adieu Amour. Roman, Berlin 2000.
Und mitten ins Herz. Roman, Bergisch-Gladbach 2000.
Mein Blick zurück. Erinnerungen, Berlin 2000.

Sehenswert:
Bonjour tristesse. Regie: Otto Preminger; mit David Niven, Deborah Kerr, Jean Seaberg, Juliette Greco. GB 1957.

Goodbye again (*Aimez-vous Brahms?*). Regie: Anatole Litvak; mit Ingrid Bergman, Yves Montand, Anthony Perkins, Jessie Royce Landis, Pierre Dux. Frankreich/USA 1961.

 AUF DEN PUNKT GEBRACHT

Mit Sagans Roman konnte sich eine ganze Generation identifizieren: Jeunesse dorée am Mittelmeer, Sex und schnelle Autos – für solch ein Leben sollte man Single sein!

Lolita
Vladimir Nabokov

»*Lolita, Licht meines Lebens, Feuer meiner Lenden. Meine Sünde, meine Seele. Lo.Li.Ta. Sie war Lo, einfach Lo am Morgen, wenn sie vier Fuß zehn groß in einem Söckchen dastand. Sie war Lola in Hosen. Sie war Dolly in der Schule. Sie war Dolores auf amtlichen Formularen. In meinen Armen war sie immer Lolita.*«

Lolita gehört zu den literarischen Geschöpfen, die sich beinahe vollständig von ihren Erfindern gelöst haben und im kollektiven Gedächtnis ein eigenständiges Leben führen. Das Mädchen mit den Ringelsöckchen hüpft als Inbegriff der verführerischen Kindfrau durch die Phantasie der Menschen. »*Lolita ist berühmt, nicht ich*«, hat Vladimir Nabokov einmal süffisant bemerkt, als ihm klar wurde, wie sehr ihm seine ausgedachte Nymphe über den Kopf gewachsen war. Als erotische Figur ist Lolita unsterblich geworden.

Der Mann Ende Dreißig, der Lolita rasend und verzweifelt liebt, ist Humbert Humbert. Er erzählt die Geschichte seiner Leidenschaft im Rahmen einer fiktiven, literarischen Autobiographie, die Humbert – der alberne Name ist ein Pseudonym – im Untersuchungsgefängnis abfasst, während er auf seinen Prozess wartet. Er ist des Mordes angeklagt. Kurz vor Beginn der Verhandlung stirbt Humbert an einem Herzinfarkt. Seine »Beichte« wird uns von einem Psychiater überliefert, der den Text nach Humberts Tod von dessen Anwalt zugesandt bekam. Es ist ein Spiel im Spiel im Spiel, das der Verfasser mit seinem Roman auch deshalb inszenierte, um dem Vorwurf der Unmoral vorzubeugen. Denn bevor Lolita sich zur mythischen Figur entwickeln konnte, galt sie erst einmal nur als lüsterne Aktrice in einem Buch, das verdächtig nach Pornographie roch. Man befand sich schließlich in den 1950er Jahren. Nabokov

■ Szene aus der Stanley-Kubrick-Verfilmung von *Lolita* aus dem Jahre 1961. Das Drehbuch schrieb Vladimir Nabokov. In den Hauptrollen James Mason als Humbert Humbert und Sue Lyon als Lolita.

war damals kein unbekannter Autor mehr. Dennoch hatten fünf amerikanische Verlage den Roman abgelehnt. *Lolita* musste 1955 in der anrüchigen, für Schmuddelware bekannten Pariser Olympia Press erscheinen, bevor das Buch 1958 in New York etwas standesgemäßer noch einmal herauskam.

Lolita ist mit Abstand der erfolgreichste Roman des aus Russland emigrierten Schriftstellers Vladimir Nabokov. Man hat schnell erkannt, was für ein Meisterwerk es darstellt. *Lolita* ist voller glitzernder Formulierungen, literarischer Anspielungen und Rätsel, die für Nabokovs Stil so typisch sind.

Aber gleichzeitig ist es auch ein gefährliches Buch, strahlt es doch mit der verqueren Larmoyanz des immer wieder in der Psychiatrie landenden Neurotikers Humbert Humbert eine schwüle, faunhafte und verbrecherische Erotik aus. Denn immerhin ist Dolores Haze, genannt Lolita, erst zwölf Jahre alt, als der Literaturdozent Humbert, soeben mal wieder aus der Klinik entlassen, sie bei der Wohnungssuche kennen lernt. Lolita ist die Tochter der verwitweten Vermieterin, die sich in den gut aussehenden Mann verliebt. Um dem Mädchen näher zu kommen, heiratet Humbert ihre Mutter. Bald erkennt diese die wahren Absichten Humberts, doch zu seinem Glück kommt sie unter ein Auto – jetzt ist er am Ziel seiner Wünsche.

■ »Es ist kindisch, ein Werk der Fiktion zu lesen, um Aufschluss über ein Land oder eine Gesellschaftsklasse oder über den Autor zu erhalten.« Vladimir Nabokov, undatierte Aufnahme, der sich immer wieder gegen die Gleichsetzung mit Humbert Humbert zur Wehr setzen musste.

»(…) *weil ich nicht wagte, sie richtig zu küssen, berührte ich ihre heißen, sich öffnenden Lippen mit äußerster Ehrfurcht – ein winziges Nippen, nichts Lüsternes; sie aber presste mit einem ungeduldigen Zappeln ihren Mund so fest gegen den meinen, dass ich ihre starken Schneidezähne fühlte und an dem Pfefferminzgeschmack ihres Speichels teilnahm.*«

Natürlich können Humbert und Lolita nicht wie ein Paar zusammenleben. Ein Jahr lang reisen sie, nach außen hin als Vater und Tochter, kreuz und quer im Auto durch die USA, von Motel zu Motel, von einer Liebesnacht zur nächsten. Doch Humberts Glück hält nicht an. Auf einer zweiten Autoreise – jetzt ist Lolita vierzehn – lässt sie sich von einem Mann namens Quilty entführen. Humberts verzweifelte Suche nach ihr bleibt erfolglos. Erst drei Jahre später trifft er Lolita wieder: Sie ist arm, heruntergekommen, hochschwanger und verheiratet mit einem gutmütigen Mechaniker. Lolita lehnt es ab, zu ihrem »Stiefvater« zurückzukehren, und in einem furiosen Showdown nimmt Humbert an ihrem Entführer Rache und ermordet diesen. Auch Lolita stirbt zum Schluss, im Wochenbett, einen Monat nach Humberts Tod.

- Szene aus der besonders in den USA aus moralischen Gründen umstrittenen Neuverfilmung des britischen Regisseurs Adrian Lyne aus dem Jahre 1997 mit Jeremy Irons als Humbert Humbert und Dominique Swaine als Lolita.

Man kann *Lolita* als ein Buch über eine große und wahre, aber quälende, weil verbotene Liebe lesen. Tatsächlich ist es die Geschichte eines Wahnsinnigen, der ein Kind zum Zentrum seiner Leidenschaft macht – und es fortgesetzt vergewaltigt.

Vor allem die Verfilmung hat aus Lolita einen lasziven, verführerischen Teenager gemacht – eine reine Männer-Phantasie! Lolita ist ein ganz normales Mädchen, hübsch, quirlig, frech. Nur in Humberts Augen ist sie das »*Nymphchen*«. Bis auf das allererste Mal, als Lolita spielerisch die Initiative ergreift, weil ihr die Aufmerksamkeit des erwachsenen Mannes schmeichelt, ist es stets Humbert, der sie mit seiner Lust bedrängt. Er liebt sie, gewiss, aber egoistisch und rücksichtslos, Lolita ist nur ein Objekt. Sie weint und zittert, wenn Humbert sich ihr nähert, eigentlich möchte sie zur Polizei laufen. Aber Humbert droht Lolita: Wenn sie ihn verrät, kommt er ins Gefängnis, sie in ein Heim. Was soll das arme Mädchen machen? Sie bleibt notgedrungen bei ihm. Nur um sich zu retten, fällt sie dem Nächstbesten, Quilty, um den Hals. Nabokov hat Humbert selbst als »*widerwärtiges Scheusal*« bezeichnet. Zwar schämt dieser sich zwischendurch immer entsetzlich, er weiß nur zu gut, was er dem Kind antut. Aber er kann nicht aus seiner Haut – und hält übrigens eifrig Ausschau nach anderen Zwölfjährigen. Davon, und auch von Lolitas Entsetzen, das er klar erkennt, kann Humbert auf wiederum bewundernswerte Weise »erzählen« und schreiben. So gesteht er sich durchaus die Tatsache ein, »*dass ich für sie kein Geliebter war, kein strahlender Held, kein Kumpel, ja überhaupt kein menschliches Wesen, sondern nichts als zwei Augen und ein Fuß geschwellten Fleisches – um nur das Erwähnbare zu erwähnen*«. Das sind schon eindrucksvolle Formulierungen, die dieser kranke Mensch da von sich gibt, dessen große, böse Liebe ihn zum Verbrecher macht. Lolita ist seine Sklavin, sein Opfer. Doch das hat man inzwischen längst vergessen.

LOLITA

 VLADIMIR NABOKOV, LEBEN UND WERK

Vladimir Nabokov, am 23. April 1899 in St. Petersburg geboren, war der Sohn eines angesehenen Juristen und Publizisten. Seine Kindheit verbrachte er in seiner Geburtsstadt und auf dem Landgut der Familie im Süden von St. Petersburg, wo seine lebenslange Leidenschaft, die Schmetterlingsforschung, ihren Anfang nahm. Er wuchs zweisprachig auf (Russisch und Englisch) und begann im Alter von fünf Jahren, Französisch zu lernen. Zunächst von Privatlehrern unterrichtet, besuchte Vladimir Nabokov von 1911 bis 1917 ein Petersburger Gymnasium. Während dieser Zeit schrieb und veröffentlichte er seine ersten Gedichte. 1919 emigrierte die Familie nach England. Vladimir Nabokov studierte zwei Jahre lang russische und französische Literatur in Cambridge, dann zog er nach Berlin, wo er bis 1937 lebte. Er verdiente seinen Lebensunterhalt hauptsächlich durch privaten Sprachunterricht und als Tennislehrer. Daneben übersetzte er und schrieb Gedichte, Erzählungen und Romane, die er zunächst unter dem Pseudonym Vladimir Sirin veröffentlichte. 1926, im Jahr nach seiner Heirat mit Véra Slonim, erschien sein erster Roman *Maschenka*. Ihm folgten in kurzen Abständen sieben weitere Romane in russischer Sprache. Im Mai 1937 emigrierte Vladimir Nabokov mit seiner Frau und seinem Sohn nach Frankreich. Drei Jahre lebten sie in Paris. Dort schrieb er seinen ersten Roman in englischer Sprache: *Das wahre Leben des Sebastian Knight* (*The Real Life of Sebastian Knight*). 1940 zog die Familie nach New York. Von 1941 bis 1948 lehrte Vladimir Nabokov russische Sprache am Wellesley College in Massachusetts. Daneben war er einige Jahre Mitarbeiter am Museum für vergleichende Zoologie der Harvard University im Bereich Schmetterlingskunde. 1945 wurde er amerikanischer Staatsbürger. Von 1948 an war er zehn Jahre Professor für russische und europäische Literatur an der Cornell Universität in Ithaca. In dieser Zeit schrieb er außer Erzählungen seinen berühmtesten Roman *Lolita*, der 1955 zunächst bei Olympia Press in Paris erschien. Anfang der 1960er Jahre ließ sich Vladimir Nabokov als freier Schriftsteller in Montreux am Genfer See nieder. Dort entstanden unter anderem seine Romane *Fahles Feuer* (*Pale Fire* 1962) und *Ada oder Das Verlangen* (*Ada or Ardor: A Family Chronicle* 1969). Er überarbeitete seine bereits in den USA geschriebenen Memoiren und veröffentlichte sie 1966 unter dem Titel *Sprich, Erinnerung, sprich* (*Speak, Memory*). Das letzte Kapitel seiner Memoiren wurde erst 1999 von seinem Sohn freigegeben und in die deutsche Taschenbuchneuausgabe zum 100. Geburtstag des Autors aufgenommen. Vladimir Nabokov starb am 2. Juli 1977 in Montreux.

 DATEN

Erstveröffentlichung:
Paris (englisch) 1955
(deutsch: 1959)

Lesenswert:
Vladimir Nabokov: *Lolita*, Reinbek (Rowohlt) 1999.
Das wahre Leben des Sebastian Knight. Roman, Reinbek 1999.
Die Gabe. Roman, Reinbek 1999.
Pnin. Roman, Reinbek 1999.
Ada oder das Verlangen. Aus den Annalen einer Familie, Reinbek 1998.
Fahles Feuer, Roman, Reinbek 1978.
Die Mutprobe. Roman, Reinbek 1998.

Donald E. Morton: *Vladimir Nabokov. Mit Selbstzeugnissen und Bilddokumenten*, Reinbek 1997.

Hörenswert:
Vladimir Nabokov: *Lolita*. Hörspielbearbeitung und Regie: Walter Adler. Gesprochen von Ulrich Matthes, Natalie Spinell-Beck, Leslie Malton u.a. DHV Der Hör Verlag München 1998.
2 Audiocassetten/Audio-CDs.

Sehenswert:
Lolita. Drehbuch: Vladimir Nabokov, Regie: Stanley Kubrick; mit James Mason, Shelley Winters, Sue Lyon, Peter Sellers. GB 1961.

 AUF DEN PUNKT GEBRACHT

Eines der literarisch raffiniertesten Bücher der Moderne überhaupt mit einem »gewagten« Stoff.

Unterwegs
Jack Kerouac

»Jack, das ist grad wie Dostojewski, aber im Moment kann ich nichts dafür tun«, sagt ein Lektor zu einem Schriftsteller. Das vorgelegte Manuskript wird abgelehnt. Der Verleger hatte nur den Kopf geschüttelt. Ein Roman über ein paar Irre, die kreuz und quer im Land umherfahren, von der Hand in den Mund leben und Zigaretten klauen? Über Typen, die, schlimmer noch, wild durcheinander vögeln, sich mit Drogen vollknallen und nur Be-bop im Kopf haben? Und diese Ausdrücke »cool«, »hip«, »dig it« – so reden doch nur die Nigger!

Im Sommer 1951 bekam solch ein Buch bei keinem Verlag eine Chance. Es war die Zeit des Kalten Krieges. Amerika machte auf Familie und Anti-Kommunismus, worunter auch lange Haare, laute Musik und alle Verhaltensweisen fielen, die gegen die Normen braver Wohlanständigkeit verstießen. In den Augen jener Gesellschaft war der 29-jährige Jack Kerouac genau wie die Penner, die er beschrieb. Jahrelang trampte er durch Amerika, hielt

■ Szene aus Wim Wenders' *Paris Texas* nach einem Drehbuch von Sam Shepard. Dieser Road-Movie kann als die *Unterwegs*-Version der achtziger Jahre gelten. Ein Film über Menschen, die auf der Suche sind und nie finden, was sie wollen.

sich mit Gelegenheitsjobs über Wasser, war Landstreicher, Seemann, Bremser bei der Eisenbahn und Baumwollpflücker. In nur drei Wochen entstand On the Road, sechs Jahre dauerte es, bis der Roman veröffentlicht wurde. Am 5. September 1957 liegt das Buch für 3,95 Dollar in den Buchhandlungen. Zuvor hatte Kerouacs Verlag Viking Press eine ängstliche Anzeige geschaltet, um das amerikanische Publikum auf den Roman vorzubereiten, (noch immer hatte man offensichtlich kalte Füße):
»Auf einige mag diese Wahrheit schön wirken, auf andere hässlich. Aber jeder Leser wird von der Geschichte, die in diesem Buch erzählt wird, und der Art und Weise, wie sie erzählt wird, beeindruckt sein.«

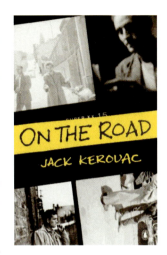

Die Geschichte von Unterwegs steckt bereits im Titel. Der Erzähler heißt Sal Paradise. Als erfolgloser junger Schriftsteller lernt er in New York den Ex-Sträfling Dean Moriarty kennen, der ihn sogleich in seinen Bann zieht. Dean ist ein »drop-out«, ein Aussteiger, zu einer Zeit, die dafür noch gar keinen Begriff hat. Den bürgerlichen Vorstellungen von geregelter Arbeit, Verantwortung und Pflicht setzt Dean seine Vision eines freien, ungebundenen Lebens entgegen. Rastlos zieht er von Ort zu Ort, immer auf der Suche nach neuen »kicks«, nach intensiven Erfahrungen durch Sex, Drogen und Musik. Fasziniert von dieser charismatischen Lebensgier, macht sich Sal Paradise ebenfalls auf den Weg. Er folgt Dean durch halb Amerika, nach Denver, Chicago, San Francisco bis nach Mexiko. In rasenden Fahrten, per Anhalter, im Bus, in geliehenen Autos, durchqueren sie den Kontinent, sie leben auf Pump oder nehmen kurze, billige Jobs an. In allen Städten gibt es Freunde und Weggefährten, es wird gefeiert bis zum Umfallen.

■ »Jack Kerouac hat unserer unbefleckten Prosa etwas angetan, wovon sie sich nie mehr erholen wird. Als der geborene Virtuose, der er ist, macht es ihm Freude, die Gesetze und Konventionen literarischer Ausdrucksformen herauszufordern, die eine echte, ungehemmte Verständigung zwischen Leser und Schreiber lähmen.« Henry Miller

»Bei Beginn der Dämmerung fuhren wir in die summenden Straßen von New Orleans ein. ›Oh, riech nur die Leute!‹ brüllte Dean und hielt das Gesicht schnüffelnd zum Fenster raus. ›Ah! Gott! Leben!‹ Er machte einen Bogen um die Straßenbahn. ›Ja!‹ Er schoss vorwärts und hielt ringsum nach Mädchen Ausschau.«
Ursprünglich hatte Kerouac seinen Roman Beat Generation getauft, um so dieser jungen, zügellosen Ge-

»On the Road wurde etwa 1950 geschrieben, und zwar innerhalb weniger Wochen, hauptsächlich unter Benzedrin. Das Ergebnis war ein großartiger einziger Paragraph, mehrere Blocks lang, wie die Landstraße selbst dahinrollend, die Länge einer ganzen Wachspapierfernschreiberrolle.«
ALLEN GINSBERG

■ Joseph Raymond McCarthy, von 1950-53 Vorsitzender des Ausschusses gegen »unamerikanische Umtriebe«, erläutert 1951 anhand einer Karte der USA die Ausbreitung von Sympathisanten des Kommunismus. Dass Kerouac in Zeiten wie diesen keinen Verlag für sein »unamerikanisches« Buch fand, kann kaum verwundern.

meinde von Gleichgesinnten ein Denkmal zu setzen, die sich ihre eigene Philosophie jenseits der traditionellen amerikanischen Werte bildete und auf diese Weise ein neues Lebensgefühl von Spontaneität und Wahrhaftigkeit inspirierte. Der Ausdruck »beat generation« stammte von Kerouac selbst. »Mann, bin ich beat« – habe ein »hipster« 1944 zu ihm am New Yorker Times Square gesagt: »Irgendwie wusste ich sofort, was er meinte.« Die Hipsters waren die Vorläufer der Hippies: durch den Krieg entwurzelte Veteranen, langhaarig, mit verwegenen Klamotten. Ihre Musik war der Bop, wilder improvisierter Jazz, ihre Götter hießen Charlie Parker und Dizzy Gillespie.

»*Heraus sprangen wir in die warme, verrückte Nacht, hörten das quäkende Horn eines wilden Tenor-Saxophonisten jenseits der Straße, das immer ›Jiyah ji-yah!‹ machte, und im Takt klatschende Hände und das Gebrüll der Leute: ›Los, Alter, schaff' dich!‹ Dean rannte schon über die Straße, den Daumen hoch in der Luft, und brüllte: ›Ja, los, schaff' dich!‹*«

Die »beat generation« war für Kerouac jedoch auch die Generation der »beatitude«, der Glückseligkeit, eine spirituelle Bewegung, die mehr vom Leben hatte als die Spießer, die nur an Geld und Karriere dachten. Jack Kerouac war bald der Sprecher dieser »beat generation« und *Unterwegs* die Bibel einer neuen

■ Mann beim Rauchen einer Marihuana-Zigarette.

■ Dizzy Gillespie, einer der grossen Stars des Be-Bop, bei einem Konzert.

Religion. Von der etablierten Literaturkritik wurde der Roman so gut wie einhellig verrissen: »Infantil, pervers, negativ« befand etwa der Kritiker der *Herald Tribune*, ein anderer Rezensent sprach von »einer Serie von Grunzlauten eines Neandertalers«. Den riesigen Erfolg des Buches konnten solche Urteile jedoch nicht verhindern. Wie beim zweiten großen Kultbuch der Epoche, J. D. Salingers *Fänger im Roggen* (s. S. 162). Mit der Flower-Power-Bewegung der 1960er Jahre wurde Jack Kerouac zu einem Symbol des internationalen Hippietums.

In zahlreichen weiteren Büchern versuchte Kerouac, das Muster von *Unterwegs* zu kopieren, doch an die Kraft und Spannung des Originals reichten die nachfolgenden Werke kaum heran, ein Charakter wie Dean Moriarty ließ sich nicht zweimal erfinden. Auch fehlte Kerouac nach seinem Erfolg jegliche Distanz zu seinem Stoff. Kerouac selbst schien vergessen zu haben, wie *Unter-*

»*Komponiere wild, undiszipliniert, rein! Schreibe, was aus den Tiefen deines Inneren aufsteigt. Je verrückter, desto besser! Sei immer blödsinnig geistesabwesend! Beseitige literarische, grammatische und syntaktische Hindernisse! Du bist allezeit ein Genie!*«
JACK KEROUAC: *Wie schreibe ich moderne Prosa?*, Evergreen Review, 1959

- *Easy Rider* mit Dennis Hopper und Peter Fonda war ein Road Movie in der Nachfolge von *Unterwegs*, der das Lebensgefühl der 68er Generation mit geprägt hat.

wegs endet. Nämlich durchaus traurig. Dean geht irgendwann verloren. Seine vollkommene Regellosigkeit führt ihn schließlich in die Einsamkeit, auch als Freund ist auf ihn kein Verlass, Sal wendet sich enttäuscht von ihm ab. So mancher begeisterte Fan von *Unterwegs* hat überlesen, wie viel Katerstimmung Kerouac in seine wilde Hymne auf Rausch und Ekstase hineinkomponiert hatte. Das Leben ist eine schöne Party. Aber sie ist schneller vorbei, als man denkt.

UNTERWEGS (ON THE ROAD)

 JACK KEROUAC, LEBEN UND WERK

 DATEN

Jack Kerouac, geboren als Jean-Louis Lebris Kerouac am 13. März 1922 in Lowell in Massachusetts, stammte aus einer franko-kanadischen Arbeiterfamilie und sprach bis zu seiner Einschulung einen lokalen französischen Dialekt. Er ging in seiner Geburtsstadt, später in New York zur Schule, wo er anschließend an der Columbia University studierte. 1942 unterbrach der Krieg seine College-Ausbildung; Jack Kerouac trat in die Kriegsmarine ein. Schon nach kurzer Zeit als angeblich schizoid entlassen, wurde er in die Handelsmarine übernommen. Als er 1946 nach New York zurückkam, besuchte er ein Jahr lang die New School for Social Research. Zu seinen engsten Freunden in dieser Zeit gehörten Neal Cassady, Allen Ginsberg und William Burroughs. Wie Jack Kerouac selbst zählten sie später zu den Vertretern der »beat generation«, jener Gruppe junger amerikanischer Schriftsteller, die in den 1950er Jahren gegen die als erstarrt empfundenen Wertvorstellungen der Gesellschaft protestierte. 1947 begann Jack Kerouac zu reisen, durchstreifte die USA, kam nach Mexiko, Marokko und Europa. Zehn Jahre lang war er ständig unterwegs und lebte von verschiedenen Gelegenheitsjobs. Seine erste literarische Arbeit war die – autobiographische – Beschreibung einer Jugend mit dem Titel *The Town and the City*. Es erschien 1950 und fand wenig Beachtung. Als Nächstes verfasste er in wenigen Wochen seinen Roman *Unterwegs*, der ihn nach seiner Veröffentlichung sechs Jahre später, 1957, zu einer der Kultfiguren des literarischen Undergrounds machte. Trotz der jahrelangen erfolglosen Suche nach einem Verlag schrieb Jack Kerouac unterwegs einen Roman nach dem anderen, manche in nur wenigen Tagen. Nach Erscheinen seines ersten Romans kamen auch die weiteren Werke in kurzen Abständen heraus, darunter *Be-Bop, Bars und weißes Pulver* (*The Subterraneus*, 1958), *Gammler, Zen und Hohe Berge* (*The Dharma Bums*, 1958), *Maggie Cassidy* (1959), *Traumtagebuch* (*Book of Dreams*, 1961), *Lonesome Traveller* (1961), *Big Sur* (1962), *Engel, Kif und neue Länder* (*Desolation Angels*, 1965) und *Satori in Paris* (1966). Sein erster überwältigender literarischer Erfolg blieb der größte. Von seinen exzessiv lebenden Freunden zog sich Jack Kerouac Anfang der 1960er Jahre zurück und versuchte, von seiner Alkoholsucht loszukommen. Die Auseinandersetzung mit dem Alkoholismus schlug sich nieder in seinem letzten Roman, *Big Sur*. Gesundheitlich stark angegriffen, starb er mit siebenundvierzig Jahren am 21. Oktober 1969 in Saint Petersburg in Florida.

Erstveröffentlichung:
New York 1957 (deutsch: 1959)

Lesenswert:
Jack Kerouac: *Unterwegs*, Reinbek (Rowohlt) 1998.

The Town and the City, Roman, Reinbek 1993.
Gammler, Zen und Hohe Berge. Roman, Reinbek 1996.
Engel, Kif und neue Länder. Roman, Reinbek 1994.
Lonesome Traveller, Roman, Reinbek 1994.
Maggie Cassidy, Roman, Reinbek 1995.
Be-Bop, Bars und weißes Pulver, Roman, Reinbek 1996.
Traumtagebuch. Reinbek 2000.
Der Marktplatz der Worte. Ein Interview. Göttingen 1996.

Frederik Hetmann: *On the Road: Die Beat-Poeten William S. Burroughs, Allen Ginsberg, Jack Kerouac*. Reinbek 1995.

Frederik Hetmann: *Bis ans Ende aller Straßen. Die Lebensgeschichte des Jack Kerouac*, Weinheim 1989.

Hörenswert:
Jack Kerouac: *On the Road*. Read by David Carradine. Penguin Books. 2 Audiocassetten.
Kerouac. Kicks Joy Darkness. A spoken word tribute with music. Mit Michael Stipe, u.a. Hörsturz Booksound 1997. Audio-CD.

 AUF DEN PUNKT GEBRACHT

Unterwegs erinnert jede neue Generation an den ersten Joint – schön, ausgeflippt und nostalgisch überschätzt.

Homo faber
Max Frisch

■ Sam Shepard als Walter Faber in Volker Schlöndorffs Verfilmung aus dem Jahre 1990.

■ Der nüchterne und sachliche Faber nutzt die Zeit nach der Notlandung in der mexikanischen Wüste.

»*Ich glaube nicht an Fügung und Schicksal, als Techniker bin ich gewohnt, mit den Formeln der Wahrscheinlichkeit zu rechnen.*«

Der Spruch ist so banal wie treffend: Das Leben besteht aus Zufällen. Die Menschen, die wir lieben, der Ort, an dem wir wohnen, die Arbeit, die wir machen – dafür haben wir uns, unter glücklichen Umständen, frei entschieden. Aber wie ist diese Wahl überhaupt zustande gekommen? Liebende erzählen häufig die Geschichte vom »unglaublichen« Zufall ihres Kennenlernens. Beim Zahnarzt. Oder im Bus. Dass man sich just an jenem Tag, zu jener Stunde an jenem Ort begegnet, ist in der Tat eine atemberaubende Koinzidenz. Doch was wäre gewesen, wenn man sich nicht getroffen hätte? Das Leben wäre ganz einfach anders verlaufen – mit jemand anderem natürlich. Wir wollen das nur nicht so gern wahrhaben. Lieber reden wir vom Schicksal. Dafür hat der Schweizer Walter Faber keinen Sinn. Er ist Ingenieur und ein kühler Kopf. Nüchtern beurteilt er die Welt nach den Gesetzen von Vernunft und Logik. Faber fühlt sich als Mensch, der mit beiden Beinen auf dem Boden der Tatsachen steht. Kunst und Poesie interessieren ihn nicht. Den Pariser Louvre etwa hat er nie besucht, »*weil er sich nichts daraus macht*«. Seine feinsinnige Ex-Freundin Hanna fand für ihn einst den passenden Namen: Homo faber. Hanna und Faber sind schon lange nicht mehr zusammen. Die Beziehung zerbrach, als Hanna schwanger wurde und Faber dies als lästige Störung seiner Lebensplanung empfand. Er war erst am Anfang seiner Karriere und dachte noch nicht an die Gründung einer Familie: »*Es war ausgemacht, dass unser Kind nicht zur Welt kommen sollte.*« Das alles ist nun zwanzig Jahre her, Hanna ist aus Fabers Leben verschwunden, und er hat sich erfolgreich in seinem Beruf eingerichtet. Doch plötzlich geschehen Dinge, die alles ins Wanken bringen.

■ Faber hat sich verändert und wird sich durch die Beziehung zu der jungen Sabeth, dargestellt von Julie Delpy, noch viel stärker verändern. Schlöndorffs Film wurde übrigens an Originalschauplätzen in Brasilien, Mexiko, Frankreich, Italien und Griechenland gedreht.

»*Ich rechnete im Stillen pausenlos, bis die Rechnung aufging, wie ich sie wollte: Sie konnte nur das Kind von Joachim sein! Wie ich's rechnete, weiß ich nicht; ich legte mir die Daten zurecht, bis die Rechnung wirklich stimmte, die Rechnung als solche.*«

Eine Flugzeugpanne bildet den Auftakt zu einer Reihe unglücklicher Zufälle. Faber überlebt die Notlandung in der mexikanischen Wüste. Dort trifft er auf die Spur seines verschollenen Freundes Joachim. Nach der Rettung der Passagiere macht sich Faber aus einer Laune heraus auf die Suche nach ihm. Im tiefen Urwald Mexikos findet er jedoch nur einen Toten: Joachim hat sich gerade umgebracht. Diese Kette von Ausnahmesituationen bringt Faber, ohne dass er es bemerkt, mehr und mehr aus dem Konzept. Er wird sprunghaft, handelt spontan. Anstelle eines geplanten Fluges nach Paris bucht er eine Schiffspassage. Und während der Überfahrt begegnet ihm eine junge Frau, in die er sich verliebt. Sie heißt Sabeth, und sie ist seine Tochter.

Max Frisch hat seinen Roman als »Bericht« angelegt. Faber selbst darf erzählen, wie sein Leben nach und nach aus den Fugen gerät. In einer Art Tagebuch rekonstruiert er die Ereignisse. Faber schreibt, wie er ist: rational, sachlich. Wenn es um Gefühle, seelische Nöte und Verstrickungen geht, wird sein Stil schablonenhaft und ungeschickt,

»*Er hat im Laboratorium seiner persönlichen Biographie eine Substanz freigemacht, in der Leser in vielen Sprachen den Stoff ihres eigenen Lebens wiedererkennen – und die ihnen zugleich als Prüfstein taugt, sie können bei ihm lesen, wo sie stehen und ob sie sich bewegen.*«

ADOLF MUSCHG

> *»Ich fühlte mich zu Frisch hingezogen, es entstand eine Freundschaft aus der Distanz zwischen dem humanitären Moralisten, dem Schreiber Frisch, der ein idealistisch, wenngleich resignativ gestimmter Sozialist war, und dem praktisch handelnden sozialdemokratischen Bundeskanzler.«*
>
> HELMUT SCHMIDT

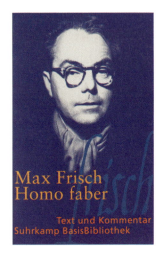

■ Max Frisch

kümmerlich im Ausdruck. Von der Liebe erzählen? Das kann er nicht. Aber lebhaft erläutert er Sabeth die neuesten Ergebnisse der Roboter-Forschung. Für die Dimension des Dramas, das er durchlebt, hat er keine Begriffe. Von seinem antiken Vorfahren Ödipus, der ebenfalls unwissentlich Inzest begeht und elend durch die Welt irrt, hat Faber nur von fern gehört.

Fast ein halbes Jahrhundert bevor das Schlagwort von der Globalisierung aufkam, hat Max Frisch in *Homo faber* das Porträt eines modernen Nomaden gezeichnet. Faber lebt überall und nirgends. Im Auftrag seines Arbeitgebers, der UNESCO, reist er rund um den Erdball. Er hat keine Heimat, seine Beziehungen zu anderen Menschen bleiben flüchtig.

Max Frisch scheint dieses Lebensgefühl gekannt zu haben. Ursprünglich war auch er ein »Techniker«. Zwölf Jahre lang hatte er als Architekt gearbeitet, ein eigenes Büro geleitet und wie sein Held Faber ausgedehnte Reisen unternommen. Die Literatur war zunächst nur eine Nebentätigkeit. Mehrere Theaterstücke, das *Tagebuch 1946–1949* und vor allem der Roman *Stiller* machten ihn so bekannt, dass er die Architektur aufgab. *Homo faber* war das erste Buch, das Max Frisch als »fulltime writer« schrieb. In seiner Dankesrede zum Georg-Büchner-Preis, den er 1958 erhielt, sprach der Autor vom »*unausgesprochenen Gefühl der Unzugehörigkeit*«, das den zeitgenössischen Menschen umtreibt: »*Es ist ein Gefühl der Fremde schlechthin, das übrigens nicht melancholisch ist, ein klares und trockenes, ein modernes Gefühl.*« *Homo faber* ist der Roman dazu.

Am Ende erkennt Faber seinen Irrtum. Das Schicksal hat ihm nicht verziehen, dass er es überging, und sein Leben zerstört. Sabeth kommt durch einen Unfall um, er selbst muss mit einem Magenkarzinom im Krankenhaus und wartet dort auf seine Operation. Er wird wohl nicht davonkommen. Die Statistik spricht gegen ihn.

Homo faber ist eines der erfolgreichsten deutschsprachigen Bücher der Nachkriegszeit. Laut Angaben des Suhrkamp Verlags waren bis zum Frühjahr 2000 genau 3 546 426 Exemplare gedruckt. An dieser exakten Zahl hätte Walter Faber seine Freude gehabt.

HOMO FABER. EIN BERICHT

 MAX FRISCH, LEBEN UND WERK

Max Frisch wurde am 15. Mai 1911 als Sohn eines Architekten in Zürich geboren, wo er die meiste Zeit seines Lebens verbrachte. Nach dem Abitur begann er ein Germanistikstudium, brach es aber bald ab und arbeitete als Journalist für verschiedene Zeitungen. 1933 reiste er einige Monate als Reporter durch Südosteuropa. Viele Eindrücke dieser Reise verarbeitete er in seinem ersten Roman *Jürg Reinhart. Eine sommerliche Schicksalsfahrt* (1934). In der Zeit von 1936 bis 1941 studierte Max Frisch Architektur. Während des Studiums begann er mit seinen Tagebuchaufzeichnungen, die er in den nächsten Jahrzehnten weiter führte und die eine zentrale Bedeutung innerhalb seines Gesamtwerks haben. Nach dem Studienabschluss gewann er 1942 den ersten Preis in einem Architektur-Wettbewerb um ein Freibad in Zürich und eröffnete im selben Jahr ein eigenes Büro. Gleichzeitig schrieb er an seinem neuen Roman *J' adore ce qui me brûle oder Die Schwierigen* (1943). Er heiratete Gertrud (Trudy) Constance von Meyenburg, mit der er drei Kinder hatte. Mitte der 1940er Jahre schrieb Max Frisch in wenigen Wochen zwei Theaterstücke; seine erste Premiere fand 1945 mit dem Stück *Nun singen sie wieder* am Züricher Schauspielhaus statt. Auch seine nächsten Dramen wurden dort uraufgeführt: *Santa Cruz* (1946), *Die chinesische Mauer* (1946), *Als der Krieg zu Ende war* (1949), *Graf Öderland* (1951) und *Don Juan oder Die Liebe zur Geometrie* (1953).

Als erfolgreicher Architekt und Dramatiker veröffentlichte Max Frisch 1950 außerdem das *Tagebuch 1946–1949*. Seine Theaterstücke hatten ihn bekannt gemacht – berühmt wurde er jedoch durch seine drei Romane *Stiller* (1954), *Homo faber* (1957) und *Mein Name sei Gantenbein* (1964). Im Jahr 1955 löste Max Frisch sein Architekturbüro auf und widmete sich ganz dem Schreiben. Seine größten Theatererfolge hatte er mit den Stücken *Herr Biedermann und die Brandstifter* (1958) und *Andorra* (1961), die beide zu den meistgespielten deutschsprachigen Dramen des 20. Jahrhunderts gehören. Max Frisch, der viel gereist ist, unter anderem nach Spanien, Mexiko, in die USA und in die arabischen Staaten, lebte von 1960 bis 1965 vorwiegend in Rom. Dort wohnte er zeitweilig mit Ingeborg Bachmann zusammen, bis er Marianne Oellers kennen lernte, die 1968 seine zweite Frau wurde. Über die beiden Liebesbeziehungen äußerte er sich später in seiner autobiographischen Erzählung *Montauk* (1975), die als bedeutendster Text seines Spätwerks gilt. Max Frisch erhielt zahlreiche Auszeichnungen, 1958 den Georg-Büchner-Preis und 1976 den Friedenspreis des Deutschen Buchhandels, sowie mehrere Ehrendoktorwürden von Universitäten im In- und Ausland. Er starb am 4. April 1991 in Zürich.

 DATEN

Erstveröffentlichung:
Frankfurt 1957

Lesenswert:
Max Frisch: *Homo faber. Ein Bericht*. Frankfurt/Main (Suhrkamp) 1997.
Homo faber. CD-ROM für Windows 95. Originaltext, Interpretation, Biographie, Materialien, München 1998.
Stiller. Roman, Frankfurt/Main 1996.
Andorra. Stück in zwölf Bildern. Frankfurt/Main 1999.
Mein Name sei Gantenbein. Roman, Frankfurt/Main 1998.
Montauk. Eine Erzählung. Frankfurt/Main 1996.
Blaubart. Eine Erzählung. Frankfurt/Main 1993.

Volker Hage: *Max Frisch. Mit Selbsterzeugnissen und Bilddokumenten*, Reinbek 1999.

Hörenswert:
Max Frisch: *Homo faber. Text und Kommentar*. Gesprochen von Max Frisch, Ulrike Kriener, Charles Brauer, DHV Der Hör Verlag 1997. 2 Audiocassetten.

Sehenswert:
Homo faber. Regie: Volker Schlöndorff; mit Sam Shepard, Julie Delpy, Barbara Sukowa, Dieter Kirchlechner, Tracy Lind. Deutschland/Frankreich/GB 1990.

 AUF DEN PUNKT GEBRACHT

Das Buch zum Thema »Männer und Technik« – sie machen alles falsch und kriegen Krebs.

Der Leopard
Giuseppe Tomasi di Lampedusa

■ Das italienisch/französische Verleihplakat von Luchino Viscontis Film *Der Leopard*. Burt Lancaster brilliert in der Rolle des patriarchalisch regierenden Fürsten Fabrizio Salina. Giuseppe Tomasi di Lampedusa hat einmal gesagt: »Der Leopard, das bin im Grunde ich.«

»Wenn wir wollen, dass alles bleibt, wie es ist, dann ist nötig, dass sich alles verändert.«
Während eines Schriftsteller-Kongresses, den er zusammen mit seinem dichtenden Cousin besuchte, wurde er von Journalisten gefragt: »Sind Sie auch Dichter?« »Nein.« »Was sind Sie von Beruf?« »Fürst.« »Aber was machen Sie denn, um zu leben?« »Ich bin Fürst.« Sprach's und verschwand im Grandhotel, begleitet von einem hünenhaften Leibwächter, unter dessen Jackett sich deutlich eine großkalibrige Waffe abzeichnete.
Tomasi di Lampedusa war ein Mann von Stil und Würde. Als Spross eines alten sizilianischen Adelsgeschlechts konnte er sich das auch lange leisten. Gearbeitet hat er nie. Aufgewachsen im verschwenderischen Luxus, blieb er seiner gesellschaftlichen Kaste lebenslang verpflichtet, deren Ideale er stolz bis zu seinem Tod verkörperte.
Im prachtvollen Palast seiner Familie, mitten in Palermo gelegen, kam Tomasi di Lampedusa 1896 zur Welt. Wer allerdings genau 60 Jahre später, im Frühjahr 1956, den hoch gewachsenen, eleganten älteren Herren beobachtet hätte, wie er im Café Mazzara in Palermo an einem Manuskript schrieb, das er aus einer zerschlissenen Einkaufstasche zog, wäre kaum auf die Idee gekommen, hier einen waschechten Fürsten bei der Arbeit vor sich zu sehen. Er selbst verlor kein Wort darüber. Bis ein jüngerer Be-

kannter, Francesco Orlando, an den Kaffeehaustisch trat und ihm seine Hilfe anbot. Fortan diktierte Lampedusa Abend für Abend dem begeisterten Orlando den Text eines Romans in die Schreibmaschine; in wenigen Monaten waren die beiden fertig. Keiner von ihnen ahnte, dass dieses Buch zur größten literarischen Sensation im Italien der 1950er Jahren werden würde.

Der Leopard beginnt am 11. Mai 1860. Es ist der historische Tag, an dem der italienische Freiheitskämpfer Garibaldi mit tausend Männern auf Sizilien landet. Dort wird er die Herrschaft der Bourbonen beenden. Eine neue Ära kündigt sich an für das gesamte Land: der Nationalstaat Italien entsteht.

»Ich bin Repräsentant des alten Standes, unausweichlich verknüpft mit dem bourbonischen Regime. Ich gehöre einer unglücklichen Generation an, die zwischen der alten und der neuen Zeit steht und sich in beiden unbehaglich fühlt.«

■ Claudia Cardinale als Angelica und Alain Delon als Tancredi, das Paar der neuen Zeit, mit der Fabrizio Salina sich nicht anzufreunden vermag. Nicht nur wegen seiner erstklassigen Starbesetzung gilt Der Leopard manchen als größter Film Viscontis.

Die Hauptfigur des Buches ist Don Fabrizio Salina, ein herrischer Großgrundbesitzer und Patriarch, der dem Urgroßvater Lampedusas nachgebildet ist. Das Wappen der Familie ziert ein Leopard. Doch von dessen Spannkraft und Dynamik ist bei den Salinas nur noch wenig zu finden. Mit müder Skepsis verfolgt Don Fabrizio die politischen Entwicklungen. Er weiß, dass eine Epoche versinkt und damit auch der Einfluss und die Bedeutung seiner Familie schwinden. Es ist ihm gleichgültig. Don Fabrizio glaubt nicht an die Zukunft. Aber er hat die Zeichen der Zeit erkannt, passt sich an, so gut es geht. Als sein opportunistisch ehrgeiziger Neffe Tancredi sich auf die Seite Garibaldis schlägt, lässt Don Fabrizio es zu. Und gibt sogar seinen Segen zur Heirat Tancredis mit Angelica, der Tochter eines liberalen Aufsteigers und einer Bäuerin – eine Verbindung, die zehn Jahre zuvor noch völlig undenkbar gewesen wäre. Don Fabrizio ist zum Fatalisten geworden. Den Senatorenposten, der ihm im neu gegründeten Königreich Italien angeboten wird, lehnt er ab. Das passe nicht zu seinem Naturell: »In Sizilien ist nicht von Wichtigkeit, ob man übel oder ob man

Der Leopard wurde trotz negativer Kritiken sofort ein durchschlagender Erfolg und in den folgenden Jahrzehnten auch das meistverkaufte italienische Buch im Ausland. Erst Der Name der Rose von Umberto Eco konnte diesen Rekord brechen.

■ Fürst Salina tanzt seinen letzten Tanz. Er weiß, dass er Platz machen muss für die neuen Ideen, für die neue Generation.

gut tut. *Die Sünde, die wir Sizilianer nie verzeihen, ist einfach die, überhaupt etwas zu ›tun‹«.* Woher rührt diese allgemeine Passivität und Teilnahmslosigkeit? Nach Don Fabrizios Ansicht liegt es an Landschaft und Klima, sind die fürchterliche Hitze und die durch Jahrhunderte stets wirren Machtverhältnisse dafür verantwortlich. Alle sind erschöpft. Ein sizilianischer Leopard ist kein schönes, pfeilschnelles Raubtier, sondern eine träge Hauskatze, die faul in der Sonne liegt.

In Anlehnung an den Originaltitel von Lampedusas Roman, *Il gattopardo*, hat man die aristokratisch-hochmütige und zugleich resignierende Haltung Don Fabrizios »gattopardismo« genannt: An der Oberfläche verändern sich die Dinge, darunter bleibt jedoch alles beim Alten. Der Begriff wurde in Italien zum geflügelten Wort.

Tomasi di Lampedusa hat den Triumph seines Romans nicht mehr erlebt, der Fürst starb ein Jahr vor der Veröffentlichung an Lungenkrebs. Von mehreren Verlagen war das Manuskript abgelehnt worden. Eine solch melancholische Familiengeschichte mit farbenprächtigen Beschreibungen von Landschaften, Herrenhäusern und adeligen Gepflogenheiten passte nicht zum literarischen Stil jener Jahre. In Italien war der »Neo-Realismus« junger sozialkritischer Schriftsteller in Mode. Dagegen wirkte *Der Leopard* wie ein Stillleben aus dem 19. Jahrhundert. Der Autor schien nicht minder altertümlich zu sein. Lampedusa hatte wenig übrig für eine Moderne, die ihm zudem die standesgemäßen Lebensgrundlagen nach und nach entzog.

Der Reichtum ging zur Neige, Ländereien und Besitztümer waren verkauft. Im Café Mazzara durfte sich Lampedusa beim Schreiben nur ein einziges Tässchen Espresso gönnen. Don Fabrizio hatte noch selbstbewusst sagen können, dass »*ein Palast, in dem man alle Räume kenne, es nicht wert sei, bewohnt zu werden*«. Im letzten Palazzo der Lampedusa hatten der Hausherr und seine Frau nur noch eine Etage, lediglich zwei Zimmer waren eingerichtet. Dienstboten gab es keine mehr. Wenn es klingelte, ging der Fürst höchstselbst zur Tür.

> *»Wenn es einen Leser gibt, der dieses Buch noch nicht kennt, dann ist er zu beneiden um das Glück dieser Entdeckung; einen Leser jedoch, der Sizilien bereist ohne den* Leoparden *im Gepäck, muss man bedauern um die vertane Gelegenheit.«*
>
> WERNER FULD, *Die Woche*

DER LEOPARD (IL GATTOPARDO)

 GIUSEPPE TOMASI DI LAMPEDUSA, LEBEN UND WERK

 DATEN

Giuseppe Tomasi, Fürst von Lampedusa, am 23. Dezember 1896 in Palermo geboren, entstammte einem alten sizilianischen Adelsgeschlecht. Sein Jurastudium musste er abbrechen und nahm als Soldat am Ersten Weltkrieg teil. Bis 1925 war er Berufsoffizier. Er hielt sich häufig länger im Ausland auf. 1932 heiratete er in Riga die lettische Psychoanalytikerin Alexandra von Wolff-Stomersee. Im Zweiten Weltkrieg war Giuseppe Tomasi di Lampedusa Offizier und 1943 Präsident des Roten Kreuzes auf Sizilien. Im Sommer 1954 begleitete er seinen Cousin, den Dichter Lucio Piccolo, zu einer Literaturtagung nach San Pellegrino. Es war das erste Mal, dass er mit dem italienischen Literaturleben in Kontakt kam. Dort begegnete er unter anderem dem Schriftsteller Giorgio Bassani, der ihn später als Autor entdeckte. Von der Tagung zurückgekehrt, begann er mit der Niederschrift seines einzigen Romans: *Der Leopard* (*Il gattopardo*). Über zwanzig Jahre hatte er vorgehabt, einen historischen Roman zu schreiben, sich bislang aber nie entschließen können, ihn auch wirklich anzufangen. Der spätere Weltbestseller wurde noch zu Lebzeiten des Autors von den Verlagen Mondadori und Einaudi als ein formal und ideologisch überholtes Werk abgelehnt. Die Veröffentlichung seines Romans erlebte Giuseppe Tomasi di Lampedusa nicht mehr. Kaum hatte er ihn abgeschlossen, zeigten sich die ersten Anzeichen seiner Krebskrankheit, an der er am 23. Juli 1957 in Rom starb. Erst ein Jahr nach seinem Tod erschien das Buch bei Feltrinelli, nachdem sich Giorgio Bassani für die Veröffentlichung des Manuskripts eingesetzt hatte. Giuseppe Tomasi di Lampedusa wurde über Nacht international bekannt. Innerhalb weniger Monate wurden über hunderttausend Exemplare verkauft – ein für den damaligen Buchmarkt Italiens einzigartiges Vorkommnis. Der Roman löste heftige Reaktionen – begeisterte wie ablehnende – innerhalb der Literaturkritik aus. Außer seinem Romanmanuskript hinterließ Giuseppe Tomasi di Lampedusa vier Erzählungen und einige Essays: über französische und englische Schriftsteller des 19. Jahrhunderts sowie Betrachtungen über Shakespeare und seine Dramen. Diese Werke wurden ebenfalls posthum veröffentlicht. Sie gingen zurück auf private Vorlesungen über englische und französische Literatur, zu denen sich Giuseppe Tomasi di Lampedusa mit Freunden zuweilen getroffen hatte. Mindestens so bekannt wie der Roman ist die Filmversion von Luchino Visconti aus dem Jahr 1962. Selbst aus einem alten Adelsgeschlecht stammend, beschäftigte sich Visconti in dem Film indirekt auch mit seiner eigenen Herkunft, von der er sich distanzierte.

Erstveröffentlichung:
Mailand 1958
(deutsch: 1959)

Lesenswert:
Giuseppe Tomasi di Lampedusa: *Der Leopard*, München 1999.
Die Sirene. Erzählungen, Frankfurt 1997.

Hörenswert:
Giuseppe Tomasi di Lampedusa: *Der Leopard. Die großen Kapitel*. Gelesen von Werner Hinz, Deutsche Grammophon. 3 Audiocassetten.

Sehenswert:
Il gattopardo/Le guepard (Der Leopard). Regie: Luchino Visconti; mit Burt Lancaster, Claudia Cardinale, Alain Delon, Rina Morelli, Paolo Stoppa, Serge Reggiani, Romolo Valli. Italien/Frankreich 1962.

 AUF DEN PUNKT GEBRACHT

Vom Untergang einer Kultur bei vierzig Grad im Schatten.
Großartig erzählte Mattigkeit.

Die Blechtrommel
Günter Grass

■ Der Blechtrommler Oskar Matzerath, dargestellt von David Bennent, in der hochgelobten Verfilmung von Volker Schlöndorff aus dem Jahre 1979.

»*Bei banaler Gelegenheit, nachmittags, sah ich zwischen Kaffee trinkenden Erwachsenen einen dreijährigen Jungen, dem eine Blechtrommel anhing.*« So hat sich Günter Grass später an jenen Moment erinnert, als ihm seine Romanfigur zum ersten Mal vor Augen trat. Das war Anfang der 1950er Jahre, und Grass arbeitete gerade an einem Gedicht, in dem ein Säulenheiliger in einer Kleinstadt für Aufruhr sorgen sollte. Aus dem Projekt wurde nichts: »*Interessant alleine blieb die Suche nach einer entrückten Perspektive.*« Als Grass einige Zeit später über seinen ersten Roman nachdachte, fiel ihm der Kleine wieder ein. Und damit eine neue, ungewohnte erzählerische Position: Von unten, aus der Sicht eines Dreikäsehochs, sollte das Weltgeschehen beschrieben und kommentiert werden. Grass taufte seinen Helden auf den Namen Oskar Matzerath und schuf mit diesem Kind eine der berühmtesten Figuren der Romanliteratur.

»*Ich erblickte das Licht dieser Welt in Gestalt zweier Sechzig-Watt-Glühbirnen. Noch heute kommt mir deshalb der Bibeltext ›Es werde Licht, und es ward Licht‹ wie der gelungenste Werbeslogan der Firma Osram vor.*«

Oskar wird im September 1924 geboren. Er ist kein normaler Junge. Schon als Säugling geistig voll ausgebildet, beschließt er an seinem dritten Geburtstag, sich der Welt der Erwachsenen zu verweigern: Er stellt kurzerhand das Wachstum ein. Eine Blechtrommel wird sein Lieblings-Spielzeug und unerlässliches Requisit, von dem er sich nie trennt. Sie ist das Vehikel seines Protests und seiner Weigerung, sich ins bürgerliche Dasein zu fügen. Sie ruft ihm aber gleichzeitig auch Bilder der Vergangenheit ins Gedächtnis, angenehme wie grausige. Will man ihm die Trommel wegnehmen, erhebt er die Stimme, und es gehen Scheiben zu Bruch: Oskar kann nämlich auch Glas zersingen. Bald gilt er als *freak*, als verwachsen-missgestaltetes Unikum, das man nicht für voll zu nehmen braucht. Umso genauer beobachtet der Unbeachtete die Verhältnisse: den Beginn der nationalsozialistischen Herrschaft, den langsam einsetzenden Terror der Diktatur, die Verfolgung und Ermordung jüdischer Menschen. Oskars Familie ist typisches Kleinbürgertum, man betreibt ein Kolonialwarengeschäft und schwimmt politisch mit dem Strom, ohne weiter darüber nachzudenken. Hitler ist der Mann der Stunde, Papa Matzerath tritt frohgemut in die SA ein. Alles schreit »Heil«, also schreit man mit. Und es wird schon was dran sein, wenn es heißt, dass die Juden an allem schuld seien …

■ Günter Grass ist nicht nur als Autor tätig, sondern auch als bildender Künstler. Der Umschlag der Erstausgabe von 1959 wurde von ihm selbst gestaltet.

Die Blechtrommel erzählt von einem Kapitel deutscher Zeitgeschichte, wie es sich im Milieu der so genannten »kleinen Leute« abspielt. Das hatte nach dem Krieg bislang kaum ein Schriftsteller versucht. In der deutschen Literatur der 1950er Jahre gab es weitgehend nur zwei Tendenzen: Entweder wurde der Nationalsozialismus symbolisch verschleiert oder als eine Art feindlich-dämonischer

»Die Blechtrommel kennt keine Tabus. Gewalttätig wirkt dieser Roman, weil er alles berührt, als wäre es antastbar. Zu Unrecht wird man ihn der Provokation verdächtigen. Er ist dem Skandal weder aus dem Weg gegangen, noch hat er ihn gesucht; aber gerade das wird ihn hervorrufen, dass Grass kein schlechtes Gewissen hat, dass für ihn das Schockierende zugleich das Selbstverständliche ist.«

HANS MAGNUS ENZENSBERGER, 1959

■ Der kleine Oskar Matzerath mit seiner Trommel um den Hals schaut den anderen Jungens beim Weitpinkeln zu.

Übernahme beschrieben, der die Deutschen zum Opfer gefallen seien. Die Frage nach einer Mitverantwortung an den Geschehnissen ließ sich damit gnädig ausblenden. Was soll man schon dagegen machen, wenn einen der Teufel holt? Grass gab sich mit dieser bequemen These nicht zufrieden. In der *Blechtrommel* wollte er zeigen, wie der Nazigeist auch und gerade im Mief der bürgerlichen Wohnküche gedeihen konnte, wie aus Ignoranz, Anpassung und Kleinmut jene Atmosphäre entstand, aus der heraus die größten Verbrechen der Menschheitsgeschichte begangen wurden.

»*Ein ganzes leichtgläubiges Volk glaubte an den Weihnachtsmann. Aber der Weihnachtsmann war in Wirklichkeit der Gasmann.*«

Günter Grass hat *Die Blechtrommel* in Paris geschrieben, wo er zusammen mit seiner Frau Anna, die Ballett studierte, Anfang 1956 vorübergehend lebte. Später hat er erzählt, wie er den Ofen in der kleinen, billigen Wohnung in der Avenue d'Italie 111 mit den ersten Fassungen seines Romans beheizte. Als Schriftsteller war Grass noch kaum bekannt, was sich mit der *Blechtrommel* jedoch schlagartig ändern sollte. Das Buch erschien 1959 und wurde zur größten li-

»*Günter Grass hat mit der* Blechtrommel, Katz und Maus *und* Hundejahre *die Phantasie vieler Menschen beschäftigt. Endlose Gespräche über Obszönität und Ästhetik des Häßlichen, Naturalismus und literarische Schocktherapie werden seitdem geführt. Nicht bloß in Deutschland, sondern auch in Frankreich, wo der Blechtrommler Oskar Matzerath triumphal Einzug hielt und eine Beachtung fand, die man im Lande des ›Nouveau roman‹ einer nichtfranzösischen epischen Kreation nur selten zu gewähren pflegt.*«

HANS MAYER, 1967

terarischen Sensation nach dem Krieg. Der wilde Erzählstil, die grenzenlos scheinende Phantasie des Autors und der groteske Blickwinkel, unter dem hier Vergangenheit »bewältigt« wurde – man sprach von der Wiedergeburt der deutschen Literatur, von einem Roman-Gewitter, das nicht nur die literarische Welt beeindruckte, sondern sofort weite öffentliche Kreis zog. Im gleichen Maße, wie sich die Rezensenten vor Lob überschlugen, wurde Grass als Pornograph, Gotteslästerer und Nihilist beschimpft. Literaturpreise wurden ihm zu- und aberkannt. Ein konservativer Bundestagsabgeordneter verklagte den Autor wegen Obszönität, es gab einen Aufsehen erregenden Prozess. Das lag alles hauptsächlich an Oskar. Neben seinen zeitkritischen, intellektuellen Fähigkeiten entwickelt er im Roman auch ein bemerkenswertes erotisches Talent. Er ist ein durch und durch unmoralischer Held, ein versautes Rumpelstilzchen, das Witwen beglückt und seinem Kindermädchen mit Brausepulver zum Orgasmus verhilft. Überhaupt spielt sich hinter der braven Spießer-Fassade der Matzeraths allerhand ab, und Oskar erzählt äußerst plastisch von den Seitensprüngen seiner Eltern und den oft bizarren Abenteuern, in die er durch Krieg, Niederlage und Vertreibung gerät. Bis heute stoßen sich Moralisten an dem Roman, einige amerikanische Bundesstaaten haben *Die Blechtrommel* noch in den 1990er Jahren für den Gebrauch an Schulen verboten. Aber nicht nur bei der Beschreibung von Sexualität pflegt Grass einen Realismus, dem nicht jeder Leser

■ Lina Greff (Andréa Ferréol) stellt dem kleinen Oskar den Reichtum ihres Körpers als Anschauungs- und Versuchsmaterial zur Verfügung.

■ Günter Grass im Jahre 1989.

gewachsen scheint. An einer Stelle wird ein von Aalen wimmelnder Pferdekopf aus der Ostsee gezogen. Oskars Mutter ekelt sich entsetzlich und wird trotzdem von ihrem Ehemann gezwungen, die von ihm zubereiteten Aale herunterzuwürgen. Einer glaubwürdigen Anekdote zufolge soll nach der Veröffentlichung der *Blechtrommel* der Verkauf von Aal in der Bundesrepublik statistisch nachweisbar zurückgegangen sein.

Grass hat die Handlung in den Ort seiner eigenen Kindheit gelegt, nach Danzig, und viele Details aus seiner Erinnerung in den Roman eingearbeitet. Mit der Novelle *Katz und Maus* und dem Roman *Hundejahre*, die ebenfalls in derselben Region spielen, entstand so die *Danziger Trilogie*. Innerhalb weniger Jahre wurde Grass zum international berühmtesten deutschen Schriftsteller, neben Heinrich Böll, der 1972, als er die Nachricht vom Nobelpreis bekam, gefragt haben soll: »Warum ich, warum nicht Grass?« 1999 war es schließlich so weit, genau 40 Jahre nach dem Debüt, das den Weltruhm des Autors begründet hatte. Oskar Matzerath übrigens macht auch Karriere. Im zweiten Teil der *Blechtrommel* wird er erfolgreicher Jazz-Schlagzeuger, landet er nach einem dubiosen Attentat auf eine Krankenschwester in einer Nerven-Heilanstalt. Im 1986 erschienenen Roman *Die Rättin* taucht Oskar dann wieder auf. Inzwischen ist er 60 und hat in einem neuen, zeitgemäßen Beruf Erfolg. Er arbeitet als Videoproduzent.

■ Oskar mit seinen beiden mutmaßlichen Vätern Jan Bronski (Daniel Olbrychski, links) und Alfred Matzerath (Mario Adorf).

DIE BLECHTROMMEL

 GÜNTER GRASS, LEBEN UND WERK

Günter Grass wurde am 16. Oktober 1927 in Danzig geboren und verbrachte dort auch seine Jugend. Bereits als Volksschüler begann er zu zeichnen und zu schreiben, meist Gedichte. Mit fünfzehn war er Luftwaffenhelfer, 1944/45 nahm er als Soldat am Krieg teil, wurde verwundet und geriet in amerikanische Kriegsgefangenschaft. 1946 aus der Gefangenschaft entlassen, arbeitete er eine Zeit lang bei Bauern, dann ein Jahr in einem Kalibergwerk bei Hildesheim. Er fasste den Entschluss, Bildhauer zu werden, und begann 1947 eine Steinmetzlehre in Düsseldorf. Danach studierte er an der dortigen Kunstakademie Bildhauerei und Graphik. 1953 zog Günter Grass nach Berlin, um sein Studium an der Hochschule für Bildende Künste fortzusetzen. Für sein erstes veröffentlichtes Gedicht 1955 erhielt er den dritten Preis im Lyrikwettbewerb des Süddeutschen Rundfunks. Im Jahr darauf erschien sein erster Gedichtband, *Die Vorzüge der Windhühner*. Er widmete sich weiter dem Schreiben und Zeichnen – sein Bildhauerstudium gab er schließlich auf und ging nach Paris. Dort schrieb Grass *Die Blechtrommel* und begann mit Arbeiten zu seiner Novelle *Katz und Maus* (1961) und dem Roman *Hundejahre* (1963). Diese ersten drei Prosawerke wurden später als *Danziger Trilogie* bezeichnet. Das Erscheinen seines Romans *Die Blechtrommel* machte den zweiunddreißigjährigen Günter Grass 1959 über Nacht berühmt und begründete sein Ansehen als führender Epiker seiner Generation. Das Buch stieß auf ebenso begeisterte Zustimmung wie heftige Ablehnung. Der Bremer Literaturpreis, der ihm von der Jury zuerkannt worden war, wurde ihm durch den Senat der Stadt verweigert. 1960 kehrte Günter Grass nach Westberlin zurück. Eine Begegnung mit Willy Brandt 1961 begründete ihre Freundschaft und Günter Grass' intensives Engagement für die SPD, für die er bis 1972 in vielen Wahlkämpfen auftrat. Seine verschiedenen politischen Aktivitäten machten ihn zu einer gewichtigen Figur des öffentlichen Lebens und schlugen sich teils in seinen Werken nieder, wie etwa in dem Roman *Örtlich betäubt* (1969) und der Erzählung *Aus dem Tagebuch einer Schnecke* (1972). Sein internationaler Ruhm wurde 1977 mit der Veröffentlichung des Romans *Der Butt* erneut unterstrichen. Als weitere Romane erschienen *Die Rättin* (1986) und *Ein weites Feld* (1995). Das umfangreiche Werk von Günter Grass umfasst neben Gedichten, Erzählungen und Romanen unter anderem auch Theaterstücke, Ballettlibretti und Essays. Nebenher widmete er sich immer wieder dem Zeichnen, der Graphik und der Bildhauerei. 1999, im Erscheinungsjahr seines Buchs *Mein Jahrhundert*, erhielt Günter Grass den Nobelpreis für Literatur.

 DATEN

Erstveröffentlichung:
Darmstadt 1959

Lesenswert:
Günter Grass: *Die Blechtrommel*, München (Luchterhand) 1996.
Katz und Maus. Novelle, München 1996.
Hundejahre. Roman, München 1993.
Örtlich betäubt. Roman, München 1995.
Aus dem Tagebuch einer Schnecke. Erzählung, München 1998.
Der Butt. Roman, München 1995.
Die Rättin. Roman, München 1998.
Ein weites Feld. Roman, München 1997.

Heinrich Vormweg: *Günter Grass. Mit Selbstzeugnissen und Bilddokumenten*, Reinbek 1998.

Hörenswert:
Günter Grass liest Die Blechtrommel, Deutsche Grammophon 1997. 22 Audiocassetten/23 Audio-CDs.

Sehenswert:
Die Blechtrommel. Regie: Volker Schlöndorff; mit David Bennent, Mario Adorf, Angela Winkler, Katharina Thalbach, Daniel Olbrychski, Charles Aznavour. BRD/Frankreich 1978/79.

 AUF DEN PUNKT GEBRACHT

Ein barockes Spektakel mit einem unverwechselbaren Helden – *Die Blechtrommel* ist der bleibende Triumph von Günter Grass.

Hasenherz
John Updike

»Hase« heißt auf englisch »rabbit«, und *Rabbit, run* lautet der Originaltitel von John Updikes Roman, mit dem er 1960 seinen Durchbruch feierte. Rabbit ist der Spitzname von Harry Angstrom, einem sechsundzwanzigjährigen Verkäufer, der vor Warenhäusern Küchengeräte anpreist und mit Frau und Kind in der Kleinstadt Brewer im US-Bundesstaat Pennsylvania lebt. »Rabbit« wird er seit seiner Schulzeit genannt, weil er immer so komisch mit der Nase zuckte, aber auch enorm schnell rennen konnte. Das hat ihn zu einem As im Basketball gemacht und seinen Charakter anscheinend nachhaltig beeinflusst; immer ist Rabbit auf dem Sprung, am liebsten läuft er weg: vor seiner Arbeit, dem langweiligen Leben in der Provinz, sogar seiner Familie. Rabbit sehnt sich nach etwas, für das ihm die Worte fehlen, nach irgendeinem tieferen Sinn, einem höheren Schicksal, nach den triumphalen Gefühlen von einst, als er beim Basketball einen High-School-Rekord aufstellte. Aus einer Laune heraus verlässt Rabbit seine schwangere Frau Janice, steigt ins Auto und fährt los. Als er merkt, wie nutzlos das ist, kehrt er um und quartiert sich vorübergehend bei seinem alten Trainer ein. Er lernt eine Gelegenheitsprostituierte kennen, die er prompt schwängert, bevor er sich wieder davonmacht. Dann baggert er die Frau eines Geistlichen an, der ihn auf den rechten Weg zurückbringen will. Auch diesbezüglich ist Rabbit ein passender Name: Harry ist ein rammelndes (und fruchtbares) Karnickel, immer auf Sex aus, das ist seine Droge, mit der er dem Alltag entflieht, ohne einen Gedanken an Konsequenzen und Verantwortung zu verschwenden. Dabei ist er nicht wirklich un-

■ Typische Einfallstraße einer amerikanischen Provinzstadt mittlerer Größe, einer Stadt wie der, in der Harry Angstrom lebt. Die Aufnahme stammt aus dem Jahr 1958.

sympathisch. Eigentlich meint er es gut mit anderen, seine Rücksichtslosigkeit ist eher die eines großen Kindes, das nervös herumläuft und gar nicht bemerkt, dass es andere verletzt. Nicht zufällig heißt er auch Angstrom mit Nachnamen. Das deutsche Wort »Angst« ist in die amerikanische Sprache übernommen worden. Es soll den metaphysischen Schrecken vor der Leere des Daseins ausdrücken, die Angst vor dem Nichts.

»Warum lebt jemand hier? Warum ist ihm dies hier als Platz zugewiesen worden, warum ist für ihn diese Kleinstadt, dieser öde Vorort einer drittrangigen Großstadt, Mittelpunkt und Maß für ein Universum, das unendliche Prärien, Gebirge, Wüsten, Wälder, Städte, Meere faßt? Panik überflutet sein Herz.«

> *»John Updike, der wohl die schönsten Geschichten verfaßt hat, die man in der angelsächsichen Literatur der letzten 20 Jahre finden kann, ist zwar ein unbestechlicher Beobachter und doch ein barmherziger Erzähler: Zu sehr leidet er mit seinen Figuren, um über sie je den Stab zu brechen.«*
> MARCEL REICH-RANICKI, FAZ

John Updike selbst hat *Hasenherz* als »Roman der Eisenhower-Ära« verstanden, als Porträt der amerikanischen Seele am Ende der 1950er Jahre. In Rabbits Ruhelosigkeit und seinem fahrigen, »unmoralischen« Verhalten, das die sozialen Konventionen infrage stellt, spiegeln sich die Zweifel an der Ideologie des »American Dream«, der all jenen Glück, Reichtum und Zufriedenheit verheißt, die hart arbeiten und Gott, die USA und ihre Familie lieben. Es ist ein Traum, der so gut wie nie in Erfüllung geht. Vor allem die amerikanische Familienseligkeit nimmt Updike aufs Korn. Er zeigt, wie es hinter den Fassaden kriselt und dass im Grunde rein gar nichts mehr in Ordnung ist. Seinen bösen Höhepunkt erreicht der Roman, als Rabbits Ehefrau Janice sich kurz nach ihrer Niederkunft zu Hause besäuft und ihr Baby aus Versehen ertränkt.

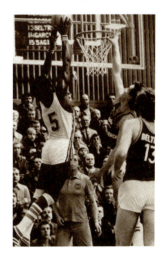

■ Amerikanisches Basketballteam in den 1950er Jahren.

John Updike war, als er an *Hasenherz* schrieb, zwei Jahre älter als sein Held und wie dieser in einer Kleinstadt in Pennsylvania groß geworden. Die Provinz sollte den Autor nicht mehr loslassen, kaum ein Roman spielt in der »big city«, die für Updike literarisch wenig attraktiv ist: »Wenn ich schreibe, konzentriere ich mich nicht auf New York, sondern auf einen Ort irgendwo östlich von Kansas ...« So unspektakulär wie die Gegend, in der sie leben, sind auch die meisten Helden Updikes: Durchschnittsamerikaner der sozialen Mittelklasse, typische WASPs, das heißt »weiße angelsächsische Protestanten«, mit Eigenheim und zwei Autos. Die präzise Beschreibung dieser kleinen Welten ist durchaus anspruchsvoll; in *Hasenherz* verwendet Updike die

■ Sex ist das Thema des 20. Jahrhunderts, wie auf diesem Bild von Egon Schiele aus dem Jahre 1915. Sex wird für Rabbit immer die Antriebsfeder seines Lebens bleiben.

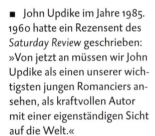

■ John Updike im Jahre 1985. 1960 hatte ein Rezensent des *Saturday Review* geschrieben: »Von jetzt an müssen wir John Updike als einen unserer wichtigsten jungen Romanciers ansehen, als kraftvollen Autor mit einer eigenständigen Sicht auf die Welt.«

»*Ein bemerkenswerter Triumph der Klugheit und des Mitgefühls. Hasenherz ist weit entfernt von jener arroganten Herablassung, die so viele Romane dieser Art missraten lässt.*«
NEW YORK REVIEW OF BOOKS

Monologtechnik von James Joyce ebenso souverän wie eine ausgeklügelte Symbolik, die den ganzen Roman durchzieht, aber nie aufdringlich oder unverständlich ist. Beim Publikum, das bald nach Millionen zählte, war Updike jedoch vermutlich so erfolgreich, weil er seinen Helden viel Sympathie entgegenbringt, sie nicht verurteilt, sondern mit ihren Ängsten und Fehlern akzeptiert.

Als literarische Figur ist Rabbit auch deshalb berühmt geworden, weil Updike in regelmäßigem Abstand von zehn Jahren nach ihm geschaut hat. Bis 1990 erschienen drei weitere Romane mit ihm im Mittelpunkt. Sie schildern den gesellschaftlichen Aufstieg Rabbits: Er wird ein wohlhabender Autohändler, ist immer noch mit Janice verheiratet. Die Ehe schlingert so dahin, man betrügt sich und hat Affären, Sohn Nelson – in *Hasenherz* war er drei Jahre alt – ist drogensüchtig. Im vierten und letzten Teil schläft Rabbit mit seiner Schwiegertochter, schließlich ereilt ihn mit 56 Jahren ein Herzinfarkt.

Zusammengenommen bilden die vier *Rabbit*-Romane ein amerikanisches Sittenbild bis ins Jahr 1990, von Eisenhower bis Ronald Reagan, vom Petticoat bis MTV. Rabbit erlebt die Mondlandung, die sexuelle Revolution, die Zeit von Flower Power und die Yuppie-Phase in den 1980er Jahren. Wie alle Amerikaner wird er mehr und mehr vom Fernsehen geprägt, vom ansteigenden Konsum, und Sex spielt eine immer größere Rolle. Für Rabbit ist dieser die »große Flucht« geblieben, da ist er so gut wie im Basketball. Allerdings kommt ihm dabei mit den Jahren eine weitere Leidenschaft zunehmend in die Quere. Er isst zu viel. Am Ende ist Rabbit über 100 Kilo schwer.

HASENHERZ (RABBIT, RUN)

 ## JOHN UPDIKE, LEBEN UND WERK

John Updike wurde am 18. März 1932 als Sohn eines Lehrers in Shillington/Pennsylvania geboren. Seine Kindheit verbrachte er in seinem Geburtsort und ging dort auch noch zur Schule, nachdem die Familie 1947 auf eine nahe gelegene Farm bei Plowville gezogen war. Erinnerungen an seine Schulzeit in Shillington verarbeitete er in einem seiner frühen Romane: *Der Zentaur (The Centaur*, 1963). In der stark autobiographisch geprägten Geschichte schildert John Updike drei Tage aus dem Leben eines High-School-Lehrers im Januar 1947. Es ist vor allem die – zum Teil mythologisierte – Geschichte einer Vater-Sohn-Beziehung in der Nachkriegsatmosphäre einer amerikanischen Provinzstadt. 1950 bis 1954 studierte John Updike an der Harvard University Anglistik, anschließend besuchte er ein Jahr lang eine Kunstschule in Oxford. Zurück in den USA, bekam er eine Stelle als Lokalreporter bei der angesehenen Wochenzeitschrift *The New Yorker*, die schon zuvor erste Kurzgeschichten von ihm abgedruckt hatte. Zwei Jahre darauf verließ er die Redaktion, war jedoch als freier Mitarbeiter weiterhin für das Blatt tätig, unter anderem mit viel beachteten Literaturkritiken. 1957 zog er in einen Bostoner Vorort und widmete sich dem Schreiben von Romanen. Der erste seiner bis heute insgesamt fast zwanzig Romane, *Das Fest am Abend (The Poorhouse Fair)*, erschien 1959. Gleich sein nächstes Buch, *Hasenherz*, der erste seiner so genannten *Rabbit*-Tetralogie, wurde im Jahr darauf ein großer Erfolg und begründete John Updikes fortdauerndes Ansehen als einer der bedeutendsten Autoren der amerikanischen Gegenwartsliteratur. Mit der Hauptperson Harry »Rabbit« Angstrom führte er eine der wichtigsten Figuren der amerikanischen Literatur ein. Mitte der 1960er Jahre begab John Updike sich auf Reisen und hielt Vorträge in der Sowjetunion, Rumänien, Bulgarien und der Tschechoslowakei. Einen sensationellen Erfolg brachte ihm das Erscheinen seines Romans *Ehepaare (Couples)* im Jahr 1968. Mit dem nächsten Buch *Unter dem Astronautenmond (Rabbit Redux)* legte er 1971 den zweiten Rabbit-Roman vor; es folgten 1982 *Bessere Verhältnisse (Rabbit is Rich)* und 1990 *Rabbit in Ruhe (Rabbit at Rest)*. Außer Romanen schrieb Updike auch Gedichte, Dramen, Kindergeschichten und Essays. 1989 erschien seine Autobiographie *Selbst-Bewußtsein (Self-consciousness)*. Seine jüngsten Buchveröffentlichungen sind der Erzählungsband *Der Mann, der ins Sopranfach wechselte (The Afterlife and Other Stories)*, der über siebenhundert Seiten lange Familienroman *Gott und die Wilmots (In the Beauty of the Lilies)* sowie das Buch *Golfträume (Golf Dreams)*, in dem der Autor Texte rund um das Golfspielen – seine Leidenschaft – versammelt hat.

 ## DATEN

Erstveröffentlichung:
New York 1960 (deutsch: 1962)

Lesenswert:
John Updike: *Die Rabbit-Romane. Hasenherz / Unter dem Astronautenmond / Bessere Verhältnisse / Rabbit in Ruhe*, Reinbek (Rowohlt) 1994.
Das Fest am Abend. Roman, Reinbek 1995.
Der Zentaur. Roman, Reinbek 1995.
Ehepaare. Roman, Reinbek 1998.
Der Sonntagsmonat. Roman, Reinbek 1992.
Der weite Weg zu zweit. Szenen einer Liebe, Frankfurt/Main 1996.
Die Hexen von Eastwick. Roman, Reinbek 1995.
Das Gottesprogramm. Rogers Version. Roman, Reinbek 1995.
Selbst-Bewußtsein. Erinnerungen, Reinbek 1995.
Der Mann, der ins Sopranfach wechselte. Erzählungen, Reinbek 1998.
Gott und die Wilmots. Roman, Reinbek 1999.
Golfträume, Reinbek 2000.

Sehenswert:
The Witches of Eastwick (Die Hexen von Eastwick). Regie: George Miller; mit Jack Nicholson, Susan Sarandon, Cher, Michelle Pfeiffer. USA 1986.

 ## AUF DEN PUNKT GEBRACHT

Wie John Irvings Garp und Salingers Holden Caulfield gehört Rabbit zum Kanon der großen modernen amerikanischen Romanfiguren – er ist nur Mittelmaß, und gerade deshalb verstehen wir ihn so gut.

Solaris
Stanislaw Lem

»*Hätte mich jemand gefragt, was mit mir los sei, und was das alles bedeute, ich hätte kein Wort herausgebracht, aber ich hatte schon das Bewußtsein, dass alles, was in dieser Station mit uns allen vorging, ein Ganzes bildete, ebenso furchtbar wie unverständlich.*«

Recherchiert man im Internet seinen Namen, findet man ihn zumeist als Abkürzung: LEM = Language for Ecological Models. Das ist eine Computersprache, in der Modelle nicht existierender, aber möglicher Lebensformen programmiert werden. Die Wissenschaft, insbesondere die Zukunftsforschung, hat Stanislaw Lem in den letzten Jahrzehnten immer wieder Hochachtung bezeugt, denn der polnische Autor ist der literarisch-philosophische Vater vieler ihrer Ideen. Bevor sich Lem ganz dem Schreiben widmete, hatte er als Naturwissenschaftler gearbeitet, und seine Romane leben von der Atmosphäre strenger Logik und kühler Argumentation. Lem »erfindet« keine phantastischen Welten, er konstruiert sie im Wortsinn der Science-Fiction: wissenschaftliche Belletristik. Die Zukunft, wie Lem sie sich vorstellt, hat mit kleinen grünen Männchen nichts zu tun; sie ist die Konsequenz eines durchdachten technischen Prozes-

■ Diese Bilder stammen aus dem hochgelobten, aber selten gezeigten Film des russischen Regisseurs Andrej Tarkowski aus dem Jahre 1972. Donatas Banionis spielt den Kris Kelvin; in weiteren Hauptrollen sind Natalja Bondartschuk, Juri Jarvet und Anatoli Solonitsin als Dr. Sartorius zu sehen.

ses, dessen Kontrolle dem Menschen nicht entgleiten darf. Deshalb sind Lems Bücher zugleich moralische Parabeln über die Gegenwart. Auch *Solaris* gehört dazu.

Die Solaris ist ein riesiger Planet mit zwei Sonnen, einer roten und einer blauen. Ein geheimnisvolles, im übrigen Universum vollkommen unbekanntes Plasma überzieht die Oberfläche wie ein riesiger Ozean. Es gibt keine Bewohner auf der Solaris, doch der Ozean scheint »zu leben«. Die Forschung zankt sich: Ist die Solaris ein einziges großes Gehirn oder eine gigantische Alge ohne Bewusstsein? Dieses Geheimnis erregt nicht nur die Wissenschaft. Auch in der Öffentlichkeit blühen die Spekulationen, der Planet wird zum Ziel menschlicher Sehnsüchte und Hoffnungen.

Er ist leider ziemlich weit entfernt. 18 Monate dauert der Flug von der Erde. Diese Zeit hat der Psychologe Kelvin im Tiefschlaf zugebracht. Er soll die Besatzung der Raumstation untersuchen, die den Planeten erforscht. Dazu wird es nicht kommen, Kelvin muss vielmehr zusehen, wie er sich selbst hilft.

Schon die Ankunft ist ein Schrecken: Der Kommandant hat sich umgebracht, die zwei anderen Mitglieder des Forscherteams scheinen hochgradig verwirrt. Dr. Snaut redet unverständliches Zeug und sieht aus, als hätte er gerade eine Prügelei überstanden. Dr. Sartorius hat sich in einem Labor verbarrikadiert, ist hysterisch und weigert sich, den Raum zu verlassen. Was ist hier passiert?

Kelvin versucht, die Lage rational zu erfassen – und verliert völlig die Fassung, als ihm plötzlich seine Frau Harvey gegenübertritt. Vor zehn Jahren hat sie sich das Leben genommen, Kelvin fühlt sich schuldig an ihrem Tod. Auch die anderen Besatzungsmitglieder werden von solchen gespenstischen »Gästen« aus der Vergangenheit besucht. Traumatische Halluzinationen? Ein unbekannter Virus, der geisteskrank macht? Der Wissenschaftler Kelvin muss feststellen, dass er, Snaut und Sartorius Teil eines Experiments sind. Keines menschlichen allerdings. Es ist die Solaris, die mit ihnen Versuche anstellt. Der Planet bringt die Menschen um ihren Verstand.

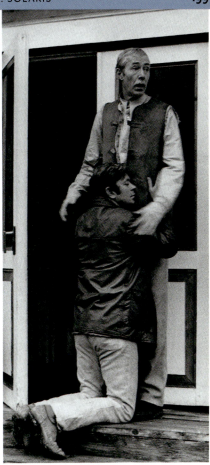

■ Der Roman galt als unverfilmbar, doch Tarkowski, der auch am Drehbuch mitschrieb, belehrt uns eines Besseren.

■ Filmszene. »Die von Lem ersonnene Welt, Zukunftsbild und Symbol einer allgewaltigen, zum Selbstzweck gewordenen, den Menschen verschlingenden Organisation ist ... weniger weit von den Grenzen des Möglichen entfernt, als man wahrhaben möchten. Ein Zukunftsalbtraum.« *Der Bund*, Bern

Solaris ist ein philosophischer Gruselroman. Was ist Realität? Wie arbeitet unser Bewusstsein? Kann man sich Intelligenz als reine Daseinsform vorstellen, ohne erkennbaren Sinn und Zweck? Kelvin wird sich darüber klar, dass es diese Fragen sind, die ihm die Solaris stellt. Antworten erhält er keine. Die Suche nach einer Lösung wird zu einer Reise ins Ich. Weit entfernt von der Erde schaut Kelvin in den Spiegel des menschlichen Wesens – und findet sich selbst.

»Die bloße Existenz dieses denkenden Kolosses wird die Menschen nie mehr zur Ruhe kommen lassen. Selbst wenn sie Galaxien durchmessen, selbst wenn sie sich mit anderen Zivilisationen uns ähnlicher Wesen verbinden, bleibt doch Solaris eine ewige Herausforderung an die Menschen.«

Stanislaw Lem hat in *Solaris* die wesentlichen Themen konzentriert, die nicht nur sein eigenes Werk bestimmen, sondern auch die Science-Fiction in Film und Literatur des 20. Jahrhunderts insgesamt prägen. Die Probleme technologischer Evolution, die sich gerade im Computerzeitalter verschärfen, hat Lem in seinen Büchern schon vorweggenommen. Seine Astronauten rechnen noch mit der Hand, aber sie bewegen sich bereits in jenen simulierten Welten, die sich heute per Mausklick erzeugen lassen. Auf die Gefahren dieser technischen Entwicklungen machen bei Lem in der Regel außerirdische Kräfte aufmerksam. Im wirklichen Leben – so die Mahnung des Autors – müssen wir das selbst übernehmen.

Der Informationstechnologie steht Stanislaw Lem äußerst kritisch gegenüber. Er, der schon vor zwanzig Jahren über ein weltweites Datennetz nachdachte, bezeichnet das Internet als die »wahre Sintflut«. Wer weiß, ob er damit nicht recht behält.

■ Stanislaw Lem im Jahre 1987.

SOLARIS

 STANISLAW LEM, LEBEN UND WERK

Stanislaw Lem wurde am 12. September 1921 in Lwow (Lemberg), damals Polen, geboren. Erinnerungen an seine Kindheit gingen ein in sein Buch *Das hohe Schloss* (1965). 1939 begann er in seiner Geburtsstadt ein Medizinstudium, musste es aber wegen des Krieges unterbrechen. Von 1941 bis 1944 arbeitete er als Automechaniker in Krakau. Dort nahm er 1945 sein Studium wieder auf und belegte außerdem am Konservatorium für Wissenschaftslehre Kurse in Philosophie, Physik und Biologie. 1948 schloss er das Medizinstudium ab, war aber nur einige Wochen als Arzt tätig. Er arbeitete als Assistent am Krakauer Konservatorium Naukoznycze, übersetzte russische Fachliteratur und schrieb Rezensionen wissenschaftlicher Bücher und Artikel für Zeitschriften und nebenbei Gedichte. Sein erster Science-Fiction-Roman *Der Mensch vom Mars* erschien 1946 in einer Romanheftreihe. Da Stanislaw Lem es lange abgelehnt hatte, diese Geschichte nachdrucken zu lassen, geriet sie jahrzehntelang in Vergessenheit, bis sie Ende der 1980er Jahre erstmals als Buch erschien. In der Zeit von 1948 bis 1950 schrieb Stanislaw Lem an seinem nächsten, dreiteiligen Roman *Die Irrungen des Stefan T.*, dessen Erscheinen sich aufgrund der Zensur in Polen bis 1955 hinzog. Später distanzierte sich der Autor von den beiden letzten Bänden der Trilogie und stimmte für die deutsche Ausgabe nur der Veröffentlichung des ersten Teils *Das Hospital der Verklärung* zu. Stanislaw Lems erstes richtiges Buch kam 1951 mit dem Roman *Der Planet des Todes* heraus, das in der deutschen Übersetzung später auch unter dem Titel *Die Astronauten* erschienen ist. Die Beschreibung einer Venusexpedition wurde 1959 als deutsch-polnische Koproduktion unter dem Titel *Der schweigende Stern* von dem prominenten DDR-Regisseur Kurt Maetzig verfilmt. 1961 erschien Stanislaw Lems berühmtester Roman *Solaris*, nach dem Andrej Tarkowskij 1972 einen Film drehte. Zu Stanislaw Lems wichtigsten Werken gehören die *Sterntagebücher* (1961), *das Robotermärchen* (1969) und der Roman *Fiasko* (1986). Neben seinen zahlreichen, philosophisch tiefsinnigen Science-Fiction-Romanen und -erzählungen, die – in zahlreiche Sprachen übersetzt – ihn weltberühmt und zum erfolgreichsten Autor der modernen polnischen Literatur machten, schrieb Stanislaw Lem auch Märchen, Humoresken, Hör- und Fernsehspiele, philosophische, kulturkritische und literarische Essays sowie wissenschaftliche Abhandlungen. 1973 wurde er Dozent für polnische Literatur an der Universität Krakau. In den 1980er Jahren lebte er mit seiner Frau und seinem Sohn fünf Jahre in Wien, dann zog die Familie nach Krakau zurück.

 DATEN

Erstveröffentlichung:
Warschau 1961 (deutsch: 1972)

Lesenswert:
Stanislaw Lem: *Solaris*, München (dtv) 1996.
Der Mensch vom Mars. Roman, Frankfurt/Main 1993.
Die Astronauten. Roman, Frankfurt/Main 1996.
Das Hospital der Verklärung. Roman, Frankfurt/Main 1998.
Eden. Roman einer außerirdischen Zivilisation, München 1999.
Sterntagebücher, Frankfurt/Main 1996.
Der Unbesiegbare. Roman, Frankfurt/Main 1996.
Das hohe Schloss. Memoiren. Frankfurt/Main 1990.
Fiasko, Roman Frankfurt/Main 2000.
Die Stimme des Herrn. Roman, Frankfurt/Main 1995.
Frieden auf Erden. Roman von der Auslagerung aller Waffen aus Ost und West auf den Mond, Frankfurt/Main 1995.
Die Technologiefalle. Essays, Frankfurt/Main 2000.

Sehenswert:
Soljaris (Solaris). Regie: Andrej Tarkowski; mit Natalja Bondartschuk, Donatas Banionis, Jurij Jarwet, Anatolij Solonizyn, Nikolaj Grinko. UdSSR 1972.

 AUF DEN PUNKT GEBRACHT

Der Science-Fiction-Klassiker des Jahrhunderts – ohne Stanislaw Lem gäbe es Filme wie *Matrix* kaum.

Das goldene Notizbuch
Doris Lessing

■ Doris Lessing in Berlin, 2000.

■ Der Picadilly Circus in den fünfziger Jahren, als Anna Wulf nach London zurückkehrt.

■ Fünf Jahre war Doris Lessing alt, als 1924 die ersten weiblichen Abgeordneten ins britische Unterhaus einzogen: v. l. n. r., Miss Jewson, Miss Susan Lawrence, Lady Astor, Mrs. Wintringham, Duchess of Atholl, Mrs. Philipson, Lady Terrington und Miss Bondfield.

»›Soweit ich sehe‹, sagte Anna, als ihre Freundin vom Telefon im Flur zurückkam, ›soweit ich sehen kann, ist alles am Zusammenklappen.‹«
Free Women heißt der Roman, den die Hauptfigur, die Schriftstellerin Anna Wulf, in *Das goldene Notizbuch* schreibt. Im Englischen kann das zweierlei bedeuten: Ungebundene Frauen (so die deutsche Übersetzung) oder die Aufforderung, der Appell, die Frauen zu befreien. Hunderttausende von Frauen in aller Welt haben diese letztere Variante bevorzugt, sehr zum Verdruss der Autorin, die ihr Buch nicht als »*Posaune für Women's Liberation*« verstanden wissen wollte. In einem ausführlichen Vorwort der Neuausgabe von 1971 bekannte sich Doris Lessing zwar ausdrücklich zur Emanzipation, wies jedoch auch fast verzweifelt auf die vielen anderen Aspekte hin, die im Roman ebenfalls eine wichtige Rolle spielen. Aber vergeblich. In Amerika wurde Doris Lessing längst als die erste wirklich feministische Schriftstellerin gefeiert, die Franzosen nannten sie »die britische Simone de Beauvoir«. Deutschland brauchte etwas länger. Erst 1978 wurde *Das goldene Notizbuch* übersetzt und im Zuge der Frauenbewegung zum Bestseller. Und die Leserinnen lagen schon richtig. Trotz der Einwände der Autorin: *Das goldene Notizbuch* ist durch und durch ein feministischer Roman, mit verblüffender Offenheit geschrieben, was sexuelle Dinge angeht, und gespickt mit beißend-humorvoller Kritik an männlicher Arroganz und weiblicher Demut. Die Männer in diesem Roman sind entweder impotent oder promiskuitive Stecher – in beiden

Fällen ist mit ihnen wenig anzufangen. Die dreißigjährige Anna Wulf kennt solche Typen zur Genüge. Seit ihrer Scheidung ist ihr Liebesleben ein Trauerspiel. Außerdem steckt sie in einer tiefen Schaffens- und Lebenskrise. Als anfänglich erfolgreiche Schriftstellerin leidet sie nun unter »writer's block«, einer Schreibhemmung. Auch ihre politischen Überzeugungen haben schwer gelitten. Anna hat früher in Südafrika gelebt und sich nach ihrer Rückkehr nach England in der Kommunistischen Partei engagiert. Jetzt, unter dem Eindruck des Ungarn-Aufstands 1956, geht sie auf Distanz zu ihren Genossen, die das brutale Vorgehen Stalins rechtfertigen und selbst einen despotischen Kommandoton an den Tag legen. Anna ist rundum frustriert.

Um Ordnung in das Chaos ihres Lebens zu bringen, legt sie vier verschiedenfarbige Notizbücher an. In einem schwarzen schreibt sie über ihre Erlebnisse in Südafrika; ein blaues dient als Tagebuch; ihre politischen Aktivitäten rekapituliert Anna in einem roten. In einem gelben schließlich vermerkt sie literarische Skizzen und Entwürfe, darunter auch den Plan für den Roman *Ungebundene Frauen*, der später den Rahmen für das gesamte Werk abgibt und dessen erster Satz auch Annas Schreiblähmung beendet: »*Die beiden Frauen waren allein in der Londoner Wohnung.*« Bis es allerdings so weit ist, vollzieht sich ein schmerzlicher Prozess der Selbstvergewisserung, in dem Anna noch einmal mehrere wichtige Phasen ihres Lebens durchläuft. Am Ende legt sie die vier Notizbücher beiseite und beginnt das goldene: Es ist das Symbol für frischen Lebensmut und den Beginn einer neuen Zeit, die zwar nicht weniger wirr und kompliziert ist, aber Fortschritt und positive Energie ver-

> »Wir haben kein Buch aus jener Zeit, kein Buch über jene Zeit, das in so komplexer Weise von der Anstrengung zeugt, ein ungeteilter Mensch, also ein politischer, künstlerischer, fühlender und denkender Mensch zu sein.«
> KARIN KERSTEN, *Die Zeit*

■ Sieben Jahre war Doris Lessing alt, als 1926 bei einer Anti-Streik-Demonstration 25.000 Frauen in London zusammenkamen. An der Spitze des Demonstrationszuges Damen zu Pferde.

■ Dreißig Jahre ist Lessings Protagonistin Anna Wulf alt, als es zum Volksaufstand in Ungarn kommt. Am 23. Oktober 1956 wird das Stalin-Denkmal am Hosök in Budapest gestürzt.

> »Ich halte diesen Roman für ein Schlüsselbuch der Literatur nach 1940.«
> HELMUT HEISSENBÜTTEL

■ Rolf Becker schreibt im *Spiegel*: »Eine beispielhafte Geschichte von den Schmerzen der Emanzipation und von den spezifischen Schwierigkeiten der Frau, in dieser Welt ein ganzer Mensch zu sein.«

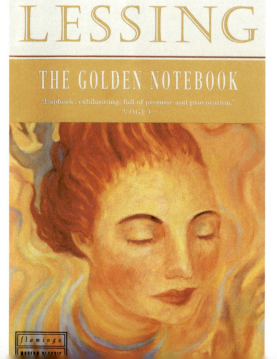

spricht. Wie die meisten Romane Doris Lessings ist *Das goldene Notizbuch* stark autobiographisch. Auch Doris Lessing hatte in Südafrika gelebt und mit der KP geliebäugelt. Nach zwei Ehen lebte sie als alleinerziehende Mutter – auch Anna hat eine Tochter – und Schriftstellerin in London. In Interviews hat Doris Lessing immer wieder betont, dass es ihr bei *Das goldene Notizbuch* zunächst lediglich darum ging, eine Frau darzustellen, die an einem Wendepunkt steht, nachdem alle bisherigen Konstanten ihres Lebens weggebrochen sind. Die äußere, komplex verschachtelte Struktur des Romans sollte diesen Zerfall widerspiegeln. Darunter leidet bisweilen die Lesbarkeit. Oft ist es sehr mühsam, sich im Buch zurechtzufinden. Manchmal weiß man nicht, von wem nun die Rede ist, von erfundenen Figuren – jenen, die Anna sich für ihre Romane ausdenkt – oder realen Personen in Annas Umkreis (die natürlich wiederum von Doris Lessing erdacht sind...). Die langen Passagen über Sozialismus und Kapitalismus sind sozialhistorisch interessant – was weiß man schon über den Kommunismus in England? –, aber eine ausgesprochen zähe Angelegenheit. Ganz anders und überraschend modern klingen jedoch die »feministischen« Kapitel. Vor allem in den Dialogen sprüht die Bosheit, werden Männer auf hochkomische Weise vorgeführt. Vom Unterschied zwischen vaginalem und klitoralem Orgasmus haben sie natürlich keine Ahnung, und konsterniert müssen sie hinnehmen, dass Frauen vom Schlage Annas ihnen emotional, intellektuell – und auf sexuellem Gebiet weit überlegen sind. Es waren hauptsächlich diese freimütigen Szenen, über denen man zum Leidwesen Doris Lessings den sorgfältigen Bauplan sowie den politisch-theoretischen Gehalt des Romans leicht vergaß. Die Frauenbewegung indes hat in dem Buch einen wahren Schatz an herben Sentenzen und bösen Sprüchen gefunden: »*Es gibt keine frigiden Frauen, es gibt nur unfähige Männer.*« Das darf im Buch sogar ein Mann sagen. Einer mit Selbsterkenntnis. Was ja schon mal ein Anfang ist...

DAS GOLDENE NOTIZBUCH (THE GOLDEN NOTEBOOK)

 DORIS LESSING, LEBEN UND WERK

Doris Lessing, am 22. Oktober 1919 in Kermanschah geboren, wuchs in der britischen Kolonie Südrhodesien, heute Simbabwe, auf. Als sie vierzehn war, verließ sie die Schule und verdiente sich in Salisbury mit verschiedenen Jobs ihren Lebensunterhalt, unter anderem als Schreibkraft in einem Anwaltsbüro. Nach der Scheidung von ihrem zweiten Ehemann zog sie 1949 mit ihrem Sohn nach England. Dort wurde sie Mitglied der Kommunistischen Partei, aus der sie nach dem sowjetischen Einmarsch in Ungarn 1956 wieder austrat. Ihr erster Roman *Afrikanische Tragödie* (*The Grass Is Singing*) erschien 1950 und brachte ihr in England und den USA schnell Erfolg. Wie diese Geschichte spielen auch ihre wenig später veröffentlichten Erzählungen und die ersten vier Bände des Romanzyklus *Children of Violence* in ihrer afrikanischen Heimat. Der von ihr selbst als Bildungsroman bezeichnete Zyklus besteht aus den fünf Büchern *Martha Quest* (1952), *Eine richtige Ehe* (*A Proper Marriage*, 1954), *Sturmzeichen* (*A Ripple from the Storm*, 1958), *Landumschlossen* (*Landlocked*, 1965) und *Die viertorige Stadt* (*The Four-Gated City*, 1969). Das Thema Gewalt und Zerstörung durchzieht alle Romane; das Leben der Hauptfigur Martha Quest ist geprägt von Erfahrungen mit Rassismus, Diskriminierung, Krieg, Umweltzerstörung und atomarer Bedrohung. Internationalen Ruhm erlangte Doris Lessing 1962 mit ihrem Roman *Das goldene Notizbuch*, das besonders von der Frauenbewegung begeistert aufgenommen wurde. Die Autorin, die zwar mit den Zielen des Feminismus sympathisierte, sich selbst aber nie als Feministin verstand, hob in einem 1971 verfassten Vorwort die Vielzahl der Themen in dem Roman hervor, die für sie von ebenso großer Bedeutung waren, etwa die Apartheidspolitik in Afrika, die Generationskonflikte oder die Atomwaffen. Mit der Vision einer nuklearen Verseuchung der Erde endet ihr Romanzyklus *The Children of Violence* und beginnt ihre zweite fünfbändige Romanserie *Canopus in Argos: Archive*, an der Doris Lessing von 1979 bis 1983 arbeitete. Die Geschichten, die den Leser in intergalaktische Welten führen, definierte sie selbst als die Erkundung des menschlichen »Weltinnenraums«. Mit ihrem *Tagebuch der Jane Somers* (*The Diary of a Good Neighbour*) wandte sich Doris Lessing 1983 wieder der Gegenwart und einer realistischen Erzählweise zu. Neben weiteren Romanen verfasste sie Essays und Reisereportagen. Ihren 1988 erschienen Roman *Das fünfte Kind* (*The Fifth Child*) setzte Doris Lessing mit ihrem jüngsten Roman *Ben in der Welt* (*Ben, in the World*) fort.

 DATEN

Erstveröffentlichung:
London 1962 (deutsch: 1978)

Lesenswert:
Doris Lessing: *Das goldene Notizbuch*, Frankfurt/Main (Fischer) 1997.
Afrikanische Tragödie. Roman, Frankfurt/Main 1995.
Der Zauber ist nicht verkäuflich. Afrikanische Erzählungen, Zürich 1981.
The Children of Violence: Martha Quest. Roman, München 1996.
Eine richtige Ehe. Roman, München 1991.
Sturmzeichen. Roman, München 1991.
Landumschlossen. Roman, München 1992.
Die viertorige Stadt. Roman, München 1991.
Das fünfte Kind. Roman, München 1997.
Ben in der Welt. Roman, Hamburg 2000.
Mit leiser persönlicher Stimme. Essays, München 1995.
Unter der Haut. Autobiographie, München 1996.
Schritte im Schatten. Autobiographie 1949–1962, München 1999.

Hörenswert:
Doris Lessing: *Der Preis der Wahrheit. London Stories*. Gelesen v. Helga Grimme, Steinbach sprechende Bücher 1994.

 AUF DEN PUNKT GEBRACHT

Ein Fanal des Feminismus mit bisweilen überanstrengter Konstruktion – zum Glück sehr sexy zwischendurch: harte Kost für Machos!

Uhrwerk Orange
Anthony Burgess

»1945, als ich von der Army kam, hörte ich einen achtzigjährigen Cockney in einem Londoner Pub von jemandem sagen, er sei ›schräg wie eine aufgezogene Orange‹. Der Ausdruck faszinierte mich als eine Äußerung volkstümlicher Surrealistik. Die Gelegenheit, die Redensart auch als Titel zu benutzen, kam 1961, als ich mich daran machte, einen Roman über Gehirnwäsche zu schreiben.«

Dass Anthony Burgess überhaupt je geschrieben hat, ist ebenfalls eine »schräge« Geschichte. 1959, Burgess war 42 Jahre alt und Lehrer in Übersee, fiel er im Klassenzimmer einfach um. Die Ärzte in England stellten einen Gehirntumor fest und gaben Burgess noch 12 Monate zu leben. Bis dahin hatte er die Schriftstellerei nur nebenbei, als »gentleman's hobby« betrieben, doch jetzt machte er sich ernsthaft an die Arbeit, um seiner Frau *»wenigstens ein bisschen was zu hinterlassen«*. Die Diagnose war falsch, aber in jenem vermeintlichen Todesjahr schrieb er fünf

■ Malcolm McDowell spielte die Rolle des Alex in der *Clockwork-Orange*-Verfilmung von Stanley Kubrick. Der Film löste weltweit heftige Diskussionen wegen seiner Gewaltdarstellungen aus.

Romane, und bei diesem Arbeitstempo ist es geblieben. Als Anthony Burgess 1993 wirklich starb, hatte er mehr als fünfzig Bücher geschrieben, unzählige Zeitungsartikel, Rezensionen und Essays und nebenbei noch an die hundert Musikstücke, darunter drei komplette Symphonien, denn komponieren konnte er auch.

Der Weltruhm kam mit Verspätung. *Uhrwerk Orange* war bereits 1962 erschienen, aber erst die Verfilmung des Regisseurs Stanley Kubrick im Jahr 1971 machte Buch und Autor richtig bekannt. Der Skandal, den der Film wegen seiner Gewaltszenen entfachte, erfasste im Nachhinein den Roman, mochte Burgess auch erklären: »*Der Film unterscheidet sich sehr vom Buch. Ich mag den Film nicht besonders. Der Erfolg kam wie ein Bumerang auf mich zurück.*« Allerdings musste der Autor eingestehen, dass Kubrick die Atmosphäre des Buches »*vielleicht genial*« erfasst hatte: eine künstliche Science-Fiction-Welt, in der jugendliche Halbstarke ihre Umwelt drangsalieren und dabei eine sonderbare Sprache – das so genannte »*Nadsat*« – sprechen. Zu Beginn des Romans sitzen der 15-jährige Held Alex und seine Kumpels in einem Lokal: »*Die Korova-Milchbar war ein Mesto, wo sie Milch-plus ausschenkten, und ihr mögt*

■ Anthony Burgess im Jahre 1988.

■ Alex mit seinen »Droogs« Pete, Georgie und Dim beim »Leutezusammenschlagen«.

- Die Kunstsprache des Romans wurde eine Zeitlang Mode: Alex und seine Droogs sprechen »nadsat«, einen Slang, den der vielsprachige Burgess aus verschiedenen Dialekten und vor allem slawischen Wörtern zusammenmixte. Die Idee dazu hatte Burgess, als er von Massenprügeleien zwischen russischen Fussball-Rowdys in Leningrad las.

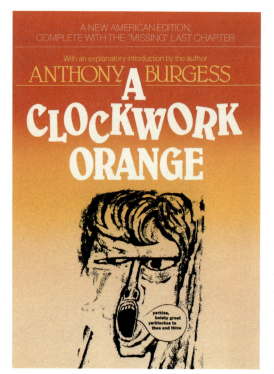

vergessen haben, oh meine Brüder, wie diese Mestos waren, wo sich heutzutage alles so skorri verändert und Leute so schnell vergessen und auch nicht mehr viel Zeitung gelesen wird. Nun, was sie da verkauften, war Milch mit einem Schuß von was anderem. (...) Du konntest Milch mit Messern drin pitschen, wie wir zu sagen pflegten, und das machte dich scharf und bereit für ein bißchen schmutziges Zwanzig-gegen-einen.« Und genau das macht Alex mit seinen »*Droogs*« Pete, Georgie und Dim am liebsten. Leute zusammenschlagen heißt bei ihnen »*tollschocken*«, sie »*krasten Strom*«, wenn sie einen Laden ausrauben, und Vergewaltigen ist »*das alte Rein-Raus-Spiel*«. So vertreiben sie sich die Zeit, bis Alex nach einem Mord gefasst und in ein staatliches Umerziehungsprogramm gesteckt wird. In der »*Ludovico-Therapie*« bekommt er ein Serum, das ihn gegen jede Form von Gewalttätigkeit immunisiert, er wird zum totalen Pazifisten abgerichtet, der sich sofort erbrechen muss, wenn er Gewalt erlebt oder auch nur an sie denkt. Täglich zwingt man ihn, die schrecklichsten Gewaltfilme anzusehen, und Alex kotzt sich die Seele aus dem Leib. Nach seiner Entlassung geht die Tortur weiter, denn nun ist Alex das mechanische »Uhrwerk«, konditioniert wie ein Automat und damit wehrlos gegen jede Willkür, die von allen Seiten auf ihn einprasselt. Der Zufall will es, dass Alex, nachdem er von seinen ehemaligen Kumpanen mit Wonne zusammengeschlagen und gefoltert worden ist, Zuflucht bei einem Schriftsteller findet. Zu seinem Entsetzen erkennt Alex in seinem Retter ein früheres Opfer: Mit seinen Droogs hatte Alex den Autor in seiner Wohnung überfallen und zusammengeschlagen, vor dessen Augen seine Frau vergewaltigt, die später durch den Schock gestorben war. Alex, der damals maskiert war, versucht, den Unschuldigen zu spielen, doch seine »Horrorschau«-Sprache verrät ihn. Nun rächt sich der Schriftsteller, indem er Alex in einem Zimmer einschließt und ihm jene klassische Musik vorspielt, die während der Ludovico-Therapie die Gewaltfilme begleitete und jetzt dieselbe Wirkung hat wie die Gewalt selbst. Verzweifelt stürzt

■ Alex und seine Droogs in Aktion. Erstaunlicherweise gab es für das wohl nicht zu Unrecht umstrittene Werk zwei Oscar-Nominierungen: eine für den »Besten Film« und eine für den Regisseur Stanley Kubrick.

sich Alex aus dem Fenster – um im Krankenhaus »geheilt« wieder aufzuwachen; der Anblick einer sexy Krankenschwester erinnert ihn plötzlich an die unbekümmerten Tage von einst, und ihm wird gar nicht schlecht, als er sie anmacht: »*Was gibt' s, o meine kleine Schwester? Komm und leg dich zu deinem malenki Droog in dieses Bett.*«

An dieser Stelle lässt Stanley Kubrick seinen Film enden, ein entscheidender Unterschied zum Buch, das noch weitergeht. Denn während der Film damit andeutet, dass von nun an alles so wie früher ist, nimmt der Roman eine ganz andere Wendung. Zwar fällt Alex zunächst in seine schlechten Gewohnheiten zurück, aber er ist älter, reifer geworden und entscheidet sich bald für ein neues Leben. Er sehnt sich nach einer Familie, nach Geborgenheit: »*Aber wo ich jetzt hinzottele, o meine Brüder, könnt ihr nicht gehen. Morgen ist alles wie süße Blumen und die Sterne und der alte Mond da oben, und euer alter Droog Alex sucht ganz alleine eine wie Gefährtin. Und all den Scheiß.*«

Man hat im Zuge der Diskussion um Kubricks Film natürlich auch Anthony Burgess vorgeworfen, Gewalt zu verherrlichen, und in der Tat hat es Jugendliche gegeben, die sich Alex zum Vorbild nahmen und seine Verbrechen imitierten. Aber trotz aller *action* und Schnoddrigkeiten ist *Uhrwerk Orange* ein sehr ernstes und sogar intellektuelles Buch, das um eine ganze Reihe

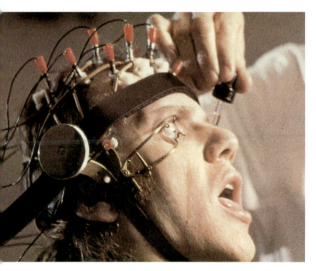

■ Alex wird im staatlichen Umerziehungsprogramm der »Ludovico-Therapie« unterworfen. Vom verrohten Gewaltverbrecher wird er zum totalen Pazifisten abgerichtet.

von tiefen philosophischen Fragen kreist: Kann man das Böse in der Welt mit dessen eigenen Mitteln vertreiben? Was ist der Unterschied zwischen individueller und staatlicher Gewalt? Ist das Gute im Menschen eine natürliche Regung oder nur eine gesellschaftliche Regel, die ein jeder auf seine Weise zu übertreten sucht? Das Problem ist eine Münze mit immer zwei Seiten. Alex' Taten sind so furchtbar wie die Strafe, die sie nach sich ziehen, das brutale Recht des Stärkeren, das er und seine Droogs für sich beanspruchen, wird am Ende auf ihn selbst angewandt, ein Vorgang, den Alex übrigens locker einsieht, weil das Treten und Getreten-Werden genau seiner Lebenseinstellung entspricht. Auch kann man sich als Leser einer gewissen grundsätzlichen Sympathie für Alex kaum erwehren: Er ist witzig, intelligent und kommentiert die starre, gefühlskalte Erwachsenenwelt, die ihn umgibt, mit ironischen Einsichten, die oft über den Horizont jugendlicher Großspurigkeit hinausgehen. So ist Alex ein verbrecherisches Monster, aber doch nicht nur.

Es hat Anthony Burgess wenig gefallen, dass man *Uhrwerk Orange* als sein Hauptwerk ansah und sich immer wieder darauf bezog, wenn es um den Zusammenhang von jugendlicher Gewalt und Gesellschaft ging. Angesichts der Entwicklung von Film und Fernsehen mit immer brutaleren Streifen wurde Burgess zunehmend skeptischer in seiner Verteidigung der Freiheit der Kunst. Als 1993, kurz vor seinem Tod, in England heftig darüber gestritten wurde, ob *A Clockwork Orange* im britischen Fernsehen gezeigt werden sollte – der Film war im Vereinigten Königreich jahrelang verboten gewesen –, sprach sich Burgess für eine allgemeine Zensur des Mediums aus, »*im Prinzip*«, wie er sagte, »*und es ist ein Prinzip, das ich erst nach mehr als 50 Jahren zu übernehmen gewillt bin.*«

UHRWERK ORANGE (A CLOCKWORK ORANGE)

 ANTHONY BURGESS, LEBEN UND WERK

»Mein 68er Passphoto zeigt einen kernigen, selbstsicheren Viehhändler mit großer Nase, durchtriebenem Blick und dem typisch schlaffen Mund eines eindeutig Betrunkenen.« Diese nicht gerade schmeichelhafte Selbstdarstellung stammt von dem am 25. Februar 1917 in Manchester geborenen englischen Schriftsteller, Komponisten und Kritiker Anthony Burgess (geboren als John Anthony Burgess Wilson). Bei der großen Grippeepidemie 1919 verliert er seine Mutter, von Beruf Sängerin und Tänzerin. Der Vater, ein Barpianist, heiratet ein zweites Mal. Burgess' Kindheitserinnerungen im Schatten der konservativ-katholischen Industriemetropole Manchester sind geprägt von einem Leben in Armut und Monotonie. Erst ein Stipendium ermöglicht ihm das Studium der Englischen Literatur und der Musik an der Universität von Manchester, das er 1940 abschließt. Nach seinem Kriegsdienst im British Army Education Corps unterrichtet der seit 1942 mit Llewa Isherwood Jones verheiratete Burgess Englische Literatur, Phonetik, Spanisch und Musik. Seine damals entstandenen Kompositionen werden von der BBC abgelehnt. Sein erster, 1949 entstandener Roman A Vision of Battlement erscheint erst 1965. Burgess geht 1954 als Erziehungsoffizier nach Malaya (heute Westteil von Malaysia) und später nach Brunei auf Borneo. 1959 kommt es zu der folgenschweren Fehldiagnose »Gehirntumor«. Um seine Frau finanziell abzusichern, widmet er sein vermeintlich letztes Lebensjahr ganz dem Schreiben und vollendet in fieberhafter Hast fünf Romane in Folge. Zu Unrecht reduzierte ihn sein Publikum lange Zeit auf den Autor mit dem einen berühmten Buch, A Clockwork Orange. Sein musikalisches Werk umfasst ungefähr hundert Stücke, darunter ein Broadway-Musical; er schreibt Biographien, Literaturrezensionen, Fernsehkritiken und Essays. Der sprachgewandte Autor entwickelt außer der Kunstsprache »Nadsat« auch die Sprache der Urmenschen für Jean Jacques Annauds Film Am Anfang war das Feuer. Nach dem Tod seiner ersten Frau heiratet er 1968 die Übersetzerin und Dozentin Liana Macellari, mit der er einen Sohn, Andrew, hat. Er übersiedelt nach Malta, lebt später in Rom, Monaco, zuletzt in Lugano. Nach einem längeren Krebsleiden stirbt der 76-Jährige am 25. November 1993 in einer Londoner Klinik.

 DATEN

Erstveröffentlichung:
London 1962 (deutsch: 1972)

Lesenswert:
Little Wilson and Big God: Being the First Part of the Confessions of Anthony Burgess. London 1987.
You' ve Had Your Time : Being the Second Part of the Confessions of Anthony Burgess. London 1991.
Anthony Burgess: *Die Uhrwerk-Orange.* Roman. Neuübersetzt von Wolfgang Krege, Stuttgart 1993.
Der Fürst der Phantome. Roman, Stuttgart 1984.
Erlöse uns Lynx. Roman, Stuttgart 1986.
Der Teufelspoet. Roman, Stuttgart 1995.

Hörenswert:
A Clockwork Orange. Edition Hörspiel Teil 1. Waku Word 2000. Audio-CD.

Sehenswert:
Burgess Variations. Zweiteilige Biographie von Kevin Jackson. Dokumentarfilm. BBC 1999.

A Clockwork Orange (Uhrwerk Orange). Regie: Stanley Kubrick; mit Malcolm McDowell, Paul Farrell, Patrick Magee, Michael Bates, Warren Clarke.
GB 1970–71.

 AUF DEN PUNKT GEBRACHT

Nicht nur seine reizvolle Sprache hat diesen Roman frisch gehalten – auch die Einsicht, dass Gewalt immer nur neue Gewalt erzeugt, ist seither nicht widerlegt worden.

Ansichten eines Clowns
Heinrich Böll

»*Ich bin ein Clown und sammle Augenblicke* …« So anmutig fasst der 27-jährige Hans Schnier seine Existenz zusammen, aber nach Poesie steht ihm eigentlich kaum noch der Sinn. Beruflich ist er auf dem absteigenden Ast. Seine Witze kommen nicht mehr an, auf Betriebsfesten muss er den dummen August spielen, die Gagen werden immer geringer. Und dann ist Hans auch noch von Marie verlassen worden, der ersten und einzigen Frau, die er je geliebt hat. Sechs Jahre haben sie ohne Trauschein zusammengelebt; nun hat er Marie an einen Spießer aus dem »*Dachverband katholischer Laien*« verloren. Jetzt ist sie auf Hochzeitsreise in Rom, und Hans leidet wie ein Hund. Nach einem verpatzten Auftritt kehrt er in seine Heimatstadt Bonn zurück und setzt sich ans Telefon, um all diejenigen anzurufen, die er für sein Unglück verantwortlich macht. Die Liste ist lang. »*In Osnabrück hatte sie mir zum erstenmal gesagt, sie habe Angst vor mir, als ich mich weigerte, nach Bonn zu fahren, und sie unbedingt dorthin wollte, um* ›*katholische Luft zu atmen*‹.«

Nicht nur die katholischen Kreise, die Marie unter Druck gesetzt haben, nimmt Hans auf's Korn. Auch seine Familie, rheinische Braunkohlen-Millionäre, bekommt einiges ab. Der Mutter kann er nicht verzeihen, dass sie seine 16-jährige Schwester Henriette noch in den letzten Kriegstagen als Flakhelferin in den Tod geschickt hat, um »*die jüdischen Yankees von unserer heiligen deutschen Erde wieder zu vertreiben*«. Jetzt ist die Mutter Präsidentin der »*Gesellschaft zur Versöhnung rassischer Gegensätze*« – eine Verlogenheit, die Hans Schniers Erfahrungen nach dem Verhalten der Gesellschaft insgesamt entspricht: Man will nicht an die braune Vergan-

■ Szene aus der Verfilmung von Vojtech Jasny aus dem Jahre 1975. Helmut Griem spielt den Hans Schnier.

genheit erinnert werden, man verdrängt, man empfindet keine Schuld.
Mit seinem Roman wollte Heinrich Böll das gesellschaftliche Klima in der Bundesrepublik zu Beginn der 1960er Jahre einfangen, das heute, im Rückblick, oft mit einem Schlagwort jener Zeit beschrieben wird: der »Unfähigkeit zu trauern«. Die Psychologen Alexander und Margarete Mitscherlich haben unter dem gleichnamigen Titel ein Epoche machendes Buch geschrieben, das zeigt, wie wenig die Deutschen geneigt waren, sich zu ihrer Verantwortung für die Verbrechen zwischen 1933 und 1945 zu bekennen. Es war die Zeit des Wirtschaftswunders, »man war wieder wer«, zugleich herrschte ein konservativer Geist, dem jede Kritik an gesellschaftlichen Zuständen als rebellische Linksradikalität verdächtig war. Das Wort »Liberaler« war gleichbedeutend mit Kommunist und Nestbeschmutzer. »*Wählen Sie auch fleißig CDU?*«, fragt Hans Schnier einmal einen Mann am Telefon. »*Selbstverständlich*«, lautet die Antwort. Die Kirchen, vor allem die katholische, waren stramme Vertreter dieser öffentlichen Moral. Der Einfluss des Klerus war damals enorm und reichte bis in höchste politische Kreise.
Ansichten eines Clowns war die überraschend heftige Kritik an diesem »*politischen deutschen Katholizismus*«, wie es Böll formulierte. Dieser arroganten Macht stellt er seinen Hans Schnier gegenüber, den zornigen jungen Mann, der aus Protest gegen die Geschichtsvergessenheit zum Außenseiter wird. Als Clown spielt er etwa die Nummern »Aufsichtsratsitzung« oder »Der General« und hält so der Gesellschaft den Spiegel vor, aber – sein beruflicher Abstieg zeigt es – niemand mag in diesen hineinschauen. Dem Roman erging es nicht so. Die *Ansichten eines Clowns* erschienen 1963, verkauften sich gleich hunderttausendfach und wurden zu einem der erfolgreichsten Bücher Bölls.
Als Schriftsteller war Heinrich Böll schon sehr bekannt. Seine Geschichten erzählten vom Krieg, zumeist aus der Perspektive des einfachen Soldaten, vom Zusammenbruch, von der harten Zeit des Wiederaufbaus, von Armut und Not. Es waren

■ Filmszene mit Hanna Schygulla und Helmut Griem.

»Heinrich Böll hat der Bundesrepublik im Ausland einen Kredit verschafft, den diese nicht verdient. Er steht für eine Haltung, die im eigenen Land nichts gilt. (...) Von den engagierten westdeutschen Autoren war Böll der erste. Er war es in der einfachsten Art. Unaufdringlich und beharrlich in seiner Überzeugungskraft. Immer gegenwärtig und mit dem Einsatz der ganzen Person. Er war es und er ist es so deutlich, dass er zur Symbolfigur wurde.«

GÜNTER WALLRAFF

■ Am 10. Dezember 1972 übergibt der schwedische Kronprinz Carl Gustaf in Stockholm Heinrich Böll den Nobelpreis für Literatur. Marcel Reich-Ranicki über Heinrich Böll: »Ob man im nächsten Jahrhundert Bölls Romane noch lesen wird, wissen wir nicht. Aber solange es eine deutsche Literatur geben wird, wird man seiner mit Respekt und Dankbarkeit gedenken.«

»Mit einer in Deutschland beispiellosen Freiheit hat Heinrich Böll den Stand des Ungedeckten und Einsamen dem jubelnden Einverständnis vorgezogen.«
THEODOR W. ADORNO

sehr moralische Erzählungen, die Güte an Stelle von Grausamkeit und Hochmut setzten, viele Menschen konnten sich damit identifizieren. Ende der 1950er Jahre wurde Bölls Ton jedoch schärfer. Dass man so rasch wieder zur Tagesordnung übergegangen war, alte Nazis zunächst unbehelligt in Machtpositionen zurückkehren konnten, empfand Böll als moralischen Skandal. Er begann, sich politisch zu engagieren, in Reden und Aufsätzen, er wurde zum Paradebeispiel des gesellschaftskritischen Schriftstellers, der sich einmischt und öffentlich seine Stimme erhebt. Der Preis dafür waren fast lebenslange öffentliche Attacken und Diffamierungen seiner Person. Mit *Ansichten eines Clowns* hatte Böll die katholische Kirche herausgefordert, die es ihm mit wütenden Angriffen vergalt. Nach und nach brachte Böll alle Konservativen gegen sich auf. Der Höhepunkt war in den 1970er Jahren erreicht, als sich Böll für eine faire Behandlung der RAF-Terroristen aussprach, woraufhin die *BILD-Zeitung* eine beispiellose Rufmord-Kampagne entfesselte. Böll revanchierte sich mit dem Roman *Die verlorene Ehre der Katharina Blum*, der innerhalb seines Werkes einen weiteren Klassiker darstellt.
Noch vor Günter Grass wurde Heinrich Böll zum international erfolgreichsten deutschen Schriftsteller nach dem Zweiten Weltkrieg, seine Bücher erreichten Millionenauflagen. 1972 erhielt er den Nobelpreis. Dass die Kritiker mit seiner Literatur regelmäßig über Kreuz waren, hat sein Publikum und ihn selbst wenig gestört. Dabei ist der Vorwurf, Bölls Geschichten würden durch ihren kritischen Furor oft eindimensional, durchaus berechtigt. Bei Böll sind die Guten gut, die Bösen böse. Auch *Ansichten eines Clowns* passt in dieses Schema: Hans Schnier hat immer recht. Für Böll war das kein Problem. »*Moral und Ästhetik erweisen sich als kongruent, untrennbar.*« Das war seine Leitlinie, die er zeitlebens konsequent verfolgte, manchmal bis zum Kitsch. Aber dieser war durchaus von großer Wirkung.

ANSICHTEN EINES CLOWNS

 HEINRICH BÖLL, LEBEN UND WERK

Heinrich Böll, am 21. Dezember 1917 als sechstes Kind eines Schreinermeisters und Bildhauers in Köln geboren, stammte aus einem katholisch-bürgerlichen Elternhaus. Nach dem Abitur begann er eine Buchhändlerlehre und nach dem Reichsarbeitsdienst ein Studium der Germanistik und klassischen Philologie an der Universität Köln, wurde aber im Juli 1939 zur Wehrmacht einberufen. Sechs Jahre war Böll Soldat, vor allem in Russland, was ihn und sein späteres Werk stark geprägt hat. 1942 heiratete er Annemarie Cech. Nach dem Krieg studierte er weiter, arbeitete gelegentlich in der von einem seiner Brüder fortgeführten väterlichen Schreinerei, dann vorübergehend beim Kölner »Statistischen Amt für die Durchführung einer Volkszählung«. Seit 1951 lebte er als freier Schriftsteller. Sein umfangreiches Werk umfasst Kurzgeschichten, Erzählungen, Romane, Hör- und Fernsehspiele, Essays, Theaterstücke und Gedichte, auch war Heinrich Böll als Herausgeber und als Übersetzer aus dem Englischen tätig. Er übertrug unter anderem Werke der zeitgenössischen amerikanischen Schriftsteller J. D. Salinger und Bernard Malamud ins Deutsche. Als seine erste Publikation erschien 1947 die Kurzgeschichte *Aus der Vorzeit* im *Rheinischen Merkur*. Die seitdem in verschiedenen Zeitungen veröffentlichten Kurzgeschichten fasste er 1950 unter dem Titel *Wanderer, kommst du nach Spa ...* zusammen. In den Jahren nach dem Krieg schrieb Heinrich Böll »Kriegs-, Trümmer- und Heimkehrerliteratur« und wurde in den 1950er Jahren mit exakten, unmittelbaren Darstellungen der deutschen Nachkriegsrealität und deren sozialer Problematik bekannt. In späteren Werken schrieb er gegen die Wirtschaftswundereuphorie, die Restauration in Politik und Kultur und die »Unfähigkeit zu trauern« an und durchleuchtete kritisch die gesellschaftliche und politische Gegenwart. Immer mehr standen Außenseiter, die sich bewusst von der Gesellschaft absetzen, im Mittelpunkt seiner Romane. Seine Kritik brachte er zunehmend auch als Essayist, in Aufsätzen, polemischen Schriften, Reden und Interviews zum Ausdruck. Als er 1972 für eine sachliche Berichterstattung im Zusammenhang mit der RAF eintrat, sah er sich schwersten Anfeindungen der konservativen Presse ausgesetzt, die in der Durchsuchung seines Hauses im Zuge einer polizeilichen Terroristenfahndung gipfelten. Heinrich Böll reagierte mit seiner Erzählung *Die verlorene Ehre der Katharina Blum*. 1971–74 war er Präsident des internationalen PEN-Clubs. Sein hohes internationales Ansehen setzte er für politisch verfolgte Schriftsteller wie Alexander Solschenizyn ein. Nach dem Erscheinen seines Romans *Gruppenbild mit Dame* 1972 wurde Heinrich Böll der Nobelpreis für Literatur verliehen. Er starb am 16. Juli 1985 in Langenbroich bei Köln.

 DATEN

Erstveröffentlichung:
Köln 1963

Lesenswert:
Heinrich Böll: *Ansichten eines Clowns*, München (dtv) 1997.
Wanderer, kommst du nach Spa ... Erzählungen, München 1995.
Irisches Tagebuch, Köln 1996.
Billard um halbzehn. Roman, München 2000.
Gruppenbild mit Dame. Roman, München 1996.

Klaus Schröter: *Heinrich Böll* Reinbek 1982.

Hörenswert:
Heinrich Böll: *Ansichten eines Clowns*. Gelesen von Heinz Baumann. Eine Aufnahme des SDR, Verlag Hörbuch 1998. 4 Audiocassetten.

Heinrich Böll: *Anita oder Das Existenzminimum / Dr. Murkes gesammeltes Schweigen / Frauen vor Flußlandschaft / Reden*. Gesprochen von Heinrich Böll, Bruni Löbel, Henning Venske u. v. a. Aufnahmen von 1955 und 1986, Der Hör Verlag. 2 Audiocassetten.

Sehenswert:
Ansichten eines Clowns. Regie: Vojtech Jasny; mit Helmut Griem und Hanna Schygulla. BRD 1975.

 AUF DEN PUNKT GEBRACHT

Die schärfste deutsche Gesellschaftssatire der 1960er Jahre – vielleicht ein bisschen zu moralisch.

Ein Tag im Leben des Iwan Denissowitsch
Alexander Solschenizyn

»*Der Tag war vergangen, durch nichts getrübt, nahezu glücklich.*«

Es war ein so hoffnungsvolles Zeichen. Allein durch die Tatsache, dass er veröffentlicht werden konnte, wurde ein schmaler Roman für einen kurzen historischen Moment zu einem Symbol für Befreiung und Hoffnung, für Reform und Aufbruch. Dabei war der Text auf den ersten Blick wenig spektakulär. Der Leser begleitet einen Häftling durch einen ganz gewöhnlichen Tag, vom morgendlichen Aufstehen um fünf Uhr bis zum Augenblick des Einschlafens. Am Ende des Buches heißt es lapidar im letzten Satz: »*Solcher Tage waren es in seiner Haftzeit vom Wecken bis zum Zapfenstreich dreitausendsechshundertdreiundfünfzig. Drei Tage zusätzlich – wegen der Schaltjahre.*«

Iwan Denissowitsch Schuchow ist zu 10 Jahren GULAG verurteilt. Die Handlung spielt im Jahr 1951 in der Zeit des Stalinismus und ist ganz auf den Tagesablauf im Lager konzentriert. Man erfährt von der schweren körperlichen Arbeit, dem schlechten Essen, um das dennoch alle Gedanken der stets hungrigen Gefangenen kreisen, von den Schikanen der Bewacher.

Schuchow ist Zimmermann von Beruf, ein einfacher Mann, der nicht sonderlich viel nachdenkt. Stumpf verrichtet er seine Arbeit, aber Schuchow ist hellwach, wenn es bedrohlich wird. Er will überleben.

Während des Zweiten Weltkrieges wurde Schuchow inhaftiert,

■ Körperkontrolle durch die Wachbullen des Lagers. Der Stalinstaat hält seine Häftlinge fest im Griff. Sibirische Kälte, Stacheldraht, Maschinenpistolen und Wolfshunde bewachen die Opfer der Staatswillkür. Szene aus der vielgelobten Verfilmung von Casper Wrede mit Tom Courtenay in der Hauptrolle.

nachdem ihm die Flucht aus deutscher Gefangenschaft gelungen war. Die brutale Logik der sowjetischen Seite lautete: Wer von den Deutschen kam, war ein Spion, ein Landesverräter. Schuchow unterschrieb die Beschuldigungen: »*Seine Überlegungen waren einfach: Unterschreibst du nicht, ist es dein Tod, unterschreibst du, dann lebst du noch ein paar Jährchen.*«

Die enorme Wirkung, die *Iwan Denissowitsch* entfaltete, hatte mit Kunst wenig zu tun. Das Buch war eine politische Sensation. Literarisch überzeugte der Roman durch seinen Realismus und den nüchternen Ton, in dem der Alltag im Lager beschrieben wird. Glaubwürdigkeit erhielt das Buch jedoch vor allem durch die Biographie seines Verfassers. Alexander Solschenizyn war als 27-jähriger Artillerieoffizier verhaftet worden, weil er mit einem Freund Briefe gewechselt hatte, in denen Stalin kritisiert wurde. Nach acht Jahren Lagerhaft und anschließender »ewiger« Verbannung nach Kasachstan erlaubten ihm die Behörden, sich im zentralrussischen Rjasan anzusiedeln und seinen Beruf als Mathematiklehrer wieder auszuüben. Denn inzwischen war Entscheidendes geschehen. Josef Stalin war im März 1953 gestorben. Sein Nachfolger Nikita Chruschtschow fing an, mit dem Stalinismus abzurechnen; seine Geheimrede – die nicht sehr geheim blieb – auf dem zwanzigsten Parteitag der Kommunistischen Partei der Sowjetunion leitete 1956 eine Periode der Hoffnungen ein, das »Tauwetter«, wie man diese Phase nach einem Roman des russischen Schriftstellers Ilja Ehrenburg nannte.

Solschenizyn wurde rehabilitiert, neben seiner Arbeit schrieb er. 1961 reichte er *Iwan Denissowitsch* bei einer Moskauer Literaturzeitschrift ein, deren Chefredakteur das Manuskript auf den Schreibtisch von Nikita Chruschtschow lancierte. Der Staats-

■ Zapfenstreich im Arbeitslager: Ein Tag im Leben des Iwan Denissowitsch geht zu Ende. Was Iwan in den letzten achtzehn Stunden in Sibirien in klirrendem Frost erlebt hat, schildert das Buch. Filmszene mit Tom Courtenay.

> »Solschenizyn erzählte, was im Grunde ein offenes Geheimnis war, doch er öffnete die Tür zur Welt der Lager, und das bewirkte einen gesellschaftlichen Schock.«
>
> VIKTOR JEROFEJEW

chef genehmigte den Abdruck. Die Zeitschrift erschien, und mit den anschließen Buchausgaben erreichte der Roman in der Sowjetunion eine Auflage von knapp einer Million Exemplaren.

Überall verstand man nun: Eine neue Zeit war angebrochen. Die Beschreibung des GULags und der Repression, die Fragen nach Schuld und Willkür, die der Roman aufwarf, zielten ins Zentrum der stalinistischen Maschinerie. Wenn ein solches Buch in die öffentliche Debatte gelangen konnte, dann gab es auch Hoffnung. Dann konnte die jahrzehntelange Diktatur von den Anfängen 1917 über den Terror der 1930er Jahre bis in die jüngste Vergangenheit aufgearbeitet werden, dann war also Kritik, war letztlich Demokratie möglich. Es sollte jedoch anders kommen.

Iwan Denissowitsch, nominiert für den Lenin-Preis, erhielt diese höchste nationale Auszeichnung nicht. Aus Furcht vor den neuen liberalen Kräften hatte das System schon wieder umgeschaltet – zurück zu Verfolgung und Unterdrückung. 1964 wurde Chruschtschow abgesetzt, der stalinistische Apparat feierte sein Comeback. Alexander Solschenizyn war fortan ein Dorn im Auge der Machthaber. In der Sowjetunion konnte er zwar kaum noch etwas veröffentlichen, doch seine Prominenz war nicht abzustellen. Den Paukenschlag des Iwan Denissowitsch hatte auch das Ausland registriert, und Solschenizyn warf das gesamte Gewicht seiner Persönlichkeit in den Kampf um die Freiheit. Die Romane *Krebsstation* und *Der erste Kreis der Hölle* kursierten hinter dem Eisernen Vorhang im Untergrund, im Westen wurden sie zu Bestsellern. 1970 erhielt Solschenizyn den Nobelpreis für Literatur. Auf sein Hauptwerk *Der Archipel GULAG* reagierte die Staatsmacht, indem sie den praktisch unangreifbar gewordenen Autor des Landes verwies. Er ging ins Exil nach Amerika. Zwei Jahrzehnte später, nach Mauerfall und dem Ende der Sowjetunion, kehrte Alexander Solschenizyn in seine Heimat zurück. Doch in dieser neuen, chaotischen Wirklichkeit Russlands wußte man mit dem einstigen Helden der Freiheit nicht viel anzufangen.

■ Nach seiner Ausbürgerung aus der Sowjetunion trifft Solschenizyn seinen Freund und Kollegen Heinrich Böll in dessen Haus in Langenbroich. Das Bild zeigt die beiden bei einem Spaziergang in Bölls Garten im Februar 1974.

EIN TAG IM LEBEN DES IWAN DENISSOWITSCH
(ODIN DEN IWANA DENISSOWITSCHA)

 ALEXANDER SOLSCHENIZYN, LEBEN UND WERK

 DATEN

Am 11. Dezember 1918 wurde Alexander Issajewitsch Solschenizyn in Kislowodsk im nördlichen Kaukasus geboren. Er studierte in Rostow am Don Physik und Mathematik. Nach Abschluss des Studiums begann er im Sommer 1941 an einer Schule in der Nähe der Stadt Physik zu unterrichten, wurde aber im Herbst zur Roten Armee eingezogen. 1945 wurde er als Artillerieoffizier verhaftet und zu acht Jahren Arbeitslager verurteilt. Bis 1953 war er in Straf- und Sonderlagern inhaftiert, dann wurde er nach Kasachstan verbannt. Er unterrichtete dort an einer Dorfschule Physik und Astronomie und begann zu schreiben. Nach seiner Entlassung aus der Verbannung 1956 war Alexander Solschenizyn fünf Jahre in Rjasan als Lehrer an einer Oberschule tätig. Seine Erzählung *Ein Tag im Leben des Iwan Denissowitsch* (*Odin den Iwana Denissowitscha*), die mit dem Einverständnis Chruschtschows in der Zeitschrift *Nowyj Mir* abgedruckt wurde, erregte 1962 als erste Darstellung eines Zwangsarbeiterlagers in der sowjetischen Literatur weltweites Aufsehen. Alexander Solschenizyn gab den Lehrerberuf auf, um sich ganz dem Schreiben zu widmen. Infolge des politischen Kurswechsels mehrten sich die feindlichen Kritiken im eigenen Land. Ab 1966 konnte er seine Werke in der Sowjetunion nicht mehr veröffentlichen. Seine beiden stark autobiographischen Romane *Krebsstation* (*Rakowyj korppus*) und *Im ersten Kreis der Hölle* (*V kruge pervom*) erschienen 1968 zuerst in Italien und Deutschland und brachten ihm internationale Anerkennung. 1969 wurde er aus dem Sowjetischen Schriftstellerverband ausgeschlossen. Im Jahr darauf erhielt er den Nobelpreis für Literatur, wurde aber an der persönlichen Entgegennahme gehindert. Sein Manuskript *Archipel GULAG* (*Archipelag GULAG*), eine literarisch-dokumentarische Darstellung der sowjetischen Straflager, führte 1974 zu seiner Ausbürgerung und Ausweisung aus der UDSSR. Von 1976 an lebte Alexander Solschenizyn in den USA und setzte unter anderem die Arbeit an seinem historischen Romanzyklus über die russische Revolution *Das rote Rad* (*Krasnoe kolesso*) fort, dessen erster Band *August vierzehn* (*Awgust tschetyrnadzatowo*) bereits 1971 in Paris erschienen war. Nach einer Überarbeitung dieses Romans erschienen bis 1991 die Bände *November sechzehn* (*Oktjabr schestnadzatowo*) und *März siebzehn* (*Mart semnadzatowo*). Dann brach Alexander Solschenizyn das auf zwanzig Bände angelegte Werk ab. Anfang der 1990er Jahre erfolgte seine schrittweise Rehabilitierung in der Sowjetunion. Nach zwanzig Jahren Exil kehrte er 1994 in seine Heimat zurück. Zuletzt erschien 1998 sein Buch *Russland im Absturz* (*Rossija w obwale*).

Erstveröffentlichung:
Moskau 1962 (deutsch: 1963)

Lesenswert:
Alexander Solschenizyn: *Ein Tag im Leben des Iwan Denissowitsch*. München 1999.
Matrjonas Hof. Erzählung, Stuttgart 1995.
Krebsstation. Roman in zwei Büchern, Reinbek 2000.
Der Archipel GULAG 1, Reinbek 1999.
Der Archipel GULAG 2. Arbeit und Ausrottung. Seele und Stacheldraht, Reinbek 1999.
Der Archipel GULAG 3. Schlussband. Die Katorga kommt wieder. In der Verbannung. Nach Stalin, Reinbek 1999.
Der Archipel GULAG. Von Alexander Solschenizyn autorisierte gekürzte Fassung des dreibändigen Gesamtwerks, Reinbek 1994.
Das Rote Rad. Erster Knoten. August vierzehn. Eine Erzählung in bestimmten Zeitausschnitten, München 1995.
Das Rote Rad. Zweiter Knoten. November sechzehn, München 1995.
Das Rote Rad. Dritter Knoten. März siebzehn. 2.Teil, München 1990.
Heldenleben. Zwei Erzählungen, München 1998.
Russland im Absturz, Wien 1999.

Donald M. Thomas: *Solschenizyn. Die Biographie*, Berlin 1998.

 AUF DEN PUNKT GEBRACHT

Ein kleiner Roman mit großer politischer Bedeutung – der literarische Beginn des Endes der Sowjetdiktatur.

Hundert Jahre Einsamkeit
Gabriel García Márquez

Die größten Schwierigkeiten machen die Namen. So gut wie alle männlichen Helden dieses Romans heißen entweder José Arcadio oder Aureliano Buendía; von Letzteren gibt es nicht weniger als siebzehn. Irgendwann gibt man es auf, sie auseinander zu halten, manche sind überdies Zwillinge, die auch von ihren Mitstreitern im Roman verwechselt werden, so etwa von einer Frau, die, »*während sie mit beiden gleichzeitig schlief, dachte, Gott habe ihr das Glück beschert, einen Mann zu haben, der so liebte, als wäre er zwei*«. Márquez musste wohl nicht lange überlegen, um auf solche Ideen zu kommen. Er ist selbst der Älteste von 16 Geschwistern, und auf die Frage, woher er denn die Inspiration für diesen Roman mit seinen vielen skurrilen Gestalten und den wundersamen Begebenheiten bezogen habe, gab er eine klare Antwort: »*Ich wollte nur ein poetisches Zeugnis der Welt meiner Kindheit geben, die ich in einem großen traurigen Haus verbracht habe, mit einer Schwester, die Erde aß, einer Großmutter, die die Zukunft ahnte, und zahlreichen Verwandten mit gleichen Vornamen, die zwischen Glückseligkeit und Wahnsinn keinen großen Unterschied machten.*« Ebenfalls für die Literatur nutzen konnte er Aracataca, das kleine, verschlafene kolumbianische Dorf, in dem der Schriftsteller zur Welt kam und seine Kindheit verbrachte. Den im Roman beschriebenen Aufstand der Bananenarbeiter hat es 1928 – ein Jahr nach Márquez' Geburt – tatsächlich gegeben; die Folge war ein schreckliches

■ Das kleine kolumbianische Dörfchen Aracataca.

■ Die Schule in Zipaquirá, die Gabriel García Márquez besuchte.

Massaker, dem mehrere tausend Menschen zum Opfer fielen. Aracataca heißt im Buch Macondo.

Von der Familie Buendía um 1830 gegründet und fortan von ihr beherrscht, wird das Dorf mit seiner tropischen Umgebung zum Zentrum rasanter und spektakulärer Ereignisse, von denen *Hundert Jahre Einsamkeit* erzählt. Der Titel deutet bereits an, wie lange die Familien-Geschichte währt. Hundert einsame Jahre werden es, weil das der Fluch der Sippe ist. Am Ende erlischt die Dynastie und mit ihr Macondo, das von einem Sturm zerstört wird. So, wie es der Zigeuner und Alchimist Melchíades geweissagt und in einem von ihm auf Sanskrit verfassten Manuskript niedergelegt hatte. Die Prophezeiung geht in Erfüllung, als der letzte Aureliano das Pergament entziffert und das Haus über ihm zusammenstürzt.

Die Buendías sind die Addams Family der Weltliteratur, eine völlig irre Bande, alle »*verrückt von Geburt*«, wie es die Urgroßmutter Ursula einmal ausdrückt. Sie gehen sich an den Kragen oder miteinander ins Bett. Inzest, Gewalt und irrationales Handeln liegen ihnen im Blut. Ihr Temperament entspricht dem Klima, das in Macondo herrscht. Es ist ein Ort, in dem Magie und Zauberei ganz selbstverständlich zum Leben gehören. Ein Priester kann sich in die Luft erheben, wenn er eine Tasse heißer Schokolade getrunken hat, die Buendía-Tochter Remedios entschwebt mit einem Bettlaken in den Himmel und wird nicht mehr gesehen. Eilt der verliebte Mauricio zu seinem Rendezvous, fliegt ihm ein Schwarm gelber Schmetterlinge voran. Das erstaunt in Macondo niemanden. Eine Lokomotive jedoch, die irgendwann die Ankunft der Zivilisation verheißt, versetzt die Bewohner in Angst und Schrecken.

»*Als sie sich aber von dem betäubenden Pfeifen und Keuchen erholt hatten, liefen alle Einwohner auf die Gassen hinaus und sahen Aureliano Triste von der Lokomotive aus winken, sahen gebannt den blumengeschmückten Zug, der zum ersten Mal eintraf. Mit acht Monaten Verspätung.*«

Auch der Krieg, der zwischen liberalen

> »Hundert Jahre Einsamkeit« von G. G. Márquez ist ein Buch, wie es in Europa seit Jahrzehnten nicht geschrieben worden ist und wahrscheinlich gar nicht geschrieben werden könnte: Literatur als Schöpfungsbericht, als magische Beschwörung und als revolutionäre Auflehnung. Dieser Roman ist ein Elementarereignis.
>
> DIE ZUKUNFT, Wien

■ Ein kolumbianisches Urwald-Dorf in den 1930er Jahren.

■ Der Bahnhof von Aracataca

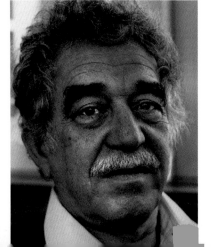

■ Gabriel García Márquez im Jahre 1995.

und konservativen Kräften im Land ausbricht und Jahrzehnte dauert, bringt neue, furchterregende Realitäten mit sich. Die Buendías sind immer mittendrin. Oberst Aureliano Buendía wird am Ende 14 Attentate, 73 Hinterhalte und ein Erschießungskommando überleben. Sogar sein Selbstmordversuch nach der Kapitulation geht schief. Die Buendías sind Unkraut, das nicht vergeht. Und hinter den unglaublichsten Dingen und Abenteuern, die sie erleben, wird zugleich die reale Geschichte ihres Kontinents sichtbar. Auch davon erzählt *Hundert Jahre Einsamkeit*.

Dass Gabriel García Márquez Schriftsteller wurde, verdankt die Literatur im übrigen einem deutschen Autor. Als 17-Jähriger las er Franz Kafkas Erzählung *Die Verwandlung*, und schon am nächsten Tag setzte er sich hin und begann, seine erste Geschichte zu schreiben. Der junge Márquez fasste Kafkas bizarre, hochsymbolische Parabel, in der Gregor Samsa in einen Käfer verwandelt aufwacht, ganz wörtlich auf, und so entstand in Verbindung mit Márquez' familienbedingtem Hang zum Wunderglauben jener literarische Stil, der unter der Bezeichnung »magischer Realismus« weltberühmt wurde und mit *Hundert Jahre Einsamkeit* der lateinamerikanischen Literatur ab 1970 zu einem ungeheuren Schub verhalf. Der Roman wurde – wie der mexikanische Schriftsteller Carlos Fuentes schreibt– zur »Bibel Lateinamerikas«, Márquez zum meistgelesenen Autor seines Kontinents. Mittlerweile liegt die Auflage von *Hundert Jahre Einsamkeit* bei weit über zehn Millionen. Der Weltruhm machte Márquez in Kolumbien zu einem politisch einflussreichen Mann und Nationalhelden, den jedes Kind kennt. Sein Heimatort Aracataca ist zu einem Wallfahrtsort für Literatur-Globetrotter geworden. Und nachdem Márquez 1982 für seinen Roman den Nobelpreis für Literatur erhalten hatte, wurden Hotels, Billardhallen und sogar Obstsorten umbenannt. Auch die beste Polo Mannschaft Kolumbiens nannte sich fortan »Macondo«.

HUNDERT JAHRE EINSAMKEIT (CIEN AÑOS DE SOLEDAD)

 GABRIEL GARCÍA MÁRQUEZ, LEBEN UND WERK

Gabriel García Márquez wurde am 6. März 1928 als Ältestes von sechzehn Geschwistern in dem kolumbianischen Dorf Aracataca geboren. Seine Kindheit verbrachte er bei seinen Großeltern, bis er zur Schulausbildung in die Hafenstadt Barranquilla geschickt wurde. Mit neunzehn begann er in Bogotá ein Jurastudium, setzte dieses in Cartagena fort, brach es dann aber ab und schrieb für Zeitungen in Cartagena und Barranquilla. Mit seinen politisch engagierten Kolumnen in der Zeitschrift El Heraldo machte er auf sich aufmerksam. 1955 erschien sein erstes Buch, der Roman Laubsturm (La hojarasca). Wie später in Hundert Jahre Einsamkeit ist hier bereits das fiktive Macondo – für das der Geburtsort des Autors als Vorbild diente – Schauplatz des Geschehens. Von 1955 an war Gabriel García Márquez Europa-Korrespondent der liberalen Zeitschrift El Espectador und reiste nach Genf, Rom, Paris, in die DDR und die Sowjetunion. 1958 heiratete er und zog in die venezolanische Hauptstadt Caracas. Im Jahr darauf fuhr er nach Kuba, um von der Revolution zu berichten. Er eröffnete in Bogotá das Büro der kubanischen Nachrichtenagentur Prensa Latina und war als deren Korrespondent einige Monate in New York tätig. Von 1961 bis 1967 lebte Gabriel García Márquez in Mexico City und arbeitete eine Zeit lang gemeinsam mit dem Schriftsteller Carlos Fuentes als Drehbuchautor. Nach dem großen Erfolg seines Romans Hundert Jahre Einsamkeit im Jahr 1967 zog er nach Barcelona, wo er bis 1975 blieb. In dieser Zeit veröffentlichte er Sammlungen seiner frühen und neue Erzählungen wie u. a. Die unglaubliche und traurige Geschichte von der einfältigen Eréndira und ihrer herzlosen Großmutter (La incríble y triste historia d ela cándida Eréndira y de su abuela desalmadoy, 1972) und Augen eines blauen Hundes (Ojos de perro azul, 1972). Mit dem Erscheinen seines zweiten großen Romans Der Herbst des Patriarchen (El otono del patriarca) ging Gabriel García Márquez wieder zurück nach Mexico City. Einen Besuch Anfang der 1980er Jahre in Kolumbien musste er kurzfristig abbrechen. Angeblich sollte er, der als engagierter Fürsprecher des demokratischen Sozialismus galt, verhaftet werden. Daraufhin lebte er zwei Jahre im Exil in Mexiko. In dieser Zeit erschien sein Roman Chronik eines angekündigten Todes (Crónica de una muerte anunciada). Im Jahr seiner erneuten Rückkehr nach Kolumbien, 1982, erhielt er den Nobelpreis für Literatur. Sein intensives politisches Engagement für die politische und kulturelle Emanzipation Lateinamerikas erregte internationales Aufsehen. 1991 arbeitete Gabriel García Márquez an einer neuen Verfassung Kolumbiens mit. Seit 1992 ist er Chefredakteur des Fernseh-Nachrichtenprogramms Gabo und 1994 eröffnete er eine Journalistenschule in Kolumbien. 1998 wurde er Mitbesitzer und Redakteur des kolumbianischen Magazins Cambio.

 DATEN

Erstveröffentlichung:
Buenos Aires 1967 (deutsch: 1970)

Lesenswert:
Gabriel García Márquez: Hundert Jahre Einsamkeit, München (dtv) 1999.
Laubsturm. Roman, Köln 1998.
Bericht eines Schiffbrüchigen, Köln 1998.
Der Oberst hat niemand, der ihm schreibt. Roman, Köln 1998.
Das Leichenbegräbnis der Großen Mama. Erzählungen, München 1996.
Die unglaubliche und traurige Geschichte von der einfältigen Eréndira und ihrer herzlosen Großmutter, Sieben Erzählungen, München 1996.
Augen eines blauen Hundes. Frühe Erzählungen, München 1991.
Der Herbst des Patriarchen. Roman, Köln 1998.
Chronik eines angekündigten Todes. Roman, München 1995.
Die Liebe in den Zeiten der Cholera, Roman, Köln 1998.
Der General in seinem Labyrinth, Roman, München 1996.
Zwölf Geschichten aus der Fremde, Roman, München 1997.
Von der Liebe und andere Dämonen. Roman, München 1997.

Dasso Saldívar: Reise zum Ursprung. Eine Biographie über Gabriel García Márquez, Köln 1998.

 AUF DEN PUNKT GEBRACHT

Furios erzählt, unglaublich phantastisch – mit Figuren, die man nicht mehr vergisst.

Jakob der Lügner
Jurek Becker

■ Szenen aus dem großartigen Defa-Film *Jakob der Lügner* von Frank Beyer (1974). In den Hauptrollen Vlastimil Brodsky als Jakob Heym (l. und r. mit Judenstern) und Manuela Simon als Lina. Der Film wurde mit dem Silbernen Bären bei der Berlinale und mit einer Oscar-Nominierung als »Bester ausländischer Film« ausgezeichnet.

»*Bei einem so düsteren Thema läßt sich mit Düsterkeit am wenigsten ausrichten, eher schon mit hellen und heiteren Kontrasteffekten, mit Witz und Komik. Das allerdings ist sehr schwierig und nahezu waghalsig. Aber Jurek Becker hat es geschafft.*« MARCEL REICH-RANICKI

»Wir wissen genau, was geschehen wird. Die Leute werden zu Jakob kommen, zu dem Radiobesitzer Heym, und wissen wollen, was es an Neuigkeiten gibt, sie werden mit Augen kommen, wie Jakob sie noch nie vorher gesehen hat. Und was bloß wird er ihnen sagen?«

Am Ende hat alles Lügen nichts genützt. Jakob Heym und seine Leidensgenossen werden abtransportiert, in die Gaskammern der Vernichtungslager. Die Befreiung durch die Rote Armee kommt zu spät. Davon hatte Jakob monatelang erzählt: vom Vormarsch der Russen und Rückzug der Deutschen, von der Wende im Krieg und dass das Leiden der Juden bald vorbei sein würde. Mut und Zuversicht hatten diese Nachrichten erzeugt, und sie waren verbürgt durch Jakobs Quelle, sein Radio, dieses kostbare, weil streng verbotene Gerät. Nur hat es leider nie existiert. Alles, was Jakob berichtet hatte, war erfunden gewesen – Jakob, der Lügner.

Der 32-jährige Jurek Becker wagte sich mit seinem ersten Roman auf ein schwieriges und schreckliches Terrain: *Jakob der Lügner* spielt in den 1940er Jahren im Ghetto von Lodz. Nachdem die Deutschen im September 1939 Polen überfallen und besetzt hatten, wurden alle Juden in Lodz aus ihren Wohnungen vertrieben und auf vier Quadratkilometern Stadtgebiet zusammengepfercht, zeitweise hausten hier fast 160 000 Menschen. Die deutschen Truppen riegelten das Ghetto ab, die Gefangenen sollten völlig von der Außenwelt abgeschnitten werden. Uhren, Zeitungen, Bücher, Radios wurden eingezogen, ihr Besitz war fortan streng untersagt. Man entfernte sogar Tiere und Bäume! Die Juden mussten dem Deutschen Reich als Arbeitssklaven dienen, viele starben an Hunger und Seuchen. Dann setzten die Transporte in die Todeslager ein, nach Auschwitz und Chelmno. Als am 19. Januar 1945 sowjetische Einheiten das Ghetto befreiten, trafen sie auf nur noch 870 Überlebende.

Auch Jurek Becker war davongekommen. 1937 kam er in Lodz zur Welt. Der Junge überlebte das Ghetto, später die Konzentrationslager Ravensbrück und Sachsenhausen. 1945 fanden sich Vater und Sohn wieder. Die anderen Familienangehörigen waren alle ermordet worden, einzig eine Tante hatte sich in die USA retten können. Max und Jurek Becker zogen nach Ost-Berlin, wurden Bürger der DDR.

Jurek Becker hat seinen Roman als den »*Hauch einer Autobiographie*« bezeichnet. Er war zu klein gewesen, um sich an die Verhältnisse im Ghetto genau erinnern zu können. Aber die Atmosphäre von Bedrohung und Tod war ihm noch schmerzlich gewärtig, und die Fakten ließen sich beschaffen: Becker fuhr nach Polen, recherchierte in Archiven und sprach mit Überlebenden. Und er hörte die Geschichte von der Widerstandsgruppe im Ghetto, die zwei Radiogeräte besessen und die Menschen mit Informationen versorgt hatte. Bis die Untergrundkämpfer verraten und dann ermordet wurden.

»*Das ist es wert, die Hoffnung darf nicht einschlafen, sonst werden sie nicht überleben, er weiß genau, dass die Russen auf dem Vormarsch sind, er hat es mit eigenen Ohren gehört ...*«

Mit seinem Radio setzt sich Jakob Heym schwer in die Tinte. Auf der Kommandatur hat er einen Nachrichtenfetzen gehört; angeblich sind die russischen Truppen nur noch rund vierhundert

■ »Jurek Becker hat Märchen und Wahrheit, Knobelbechergrausamkeit und blinzelnde Schläue, Brutalität und immer wieder aufflackernde Zärtlichkeit zu einer Erzählfolge von Charme und Reife mit überzeugender Eindringlichkeit verschmolzen. Eine Definition von den Möglichkeiten der Literatur.« Fritz J. Raddatz

■ Jurek Becker bei einer Lesung in Zürich im Jahre 1993.

> »Die Anstrengung des Jakob Heym war, kalt betrachtet, vergeblich. Er hat die letzten Kräfte seines Ghettos mobilisiert, aber sie haben nicht gereicht, dem Tod zu entgehen. Die verbliebene Zeit aber war eine der Hoffnung und der geretteten Würde. Das ist viel. Das ist, was Kunst geben kann.«
>
> STEPHAN SPEICHER, *Berliner Zeitung*

Kilometer entfernt. Mit dieser Aussicht auf Rettung versucht er seinen Kumpel Mischa von einer Dummheit abzuhalten – und begeht selbst eine. »Ich habe ein Radio«, sagt Jakob. Das spricht sich rum, und von nun an wird er täglich bestürmt: Welche Neuigkeiten gibt es? Wie weit sind die Russen? Wann werden sie hier sein? Der arme, ängstliche Jakob erfindet Nachrichten, er lügt das Blaue vom Himmel herunter, er bringt es nicht übers Herz, die Menschen zu enttäuschen. Einmal, in einem Moment tiefer Mutlosigkeit, offenbart Jakob einem Freund die Wahrheit: Er habe gar kein Radio, man solle ihm nicht böse sein. Am nächsten Tag bringt sich der Freund um. Jetzt sieht es Jakob ein: Er muss weiter Geschichten erfinden, weiter lügen, »*aus einem Gramm Nachrichten eine Tonne Hoffnung*« machen.

Trotz seiner traurigen Geschichte ist *Jakob der Lügner* keine deprimierende Lektüre. Das Buch ist spannend, sogar witzig. Dabei sind Grausamkeit, Hunger und Elend keineswegs ausgeblendet. Aber Jurek Becker hegt eine große, heitere Zärtlichkeit für seine Figuren, die sich bemühen, mit Klugheit und Mutterwitz im Angesicht des Todes ihre Würde zu wahren. Jakob ist ein rührend komischer Samariter der Barmherzigkeit. Er leidet ja so unter seinen Lügen, und wie freut er sich, als ihm einmal im Ghetto ein Stromausfall einige Tage Ruhe verschafft.

Jakob der Lügner wurde ein Welterfolg, übersetzt in mehr als zwanzig Sprachen. Mehr als ein Vierteljahrhundert zuvor hatte der Ghetto-Gefangene Oskar Singer in sein Tagebuch notiert: »Es gibt wirklich hier ein Grauen, das sich der formenden Hand des Dichters widersetzt. Ich weiß nicht, ob unter den Lebenden hier ein Dichter ist, der diese Aufgabe meistern wird, und wenn, ob er ein Überlebender sein wird.« Es gab einen. Er war zwei Jahre alt. Er konnte sich später an nichts erinnern. Aber er hatte alles gesehen.

■ Szene aus der amerikanischen Neuverfilmung des Stoffs durch den ungarischen Regisseur Peter Kassovitz. Der Film kam 1999 in die Kinos. Kurz vor seinem Tod hatte Jurek Becker noch das Drehbuch autorisiert. In den Hauptrollen Robin Williams als Heym und Hannah Tylor-Gordon als Lina Cronstein. Der Film wurde in Budapest, in Lodz und Piotrokòw gedreht.

JAKOB DER LÜGNER

 JUREK BECKER, LEBEN UND WERK

Jurek Beckers Geburtstag, der 30. September 1937, ist ein willkürliches Datum. Im Ghetto von Lodz hatte der Vater seinen Sohn älter gemacht, um ihn vor der Deportation zu bewahren; an das richtige Geburtsdatum konnte er sich später nicht mehr erinnern. In Lodz geboren, verbrachte Jurek Becker seine Kindheit von 1939 an im dortigen Ghetto und in den Konzentrationslagern Ravensbrück und Sachsenhausen. Seine Mutter wurde ermordet; der Vater, der in einem anderen KZ überlebte, fand seinen Sohn nach Kriegsende mit Hilfe einer amerikanischen Suchorganisation wieder. Sie blieben in Berlin, wo Jurek Becker Deutsch lernte. Nach dem Abitur studierte er Philosophie an der Humboldt-Universität. 1960 musste er sein Studium aus politischen Gründen vorzeitig abbrechen. Er studierte daraufhin für kurze Zeit im DDR-Filmzentrum Babelsberg und schrieb Texte für Kabaretts. Ab 1969 war er als Drehbuchautor bei der DEFA angestellt. Im selben Jahr erschien sein erster Roman *Jakob der Lügner*, für den er 1971 den Heinrich-Mann-Preis der DDR und den Schweizer Charles-Veillon-Preis erhielt. Der Roman wurde 1974 erfolgreich verfilmt; Jurek Becker hatte am Drehbuch mitgearbeitet. Im Erscheinungsjahr seines zweiten Romans, *Irreführung der Behörden*, 1973, wurde er in den Vorstand des Schriftstellerverbandes der DDR gewählt. Im Herbst 1976 protestierte er gegen den Ausschluss von Reiner Kunze aus dem Schriftstellerverband und unterzeichnete ein Protestschreiben gegen die Ausbürgerung des Schriftstellers und Liedermachers Wolf Biermann. Da er seine Unterschrift nicht zurückzog, wurde er aus der SED, der er seit 1954 als Mitglied angehörte, ausgeschlossen. Im selben Jahr erschien sein dritter Roman: *Der Boxer*. 1977 trat er aus dem Schriftstellerverband aus und lebte von dieser Zeit an mit Genehmigung der DDR-Behörden überwiegend in Westberlin. Nach einem längeren Aufenthalt als »writer in residence« am Oberlin College in Ohio lehrte er ein Semester lang als Gastprofessor an der Gesamthochschule Essen. Sein vierter Roman, *Schlaflose Tage*, der in der DDR nicht erscheinen konnte, wurde 1978 vom Suhrkamp Verlag veröffentlicht. Zwei Jahre später folgte ein Band mit Erzählungen unter dem Titel *Nach der ersten Zukunft*. In den 1980er Jahren schrieb Jurek Becker die Romane *Aller Welt Freund* (1982) und *Bronsteins Kinder* (1986) – letzterer fand große Beachtung. Er verfasste die Drehbücher für die erfolgreiche Fernsehserie *Liebling Kreuzberg*, für die er gemeinsam mit dem Hauptdarsteller Manfred Krug und dem Regisseur Heinz Schirk den Adolf-Grimme-Preis in Gold erhielt. 1992 erschien sein letzter Roman: *Amanda herzlos*. Jurek Becker starb am 14. März 1997.

 DATEN

Erstveröffentlichung:
Berlin/DDR 1969

Lesenswert:
Jurek Becker: *Jakob der Lügner*, Frankfurt/Main (Suhrkamp) 2000.
Irreführung der Behörden. Roman, Berlin 1999.
Der Boxer. Roman, Frankfurt/Main 1998.
Schlaflose Tage. Roman, Frankfurt/Main 1994.
Nach der ersten Zukunft. Erzählungen, Frankfurt/Main 1993.
Bronsteins Kinder. Roman, Frankfurt/Main 1997.
Amanda Herzlos. Roman, Frankfurt/Main 1998.
Ende des Größenwahns. Aufsätze, Vorträge. Frankfurt/Main 1996.
Jurek Becker. Herausgegeben von Irene Heidelberger-Leonard, Frankfurt/Main 1997.

Hörenswert:
Jakob der Lügner. Gelesen von Jurek Becker. DHV Der Hör Verlag 1998. Audiocassette.

Sehenswert:
Jakob der Lügner. Regie: Frank Beyer; mit Vlastimil Brodsky, Erwin Geschonneck, Henry Hübchen, Manuela Simon, Blanche Kommerell, Armin Mueller-Stahl, DDR 1975.

 AUF DEN PUNKT GEBRACHT

Ein Buch voll Trauer, Humor und Menschlichkeit – und die Erinnerung daran, wie überlebenswichtig die Phantasie sein kann.

Jahrestage
Uwe Johnson

> »*Die* Jahrestage *gehören in die Klasse der Gipfel, der Romane von Balzac und Zola, die Dichtung und Zeitgeschichte sind und im Handeln ihrer vielen Personen im Umkreis einer Familie von Band zu Band ihr Jahrhundert vor Gericht bringen.*«
> WOLFGANG KOEPPEN

An einem Dienstag im April 1967 will er sie getroffen haben. Angeblich ging sie auf der Südseite der 42. Straße in Richtung 6th Avenue, und er erkannte sie »*an der Kopfhaltung, an der lockeren, acht- und wachsamen Art, in der sie den rechten Arm pendeln ließ*«. Es soll ein sonniger Tag gewesen sein in New York City. Ein Schriftsteller begegnet der Hauptfigur eines noch ungeschriebenen Romans. Sie war schon einmal am Rande seines ersten Buches aufgetaucht, fast zehn Jahre ist das her. Jetzt fällt ihm auf, dass es sich doch lohnen würde, mehr über sie zu erzählen.

»*Sie wohnt am Riverside Drive in drei Zimmern, unterhalb der Baumspitzen. Das Innenlicht ist grün gestochen. Im Süden sieht sie neben dichten Blattwolken die Laternen auf der Brücke, dahinter die Lichter der Schnellstraße. Die Dämmerung schärft die Lichter.*«

15 Jahre lang hat Uwe Johnson an seinem Hauptwerk *Jahrestage* geschrieben, exakt vom 29. Januar 1968 bis 17. April 1983, wie im letzten der insgesamt vier Bände zu lesen ist. Mit knapp 2000 Seiten stellt diese Tetralogie den umfangreichsten Roman eines deutschen Autors seit dem Zweiten Weltkrieg dar. Nur ein Jahr, nachdem Johnson den letzten Band beendet hatte, starb er an Herzversagen, im Alter von nur 49 Jahren.

Die Geschichte, die in den *Jahrestagen* erzählt wird, hat lange Wurzeln. Sie geht zurück bis zu Uwe Johnsons erstem veröffentlichtem Roman *Mutmassungen über Jakob*, der 1959 erschien und den 25-jährigen Autor über Nacht bekannt machte. Dieser Erstling spielt in der damaligen DDR und handelt von der deutschen Teilung. Johnson war in der DDR aufgewachsen und hatte schon als Schüler gegen das politische System rebelliert. Nach seinem Studium erklärte man ihn von staat-

■ Photo vom 7. Oktober 1949, dem Tag der Gründung der Deutschen Demokratischen Republik und der Vereidigung der ersten DDR-Regierung: Vierter von links Walter Ulbricht, neben ihm Otto Grotewohl.

licher Seite für »ungeeignet«, eine verantwortungsvolle Position zu übernehmen. Johnson ging in den Westen. Nach dem Erfolg der *Mutmassungen* nannte man ihn »Dichter der beiden Deutschland«, und obwohl Johnson sich immer dagegen gewehrt hat, als politischer Dichter vereinnahmt zu werden, ließ ihn das deutsche Thema auch künftig nicht los. Dann, während eines längeren USA-Aufenhalts, kommt es zu jener schicksalhaften Begegnung in New York, der Autor trifft seine Heldin, die dann auch in den Untertitel der *Jahrestage – Aus dem Leben von Gesine Cresspahl* – eingeht.

Gesine ist eine Frau in den Dreißigern. Sie arbeitet als Fremdsprachensekretärin in einer New Yorker Bank und hat eine 10-jährige Tochter.

Wie ihr geistiger Schöpfer hat sie ihre Heimat verlassen. Der Tochter Marie erzählt sie von ihrer Familie, der Landschaft und vom Heimweh, das man in der Fremde selbst dann noch hat, wenn die Erinnerungen oft nicht die besten sind. Zugleich beobachtet Gesine kritisch ihren neuen amerikanischen Alltag. Dabei hilft ihr die *New York Times*, die sie täglich und eifrig liest. Und mit dem Schriftsteller Uwe Johnson hat sie den seltsamen Vertrag geschlossen, dass er zusammen mit ihr über sie und ihr Leben berichten darf. Genau ein Jahr lang, Tag für Tag erzählen nun Gesine und Johnson gemeinsam, was sich so zuträgt ab dem 21. August 1967, im Alltag, im Beruf, in der kleinen Welt der privaten Umgebung und in der großen der Politik. Das ist der eine zeitliche Aspekt dieser *Jahrestage*: die Chronik der Gegenwart. Zum Zweiten gibt es die historischen Jahrestage. Sie sind in den Geschichten entscheidend, die Gesine der Tochter Marie aus der Nazi-Ära, dem Krieg und der Zeit danach erzählt. Gesine war selbst noch ein Kind damals, doch

■ An den typischen Mecklenburgischen Alleen, hier bei Bad Doberan, ist alles vorüber gegangen, der Zweite Weltkrieg, die Teilung Deutschlands, die Wiedervereinigung; es sieht noch heute so aus wie auf diesem Photo aus dem Jahre 1930.

■ Die *Jahrestage* beginnen am 29. Januar 1968, ein paar Monate später streiken diese schwarzen Arbeiter in Memphis für ihre Menschenrechte.

■ Uwe Johnson, undatierte Aufnahme.

> »In den Streitgesprächen über die fundamentalen Fragen unserer Jahrhunderthälfte wird Uwe Johnsons Tetralogie ihre besondere Aufgabe haben, denn sie verkörpert die Hoffnungen und verlorenen Illusionen eines ganzen Zeitalters, ohne selbst der Resignation anheimzufallen oder dem Menschen das Vertrauen apokalyptisch aufzukündigen.«　PETER DEMETZ

sie erinnert sich gut an die Menschen, die Natur, die Orte ihrer einstigen Heimat. Wie der Autor Johnson stammt Gesine aus Mecklenburg-Vorpommern, das, nunmehr hinter dem Eisernen Vorhang verschwunden, zum fernen, unerreichbaren Land der Kindheit wird: »*Wir vertrauten einander etwas an über die Unentbehrlichkeit der Landschaft, in der Kinder aufwachsen und das Leben erlernen ...*«

Die *Jahrestage* sind ein Buch über den Versuch, die verlorene Heimat durch die Erinnerung, durch das Erzählen wiederzugewinnen. Das hat man anfangs verkannt. Nach Erscheinen des ersten Bandes wurde Johnson politischer Revanchismus vorgeworfen, manche Kritiker rückten den Roman sogar ins Umfeld jener Blut-und-Boden-Ideologie, wie sie im Nationalsozialismus propagiert wurde. Erst mit den folgenden Bänden verstummten diese Stimmen, und nach und nach wurde das grandiose literarische und humanistische Konzept sichtbar, das den *Jahrestagen* zugrunde liegt. Es ist eine – manchmal schwierig zu lesende – Epochen-Chronik und -Analyse und zugleich ein Plädoyer für die Kraft des Erzählens mit den Mitteln des modernen Romans. Dokumentarische Passagen mischen sich mit mundartlichen Dialogen, Autor und Heldin kommentieren sich gegenseitig, fiktive wie reale Personen treten auf, Nachrichten aus der *New York Times* ziehen sich wie ein roter Faden durch den Text. Am Ende reist Gesine wieder nach Europa, im Auftrag ihrer Bank soll sie nach Prag. Also doch eine Art Rückkehr? Die politische Realität macht ihr einen Strich durch die Rechnung. Am 20. August 1968 enden die *Jahrestage*. So hatten es Johnson und Gesine geplant. Dass genau an diesem Tag Truppen des Warschauer Pakts in Prag einmarschieren würden, konnten sie damals nicht ahnen.

■ Mit dem 20. August 1968 enden die *Jahrestage*. Am selben Tag besetzten Truppen des Warschauer Pakts die Tschechoslowakei. Ein Prager Bürger leistet passiven Widerstand: auf einem sowjetischen Panzer stehend, schwenkt er die tschechische Fahne.

JAHRESTAGE I–IV

 UWE JOHNSON, LEBEN UND WERK

Uwe Johnson, am 20. Juli 1934 in Cammin in Pommern geboren, wuchs in Anklam auf. Vor Ende des Krieges schickten ihn seine Eltern in eine nationalsozialistische »Deutsche Heimschule« im besetzten Polen. Ab 1946 besuchte er eine Oberschule in Güstrow in Mecklenburg. Nach dem Abitur begann er in Rostock sein Germanistik- und Anglistikstudium, das er später in Leipzig fortsetzte. Sein erster, in der Universitätszeit entstandener Roman *Ingrid Babendererde. Reifeprüfung* 1953 wurde sowohl von Verlagen in der DDR als auch vom Suhrkamp Verlag in Frankfurt/Main abgelehnt. Er erschien – posthum – erst im Jahre 1985. Aufgrund von Konflikten in der FDJ, in der Uwe Johnson fünf Jahre Mitglied gewesen war, wurde er nach dem Studium »als nicht geeignet für Beschäftigung in staatlichen Institutionen« angesehen und blieb ohne feste Anstellung. So sah er sich zu »wissenschaftlicher Heimarbeit« gezwungen, verfasste Verlagsgutachten und arbeitete als Übersetzer. Außerdem schrieb er an seinem nächsten Buch, *Mutmaßungen über Jakob*, das der Suhrkamp Verlag 1959 herausbrachte. Im selben Jahr verließ Uwe Johnson die DDR und zog nach Westberlin. Seine erste Veröffentlichung machte ihn schlagartig bekannt. In ihr steht eine Thematik im Mittelpunkt, die ebenfalls seine beiden nächsten Bücher, den Roman *Das dritte Buch über Achim* und die Erzählung *Zwei Ansichten*, bestimmt und auch in späteren Veröffentlichungen immer wieder aufgegriffen wird: die Teilung Deutschlands und die aus der unterschiedlichen Entwicklung der beiden deutschen Staaten resultierenden Verständigungsschwierigkeiten. 1966 ging Uwe Johnson für knapp drei Jahre nach New York, war dort zunächst als Schulbuchlektor tätig und begann dann mit der Arbeit an seinem großen Romanprojekt *Jahrestage*. Als Johnson wieder nach Berlin zurückgekehrt war, erschienen innerhalb von vier Jahren die ersten drei Bände. Der vierte folgte nach langer, von persönlichen Krisen bestimmter Zeit erst 1983, kurz vor seinem Tod. In dem kleinen Buch *Eine Reise nach Klagenfurt* begab sich Uwe Johnson auf die Spuren der Lyrikerin Ingeborg Bachmann, die in der Hauptstadt Kärntens geboren wurde und dort auch begraben ist. 1974 zog er nach England und lebte dort zurückgezogen auf der kleinen Insel Sheerness-on-Sea in Kent. Im Sommersemester 1979 hielt Johnson als Gastdozent die Poetik-Vorlesungen an der Universität Frankfurt, in denen er ausführlich über seine »Erfahrungen im Berufe des Schriftstellers« berichtete. Diese Vorlesungsreihe veröffentlichte er im Jahr darauf unter dem Titel *Begleitumstände*. Am 23./24. Februar 1984 starb Uwe Johnson in seinem Haus in Sheerness-on-Sea an Herzversagen.

 DATEN

Erstveröffentlichung:
Frankfurt 1970–83

Lesenswert:
Uwe Johnson: *Jahrestage. Aus dem Leben von Gesine Cresspahl*, Frankfurt/Main (Suhrkamp) 1993.
Ingrid Babendererde. Reifeprüfung 1953. Roman, Frankfurt/Main 1992.
Mutmaßungen über Jakob. Roman, Frankfurt/Main 2000.
Das dritte Buch über Achim. Roman, Frankfurt/Main 1998.
Karsch und andere Prosa, Frankfurt/Main 1997.
Zwei Ansichten. Erzählung, Frankfurt/Main 1976.
Eine Reise nach Klagenfurt, Frankfurt/Main 1974.
Skizze eines Verunglückten, Frankfurt/Main 1982.

Stefanie Golisch: *Uwe Johnson zur Einführung*, Hamburg 1994.
Jürgen Grambow: *Uwe Johnson*, Reinbek 1997.

Hörenswert:
Uwe Johnson: *Versuch, einen Vater zu finden*. Gelesen von Uwe Johnson Der Hör Verlag München 1995. Audiocassette.

Sehenswert:
Jahrestage. Regie: Margarethe von Trotta; mit Suzanne von Borsody, Marie Helen Dehorn, Matthias Habich. Deutschland 2000.

 AUF DEN PUNKT GEBRACHT

Eigenwillig in Sprache und Stil, manchmal sperrig und unzugänglich – wer sich aber dennoch auf diese Jahrestage einzulassen vermag, hat mit ihnen ein wunderbares Buch »fürs Leben«.

Die Enden der Parabel
Thomas Pynchon

■ Modell der V2-Rakete auf dem Versuchsfeld für Raketen und ferngelenkte Waffen der deutschen Luftwaffe während des Zweiten Weltkriegs in Peenemünde auf Usedom.

»Alle Menschen sind gleich. Alle haben die gleichen Chancen, getroffen zu werden. Sie sind gleich vor den Augen der Rakete.« Der Pulitzer-Preis ist die höchste journalistische Auszeichnung der USA. Alljährlich wird er auch für das beste nationale literarische Werk vergeben. Als es 1974 um die Entscheidung ging, welches literarische Werk ausgezeichnet werden sollte, war sich die Jury einig in ihrem Votum. Doch das für die Preisvergabe zuständige Gremium lehnte ab. Das vorgeschlagene Werk sei »pompös, obszön und unlesbar«. Außerdem wisse man gar nicht, wer es tatsächlich geschrieben habe, da der Autor irgendwo inkognito lebte: Das Buch *Die Enden der Parabel* von Thomas Pynchon bekam nicht den Pulitzer-Preis, dafür im nächsten Jahr den National Book Award, ebenfalls eine höchst ehrenvolle Auszeichnung. Man war sehr gespannt, ob Thomas Pynchon zur Preisverleihung kommen würde. Niemand hatte ihn je gesehen. Und so fiel das Publikum zunächst auf den Komiker rein, den der Autor an seiner statt auf die Bühne schickte …

Das Rätselraten um Thomas Pynchon hatte gut 10 Jahre zuvor begonnen. 1963 war sein erster Roman *V.* erschienen und von der Kritik enthusiastisch gefeiert worden. Der Autor selbst floh nach Mexiko und war fortan nicht mehr aufgetaucht. Man hatte ein paar knappe Daten – seinen Geburtstag, wann und wo er studiert hatte – und ein verschwommenes Photo. Thomas Pynchon blieb für die nächsten Jahrzehnte verschwunden und wurde zu einem literarischen Mythos, zu einer Sagengestalt, deren Geheimnis umso interessanter schien, als mit jedem Buch klarer wurde, dass sich dahinter der James Joyce des ausgehenden 20. Jahrhunderts verbarg. *Die Enden der Parabel* wurde 1973 veröffentlicht, viele halten den Roman für literarisch ähnlich bedeutend wie *Ulysses.*

»Man ging die Straße entlang oder döste im Bett, da kam plötzlich dieses furzende Geräusch über die Dächer. Wenn es nur weiterflog und wieder leiser wurde, hatte man Schwein gehabt, dann war ein anderer dran …«

Das Buch spielt in den letzten Monaten des Zweiten Weltkriegs.

Deutschland geht seinem Untergang entgegen, aber Hitler gelingt es ein letztes Mal, die Welt in Schrecken zu versetzen: mit der »Wunderwaffe« V2, der ersten flugtauglichen Rakete der Welt.

Gegen diese Waffe ist noch keine Gegenwehr möglich. Die V2 ist zu schnell, um sie orten zu können; es gibt keine Vorwarnung, wo und wann sie einschlägt; sie ist ein tödliches, unberechenbares Verhängnis. Wenn man sie hört, ist es schon zu spät. Die V2 ist der eigentliche Held in Pynchons Roman, das Symbol für die technisch perfekte, plötzliche Vernichtung. Und das sind die Enden der Parabel: Start- und Zielpunkt der Rakete, die in ihrem Flug die Form einer Parabel beschreibt. Um dieses Motiv der Rakete samt ihrer Flugbahn gruppiert Pynchon seine Romanfiguren, von denen eine schräger ist als die andere. Die zentrale Rolle spielt der amerikanische Lieutenant Tyrone Slothrop, der zur Zeit der deutschen Raketenangriffe in London stationiert ist. Slothrop arbeitet für ACHTUNG – die Abkürzung für »Allied Clearing House Technical Units Northern Germany«, eine Geheimdienststelle, die die Raketenbasen in Norddeutschland auspionieren soll. Slothrop hat eine merkwürdige Fähigkeit entwickelt: Immer, wenn eine V2 im Anflug ist, bekommt er eine Erektion. Und die Raketen schlagen stets da ein, wo der Frauenheld Slothrop sein letztes Rendezvous hatte. Diese magische Anziehungskraft wird bald gegenseitig,

■ »Die Toteninsel«, 1883 von Arnold Böcklin. Der Held Slothrop fährt auf der Yacht »Anubis« (in der ägyptischen Mythologie das Totenschiff) nach Peenemünde.

■ Pynchons Buch inspirierte Kritiker zu martialischen Vergleichen: »Ein Knochenbrecher von einem Buch!«, New York Times Book Review; » … ein literarischer Jumbo Jet!«, Sunday Telegraph.

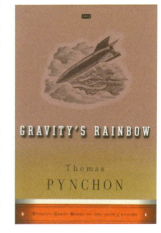

> *»Wenn ich morgen auf den Mond verbannt würde und hätte fünf Bücher zur Auswahl, die ich mitnehmen dürfte: dieses wäre eines davon.«*
>
> NEW YORK TIMES

■ Farblithographie 1914 von Franz Stassen zu Richard Wagners »Das Rheingold«. Erda mahnt Wotan vor des Ringes Fluch. *Enden der Parabel* nimmt immer wieder Bezug auf Wagner-Opern und die für Wagner typische Vermischung von Eros und Todessehnsucht.

Slothrop »verfällt« der V2, er desertiert und macht sich im zerstörten Deutschland des Frühjahrs 1945 auf den Weg nach Nordhausen, einer Region im Harz. Dort wird im Bergwerk »Dora« die V2 von KZ-Häftlingen zusammengebaut, und hier soll auch die letzte Rakete auf Slothrop warten. Sie trägt die Seriennummer 00000 und fliegt so weit wie keine zuvor – die Besucher eines Kinos in Los Angeles haben einen überraschend schlechten Tag.

Das ist jedoch nur ein Bruchteil der bizarren, weit gespannten, manchmal auch chaotisch ausufernden Handlung dieses Romans, die sich kaum nacherzählen lässt. Es gibt nicht weniger als fünf Hauptstränge mit zahlreichen weiteren Figuren; alles ist auf kunstvoll-rätselhafte Weise mit einander verknüpft, ohne dass man indes wirklich begreift, was eigentlich vor sich geht. Das ist Absicht. Pynchons Romane haben häufig etwas Kafkaeskes: Eine zu Beginn vollständig realistisch wirkende Erzählung verwandelt sich nach und nach in einen surrealen, metaphysischen Alptraum. Geschichten türmen sich auf Geschichten, das Tempo ist atemberaubend, und am Ende herrscht meist kolossale Verwirrung. Die Welt, wie Pynchon sie präsentiert, ist undurchschaubar und wird beherrscht von dunklen Mächten und Machenschaften, die das Individuum vernichten oder als Komplizen des Bösen vereinnahmen wollen. Der typische Bewusstseinszustand der Pynchon-Helden ist daher auch die Paranoia, der Verfolgungswahn. Ihre eigene Existenz erscheint ihnen als Teil eines einzigen

■ Antriebsteil einer V2-Rakete in den unterirdischen Produktionslagern der Dora-Mittelbau-Werke in Nordhausen im Harz nach der Eroberung der Stadt durch die US-Truppen am 8. Mai 1945.

großen Komplotts. (Was Pynchons Werk übrigens einen uramerikanischen Charakter verleiht, denn nichts lieben Amerikaner mehr als Verschwörungstheorien à la »Wer erschoß John F. Kennedy wirklich?«) Zeichen wie etwa das V oder die Parabelform spielen dabei eine bedeutende Rolle; es sind Symbole und Chiffren für Zusammenhänge, die nur Eingeweihte verstehen. Thomas Pynchon hat laut der Auskunft eines Freundes eingestanden, bei der Arbeit an seinem 1200-Seiten-Werk zwischendurch selbst kaum noch durchgeblickt zu haben. Daran sollte man denken, wenn man bei der Lektüre am eigenen Verstand zu zweifeln beginnt. Es ist trotzdem nicht schwierig, Pynchon zu lesen. Er ist ein großartiger Realist, der in seinen Romanen einen gigantischen enzyklopädischen Aufwand betreibt. Für die *Enden der Parabel* benutzt er unter anderem Raketen-Handbücher, kriegsgeschichtliche Werke und Landkarten, die den Autor als perfekten Kenner deutscher Geographie ausweisen. Man erfährt

»Witzig, irritierend, anstrengend und massiv: dieser Roman entspringt einem bemerkenswerten Geist und Talent. Fast alles, was unsere durchgeknallte moderne Welt ausmacht, ist darin enthalten.«
                                        TIME

■ Das einzige bekannte und recht verschwommene Photo von Thomas Pynchon stammt aus dem Jahr 1953.

> »Thomas Pynchon verbindet die obszöne Sprachphantasmagorie William Burroughs' mit der Musilschen Leidenschaft für die Mathematik des Unendlichen. *Die Enden der Parabel* ist die fiktionale Analyse abendländischer Ordnungsmystik und ihrer heimlichen Todeslust.«
>
> Heinz Ickstadt

viel über die Geschichte der V2, und exakt hat Pynchon auch die schauerlichsten Romanpassagen recherchiert: jenes Kapitel über den Stollen »Dora«, in dem tief unter der Erde die Raketen gefertigt wurden und Tausende von KZ-Häftlingen ihr Leben lassen mussten.

Dass man Pynchon in einem Atemzug mit James Joyce nennt, liegt neben der Komplexität vor allem an der virtuosen Sprache seiner Romane. Pynchon beherrscht alle Stile, souverän schaltet er von einem zum anderen, mal klingt es hochseriös, mal flapsig wie im Comic. Wegen dieser spielerischen Mischung ist *Die Enden der Parabel* oft als »postmoderner« Roman bezeichnet worden, bei dem die Form den Inhalt zu überlagern droht. Das kann man so sehen. Niemand bestreitet jedoch, dass Pynchon zu den literarischen Riesen des 20. Jahrhunderts gehört. Gerade bei der Computer-Generation hat Pynchons labyrinthische Prosa verstärkt Anklang gefunden. Durch das Worldwide Web wurde übrigens auch das streng gehütete Geheimnis vom Aufenthaltsort des Autors gelüftet. Friedlich lebt er mit Frau und Kind in Manhattan. Ein Reporter der Londoner *Times* hatte die Adresse im Internet aufgespürt. Thomas Pynchons erste, nach bald 35 Jahren öffentlichen Worte lauteten: »*Get your fucking hands away from me.*«

DIE ENDEN DER PARABEL (GRAVITY'S RAINBOW)

 THOMAS PYNCHON, LEBEN UND WERK

Thomas Pynchon, der »große Unbekannte der amerikanischen Literatur«, der noch nie in der Öffentlichkeit aufgetreten ist, wurde am 8. Mai 1937 auf Long Island bei New York geboren. Nach dem Besuch der High School studierte er ab 1954 an der Cornell University in Ithaca zunächst technische Naturwissenschaften, später englische Literatur, unter anderem bei Vladimir Nabokov. 1959 schloss er dieses Fach mit dem Bachelor ab. Seine Studienzeit wurde unterbrochen durch den Militärdienst bei der Marine von 1955–1957. In den Jahren von 1960 bis 1962 arbeitete er bei Boeing in Seattle, wo er technische Dokumentationen verfasste. Er verließ die Firma, um sich dem Schreiben zu widmen, und veröffentliche 1963 seinen ersten Roman, V., der seinen Ruf als einer der bedeutendsten amerikanischen Schriftsteller seiner Generation begründete. Zuvor hatte er bereits einige Kurzgeschichten geschrieben, die erst 1984 gesammelt unter dem Titel Spätzünder (Slow Learner) herauskamen. Sein erster Roman wurde von der Kritik mit Begeisterung aufgenommen und mit dem William-Faulkner-Preis für Romandebüts ausgezeichnet. Zur Preisverleihung erschien der Autor nicht. Nach dem großen Erfolg tauchte er unter, verwischte die Spuren seines Lebensweges, und bis heute ist es ihm gelungen, unbekannt zu bleiben. Das letzte Photo von ihm, das in die Öffentlichkeit gelangte, stammt aus dem Jahr 1953. 1996 wurde Thomas Pynchon Zeitungsberichten zufolge in Manhattan aufgespürt; 1998 ging durch die Presse die Meldung von einem Telefoninterview, das der Schriftsteller dem Nachrichtensender CNN gegeben hatte. Das Geheimnis um seine Person blieb jedoch bestehen. Im Gegensatz zu Jerome D. Salinger, dem anderen prominenten Unbekannten unter den amerikanischen Schriftstellern, veröffentlichte Thomas Pynchon weitere Romane. 1966 erschien Die Versteigerung von No. 49 (The Crying of Lot 49), ein ebenfalls viel beachtetes Werk. Sein dritter Roman, Die Enden der Parabel (Gravity's Rainbow), erschienen 1973, wurde von der Kritik als sein bedeutendster betrachtet und mit dem National Book Award ausgezeichnet. Auch diesmal blieb der Autor der Preisverleihung fern. Alle seine Romane zeichnen sich durch äußerst komplexe Strukturen aus. In dem über tausend Seiten umfassenden Werk Die Enden der Parabel wird in zahllosen Handlungssträngen von über vierhundert Personen erzählt. Eine Zusammenfassung des Inhalts ist fast unmöglich – dies trifft auch auf seinen folgenden Roman Vineland zu, der nach siebzehnjähriger Schreibpause 1990 herauskam. Mason und Dixon, sein fünfter Roman, erschien 1997.

 DATEN

Erstveröffentlichung:
New York 1973 (deutsch: 1981)

Lesenswert:
Thomas Pynchon: Die Enden der Parabel, Reinbek (Rowohlt) 1998.
V. Roman, Reinbek 1994.
Die Versteigerung von No. 49. Roman, Reinbek 1994.
Spätzünder. Frühe Erzählungen, Reinbek 1994.
Vineland. Roman, Reinbek 1995.
Mason und Dixon. Roman, Reinbek 2001.

Sehenswert:
Operation Crossbow. Regie: Michael Anderson; mit George Peppard, Tom Courtenay, John Mills, Sophia Loren, Lilli Palmer, Anthony Quale. GB 1965.

 AUF DEN PUNKT GEBRACHT

Eine moderne Odyssee mit Überschall, Passagieren unter Drogen und keiner Anschnallpflicht: Countdown läuft!

Garp und wie er die Welt sah
John Irving

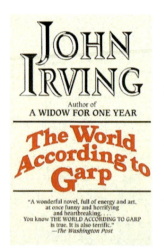

- Die *Washington Post Book World* urteilte: »Ein wunderbarer Roman. Voller Energie und Kunst, zugleich witzig und herzzerreißend. Man weiß, dass es wahr ist.«

- Szene aus der George-Roy-Hill-Verfilmung mit Robin Williams als Garp und Glenn Close als seiner Mutter.

»*In der Welt, so wie Garp sie sah, sind wir alle unheilbare Fälle.*«

»Garp« ist das einzige Wort, das der Bordschütze T. S. Garp noch artikulieren kann, nachdem ihm 1942 in seinem B-17-Bomber das halbe Gehirn weggeschossen wurde. Und auf den Vornamen Garp wird sein Sohn getauft werden, den er nie kennen lernt. Die Krankenschwester Jenny nutzt nämlich die noch intakten Körperfunktionen des amerikanischen Sergeants, um sich ihren sehnlichsten Wunsch zu erfüllen. Sie will ein Kind, aber keinen Mann, und schon gar nicht das ihrer Ansicht nach elende Gefummel, dem alle Welt wie verrückt hinterherzurennen scheint: Jenny mag keinen Sex. Nur einmal muss es halt sein, und so kommt es zu einer der originellsten Zeugungen der Literaturgeschichte. Jenny lässt sich von dem praktisch bewusstlosen Garp befruchten, der bald darauf sein Leben aushaucht. Der gesunde Sprössling, den die glückliche Mutter nach neun Monaten zur Welt bringt, wird im Andenken an seinen Vater sagen. »*Ich glaube, ich habe wie mein Vater einen Hang zur Kürze. Ich bin ein Ein-Schuß-Mann.*«

Es geht viel um Sex und Tod in diesem Roman, der so grotesk wie melancholisch, so rührend wie komisch ist, wobei eins so selbstverständlich ins andere fließt, dass man den Eindruck hat, als sei es das Leben selbst, das hier erzählt. In *Garp und wie er die Welt sah* fand Irving erstmals zu dem Stil, der auch alle seine künftigen Bücher prägen sollte und ihn zu einem der beliebtes-

ten Schriftsteller unserer Zeit gemacht hat. Die äußeren Konstanten sind ein unverwechselbarer Held und seine Biographie. Irving erzählt Lebensgeschichten, er begleitet seine Charaktere von der Wiege bis zur Bahre. Entsprechend lang sind die Romane, deren Vorbilder man im 19. Jahrhundert, in den episch breiten Formaten eines Charles Dickens oder Herman Melville findet. Diesen Ahnen würde es allerdings wohl den Atem verschlagen angesichts Irvings moderner literarischer Technik, mit Roman-Figuren umzugehen. Man lernt Irvings Helden kennen und lieben, sie werden zu Verwandten und Freunden. Und plötzlich tritt die Katastrophe ein, gegen die man vergeblich, oft unter Tränen, protestiert. Da stürzen kurzerhand Flugzeuge ab (wie in *Hotel New Hampshire*), wird eine Mutter von einem Baseball unglücklich getroffen und stirbt (in *Owen Meany*), oder es kommt zu schrecklichen Verkehrsunfällen (in *Witwe für ein Jahr*). Der absurd-grausame Höhepunkt in *Garp* spielt sich in dessen Garagenauffahrt ab. Dort sitzt Garps Frau Helen im Auto, um mit ihrem jungen Liebhaber Schluss zu machen, der sich gegen das Ende der Affäre sträubt: »*Blas ihm einen‹, dachte sie sachlich, ›dann wird er endlich fahren.‹*« Es ist Winter, eine dunkle Nacht, die Straßen sind rutschig. Als Garp mit den Kindern vom Kino kommt und ihnen vorführen will, wie man »blind« mit vereister Windschutzscheibe parken kann, wenn man sein Zuhause kennt, geschieht das Unglück. Mit Karacho rast Garp auf das Auto in der Einfahrt: Einer seiner kleinen Söhne stirbt, der zweite verliert ein Auge, Garp selbst bricht sich den Kiefer – und Helen hat den abgebissenen Penis ihres Lovers im Mund. Da lacht keiner, und doch …

■ John Irving im Jahre 1992. Das *Time Magazine* schrieb: »Irvings Popularität ist leicht nachzuvollziehen. Seine Welt ist wirklich die Welt, wie sie praktisch jedermann sieht.«

Bis dahin hat Irving ruhig und in aller Ausführlichkeit von Garps Leben erzählt. Nach einer unruhigen Jugend mit seiner skurrilen Mutter Jenny ist Garp nun ein mäßig erfolgreicher Schriftsteller, hat geheiratet, zwei Kinder sind geboren worden. Die Ehe ist glücklich; Garp und Helen sind sexuell aufgeschlossen, sie experimentieren ein bisschen mit Partnertausch; Garp verführt ein Kindermädchen, Helen vergnügt sich mit einem Studenten. Der Alltag trottet gemächlich vor sich hin. Dann ist auf einmal alles anders.

»*Schriftsteller sind die Letzten, die erklären können, warum ihre Bücher erfolgreich sind. (…) Früher dachte ich, meine Bücher würden sich nie verkaufen. Denn ich habe mich immer an den großen Romanen des letzten Jahrhunderts orientiert und kam mir im heutigen Literaturbetrieb völlig unzeitgemäß vor – wie ein Dinosaurier.*«

JOHN IRVING 1999

> »*Absolut brillant. Eine Achterbahnfahrt, die man keuchend, erschöpft, begeistert und in Tränen aufgelöst verlässt.*«
> THE LOS ANGELES REVIEW

John Irving hatte vor *Garp* bereits drei Romane veröffentlicht, die keine besondere Aufmerksamkeit fanden. Von seinem neuen Projekt war der damalige College-Professor jedoch so überzeugt, dass er sich – so hat es der Schriftstellerkollege Richard Ford berichtet – ein Auto-Kennzeichen anfertigen ließ, auf dem in Großbuchstaben GARP prangte. Die Freunde sollen mitleidig gelächelt haben. Irvings neuer Verleger aber war begeistert. Noch bevor das Manuskript beendet war, sicherte er sich für 150 000 Dollar das nächste Buch und startete für *Garp* eine amerikaweite Werbekampagne. Auf Bussen, Plakaten, Stirnbändern und T-Shirts prangte der Spruch »I believe in Garp«, eine »Garpomania« brach los, und der Autor war ein gemachter Mann. Mit 120 000 Hardcovern und schließlich drei Millionen Taschenbüchern allein in den USA wurde *Garp und wie er die Welt sah* zu einem der meistverkauften Romane überhaupt.

Woher rührt dieser außergewöhnliche Erfolg? Im Buch selbst wird diese Frage von einer Putzfrau beantwortet, die der Verleger als Testleserin eines neuen Romans von Garp einsetzt: »*Ein Buch fühlt sich wahr an, wenn man sagen kann: ›Ja! Genauso ist es, so geht es in dieser verdammten Welt zu.‹*« Das ist John Irvings spezielle Kunst. So bizarr die Ereignisse in seinen Büchern bisweilen sein mögen – sie kommen vor. Man muss sie durchleiden, das Leben geht weiter. Garp wird nach seinem Schicksalsschlag wieder einen Roman schreiben, ein bitteres Buch, das seinen ganzen Kummer enthält. Es heißt *Bensenhaver und wie er die Welt sah*. Und wird ein Bestseller.

■ Filmszene: Der transsexuelle Ex-Footballstar Roberta Muldoon, dargestellt von John Lithgow, wird von drei Generationen der Garp-Familie begrüßt.

GARP UND WIE ER DIE WELT SAH
(THE WORLD ACCORDING TO GARP)

 JOHN IRVING, LEBEN UND WERK

 DATEN

John Winslow Irving, geboren am 2. März 1942 in Exeter in New Hampshire, lebte seine ganze Kindheit und Jugend über in Neuengland. Seinen Vater lernte er nie kennen; er kam als Pilot der Air Force im zweiten Weltkrieg ums Leben. Die Geschichte vom Tod des Vaters übertrug John Irving später auf die Figur des Wally Worthington in seinem Roman Gottes Werk und Teufels Beitrag (The Cider House Rules). Nach Abschluss der High School in Exeter begann er in Pittsburgh ein Literaturstudium. Er setzte es in Wien, dann in New Hampshire fort und schloss es 1967 an der University of Iowa ab. In den folgenden zwei Jahren unterrichtete er am Mount Holyoke College in South Hadley in Massachusetts und lebte von 1969 bis 1971 wieder in Wien. Einige Kurzgeschichten hatte John Irving bereits veröffentlicht, als 1969 sein erster Roman Laßt die Bären los (Setting Free the Bears) erschien, der in Wien und auf den Landstraßen Österreichs spielt, und von zwei Jugendlichen handelt, die aus einer spontanen Idee heraus den Plan entwickeln, die Tiere des Wiener Zoos zu befreien – um ein politisches Zeichen zu setzen. Drei Jahre hielt sich John Irving als »writer in residence« an der Universität in Iowa auf. In dieser Zeit schrieb er weitere Kurzgeschichten und veröffentlichte seine beiden nächsten Romane Die wilde Geschichte vom Wassertrinker (The Water Method Man, 1972) und Eine Mittelgewichts-Ehe (The hundred and fifty-eight Pound Marriage, 1974). Im Jahr 1975 kehrte er an das Mount Holyoke College zurück und setzte seine Lehrertätigkeit fort. Der Welterfolg seines vierten Romans Garp und wie er die Welt sah 1978 ermöglichte es ihm schließlich, als freier Schriftsteller zu leben. Seine frühen Romane, die zunächst keine große Beachtung gefunden hatten, erschienen nun in erfolgreichen Neuauflagen. Auch sein nächstes Buch The Hotel New Hampshire, das 1981 herauskam, wurde auf Anhieb ein Bestseller. Es erzählt die Geschichte von Win Berry, der unerschütterlich seinen Traum von einem erfolgreichen Leben, von Luxus und der Geborgenheit einer glücklichen Familie zu verwirklichen sucht. Es folgten Gottes Werk und Teufels Beitrag (1985), Owen Meany (1989) und das mit knapp tausend Seiten bis dahin umfangreichste Buch John Irvings: Das Zirkuskind (1994). Die imaginäre Freundin (Trying to Save Piggy Sneed), erschien 1995, ist eine Art Autobiographie, in der John Irving von seinen beiden Leidenschaften, dem Ringen und dem Schreiben, näher berichtet. Sein 1998 veröffentlichter Roman Witwe für ein Jahr (A Widow for one Year) ist erneut eine Familiengeschichte. Mehrere von John Irvings Werken wurden verfilmt – die jüngste Verfilmung ist die des Romans Gottes Werk und Teufels Beitrag von Lasse Hallström; das Drehbuch schrieb John Irving. Er wurde dafür im Frühjahr 2000 mit dem Oscar ausgezeichnet.

Erstveröffentlichung:
New York 1978 (deutsch: 1979)

Lesenswert:
John Irving: Garp und wie er die Welt sah, Reinbek (Rowohlt) 1998.
Lasst die Bären los. Roman, Zürich 1987.
Das Hotel New Hampshire. Roman, Zürich 1996.
Gottes Werk und Teufels Beitrag. Roman, Zürich 2000.
Owen Meany. Roman, Zürich 1992.
Das Zirkuskind. Roman, Zürich 1997.
Die imaginäre Freundin. Vom Ringen und Schreiben, Zürich 1996.

Hörenswert:
John Irving: Witwe für ein Jahr. Liveaufnahme einer Lesung in Berlin. Englisch und deutsch gelesen von John Irving und Holger Teschke, Kein & Aber 1999. Audiocassette/Audio-CD.

Sehenswert:
The world according to Garp (Garp und wie er die Welt sah). Regie: George Roy Hill; mit Robin Williams, Mary Beth Hurt, Glenn Close, John Lithgow, Swoosie Kurtz. USA 1982.

The Hotel New Hampshire (Das Hotel New Hampshire). Regie: Tony Richardson; mit Rob Lowe, Jodie Foster, Beau Bridges, Lisa Banes, Nastassja Kinski, USA 1984.

 AUF DEN PUNKT GEBRACHT

Irving und wie er die Welt sieht – man kann nicht genug davon kriegen. Wann erscheint der nächste Roman?

Die unendliche Geschichte
Michael Ende

»›Es gibt Menschen, die können nie nach Phantásien kommen‹, sagte Herr Koreander, ›und es gibt Menschen, die können es, aber sie bleiben für immer dort. Und dann gibt es noch einige, die gehen nach Phantásien und kehren wieder zurück. So wie du. Und die machen beide Welten gesund.‹«

Am Anfang stand *Die Unendliche Geschichte* auf einem Zettel: »Ein Junge gerät beim Lesen einer Geschichte buchstäblich in die Geschichte hinein und findet nur schwer wieder heraus.« Michael Endes Verleger fand diese Idee toll. Weniger begeistert war er von den anspruchsvollen, teuren Wünschen seines Erfolgsautors, der von seinem ursprünglichen Plan, eine leichte und kurze Story zu schreiben, immer mehr abkam und offenbar Großes vorhatte. Ende forderte einen Ledereinband mit Perlmutt und Messingknöpfen: *Die unendliche Geschichte* sollte so aussehen wie das Buch eines Zauberers. Von den geplanten 100 Seiten Länge war keine Rede mehr, die Veröffentlichung zog sich hin. Wenn es auch schließlich nicht auf Perlmutt und Messing hinauslief – mit einem Seideneinband, 26 aufwendig gestalteten Buchstaben-Vignetten und zweifarbigem Druck wurde *Die Unendliche Geschichte* ein graphisch wunderschönes Buch.

■ Szene aus der Verfilmung von Wolfgang Petersen aus dem Jahre 1984 mit Barret Oliver als Bastian in der Hauptrolle.

Und als der Roman kurz nach Erscheinen die Bestsellerlisten zu erobern begann, sich im seriösen Erwachsenen-Feuilleton die Stimmen der Kritiker überschlugen und die ersten (von über 30) Übersetzungen in Arbeit waren, konnte auch der beunruhigte Verleger wieder glücklich durchatmen. Nach *Jim Knopf* und *Momo* wurde *Die Unendliche Geschichte* Michael Endes größter Triumph, mittlerweile liegt die Gesamtauflage bei weltweit 6,5 Millionen.

Die Unendliche Geschichte ist ein Buch für Kinder und Erwachsene. Der elfjährige Bastian erlebt ein spannendes Abenteuer und stößt dabei auf Fragen, über die Philosophen seit Anbegin der Menschheit nachgedacht haben: Was ist Realität, was Illusion? Welche Bedeutung haben Namen und Worte? Inwiefern spielen Phantasie, Imagination und Vorstellungskraft bei der Interpretation der Welt eine Rolle?

Die Halbwaise Bastian ist ein Junge, der es im Leben schwer hat. In der Schule läuft es nicht gut, er ist sitzen geblieben, und beim Sport wird er immer als letzter gewählt, weil er dick und langsam ist. Bastian ist ein Träumer, am liebsten erfindet er Geschichten. In einem Antiquariat klaut er ein prachtvoll aussehendes Buch, versteckt sich auf dem Dachboden seiner Schule – und beginnt *Die Unendliche Geschichte* zu lesen. Bald vergisst er alles um sich herum, denn diese Geschichte ist wirklich ein starkes Stück.

In Phantásien herrscht Aufregung. Die Kindliche Kaiserin, die das Land regiert, ist auf rätselhafte Weise erkrankt, und das ausgerechnet, als Phantásien von einer geheimnisvollen Macht bedroht wird. Ganze Ländereien, Meere, Städte und Bewohner verschwinden einfach im *Nichts,* und niemand weiß die Ursache dafür. Immerhin findet der tapfere kleine Krieger Atréju heraus, dass diese Plage mit der Krankheit der Herrscherin zusammenhängt. Nach einer langen Suche, bei der ihn der Glücksdrache Fuchur unterstützt, erfährt Atréju vom Südlichen Orakel, dass die Kindliche Kaiserin und Phantásien nur von einem Menschenkind gerettet werden können. Denn das *Nichts* entsteht in dessen Welt: Weil den Menschen nichts mehr einfällt, weil sie die Phantasie der Vernunft, dem Geld und der Lüge geopfert haben, wird Phantásien schwächer und schwächer. Um es zu erlösen, muss das Menschenkind der Kindlichen Kaiserin nur einen neuen Namen geben. »Mondenkind!«, fährt es dem Leser Bastian durch den Kopf, und ab da ist er Teil der *Unendlichen Geschichte.* Er rettet Phantásien

■ Szene mit Tami Stronach als der »kindlichen Kaiserin«. Michael Ende distanzierte sich von dem Film, der ersten deutschen Produktion, die es gewagt hatte, auf dem Gebiet der Spezialeffekte mit großen Hollywoodproduktionen zu konkurrieren.

> *»Mehr als ein Buch voller Poesie: ein Buch über die Poesie – und ihren drohenden Verlust. Das macht den Rang des Romans aus. Es ist ein leidenschaftliches, kühnes, wunderbar artistisches Plädoyer für das Lebensrecht der Phantasie: in der Literatur, in uns.«*
>
> VOLKER HAGE, *Der Spiegel*

und taucht ein in die phantastische Welt von Trollen, Steinbeißern, magischen Schwertern und schwarzen Riesen, eine Welt, die er nicht wieder verlassen möchte. *Die Unendliche Geschichte* ist ein philosophischer Fantasyroman und ein herrliches Vorlesebuch, das große Kinderaugen garantiert. Der Spaß, den Erwachsene damit haben, liegt weniger in der moralischen Botschaft, dass der Phantasie im Leben viel Raum eingeräumt werden sollte, als in dem geschickten literarischen Verwirrspiel, das Michael Ende mit den verschiedenen Realitätsebenen inszeniert. *»Was zeigt ein Spiegel, der sich in einem Spiegel spiegelt?«*, fragt etwa der Alte vom Wandernden Berg. Er ist das Gedächtnis Phantásiens, er schreibt und schreibt. Und was er aufschreibt, geschieht. So schreibt er auch Bastians Geschichte, der diese wiederum liest, gleichzeitig aber ja auch nur eine erfundene Figur ist, und so fort …

Reizvoll sind auch die zahlreichen Verweise und Anspielungen auf Literatur- und Geistesgeschichte. Atréjus Suche erinnert an den mittelalterlichen Mythos von der Suche nach dem Heiligen Gral und die Reisen des Odysseus. Auf die Frage eines Werwolfs, wer er sei, antwortet Atréju: »Niemand.« Genauso hatte Odysseus den Zyklopen Polyphem reingelegt. »Tu was du willst«, steht auf dem Amulett, das Bastian von der Kindlichen Kaiserin geschenkt bekommt. Der Spruch stammt von dem englischen Autor und Magier Aleister Crowley, und Bastian macht üble Erfahrungen damit. Denn selbst in Phantásien ist nicht alles erlaubt. Da muss man dann doch ab und zu realistisch sein. Geläutert kehrt Bastian in die normale Welt zurück. Aber das Buch von der *Unendlichen Geschichte*, das er zurückgeben möchte, ist verschwunden. Und der Antiquar hat auch noch nie davon gehört …

■ Der tapfere Krieger Atréju, Bastians Alter ego, und der Glücksdrache Fuchur bei ihrer Mission.

»Das ganze Buch ist eine großangelegte Aufforderung, unsere Phantasie wiederzuentdecken. Hierin hat Michael Endes grandioser Märchen-Roman mehr mit der Realität zu tun, als die Fülle der wirklichkeits- und problemsüchtigen Kinderbücher. Wer nach Phantásien aufbricht und zurückkehrt, sieht die Welt und die Menschen mit anderen Augen.« Rainald M. Goetz

■ Michael Ende, 1989.

Die Unendliche Geschichte hält den Rekord der *Spiegel*-Bestseller-Liste: 113 Wochen auf Platz 1, und das als erstes Jugendbuch überhaupt.

DIE UNENDLICHE GESCHICHTE

 MICHAEL ENDE, LEBEN UND WERK

Für einen Kinderbuchautor hielt er sich nicht: »Ich schreibe nicht für Kinder, mir geht es eher um eine bestimmte Möglichkeit der Poesie. Wäre ich Maler, würde ich etwa malen wie Chagall.« Michael Ende wurde am 12. November 1929 in Garmisch-Partenkirchen als Sohn des surrealistischen Malers Edgar Ende geboren. Seine Kindheit verbrachte er in München. 1945 wurde er als Soldat einberufen, desertierte und nahm Kontakt auf zur »Freiheitsaktion Bayern«. Für die letzten Schuljahre wechselte er vom Gymnasium auf die Freie Waldorfschule in Stuttgart. Von 1948 bis 1950 besuchte Michael Ende die Schauspielschule Otto Falckenberg in München und war anschließend für eine Spielzeit an der Landesbühne Schleswig-Holstein in Rendsburg engagiert. Zurück in München verfasste er Sketche und Chansons für Kabaretts. In der Zeit von 1954 bis 1962 war er als Filmkritiker für den Bayerischen Rundfunk tätig. Neben seiner Beschäftigung mit dem Theater entstand sein Kinderbuch *Jim Knopf und Lukas der Lokomotivführer*, das seine schriftstellerische Karriere begründete. Bevor es 1960 erschien, war es von mehr als zehn Verlagen abgelehnt worden. Das schlagartig erfolgreiche Buch lag bald in zahlreichen Übersetzungen vor und wurde im Jahr darauf mit dem Deutschen Kinderbuchpreis ausgezeichnet. Schon 1962 kam mit *Jim Knopf und die Wilde 13* die Fortsetzung der Geschichte heraus und wurde ebenso positiv wie der erste Band aufgenommen. 1970 zog Michael Ende mit seiner Frau, der Schauspielerin Ingeborg Hoffmann, in die Nähe von Rom und lebte dort als freier Schriftsteller. Für sein nächstes Buch Momo (1973), *Die seltsame Geschichte von den Zeit-Dieben und von dem Kind, das den Menschen die gestohlene Zeit zurückbrachte* – so der Untertitel –, erhielt der Autor den Deutschen Jugendbuchpreis. An der Entstehung des Librettos zu der Oper *Momo und die Zeitdiebe* von Mark Lothar war Michael Ende ebenso beteiligt wie an dem Drehbuch zu dem Film *Momo* von Johannes Schaaf, in dem er sogar eine kleine Nebenrolle übernahm. Sein nächstes Buch, die 1979 erschienene, bald weltberühmte *Unendliche Geschichte* wurde mehrfach verfilmt. Nach dem Tod seiner Frau 1985 kehrte Michael Ende nach München zurück. 1989 heiratete er Marika Sato, die *Die unendliche Geschichte* ins Japanische übersetzt hatte. Von seinen zahlreichen weiteren Werken – Geschichten, Gedichte, Bilderbuchtexte, Theaterstücke und Opern – fanden die Bücher *Der Spiegel im Spiegel. Ein Labyrinth* (1984), eine Sammlung von Traumgeschichten, und *Der satanarchäolügenialkohöllische Wunschpunsch* (1989) besondere Beachtung. Michael Ende starb am 28. August 1995 in der Nähe von Stuttgart.

 DATEN

Erstveröffentlichung:
Stuttgart 1979

Lesenswert:
Michael Ende: *Die unendliche Geschichte*, Stuttgart (Thienemann) 1994.
Jim Knopf und Lukas der Lokomotivführer, Stuttgart 1994.
Jim Knopf und die Wilde 13, Stuttgart 1994.
Momo oder Die seltsame Geschichte von den Zeit-Dieben und von dem Kind, das den Menschen die gestohlene Zeit zurückbrachte, Stuttgart 1995.
Der Spiegel im Spiegel. Ein Labyrinth, München 1990.
Der satanarchäolügenialkohöllische Wunschpunsch, Stuttgart 1994.
Theaterstücke, Stuttgart 1999.

Hörenswert:
Jim Knopf und Lukas der Lokomotivführer. Gelesen von Michael Ende. Folge 1 und 2, Karussell 1999. 2 Audio-CDs.

Jim Knopf und die Wilde 13. Gelesen von Michael Ende. Folge 1 und 2, Karussell 1999. 2 Audio-CDs.

Sehenswert:
Die unendliche Geschichte. Regie: Wolfgang Petersen; mit Barret Oliver, Gerald McRaney, Moses Gunn, Patricia Hayes. BRD 1984.

 AUF DEN PUNKT GEBRACHT

Weit mehr als nur ein Jugendbuch – einfach zauberhaft!

Der Name der Rose
Umberto Eco

»*Ich habe einen Roman geschrieben, weil ich Lust dazu hatte. Ich halte das für einen hinreichenden Grund, sich ans Erzählen zu machen.*«

Drei Jahre, nachdem *Der Name der Rose* in Italien erschienen war und einen großen Wirbel verursacht hatte, der bald auf die ganze literarische Welt übergriff, sah sich Umberto Eco veranlasst, seinen Lesern ein paar Dinge zu erklären. In einer ausführlichen *Nachschrift*, die auch als Buch erschien, ging der Autor auf die vielen Fragen ein, die ihn von überall erreichten, erläuterte er die Hintergründe von Handlung, Personen und vor allem der mittelalterlichen Zeit, in der *Der Name der Rose* spielt. Er beschrieb die umfangreichen Vorarbeiten und schien selbst darüber erstaunt zu sein, wie sonderbar es einem doch ergeht, wenn man ein literarisches Werk verfasst. *Der Name der Rose* war nämlich der erste Roman von Umberto Eco. Der Autor war schon ein prominenter Mann. Ein Gelehrter mit Bodenhaftung. Geboren 1932, arbeitete Eco nach einer Doktorarbeit über den religiösen Denker Thomas von Aquin zunächst beim Fernsehen und als freier Dozent an verschiedenen Hochschulen, er schrieb witzige Kolumnen für Tageszeitungen, Essays und Satiren. Seit 1971 ist er in Bologna ordentlicher Professor für Semiotik, die Lehre von den Zeichen, eine sprachwissenschaftliche Theorie, die Eco selbst mitbegründet hat, nach seinen Worten »*eine Disziplin, die alles untersucht, was man zum Lügen verwenden kann*«. Als international anerkannte Kapazität in seinem Fach und renommierter Journalist, der in jeder Talk-Show eine gute Figur macht, war Eco bereits ein europäischer Ausnahme-Intellektueller, als *Der Name der Rose* ihn zu einem Weltstar machte.

Das Buch spielt im Jahr 1327, in einer Epoche, die von blutigen religiösen Streitigkeiten zwischen Päpsten und Kaisern, Landesfürsten und Bischöfen geprägt ist. Es ist auch die Zeit der Inqui-

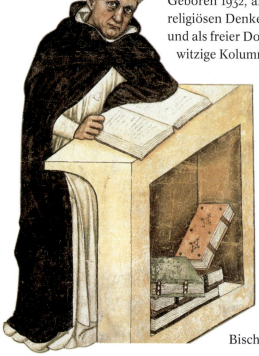

■ Detail aus einem Freskenzyklus mit berühmten Dominikanern von Tommaso da Modena aus dem Jahre 1352: Der scholastischen Gelehrte und Heilige Albertus Magnus (um 1200 – 15.11.1280) am Schreibtisch.

- Sean Connery als William von Baskerville, ein gelehrter Franziskaner aus England.

- Ron Pearl als Salvatore, der durch Folter zu einem Geständnis gepresst wird.

sition, in der ein unbedachtes Wort genügt, um als Ketzer auf dem Scheiterhaufen zu landen. Im Winter dieses Jahres nun reist der Franziskanermönch William von Baskerville mit seinem jungen Schüler Adson von Melk in eine abgeschiedene Abtei der Benediktiner in den italienischen Alpen. William hat einen geheimen Auftrag, der aber in den Hintergrund gerät, weil in der Abtei seltsame Dinge vor sich gehen. Mehrere Mönche sterben kurz hintereinander auf rätselhafte Weise, einer stürzt aus dem Fenster, ein anderer wird ertrunken in einem Bottich mit Schweineblut entdeckt. Der Abt, der den Teufel am Werk vermutet, bittet den als scharfsinnigen Analytiker bekannten William um Hilfe. Bald wird klar, dass hier ein Verbrechen geschieht, weitere Mönche kommen zu Tode, offenbar wurden sie vergiftet. Mit kriminalistischem Spürsinn, der seinen Gefährten Adson ein ums andere Mal verblüfft, rekonstruiert William den Tathergang. Alle Spuren führen schließlich in die Bibliothek, das Zentrum der Abtei. Diese wird von dem alten Jorge regiert, dem blinden Bibliothekar, und seinem Gehilfen, die als Einzige über die verschlungene Architektur des Gebäudes und über dessen Bestände Bescheid wissen.

»›Demnach betritt also außer den beiden Personen niemand das Obergeschoß des Aedificiums?‹ Der Abt lächelte fein: ›Niemand darf es. Niemand kann es. Die Bibliothek verteidigt sich selbst. Unergründlich wie die Wahrheit, die sie beherbergt, trügerisch wie die Lügen, die sie hütet, ist sie ein geistiges Labyrinth und zugleich ein irdisches. Kämt Ihr hinein, Ihr kämt nicht wieder*

■ Szenen aus Jean Jacques Annauds Film *Der Name der Rose* aus dem Jahre 1986. F. Murray Abraham als der Inquisitor Bernardo Gui und ein toter Mönch in einem Bottich mit Schweineblut.

heraus. Dies mag Euch genügen, ich muß Euch bitten, Euch an die Regeln dieser Abtei zu halten.‹«

Nach vielen weiteren Nachforschungen wagen sich William und Adson in die Bibliothek und entdecken deren tödliches Geheimnis. Es ist ein verbotenes Buch, das jeden dahinrafft, der es arglos aufschlägt, denn der blinde Jorge hat die Seiten mit Gift präpariert! Als William Jorge zur Rede stellt und die Herausgabe des Buches verlangt, vergiftet sich der Bibliothekar selbst an dem Manuskript und steckt es in Brand. Das Feuer greift schnell um sich, erfasst die Bibliothek, am Ende steht die ganze Abtei in Flammen. Um welches mysteriöse Werk hat es sich denn nun gehandelt? Es war der zweite Teil der *Poetik* des Aristoteles. Im ersten Buch hatte der griechische Philosoph die Tragödie und das Epos behandelt, im zweiten ging es um die Komödie. Dieser Teil galt als verschollen und war nun also wieder aufgetaucht. In einem langen Disput zwischen William und Jorge wird klar, worin die Brisanz des alten Textes besteht. Für Jorge ist das Lachen Teufelswerk, das die Menschen verführt, zu Narren macht und vom rechten Gottesglauben ablenkt. Lachen ist gefährlich, und wenn sich eine unbestrittene Autorität wie Aristoteles dafür ausspricht, muss man verhindern, dass jemand davon erfährt.

> Woher kommt der Titel *Der Name der Rose*? Mit dem Roman an sich hat es nichts zu tun. »Stat rosa pristina nomine, nomina nuda tenemus« – so lautet der letzte Satz des Buches: »Die Rose von einst steht nur noch als Name, uns bleiben nur nackte Namen.« Umberto Eco hat dieses Zitat von Bernardus Morlanensis, einem Benediktiner aus dem 12. Jahrhundert, der über die Flüchtigkeit aller Dinge geschrieben hat.

Von heute aus betrachtet, scheint der Streit um ein Buch wenig spektakulär, weshalb die Pointe in *Der Name der Rose* vielleicht ein wenig matt klingt. Bis es im Roman allerdings so weit ist, berichtet Eco so viel über das Mittelalter, dessen Atmosphäre, die zahllosen Konflikte der verschiedenen Weltanschauungen und die tiefe gegenseitige Abhängigkeit von Theologie und Aberglauben, dass man die große Bedeutung spürt, die Büchern lange vor den Tagen des Buchdrucks in den geistigen Auseinandersetzungen jener Epoche zukamen. Es ist diese Mischung, die das Buch quer durch alle Leserschichten so erfolgreich gemacht hat: Man kann den Roman als Thriller lesen, der alle traditionellen Elemente des Kriminalromans enthält, aber auch als gelehrte historische Abhandlung über eine hochdramatische Zeit. In der Kombination wirkt beides umso spannender, und Umberto Eco gelingt es, die verschiedenen Ebenen des Romans so kunstvoll miteinander zu verknüpfen, dass nie der Eindruck akademischer Langeweile entsteht. Zusätzlich verwendet der Zeichentheoretiker Eco souverän die Instrumente seiner Wissenschaft, um einen Kosmos von Symbolen, Bildern, Anspielungen und Doppeldeutigkeiten zu entwerfen. Der Kriminalfall bietet für dieses intellektuelle Spiel das perfekte Terrain, denn was sind Indizien anderes als rätselhafte Zeichen, die man in-

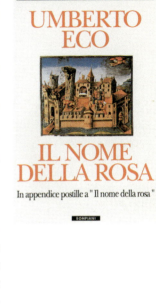

■ Italienische Buchmalerei aus dem 14. Jahrhundert: »Papst Bonifatius VIII. und das Heilige Collegium«.

■ Umberto Eco bei einer Lesung im März 1990 im Schauspielhaus Zürich. Nach seinen eigenen Aussagen in der *Nachschrift* schrieb er *Der Name der Rose*, weil er im reifen Alter folgendes erkannt habe »Wovon man nicht theoretisch sprechen kann, muss man erzählen.«

terpretieren muss? William von Baskerville, dessen Name schon auf Sherlock Holmes anspielt – *Der Hund von Baskerville* heißt ein berühmter Roman von Arthur Conan Doyle –, ist ein Vorfahre der modernen Kriminologie, wenn er zur Überraschung der Mönche Fußspuren auswertet, Kleiderfetzen untersucht und schwarze Flecken an den Fingern der Leichen mit deren Tod in Verbindung bringt. Doch auch geistig ist William seiner engstirnigen Zeit weit voraus. Mit seinem Glauben an Vernunft und Logik und seinen modernen Prinzipien von Toleranz und Menschenfreundlichkeit ist er ein Vorreiter der Aufklärung.

Der Name der Rose wurde in der ganzen Welt zu einem Bestseller, hat jedoch nach der ersten Begeisterung auch viele Kritiker auf den Plan gerufen. Man sprach abwertend von einem »postmodernen« Roman und meinte damit, dass Eco im Grunde nichts Neues erzählt, sondern nur bereits Vorhandenes zitiert, variiert und durcheinander mischt. In der *Nachschrift* zum Roman hat sich der Autor fröhlich zu diesem Vorwurf bekannt und sich selbst als Postmodernisten begrüßt. »*Ironie, metasprachliches Spiel und Maskerade hoch zwei*« – das sei die literarische Strategie gewesen, und: »Ich wollte den Leser unterhalten, er sollte Spaß an der Sache haben. Zumindest so viel, wie ich daran hatte.«

»Die Idee zu dem Titel Der Name der Rose *kam mir wie zufällig und gefiel mir, denn die Rose ist eine Symbolfigur von so vielfältiger Bedeutung, dass sie fast keine mehr hat.«*

UMBERTO ECO in
Nachschrift zum ›Namen der Rose‹

DER NAME DER ROSE (IL NOMA DELLA ROSA)

 UMBERTO ECO, LEBEN UND WERK

Am 5. Januar 1932 wurde Umberto Eco in Alessandria in Piemont geboren. Er studierte an der Universität Turin Philosophie und promovierte mit einer Arbeit über das Problem des Ästhetischen bei Thomas von Aquin. Anschließend war er Mitarbeiter der Kulturredaktion des italienischen Fernsehsenders RAI und unter anderem für die Zeitschiften Verri und Rivista di Estetika tätig. Von 1959 bis 1976 betreute er als Herausgeber philosophische, soziologische und semiotische Reihen im Verlag Bompiani. Nach seiner Habilitation im Jahr 1961 blieb er zunächst an der Universität Turin als Dozent für Ästhetik und hielt dann bis 1971 Vorlesungen an den Universitäten in Florenz und Mailand. Als Gastprofessor las er in Sao Paulo, New York, Chicago, an der Yale University in New Haven sowie an der University of South Carolina. Seit 1971 lehrt Umberto Eco als Professor für Semiotik an der Universität Bologna und wurde 1975 dort außerdem Direktor des Instituts für Kommunikations- und Theaterwissenschaften. Im Jahr 1963 war er Mitbegründer der neoavantgardistischen »Gruppe 63«. Anknüpfend an die historischen Avantgardebewegungen von Futurismus, Dada und Surrealismus verfolgte dieser Zusammenschluss von Schriftstellern und Theoretikern die systematische Überschreitung tradierter literarischer Normen. Durch ihre Experimente im Bereich der Lyrik, des Romans sowie insbesondere durch ihre Bemühungen um neue Theaterformen wurde der »Gruppe 63« internationale Beachtung zuteil. Neben seiner Lehr- und Herausgebertätigkeit war Umberto Eco redaktioneller Mitarbeiter verschiedener kultureller und wissenschaftlicher Zeitschriften, verfasste zahlreiche Artikel und gründete selbst einige Zeitschriften mit. 1974 organisierte er in Mailand den ersten Internationalen Kongress für Semiotik. Seit 1988 ist er Präsident des von ihm gegründeten Instituts für Semiotik der Universität in San Marino. Neben seinen vielen wissenschaftlichen Aufsätzen und Büchern zur Semiotik, Literatur und Kultur zog Umberto Eco auch immer wieder durch witzig-geistvolle Essays und Artikel Aufmerksamkeit auf sich. Als er 1980 durch seinen ersten Roman Der Name der Rose zu literarischem Weltruhm gelangte, war er bereits international bekannt. Die vielen Fragen der Leser zu seinem Werk veranlassten den Autor wenige Jahre später, eine Nachschrift zum »Namen der Rose« zu veröffentlichen, in der er Einblicke in die Entstehungsgeschichte seines Romans gibt. Mit dem Buch Das Foucaultsche Pendel (Il pendolo di Foucault) erschien 1988 sein zweiter Roman, der dritte folgte 1994: Die Insel des vorigen Tages (L'isola del giorno prima). Umberto Eco erhielt zahlreiche Auszeichnungen und ist Ehrendoktor verschiedener Universitäten im In- und Ausland.

 DATEN

Erstveröffentlichung:
Mailand 1980 (deutsch: 1982)

Lesenswert:
Umberto Eco: Der Name der Rose, München (Hanser) 1996.
Nachschrift zum Namen der Rose, München 1987.
Das Foucaultsche Pendel. Roman, München 1996.
Über Gott und die Welt. Essays und Glossen, München 1996.
Wie man mit einem Lachs verreist und andere nützliche Ratschläge, München 1999.
Mein verrücktes Italien. Verstreute Notizen aus vierzig Jahren, Berlin 2000.

Hörenswert:
Umberto Eco: Der Name der Rose, I-IV. Sprecher: Ernst Jacobi, Pinkas Braun, Rolf Boysen, Peter Lieck u.a. DHV Der Hör Verlag 1986. 4 Audiocassetten/6 Audio-CDs.

Sehenswert:
Il noma della rosa (Der Name der Rose). Regie: Jean-Jacques Annaud; mit Sean Connery, F. Murray Abraham, Christian Slater, Helmut Qualtinger, Elya Baskin, Michael Lonsdale. BRD/Italien/Frankreich 1986.

 AUF DEN PUNKT GEBRACHT

Der Name der Rose ist ein intellektueller Thriller von außergewöhnlicher Eleganz – ein bildungsreiches Buch, das niemanden abschreckt und glänzend unterhält.

Mitternachtskinder
Salman Rushdie

»*So war es, als ich zehn war; nichts als Ärger außerhalb meines Kopfes, nichts als Wunder in ihm.*«

Mit dem Helden von Patrick Süskinds Figur aus *Das Parfum* (s. S. 256) teilt Saleem Sinai die Eigenschaft, eine ganz feine Nase zu haben. Doch er ist kein Scheusal, kein Mörder. Sondern ein Opfer, sein ganzes Leben lang. Als Baby wird er vertauscht, nach einem Schlag auf die Ohren ist er halb taub, er verliert einen Finger und am Ende sogar seine Manneskraft. Und laufend verspottet man ihn wegen seiner auffallend großen Nase: Saleem Sinai ist wirklich einer der beklagenswertesten Romanhelden der Gegenwart. Dabei verfügt er über außergewöhnliche Gaben, die ihn berechtigterweise von einem höheren Zweck seines Lebens träumen lassen. Das Schicksal belehrt ihn jedoch eines Besseren. Am Ende bleibt ihm nur das Schreiben und Erzählen vom sagenhaften Wesen und Schicksal der *Mitternachtskinder*, von denen Saleem selbst eines ist.

■ Der 15. August 1947: Indien ist unabhängig! Menschenmassen in den Straßen Bombays begrüßen das Ende der britischen Kolonialherrschaft nach dem gewaltlosen Befreiungskampf unter Führung von Mahatma Gandhi.

Es sind genau 1001. Sie alle werden an einem welthistorischen Datum geboren: in der Nacht vom 14. zum 15. August 1947, zwischen 24 und ein Uhr früh. Schlag Mitternacht endet die britische Kolonialherrschaft über Indien, das Land wird unabhängig, Mahatma Gandhi sei Dank. Die Babys, die in diesen Minuten zur Welt kommen, sind natürlich die Lieblinge der Nation. Sie werden geknutscht und geknipst, kommen in die Zeitung, ein Fest für die Boulevardpresse. Was jedoch niemand weiß: Jedes dieser Mitternachtskinder hat übernatürliche Fähigkeiten. Das eine kann durch die Zeit reisen, das andere sich unsichtbar oder nach Belieben größer und kleiner machen, wie ein Zauberer Dinge verwandeln, nie etwas vergessen, was man gehört hat – jedes Kind hat sein eigenes Talent. Was manchmal böse Konsequenzen hat. Einem Mädchen beispielsweise, das so schön ist, dass es jeden, der es ansieht, blind macht, wird das Gesicht zerschnitten. Und andere werden sogar umgebracht. Nur 581 überleben so lange, bis sie sich, im Alter von zehn Jahren, ihrer Gaben bewusst werden.

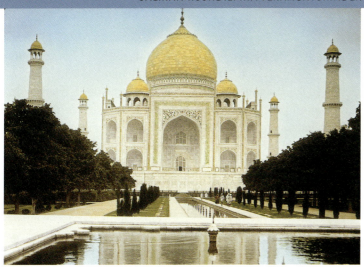

■ Symbol des »märchenhaften« Indien, das Tadsch-Mahal, das Schah Dschahan in den Jahren 1632–53 als Grabmal für seine Lieblingsfrau Mumtas-i-Mahal errichten ließ.

Saleem Sinai ist der führende Kopf der Mitternachtskinder. Er hat in der ersten Minute nach Mitternacht das Licht der Welt erblickt und verfügt über die größte Begabung: Er kann Gedanken lesen und in die Herzen der Menschen schauen. Und er kann die anderen Mitternachtskinder rufen und sie versammeln – in seinem Kopf. Hier spielen sich landesweite Videokonferenzen ab, man hört zum ersten Mal von des anderen Existenz. Was alles wird man zusammen anstellen?

Nicht nur wegen der ursprünglichen Zahl der Mitternachtskinder erinnert Salman Rushdies Roman an die Erzählungen aus 1001 Nacht. Wie Scheherazade erzählt Saleem um sein Leben. Verfolgt von seinem Rivalen Shiva – jenem Kind, mit dem Saleem vertauscht wurde und das die schaurige »Gabe« besonderer Gewalttätigkeit grausam umsetzt – hat sich Saleem in die Arme von Padma geflüchtet, einer fülligen Gurkenfabrikantin aus Bombay, die zur geduldigen Zuhörerin von Saleems rasanter Geschichte wird. Es ist die Biographie seiner Familie und zugleich die Geschichte Indiens im 20. Jahrhundert: »*Ein Übermaß an ineinander verwobenen Leben, Ereignissen, Wundern, Orten, Gerüchen, solch ein unentwirrbares Gemisch aus Alltäglichem und Unwahrscheinlichem*«. Alles beginnt damit, dass Saleems Großvater sich 1915 beim Beten die Nase aufschlägt und drei Blutstropfen vergießt, die sich augenblicklich in Rubine verwandeln: »*So etwas kann vorkommen*«, beteuert Saleem, »*besonders in einem Land, das*

In der *Frankfurter Rundschau* stand: »Ein Buch der Bücher. Das indische Pendant zu Gabriel García Márquez' *Hundert Jahre Einsamkeit* und zur *Blechtrommel* von Günter Grass.«

»*Rushdies Blick auf zeitgenössisches Geschehen ist bewusst vorschnell und will die Politik fassen, bevor sie sich als Geschichte tarnt. Immerfort muss er Fassaden abklopfen, Fundamente ausgraben, und jedesmal, wenn er der Gesellschaft schönste Übereinkünfte aufliegen lässt, sind es Krähen oder gar Pleitegeier, die ihren Lärm machen.*«

GÜNTER GRASS

- Salman Rushdie im Jahre 1999. Die *New York Times* urteilte: »Das Buch ist einzigartig und sein Autor gehört in eine Reihe mit den ganz Großen der Weltliteratur.«

selbst eine Art Traum ist.« Brutal realistisch allerdings endet seine Erzählung. 1976 geraten alle noch lebenden Mitternachtskinder in das Zwangssterilisierungsprogramm der Regierung Indira Gandhi. Ihre außergewöhnlichen Fähigkeiten haben den Hochbegabten nichts genützt. Auch hat Saleem es nicht vermocht, sie zu einer verschworenen Gemeinschaft zusammenzuschweißen. Wenn er sie ruft, geht es zu wie auf einem Kindergeburtstag: Sie zanken sich, sind neidisch, jeder will der Anführer sein. Und so werden sie am Ende schließlich in alle Winde zerstreut…

Mitternachtskinder war der literarische Durchbruch für Salman Rushdie. Bis dahin hatte er als Werbetexter, Journalist und Schauspieler gearbeitet; sein erster Roman hatte kaum Beachtung gefunden. Seiner indischen Herkunft ist der Autor in seinen Büchern jedoch stets treu geblieben. Auf witzige, manchmal auch derbe Weise verbinden sich in diesen der orientalische Reiz des mündlichen Geschichtenerzählens mit der Tradition des modernen Romans. Dieses westöstliche Temperament hat Rushdie zu einem international erfolgreichen, aber auch auf tragische Weise prominenten Autor gemacht. Schon *Mitternachtskinder* hatte in der islamischen Welt Proteste ausgelöst. Der 1988 erschienene Roman *Die satanischen Verse* wurde zum Skandal. Der iranische Ayatollah Khomeini warf Rushdie Gotteslästerung vor und rief zum Mord an dem Schriftsteller auf. Ein Kopfgeld in Millionenhöhe wurde ausgesetzt, Rushdie musste untertauchen. Der japanische Übersetzer des Romans wurde erstochen, der italienische schwer verletzt. Zwar hat der Iran die Todesdrohung 1999 offiziell zurückgenommen, doch wird Rushdie zeitlebens von Fanatikern bedroht bleiben. Wie sein Mitternachtskind Saleem ist er zu einem Verfolgten geworden, dem man sein Talent nicht verzeiht. Am Erzählen lassen sich aber beide nicht hindern.

»Ich informiere hiermit das stolze islamische Volk der Welt, dass der Autor der Satanischen Verse, *die gegen den Islam, gegen den Propheten und gegen den Koran gerichtet sind, sowie alle, die an der Publikation beteiligt sind und den Inhalt kennen, zum Tode verurteilt sind.«*

AYATOLLAH KHOMEINI, am 14. Februar 1989 in einer Radio-Ansprache

MITTERNACHTSKINDER (MIDNIGHT'S CHILDREN)

 SALMAN RUSHDIE, LEBEN UND WERK

 DATEN

Am 19. Juni 1947 wurde Salman Rushdie als Sohn wohlhabender muslimischer Eltern in Bombay geboren. Dort ging er zur Schule, bis er mit vierzehn Jahren nach Rugby in England kam, wo er die Public School besuchte. Er studierte in Cambridge Geschichte und beschäftigte sich daneben mit Theater. 1964 nahm er die britische Staatsbürgerschaft an. Er ging nach London und arbeitete dort als freier Journalist und in der Theaterszene. Von 1969 bis 1973 war er Werbetexter. Sein erster Roman Grimus, ein Science-Fiction-Märchen, in das auch verschiedene Mythen und Sagen eingingen, erschien 1975. Mit seinem zweiten Roman Mitternachtskinder (Midnight's Children, 1981) wurde Salman Rushdie schlagartig berühmt. Ebenfalls sehr erfolgreich war auch sein nächster Roman Scham und Schande (Shame, 1983). Aus einer Reise nach Nicaragua ging der Bericht Das Lächeln des Jaguars (The Jaguar Smile, 1987) hervor. Salman Rushdies vierter Roman Die satanischen Verse (The Satanic Verses, 1987), erschienen 1988, erregte Aufsehen wie kein anderes literarisches Werk in den letzten Jahren. Es brachte ihm von muslimischer Seite den Vorwurf der Blasphemie ein und das Verbot des Buches in den meisten islamischen Ländern. Es kam zu heftigen Protesten, die ihren Höhepunkt im Februar 1989 fanden, als der iranische Staatsführer Ayatollah Khomeini die Fatwa, das Todesurteil gegen Salman Rushdie aussprach und ein Kopfgeld in Millionenhöhe aussetzte. Salman Rushdie hielt sich in den folgenden Jahren an wechselnden unbekannten Orten auf. Seit 1992 tritt er unter strengen Sicherheitsvorkehrungen gelegentlich wieder öffentlich auf. Zahlreiche internationale Solidaritätsbekundungen und Ehrungen wurden ihm zuteil. Während sich 1999 die iranische Regierung offiziell von der Fatwa distanzierte, bekräftigen die orthodoxen Religionsführer Irans deren Gültigkeit. Salman Rushdie veröffentlichte in den 1990er Jahren das politische Märchen Harun und das Meer der Geschichten (Haroun and the Sea of Stories) sowie eine Sammlung seiner Essays und Kritiken mit dem Titel Heimatländer der Phantasie (Imaginary Homeland). Außerdem erschienen das Buch Osten, Westen (East, West), ein Band mit sieben Kurzgeschichten, und der Roman Des Mauren letzter Seufzer (The Moor's Last Sigh) 1999 kam sein bislang letzter Roman Der Boden unter ihren Füßen (The Ground beneath Her Feet) heraus. Die Geschichte beginnt am 14. Februar 1989, dem Tag, an dem das Todesurteil über den Autor verhängt wurde. Inspiriert von Legenden der Popwelt wie Janis Joplin, Tina Turner oder John Lennon erzählt Salman Rushdie eine moderne Version des griechischen Mythos von Orpheus und Eurydike.

Erstveröffentlichung:
London 1981 (deutsch: 1985)

Lesenswert:
Salman Rushdie:
Mitternachtskinder. München (Hanser) 1999.
Die satanischen Verse. Roman, München 1997.
Harun und das Meer der Geschichten, München 1997.
Osten, Westen. Erzählungen, München 1996.
Grimus. Roman, München 1998.
Das Lächeln des Jaguars. Eine Reise durch Nicaragua, München 1998.
Heimatländer der Phantasie. Essays und Kritiken 1981–1991, München 1992.
Des Mauren letzter Seufzer. Roman, München 1998.
Der Boden unter ihren Füssen. Roman, München 1999.

Hörenswert:
Salman Rushdie: Des Mauren letzter Seufzer. Hörspielbearbeitung und Regie: Norbert Schaeffer. Gesprochen von Peter Dirschauer, Ingrid Andree, Jürgen Hentsch u. a. DHV Der Hör Verlag 1998. 4 Audiocassetten.

Salman Rushdie: Harun und das Meer der Geschichten. Regie: Klaus Mehrländer. Gesprochen von Rufus Beck, Hans Wyprächtiger, Joachim Król, DHV Der Hör Verlag. 3 Audiocassetten

 AUF DEN PUNKT GEBRACHT

Ein wuchtiges Epos über die Geschichte des modernen Indien: Applaus für einen arg gebeutelten Helden der Weltliteratur!

Das Parfum
Patrick Süskind

Man macht sich heute keinen Begriff davon, wie streng es in früheren Zeiten gerochen haben muss. In einer Großstadt des 18. Jahrhunderts zum Beispiel. Die Straßen waren nicht asphaltiert, sondern ein einziger Morast. Es gab keine Kanalisation, die Dienstboten kippten den Inhalt der Nachttöpfe morgens einfach auf die Gasse, wo auch der sonstige Abfall landete und unbeachtet vor sich hin faulte. Ebenso unterentwickelt wie die städtische Müllabfuhr war die Körperpflege: Niemand wusch sich, und in den Badezubern, in die man ab und zu doch mal schlüpfte, musste das kostbare Wasser gleich für mehrere Personen reichen. Allein nach hygienischen Maßstäben dürfte ein Mensch unseres Jahrhunderts in Paris um 1750 kaum eine Woche überstanden haben, ohne sich jede nur erdenkliche Krankheit einzufangen. Üblich war also, dass man stank wie ein Ziegenbock, ob man nun Bauer war oder Baron, mit dem Unterschied allerdings, dass der Adelige seine Ausdünstungen mit einer zivilisatorischen Errungenschaft überdeckte, die sich das niedere Volk in keinem Fall leisten konnte: mit Parfüm. Die Duftwasser waren groß in Mode, der letzte Schrei in betuchten Kreisen, man goss sich buchstäblich ganze Flacons über Kopf und Körper. Die Parfümeure galten als Künstler, die um die reichsten Kunden der Stadt untereinander wetteiferten. Die aufregendsten Kreationen wurden in der Werkstatt von Maître Giuseppe Baldini gemischt, und zwar von einem kleinen, hässlichen Lehrling, der anscheinend jeden Duft der Welt analysieren und herstellen konnte, mit Essenzen, Ölen und Blütenstaub umging wie ein Komponist mit Noten. Jean-Baptiste Grenouille hieß dieser 15-Jährige, und er war das größte Genie der Branche, der Mozart unter den Parfümeuren von Paris. Zum Glück jedoch hat es ihn nie wirklich gegeben.

»Im achtzehnten Jahrhundert lebte in Frankreich ein Mann,

■ Aus einer Reihe von Berufsdarstellungen stammt dieser Parfümeur mit üppig gefülltem Bauchladen und rauchendem Duftkocher auf dem Kopf. Kolorierter Kupferstich, Paris, 1697.

der zu den genialsten und abscheulichsten Gestalten dieser an genialen und abscheulichen Gestalten nicht armen Epoche gehörte. Seine Geschichte soll hier erzählt werden.« Es ist die »*Geschichte eines Mörders*«, die Patrick Süskind in seinem Roman beschreibt, eines frühen »serial killers«, der am Ende 25 junge Mädchen getötet hat – jedoch nicht aus Wollust oder sadistischem Vergnügen. Grenouille »entduftet« seine Opfer, er isoliert den Geruch der Mädchen, um daraus das absolute Parfüm zu kreieren, den Duft, dem niemand widerstehen kann und der seinen Träger zum geliebten Herrscher über alle macht, die in seine Nähe kommen. Das ist Grenouilles Ziel, der »*Kompaß seines Lebens*«, der ihn wegführen soll von seinem elenden Schicksal als herumgeschubstes und geknechtetes Waisenkind. Grenouille hasst die Menschen, und er will sie sich unterwerfen. Dafür braucht er sein Parfüm.

■ Paris, die Cité-Insel mit dem Pont au Change. In einem der Häuschen auf der Brücke muss Grenouille die Kunst des Parfümeurs erlernt haben.

Das Parfum erschien im Februar 1985 und wurde zu einem der größten deutschen Romanerfolge überhaupt. Fast zehn Jahre lang hielt sich das Buch auf der Bestseller-Liste des *Spiegel*, es wurde in 39 Sprachen übersetzt, Ende 2000 lag die Gesamtauflage bei über zwölf Millionen Exemplaren. *Das Parfum* war der erste Roman des damals 36-jährigen Patrick Süskind, den man bis dahin nur als Autor eines sehr witzigen Theaterstückes kannte. Viel mehr erfuhr man auch später nicht, denn Süskind zog sich angesichts des Rummels um *Das Parfum* zurück und spielte die Rolle eines deutschen Thomas Pynchon: keine Photos, keine Interviews. Literaturpreise lehnte er ab. Zu den Preisverleihungen für die TV-Drehbücher *Kir Royal* und *Monaco Franze*, die Süskind zusammen mit Regisseur Helmut Dietl geschrieben hatte, mußte der Co-Autor alleine reisen. Allerdings ist Süskind ein Eigenbrötler mit Selbstironie. Der ebenfalls vielfach ausgezeichnete Kino-Film *Rossini oder Die mörderische Frage, wer mit wem schlief* erzählt von einem verschrobenen Bestsellerautor, der verzweifelt seine Anonymität und sein Buch gegen einen sensationsgeilen Filmproduzenten zu verteidi-

■ Patrick Süskind

> »Also das gibt es immer noch oder schon wieder: einen deutschen Schriftsteller, der des Deutschen mächtig ist; einen zeitgenössischen Erzähler, der dennoch erzählen kann; einen Romancier, der uns nicht mit dem Spiegelbild seines Bauchnabels belästigt; einen jungen Autor, der trotzdem kein Langweiler ist.«
>
> MARCEL REICH-RANICKI

> *»So einen Roman zu schreiben ist furchtbar. Ich glaube nicht, dass ich das noch einmal machen werde.«*
> PATRICK SÜSKIND in einer der wenigen Äußerungen über *Das Parfum*

gen sucht. Süskind hat die Filmrechte am *Parfum* erst 1999 vergeben.

Die Medienscheu seines Verfassers hat dem spektakulären Absatz des Romans auf jeden Fall nicht geschadet. Die beste Werbung war die Geschichte selbst. Grenouille ist ein wundersamer Charakter, eine bösartige Mischung aus Quasimodo und Grass' Oskar Matzerath. Und Grenouilles außerordentliche Fähigkeit, Gerüche wahrzunehmen, korrespondiert mit dem Können seines Autors, diese meisterhaft zu beschreiben. *Das Parfum* ist ein literarisches Fest des Geruchssinns. Im Schlepptau von Grenouille erschnuppert der Leser förmlich das historische Paris, man wittert sowohl die stechenden als auch die köstlichen Gerüche, steckt die Nase tief hinein in dieses Abenteuer und riecht zwischendurch auch mal unter der eigenen Achsel. Ist da dieses »*schweißig-fette, käsig-säuerliche*« Aroma, wie Grenouille den durchschnittlichen Menschengeruch charakterisiert? Er muss es wissen, denn er selbst riecht kurioserweise nach nichts. Auch das möchte Grenouille am Schluss durch sein Parfüm erreichen: sich endlich einmal selbst zu riechen, an seinem Duft erkennen, wer er ist. Und die Liebe will er dabei auch kennen lernen. Als daraus nichts wird, zieht Grenouille die Konsequenzen.

Am 25. Juni 1767 findet der gräuliche Mörder sein Ende. Absichtlich hatte er sich zu stark parfümiert. Der Effekt war schon damals grausam…

■ Die Frauen drängen zu Parfum und Schminke – Karikatur aus dem frühen 19. Jahrhundert.

DAS PARFUM

 PATRICK SÜSKIND, LEBEN UND WERK

Am 26. März 1949 wurde Patrick Süskind in Ambach am Starnberger See geboren. Sein Vater, der Schriftsteller und Journalist Walter Emanuel Süskind, war viele Jahre politischer Redakteur bei der *Süddeutschen Zeitung*. Von 1968 bis 1974 studierte Patrick Süskind Geschichte in München und Aix-en-Provence. In den zehn Jahren nach dem Studium versuchte er sich »als Autor von kürzeren unveröffentlichten Prosastücken und längeren unverfilmten Drehbüchern«, wie es in einer knappen Selbstbiographie heißt. Bekannt machte ihn sein Einakter *Der Kontrabaß*, der 1981 in München uraufgeführt und ein großer Erfolg wurde: Das Ein-Personen-Stück, der Monolog eines Kontrabassisten über sein ganz von seinem Instrument bestimmtes Leben, zählt heute zu den meistgespielten deutschsprachigen Theaterstücken. In zahlreiche Sprachen übersetzt, war *Der Kontrabaß* auch auf internationalen Bühnen sehr erfolgreich. 1985 erschien Patrick Süskinds erster Roman *Das Parfum – Die Geschichte eines Mörders*, für den er umfangreiche Recherchen durchgeführt und bei der Firma Fragonard in Grasse Einblicke in die Parfümeurskunst gewonnen hatte. Das Buch verschaffte ihm internationalen Ruhm und stand jahrelang auf den Bestsellerlisten. Innerhalb eines Jahres verkaufte der Verlag über vierhunderttausend Exemplare, und im selben Zeitraum war es bereits in zwölf Sprachen übersetzt – inzwischen sind es fast vierzig. Sein nächstes Werk, die Erzählung *Die Taube*, erschien 1987, zwei Jahre nach dem großen Erfolg, mit einer Startauflage von hunderttausend Exemplaren und wurde von der Kritik ebenfalls sehr positiv aufgenommen. Die Geschichte handelt von dem kurz vor seiner Pensionierung stehenden Wachmann Jonathan Noel, der völlig zurückgezogen von der Außenwelt in seinem kleinen Pariser Zimmer wohnt und versucht, allem Außerplanmäßigen, Zufälligen im Leben aus dem Weg zu gehen. Durch seine streng verfolgte Ordnung erhofft er »jenen Zustand von monotoner Ruhe und Ereignislosigkeit zu finden, der das einzige war, wonach er sich sehnte«. Die Katastrophe bricht herein in Gestalt einer Taube, die sich plötzlich vor seiner Mansardentür niederlässt. Auch *Die Geschichte von Herrn Sommer*, erschienen 1991, handelt von einem Sonderling, der isoliert, ohne gesellschaftliche Bindungen lebt. In den 1980er Jahren war Patrick Süskind als Drehbuchautor tätig. Zusammen mit Helmut Dietl schrieb er die Drehbücher zu den Fernsehserien *Kir Royal. Aus dem Leben eines Klatschreporters* und *Monaco Franze*. Das jüngste gemeinsame Projekt, das Drehbuch zu der Filmkomödie *Rossini oder Die mörderische Frage, wer mit wem schlief*, wurde mit dem Deutschen Drehbuchpreis 1996 ausgezeichnet.

 DATEN

Erstveröffentlichung:
Zürich 1985

Lesenswert:
Patrick Süskind: *Das Parfum*, Zürich (Diogenes) 1994.
Der Kontrabaß. Ein Stück, Zürich 1997.
Die Taube. Erzählung, Zürich 1990.
Die Geschichte von Herrn Sommer, Zürich 1994.
Drei Geschichten und eine Betrachtung, Zürich 1995.

Helmut Dietl / Patrick Süskind: *Rossini oder Die mörderische Frage, wer mit wem schlief. Eine Filmkomödie. Vollständiges Drehbuch. Mit einem Essay von Patrick Süskind*, Zürich 1997.

Hörenswert:
Patrick Süskind: *Das Parfum*. Gelesen von Gert Westphal. Litraton 1995. 8 Audiocassetten/Audio-CDs.

Patrick Süskind: *Der Kontrabaß*. Gelesen von Walter Schmidinger. DHV Der Hör Verlag. München 1981.

Patrick Süskind: *Die Taube*. Gelesen von Gert Westphal. Litraton 1996. 2 Audiocassetten/Audio-CDs.

 AUF DEN PUNKT GEBRACHT

Nie sind Düfte und Gerüche sprachlich so gekonnt dargestellt worden. Der Roman der feinen Nase.

Generation X
Douglas Coupland

- Illustrationen aus dem Buch *Generation X*.

VEAL-FATTENING PEN: Beengte Büro-Arbeitsstätte, gebaut aus textilverkleideten, zusammensetzbaren Wandelementen und besetzt von jungen Kollegen. Benannt nach den winzigen Mastpferchen, die in der Viehzucht für schlachtreife Tiere benutzt werden.

»*Ganz im Ernst: Wozu sollen wir arbeiten? Nur um noch mehr Kram zu kaufen? Das kann doch nicht alles sein.*«
Andy, Dag und Claire sind zwischen zwanzig und dreißig. Intelligent. Gebildet. Witzig. Perfekte junge Amerikaner, denen man zutraut, es im Leben weit zu bringen. Nur haben sie auf so was überhaupt keinen Bock. Karriere, Familie, Wohlstand – das interessiert sie null. Sie arbeiten als Barkeeper, jobben in Kaufhäusern. Im kalifornischen Rentnerparadies Palm Springs haben sie heruntergekommene Bungalows gemietet. Dort hängen sie in ihrer Freizeit zusammen rum oder fahren in die Wüste, um zu picknicken und sich Geschichten aus ihrem Leben zu erzählen. Sie kommen sich unendlich alt vor, glauben alles hinter sich zu haben, die Zukunft ist düster und endet vermutlich im Blitz einer Atombombe: Andy, Dag und Claire sind die Generation X.
Nach statistischen Erhebungen gab es gegen Ende der 1980er Jahre in den USA zum ersten Mal eine Generation von Heranwachsenden, die den Lebensstandard ihrer Eltern nicht mehr erreichen würde. Mit einer Art trotziger Verweigerung reagierten viele amerikanische Twens auf die verschwenderische »Greed is good«-Phase der frühen 1980er Jahre, auf die konservative Politik der Reagan-Ära und den naiven Glauben der Älteren an eine heile Welt, die ihnen das Werbefernsehen vorgaukelte: »*Die Generation unserer Eltern scheint weder imstande noch daran interessiert zu sein zu verstehen, wie das Marketing sie ausnutzt. Sie nehmen das Einkaufen ernst.*« Andy und seine Freunde sind coole Aussteiger aus dem amerikanischen Traum. Sie wollen nicht »*mit 30 gestorben, mit 70 begraben*« sein, wie es in einer Kapitelüberschrift heißt, sie haben

keine Lust auf einen Job bei IBM, wo »*das Leben mit 25 endet*«. Dennoch sind sie auf paradoxe Weise neidisch auf die »*langfristige materielle Sicherheit, die älteren Mitgliedern der Baby-Boomer-Generation durch die Gunst einer glücklichen Geburt zugeflossen ist*«. Solche Einsichten stehen im Roman am Rand. Graphisch abgesetzt und oft mit Comic-Bildern illustriert, bilden diese Notizen die Generation-X-Philosophie. Manche Begriffe sind mittlerweile in den allgemeinen Wortschatz eingegangen. Aus der Fastfood-Arbeitswelt hat Coupland etwa die Formulierung »*McJob*« abgeleitet: »*Ein niedrig dotierter Job mit wenig Prestige, wenig Würde, wenig Nutzen und ohne Zukunft im Dienstleistungsbereich. Oftmals als befriedigende Karriere bezeichnet von Leuten, die niemals eine gemacht haben.*« Es sind vor allem diese aparten und präzisen Definitionen, die dem Roman seinen durchschlagenden (und augenblicklich einsetzenden) Erfolg beschert haben und Coupland den ungeliebten Ruf eines internationalen Jugendkultur-Soziologen eintrugen. Vergeblich hat der Autor mit seinen nachfolgenden Büchern gegen dieses Expertenrenommee angeschrieben und hartnäckig – ganz wie seine Helden – jedem Versuch des Establishments widerstanden, aus seiner Popularität Kapital zu schlagen. Mit 10 000 Dollar Honorar für Vorträge wollte man ihn ködern, Coupland sagte »Nein« und zu *Generation X* fortan kein einziges Wort mehr.

Das Schlagwort von der Generation X taugte jedoch bald überall in der Medien-Welt als griffige, internationale Bezeichnung für ein bestimmtes Lebensgefühl. Dieses ist allerdings bereits Vergangenheit. Coupland hat seinen Erstlingsroman mit dem Untertitel *Geschichten für eine immer schneller werdende Kultur* versehen, vielleicht schon in dem Bewusstsein, dass seine Aussagen eng an jene Zeit gebunden sind, in der sie formuliert wurden. In der Tat wirken Andy, Dag und Claire heute als fast drollig aufsässige Sendboten einer schon länger vergangenen Epoche. Das mindert nicht den Reiz dieser Figuren, die man zu Recht mit J. D. Salingers melancholischem Helden Holden Caulfield aus *Der Fänger im Roggen* (s. S. 162) verglichen hat. Wie Holden steht Andy dem Leben im Grunde ratlos gegenüber. Er

---

Den Begriff »Generation X« hat Coupland von dem amerikanischen Kultursoziologen Paul Fussell. In dessen Anfang der 1980er veröffentlichtem Buch *Class* (auf deutsch unter dem Titel *Cashmere, Cocktail, Cadillac* erschienen) findet sich der »X-Typ« als Umschreibung von Leuten, die zu keiner sozialen Klasse mehr gehören wollen. Das Gerücht, dass Coupland den Begriff von der Band Generation X des englischen Rock-Sängers Billy Idol entlehnt hat, ist falsch.

■ Am 22.11.1995 in Helsinki aufgenommenes Bild des kanadischen Schriftstellers Douglas Coupland. Er hat die »Fame Induced Apathy«: Die Ansicht, dass es sich nicht lohnt, einer Tätigkeit nachzugehen, es sei denn, man wird durch sie berühmt. Erweckt den Anschein von Faulheit, aber die Wurzeln dafür sind tiefer.

HISTORICAL UNDERDOSING: In einer Zeit zu leben, in der nichts zu passieren scheint. Hauptsächliches Symptom: süchtig nach Zeitungen, Zeitschriften und Fernsehnachrichten.

HISTORICAL OVERDOSING: In einer Zeit zu leben, in der allzuviel zu passieren scheint. Hauptsächliches Symptom: süchtig nach Zeitungen, Zeitschriften und Fernsehnachrichten.

■ Illustration aus dem Buch *Generation X*.

LESSNESS

Eine Philosophie, in der man durch den Abbau seiner Erwartungen in bezug auf materiellen Wohlstand wieder mit sich in Einklang gerät: »Ich habe es aufgegeben, einen finanziellen Volltreffer landen oder ein hohes Tier werden zu wollen. Ich möchte bloß glücklich sein und vielleicht ein kleines Straßencafé in Idaho aufmachen.«

weiß nur, dass irgendetwas in dieser Welt nicht stimmt, aber außer schnoddrigen Sprüchen fällt ihm nichts dazu ein. Den bissigen Kommentar zu dieser Haltung liefert im Roman Andys Bruder. Tyler ist fünf Jahre jünger und vollkommen in Einklang mit sich und den traditionellen amerikanischen Werten. Er will Karriere machen in einer großen Firma, ist verrückt nach Markenartikeln, immer perfekt gestylt und dazu ein liebenswerter Kerl. (Später wird er die bezaubernde Hauptrolle in Couplands zweitem Roman *Shampoo Planet* spielen.) Kurz vor Weihnachten telefonieren Andy und Tyler miteinander. Natürlich hat Andy großen Horror vor dem Familienfest. Tyler bringt dafür keinerlei Verständnis auf, schließlich gibt es Geschenke, er braucht dringend neue Skier. Als er danach fragt, was Andy sich denn wünsche, und dieser tiefsinnig darüber philosophiert, dass er sich gerade »*von allen Dingen im Leben*« lossagte, antwortet Tyler nur: »*Ich mache mir Sorgen um dich, Andy. Du hast keinen Ehrgeiz.*« So spricht eine schon wieder ganz andere Generation.

GENERATION X

 DOUGLAS COUPLAND, LEBEN UND WERK

Douglas Campbell Coupland wurde am 30. Dezember 1961 im deutschen Bad Söllingen geboren, wo sein Vater als amerikanischer Soldat stationiert war. Seit 1965 lebt er in Vancouver. Am dortigen Emily Carr College of Art and Design begann er sein Bildhauereistudium, das er am Hokkaido College in Sapporo in Japan und am European Design Institute in Mailand fortsetzte. Er arbeitete zunächst als Bildhauer und schrieb für Zeitungen. Sein erster Roman, *Generation X – Geschichten für eine immer schneller werdende Kultur*, 1991 in den USA erschienen, machte ihn schlagartig berühmt und wurde sofort zu einem Kultbuch. In den folgenden Jahren in sechzehn Sprachen übersetzt, erschien es 1994 in Deutschland. »Generation X« stand bald als Schlagwort für die zwischen 1960 und 1970 Geborenen in den westlichen Industrienationen und ihr von Leere und Depression bestimmtes Lebensgefühl. Douglas Couplands zweiter Roman, *Shampoo Planet*, der 1992 herauskam, ist die Geschichte der angepassteren, mehr an Marken als an Meinungen interessierten jüngeren Brüder der Generation X. Für sie steht Tyler Johnson, Sohn einer Hippie-Mutter, der gerne Seifenopern sieht und Shampoos sammelt und auf eine Karriere mit Mitte zwanzig und viel Geld hofft. Das nächste Buch legte Douglas Coupland 1994 mit dem Erzählband *Life after God* vor, mit dem er dort anknüpft, wo sein Erstlingswerk endet: bei der Sinnsuche der jungen Erwachsenen, die in der entmystifizierten Welt ihrer Eltern aufwuchsen. In den USA und im Jahr darauf in Deutschland wurde das Buch von der Presse vorwiegend negativ aufgenommen. Ein großer Erfolg dagegen gelang Douglas Coupland wieder mit seinem dritten, satirischen Roman *Die Micro-Sklaven* (*The Microserfs*, 1995), der von Programmierern des Software-Giganten Microsoft handelt, die um die dreißig sind und nicht nur einen gemeinsamen Arbeitsplatz haben, sondern auch zusammen in einer Wohnung leben – die allerdings nur noch ein Schlafplatz ist, da sich das ganze Leben in der Firma abspielt. Eines Tages brechen sie auf ins Silicon Valley, um eine eigene Firma zu gründen. Bevor Douglas Coupland diesen Roman schrieb, recherchierte er mehrere Jahre, verbrachte eineinhalb Monate auf dem »Campus« von Microsoft in Redmond/Washington und ein Vierteljahr im Silicon Valley. Sein nächstes Buch, *Polaroids from the Death* (*Amerikanische Polaroids*, 1996), angekündigt als eine »Photosammlung aus der Küchenschublade«, ist eine Zusammenstellung von persönlichen Texten über einzelne Momente des Lebens. Ihm folgte 1998 der Roman *Girlfriend in a Coma*. Im Jahr 2000 erschien in den USA *Miss Wyoming*. Sehenswert ist Douglas Couplands Homepage www.coupland.com.

 DATEN

Erstveröffentlichung:
New York 1991 (deutsch: 1995)

Lesenswert:
Douglas Coupland: *Generation X. Geschichten für eine immer schneller werdende Kultur*, München 1995.
Shampoo Planet. Roman, München 1996.
Life after God. Die Geschichten der Generation X. München 1997.
Die Micro-Sklaven. Roman, München 1999.
Amerikanische Polaroids. Hamburg 1998.
Girlfriend in an Coma, Roman, Hamburg 1999.
Miss Wyoming, Hamburg 2001.

Sehenswert:
Generation X. Regie: Matt Frewes, mit Jeremy Rathford, Amarilis, Fiona Hughes.

 AUF DEN PUNKT GEBRACHT

Eine humorvolle Kritik an unserer Konsum-Kultur – und die Erinnerung daran, dass man auch ohne beruflichen Erfolg gute Freunde haben kann.

KLEINES LITERATURWISSENSCHAFTLICHES GLOSSAR ZUM ROMAN

Allegorie Das griechische Wort bedeutet soviel wie »etwas anders sagen«: Der Autor sagt etwas und meint noch etwas anderes. Wenn Thomas Mann den Zauberberg als ein Sanatorium beschreibt, das abgeschlossen in der Bergeinsamkeit liegt, so gibt er seiner Beschreibung eine tiefere Bedeutung: Das Sanatorium bildet die Gesellschaft in der »Ebene« als Mikrokosmos ab, es ist eine Allegorie der bürgerlichen Gesellschaft am Vorabend des Ersten Weltkriegs.

Anekdote Die Anekdote ist die kurze Schilderung einer Begebenheit, die ein bezeichnendes Licht auf eine Person oder einen sozialen Zustand wirft. Wie wir mithilfe von Anekdoten gern Menschen charakterisieren, so nutzen auch viele Romane fiktive Anekdoten zur Personencharakterisierung.

Antagonist Der Gegenspieler des ► Protagonisten oder Helden eines Romans oder einer Erzählung.

Archetype Ein oftmals hoch symbolisch aufgeladenes »Urmuster« menschlichen Empfindens, Verhaltens oder Verstehens. »Archetypisch« sind insbesondere das Erleben von Sexualität und Gewalt. Der Tiefenpsychologe C.G. Jung behauptete, dass das Verhalten aller Menschen unabhängig von ihrer sozialen Erfahrung von »Archetypen« geprägt sei. Seine Theorie hatte großen Einfluss auf die Literatur des 20. Jahrhunderts.

Architektur ► Struktur

Autobiographie Kein Roman ist eine Autobiographie im Sinne einer möglichst getreuen Schilderung des eigenen Lebens durch den Autor, doch praktisch jeder Roman enthält Autobiographisches – direkt oder indirekt, verschlüsselt oder offen. Im Falle von Prousts Auf der Suche nach der verlorenen Zeit verschmilzt die Biographie des Autors mit den Schilderungen des Romans, im Falle von Hesses Steppenwolf war dem Autor möglicherweise daran

gelegen, dass er vom Publikum als sein Romanheld gesehen wurde, Musils Mann ohne Eigenschaften ist gewiss auf weite Strecken das Sprachrohr seines Autors – auf vielfältige Weise schlägt sich die Autobiographie des Autors in seinem Werk nieder.

Autor Kein Roman ohne Autor – und doch führt der Text sein Eigenleben neben ihm. Der Autor will das eine, doch der Text etwas anderes: Die Logik, in der sich die Handlung entwickelt, die Gesetze und Konventionen des Schreibens entfernen sich nicht selten von der »Autorintention«, die herauszufinden dann wieder ein Teil der Romaninterpretation sein kann.

Bewusstseinsstrom / Stream of Consciousness Unser Bewusstsein bewegt sich nicht klar und gerade in Form einer logischen Argumentation. Vielmehr hüpft es hin und her, verliert sich in Nebensächlichem oder verfolgt zur selben Zeit mehrere Gedankenstränge mit unterschiedlicher Intensität. Die literarische Nachbildung dieses »Bewusstseinsstroms« ist eine der Errungenschaften des Romans im 20. Jahrhundert. Vor allem James Joyce hat das Schreiben entlang des »Stream of Consciousness« zur Romantechnik gemacht.

Bildungsroman / Entwicklungsroman Viele Romane stellen die Entwicklung eines Helden dar, der im Laufe seiner Erfahrungen zu einer immer reicheren Persönlickeit wird. Damit ein »Entwicklungsroman« zu einem vollendeten Bildungsroman werden kann, muss allerdings eine philosophische Konzeption von der Vorstellung dessen existieren, was eine reiche, gebildete und voll entwickelte Persönlichkeit ist. Eine solche Idee von Bildung liegt dem klassischen deutschen Bildungsroman, Goethes Wilhelm Meister, zu Grunde. Im 20. Jahrhundert sind die Vorstellungen,

was das Ziel der Persönlichkeitsentwicklung sein soll, problematisch geworden. Eben dies wird in modernen Entwicklungsromanen wie Musils Mann ohne Eigenschaften reflektiert.

Biographie Jeder Roman enthält Elemente von Biographien, da er von Menschen handelt. Eine Romanfigur ist in mehr oder weniger verschlüsselter Weise einem lebendigen Menschen nachgebildet oder kombiniert die Züge verschiedener Personen, die der Autor beobachtet hat oder an die er sich erinnert. Romane enthalten fiktive Biographien, lassen Menschen lebendig werden, die so nie existiert haben. Oder aber sie sind Biographien, die mit den Mitteln der Fiktion mehr über eine Person zu sagen versprechen als rein sachliche, um Objektivität bemühte Biographien – eine solche Biographie ist Klaus Manns Mephisto.

Briefroman Besonders gegen Ende des 18. Jahrhunderts erfreuten sich Briefromane großer Beliebtheit, in denen die Romanhandlung aus der Perspektive eines, zweier oder mehrerer Briefschreiber dargestellt wurde. Elemente und Techniken aus dem Briefroman, vor allem die Schilderung eines Geschehens aus unterschiedlicher Perspektive, haben sich auch im modernen Roman erhalten.

Chronik Eine Chronik schildert ein Geschehen in einfacher Weise entlang einer Zeitachse. Familienromane wie die Buddenbrooks haben zwangsläufig etwas von einer Familienchronik. Das Chronikhafte gibt der Schilderung etwas besonders Glaubwürdiges, durch seine Einfachheit als Erzähltechnik auch etwas wuchtig Archaisches, gerade wenn lange Zeiträume überbrückt werden – dies macht sich etwa García Márquez in Hundert Jahre Einsamkeit zu Nutze.

Didaktik Manche Autoren wollen bewusst eine Botschaft vermitteln und bedienen sich des Romans, um sie möglichst didaktisch geschickt zu verpacken. Dies gilt für alle bewusst gesellschaftskritischen Romane, aber auch für Camus' *Der Fremde* oder Sartres *Ekel*, in denen die Positionen des philosophischen Existentialismus veranschaulicht werden oder für Ecos *Im Namen der Rose*, ein Buch, in dem eine Fülle geistesgeschichtlichen Wissens wunderbar verpackt ist.

Entwicklungsroman ▶ Bildungsroman

episch Der Roman wird oft als epische Form der Literatur bezeichnet, im Unterschied zur Dramatik und Lyrik. Auch wenn Romane in »epischer Breite« erzählen, ist ihre Handlung oft dramatisch zugespitzt. An anderen Stellen können Romane auch bei der Schilderung von Landschaften, lyrische Passagen enthalten, in denen jedes Wort auf seinen Klang abgeklopft wird.

Episoden Kein Roman kann alle Geschehnisse auch nur eines Tages umfassend schildern, zumal wenn in ihm mehrere Handlungen verwoben sind. Daher wird die Handlung in mehr oder weniger deutlich abgeteilten Episoden verdichtet. In manchen Romanen (und Filmen) erlangen die Episoden große Selbstständigkeit, und es bleibt weitgehend dem Leser überlassen, die Verbindungen zwischen den einzelnen Episoden herzustellen.

Erzähler Keinesfalls darf der Erzähler in einem Roman mit dem Autor verwechselt werden. Gerade ein Ich-Erzähler hat wenig mit seinem Schöpfer gemein, selbst wenn das Werk ▶ autobiographische Züge aufweist. Dies wird spätestens dann deutlich, wenn, wie in einem ▶ Briefroman, ein zweiter Erzähler mit ganz anderem Blickwinkel auf die Ereignisse reagiert, etwa in den Romanen von Virginia Woolf. Immer aber ist hier ein »personaler Erzähler« am Werk, der aus seiner persönlichen Perspektive erzählt, sei es in der Form von Berichten, ▶ inneren Monologen oder eines ▶ Bewusstseinsstroms. Scheinbar objektiv erzählt dagegen der »auktoriale« Erzähler, was in der fiktiven Wirklichkeit des Romans geschieht. Da er allein den Fortgang der

Handlung lenkt, ist er gleichsam allmächtig. Manche Autoren, Thomas Mann etwa, halten es deshalb für angebracht, ihre Distanz zum Erzähler zum Ausdruck zu bringen, indem sie ihn mit dem Leser in Plaudereien über das Erzählte verwickeln. Andere lassen ihre Erzähler rabiat in die Handlung eingreifen, die dann die Handlung gegen die innere Wahrscheinlichkeit der Erzählung umwenden, etwa um ein Happy End zu retten.

Erzählung Traditionell werden Erzählung und Roman unterschieden; dabei ist die Erzählung die kleinere Form gegenüber dem komplexeren und umfangreicheren Roman. Heute ist nur noch selten bei einem Buch von »Erzählung« die Rede, wohl deshalb, weil ein Buch, auf dem »Roman« steht, besser verkäuflich ist.

Fabel In einem Roman ist die Fabel das Gerüst der Handlung. Bei einem Kriminalroman, bei dem es ganz besonders auf die kunstvolle Anlage der Fabel ankommt, spricht man meist vom »Plot«. Als Fabel wird jedoch auch eine Erzählung bezeichnet, die moralisches Verhalten und Lebensklugheit vermitteln will und dafür oft Tiere, Pflanzen oder leblose Gegenstände zu handelnden Protagonisten macht.

Familienroman Die Darstellung des Schicksals von Menschen im Zusammenhang familiärer Bindungen ist ein klassisches Thema des Romans. Die Ebene der Familie schiebt sich zwischen Individuum und Gesellschaft und erlaubt die Schilderung des Wechselspiels zwischen den Wünschen und Anlagen des Einzelnen und den Zwängen und Chancen, die die Gesellschaft in ihrer Geschichte bietet. Der klassische Familienroman des 20. Jahrhunderts ist Thomas Manns *Buddenbrooks*.

Fiktion / fiktiv Was ein Roman schildert, ist »bloß« fiktiv, also ausgedacht. Damit unterscheidet er sich – ebenso wie andere Formen der »schönen Literatur« oder »Belletristik« – von wissenschaftlichen Werken, die »objektive« Wirklichkeit darzustellen suchen. Das englische Wort »fiction« bürgert sich zunehmend als Ersatzbegriff für »schöne Literatur« auch im Deutschen ein und konkurriert dabei mit dem Begriff

»Belletristik«, der zu Unrecht mit »schöner Literatur« gleichgesetzt wird, denn auch wissenschaftliche Werke können literarische Qualität aufweisen.

Gegenwartsroman ▶ Zeitroman

Gesellschaftsroman ▶ Zeitroman

Gliederung ▶ Struktur

Handlung Jeder Roman schildert Ereignisse und hat dadurch eine Handlung oder ▶ Fabel. Die Handlung muss nicht außerhalb der Romanfiguren stattfinden, sie kann auch weitgehend von ihnen erinnert oder phantasiert sein. Kein Roman besteht nur aus der Wiedergabe von Handlung. Dazu treten Reflexionen des Erzählers und / oder der Romanfiguren und Beschreibungen. Selbst ein Roman, der sich auf die Handlung konzentriert, wird das Handlungsskelett mit Fleisch versehen müssen – das geht mit Sprache gar nicht anders.

Held/Heldin Die meisten Romane haben eine Hauptfigur, einen Held oder eine Heldin. Wenn der Leser sich mit einer Figur identifizieren, sich an ihre Stelle setzen kann, erhöht dies die Spannung. Jeder bangt mit seinem Helden oder seiner Heldin. Aber aufgepasst! Der Held kann sich auch als Antiheld entpuppen, wie Hašeks Schwejk oder gar als Opportunist der übelsten Sorte wie der Heßling in Heinrich Manns *Untertan*. Gerade dass aber, dass wir uns mit einem Schlitzohr oder einem Widerling identifizieren, ist die Absicht der Autoren. So wie es die Absicht John Updikes ist, dass wir uns möglichst vollkommen in die Lage eines absoluten Durchschnittstypen wie dem seines *Hasenherz* versetzen. Da der moralisch überlegene Held in der besseren Literatur des 20. Jahrhunderts rar geworden ist, ist auch die Rede vom Helden nicht mehr sinnvoll. Meist spricht man stattdessen von »Protagonisten«.

Historienroman Das romanhafte Heraufbeschwören historischer Augenblicke oder vergangener Zeiten ist ein klassisches Thema des Romans im 19. Jahrhundert – man denke nur an

Werke wie Tolstois *Krieg und Frieden*. Aber noch in der zweiten Hälfte des 20. Jahrhunderts sind zahlreiche »historische Romane« oder besser Historienromane entstanden, darunter so spannende und instruktive Werke wie Ecos *Im Namen der Rose* oder Süskinds *Parfüm*.

Innerer Monolog Die Darstellung von Gedanken, so wie sie von einer Romangestalt erlebt werden, gehört zu den wichtigsten Techniken des modernen Romans. Innere Monologe münden zuweilen in einen schier endlosen ▶ Bewusstseinsstrom.

Interpretation Keine Interpretation eines Romans stimmt mit einer anderen überein. Jeder liest etwas anderes in den Roman hinein oder aus ihm heraus – gerade das macht die Auseinandersetzung mit Literatur so lebendig. Trotzdem gibt es anerkannte Standards für die Voraussetzungen einer guten Interpretation. Dazu gehören die Kenntnis der Lebensgeschichte des Autors und seines Werks, die Kenntnis der literarischen Tradition und des gesellschaftlichen Umfelds, in denen der Roman entstanden ist, und eine Analyse seiner Struktur und der angewandten Techniken.

Ironie Viele gute Romane erzählen nicht ungebrochen ihre Geschichte, sondern arbeiten mit Brechungen, in denen das stets merkwürdige Verhältnis zwischen Autor, Romanpersonal und Leser schlaglichtartig thematisiert wird. Die naive Identifikation des Lesers mit dem Romangeschehen und »seinen« Heldinnen und Helden wird aufgehoben, und er wird zu einem Lächeln über sich selbst genötigt, weil er gerade einmal wieder Roman und Wirklichkeit verwechselt hat. Das ist Ironie.

Kapitel Die meisten Romane sind äußerlich in Kapitel und diese wieder in Abschnitte gegliedert. Inwieweit diese äußere mit einer inneren, nicht gleich offenkundigen Gliederung übereinstimmt – damit treibt so mancher Autor sein Spiel.

Kinderroman Der Kinderroman, wie wir ihn heute kennen, ist im Wesentlichen eine Entwicklung des 20. Jahrhunderts. Formal unterscheidet er sich von den »Erwachsenenromanen« lediglich durch eine einfachere Sprache und eine einfachere Struktur. Inhaltlich ist es immer mehr Autoren gelungen, sich in die Denk- und Empfindungsweise von Kindern hineinzufühlen. Das unterscheidet die Romane eines Erich Kästner und einer Astrid Lindgren von Büchern, in denen Kinder weitgehend wie Erwachsene denken, etwa in Frances Burnetts Kinderklassiker *Der kleine Lord* aus dem Jahr 1886.

Konvention Die Literaturgeschichte besteht darin, dass Konventionen entstehen, wie eine bestimmte Textart zu schreiben sei, und dass diese Konventionen dann von kämpferischen Neuerern abgeschafft werden. Die Romane des 20. Jahrhunderts sind vielfach im bewussten Bruch mit der Tradition und den Konventionen des 19. Jahrhunderts entstanden. Hašek protestierte mit seinem *Schwejk* gegen die Kriegshelden der Romantradition, James Joyce stellte radikal den überkommenen Wechsel von Handlungsschilderung und Dialog in Frage, Kafka beschrieb die ganz und gar unfeierliche Einsamkeit eines modernen Angestellten in einer bürokratisch verwalteten Gesellschaft. Trotz aller Themen und formalen Neuerungen hat sich der Roman des 20. Jahrhunderts viel weniger weit von dem des Jahrhunderts zuvor entfernt als etwa die Malerei oder Musik.

Kriminalroman »Krimis« sind im 20. Jahrhundert die weitaus beliebtesten Romane. Die meisten Kriminalromane sind mehr oder weniger gute Unterhaltungsliteratur, doch einige haben den Aufstieg in die Ruhmeshallen der »Hochliteratur« geschafft, darunter Umberto Ecos historischer Klosterkrimi *Im Namen der Rose*.

Metapher Die Literatur arbeitet stets mit Bildern, mit Metaphern. Eine mächtige Tür in dem Gerichtsgebäude in Kafkas *Prozeß* ist nicht einfach eine Tür, sondern eine Metapher für die anonyme Macht des bürokratischen Staats, der Prozess selbst ist eine Metapher auf die Ohnmacht des Einzelnen; der ganze Roman kann als eine Metapher – oder besser: ▶ Allegorie – auf eine Gesellschaft gelesen werden, in der die Autonomie des Einzelnen radikal in Frage gestellt ist.

Moral Es ist erstaunlich, wie moralisch die meisten wichtigen Romane des 20. Jahrhunderts sind. Kaum einer kann als L'art pour l'art interpretiert werden. Fast allen Autoren geht es um die Propagierung eines in irgendeiner Weise humanistischen Welt- und Menschenbilds. Dagegen spricht keinesfalls, dass viele Romane Skandale auslösten, weil sie gegen die herrschende Moral, namentlich Sexualmoral, verstießen. Joyces *Ulysses* und Nabokovs *Lolita* durften lange Zeit nicht erscheinen, gegen Sagans *Bonjour tristesse* wurde von den Kanzeln gepredigt, und selbst der gute Katholik Böll erregte in der Nachkriegsbundesrepublik mit seinen *Ansichten eines Clowns* Anstoß.

Mythen Die Mythen der griechisch-römischen Antike, die Geschichten der Bibel und die Heldenerzählungen des europäischen Mittelalters wirken auch in den Romanstoffen des 20. Jahrhunderts fort. Das berühmteste Beispiel ist wohl Joyces *Ulysses*, in dem die Abenteuer des Odysseus in das Kleinbürgerleben im modernen Dublin übertragen werden.

Novelle Eigentlich eine strenge, sich auf ein einziges Ereignis konzentrierende Form der ▶ Erzählung. Die Grenzen zwischen Novelle, Erzählung und Roman sind im 20. Jahrhundert fließend geworden.

Parabel Die Parabel, das Gleichnis, ist eine häufige literarische Figur. Viele Romane enthalten einzelne Parabeln, aber auch ganze Romane können als Parabel gelesen werden, als belehrendes Beispiel, Klaus Manns *Mephisto* etwa als Parabel auf die Verführbarkeit eines talentierten Menschen durch die Macht.

Parodie Die Kunst, einen Text durch seine Nachahmung lächerlich zu machen, wird in vielen Romanen gepflegt, etwa bei Heinrich und Thomas Mann oder bei André Gide. Ganze Romane können als Parodie anderer gelesen werden, etwa Musils *Mann ohne Eigen-*

schaften als Parodie von Goethes *Wilhelm Meister*.

Personal Abgesehen von den Hauptfiguren, namentlich dem ▸ Helden oder der Heldin, haben Romane oft ein sehr zahlreiches Personal. Die Kunst des Autors liegt darin, die vielen Figuren, die seinen Roman bevölkern, glaubhaft und plastisch zu zeichnen und dabei die Figuren, die mehr im Vordergrund stehen, über längere Strecken hinweg zu »entwickeln«.

Plot ▸ Fabel

Protagonist ▸ Held

Reportage Die soziale Reportage ist eine literarische Form, die sich erst im 20. Jahrhundert voll entwickelt hat. Sie hatte großen Einfluss auf den modernen Roman. Ohne sie sind Bücher wie Döblins *Berlin Alexanderplatz* nicht zu denken. Besonders der moderne amerikanische Roman von Faulkner und Hemingway bis zu Thomas Wolfe und anderen ist von der Reportage geprägt. Viele bedeutende amerikanische Romanciers haben als Journalisten, genauer gesagt Reporter, angefangen.

Rezeptionsgeschichte Der Blick auf einen Roman ändert sich im Laufe der Jahre erheblich. Was als skandalös galt, regt niemanden mehr auf, was radikal umstürzlerisch sein sollte, weckt nur noch ein müdes Lächeln. Viele Romane erfahren im Laufe der Jahre, im Laufe ihrer Rezeptionsgeschichte, Umdeutungen und Neubewertungen. Manche

verschwinden dabei völlig aus dem Gedächtnis des kollektiven Lesers, auch die Werke nicht weniger Nobelpreisträger (▸ Liste S. 270), andere bleiben über Jahrzehnte hinweg frisch.

Romancier Mit der gewachsenen Popularität der Romanliteratur bildete sich im 19. Jahrhundert ein neuer Schriftstellertypus heraus: der Romancier. Ein Romancier brauchte keinen Mäzen wie ein Dichter des 18. Jahrhunderts, weil er mit seinen Büchern auf dem Markt Erfolg haben konnte. Ein erfolgreicher Romancier konnte reich und zum Liebling der Gesellschaft werden. Der Romancier avancierte übrigens auch zum äußerst beliebten Roman- und Filmhelden.

Satire Satirische Romane, die die Missstände der Gesellschaft geißeln, gibt es seit der Antike. Durch satirische Überzeichnung wird wie bei einer Karikatur das Lächerliche der menschlichen Dummheit deutlich gemacht. Der berühmteste satirische Roman des 20. Jahrhunderts dürfte Heinrich Manns *Untertan* sein. Es sei denn, man fasste Orwells *1984* als Satire im ▸ Science-Fiction-Gewand auf.

Science Fiction Die früher auch als »Zukunftsroman« bezeichnete Gattung ist typisch für die populäre Literatur des 20. Jahrhunderts, obwohl ihre Erfindung bereits ins 19. Jahrhundert fällt – man denke nur an die Bücher von Jules Verne. Raffinierte Science-Fiction-Romane wie die Werke von Stanislaw Lem werden schon seit geraumer Zeit zu den besten Büchern der literarischen Moderne gezählt.

Struktur Die Struktur, wörtlich der »Bau« des Romans, wird oft auch als dessen Architektur bezeichnet. Wie bei einem Gebäude kann man »tragende« Elemente wie eine Rahmenhandlung von einzelnen ▸ Episoden unterscheiden, die den Rahmen füllen. Entsprechend den Stockwerken eines Gebäudes kann ein Roman auch verschiedene Ebenen aufweisen, etwa die des Erzählers und die der Handlung oder verschiedene Zeitebenen. Die Analyse der Struktur eines Romans ist wesentliche Voraussetzung für seine ▸ Interpretation.

Zeitroman Zeitroman, Gegenwartsroman, Gesellschaftsroman – im Großen und Ganzen besagen diese Begriffe dasselbe. Sie bezeichnen die im 19. Jahrhundert entstandenen Romane, die die gesellschaftlichen Zustände ihrer Zeit anhand des Schicksals einzelner Personen in vielfachen Facetten beschreiben. Im 20. Jahrhundert wurde der Zeitroman noch weiter als bereits im Jahrhundert zuvor mit Elementen der ▸ Reportage angereichert, zuletzt auch mit dokumentarischem Material unterfüttert.

NATIONALE UND INTERNATIONALE LITERATURPREISE

Literaturpreise sind Auszeichnungen, die von Staaten, Städten, Institutionen, Akademien, Stiftungen, Verlagen, Vereinen und manchmal von Einzelpersonen für literarische Leistungen verliehen werden; entweder für ein bestimmtes Werk oder für das Lebenswerk eines Schriftstellers. Diese Auszeichnungen werden meistens jährlich vergeben und sind oft mit einem Geldbetrag verbunden, teilweise auch mit der Verleihung einer Medaille oder einem Stipendium. Der bekannteste internationale Literaturpreis ist der Nobelpreis für Literatur, der seit 1901 von der Schwedischen Akademie jährlich verliehen und am 10. Dezember vom schwedischen König in Stockholm überreicht wird (► S. 270).

Der **Booker-Preis**, auch Booker Mc-Cornell Prize genannt, wurde vom Industriekonzern *Booker McCornell* gestiftet und ist einer der bedeutendsten Literaturpreise der englischsprachigen Welt. Der mit 20000 Pfund Sterling dotierte Preis wird seit 1969 für den besten englischsprachigen Roman des Jahres vergeben. Voraussetzung ist, dass der Preisträger zum Commonwealth gehört oder aus Irland oder Südafrika stammt. Ein gewöhnlich aus fünf Preisrichtern – Kritiker, Autoren, Verleger – bestehendes Gremium stellt eine Auswahlliste zusammen, aus der dann das Gewinnerbuch ausgewählt wird. Ausgezeichnet wurden u. a. Kingsley Amis, J.M.Coetzee, William Golding und Salman Rushdie.

Der **Friedenspreis des Deutschen Buchhandels**, 1950 gegründeter und vom *Börsenverein des Deutschen Buchhandels* gestifteter internationaler Literaturpreis. Er wird jährlich an Autoren verliehen, die mit ihrem literarischen, wissenschaftlichen oder künstlerischen Werk einen besonderen Beitrag für den Frieden geleistet haben. Der Friedenspreis ist seit 1979 mit 25 000 Mark dotiert. Mögliche Preisträger müssen dem Stiftungsrat

mit einer ausführlichen schriftlichen Begründung vorgeschlagen werden. Zu den Preisträgern gehören u. a. Albert Schweitzer, Václav Havel (1989), Amos Oz (1993), Friedrich Schorlemmer (1994) und Jorge Semprun (1994). Der Friedenspreis kann auch posthum verliehen werden; 1972 wurde der polnische Schriftsteller, Pädagoge und Kinderarzt Janucz Korczak ausgezeichnet, der 1942 im Konzentrationslager Treblinka von den Nationalsozialisten ermordet worden war.

Der 1923 geschaffene **Georg-Büchner-Preis** wurde ursprünglich an Künstler vergeben, die dem hessischen Raum geistig verbunden waren. 1951 wurde er vom hessischen Kultusminister, dem Magistrat der Stadt Darmstadt sowie von der Deutschen Akademie für Sprache und Dichtung in einen Literaturpreis umgewandelt. Seitdem wird der renommierteste Literaturpreis Deutschlands jährlich vom Präsidium der Akademie und je einem Vertreter des Landes Hessen und der Stadt Darmstadt vergeben. Geehrt werden deutschsprachige Autoren, die sich mit ihren Arbeiten Verdienste um die deutsche Literatur erworben haben. Der anfangs mit 1000 Mark dotierte Preis ist seit 1989 mit einem Preisgeld von 60 000 Mark verbunden. Der Preisträger muss bei Entgegennahme des Preises eine Rede halten. Ausgezeichnet wurden u. a. Gottfried Benn (1923), Marie Luise Kaschnitz (1955), Erich Kästner (1957), Max Frisch (1958), Günter Eich (1959) und Paul Celan (1960). In den letzten Jahren wurden Tankred Dorst (1990), Wolf Biermann (1991), George Tabori (1992), Peter Rühmkorf (1993), Adolf Muschg (1994), Durs Grünbein (1995), Sarah Kirsch (1996), H.C. Artmann (1997) und Elfriede Jelinek (1998) ausgezeichnet.

Unter den vielen **Goethepreisen** wurde der *Goethepreis der Stadt Frankfurt* erstmals 1927 verliehen. Bis 1949 wurde er jährlich und seither alle drei Jahre, jeweils an Goethes Geburtstag, an eine Persönlichkeit vergeben, deren »schöpferisches Wirken einer dem Andenken Goethes gewidmeten Ehrung würdig ist.« Ursprünglich mit 10 000 Mark, wird er seit 1961 mit 50 000 Mark dotiert. Preisträger waren u. a. Stefan George, Albert Schweitzer, Sigmund Freud, Ricarda Huch, Gerhart Hauptmann, Hans Carossa, Agnes Miegel, Hermann Hesse, Fritz von Unruh, Thomas Mann, Ernst Jünger, Golo Mann, Arno Schmidt, Peter Stein und Siegfried Lenz.

Der **Gottfried-Keller-Preis** wurde 1922 von der *Martin-Bodmer-Stiftung* in Zürich gestiftet. Er wird in unregelmäßigen Abständen an Autoren bedeutender literarischer, philosophischer oder historischer Werke verliehen und ist mit 10 000 Franken dotiert. Voraussetzungen sind, dass die Werke in einer der in der Schweiz gesprochenen Sprache geschrieben wurden und in Beziehung zu den kulturellen Traditionen des Landes stehen. Ausgezeichnet wurden u. a. Hermann Hesse (1936), Gertrud Le Fort (1952) und Hermann Lenz (1983).

Der **Ingeborg-Bachmann-Preis**, der wichtigste Literaturpreis des Ingeborg-Bachmann-Wettbewerbs, wird seit 1977 jährlich im österreichischen Klagenfurt verliehen. Beim Ingeborg-Bachmann-Wettbewerb tragen die von einer Jury aus Literaturkritikern, Germanisten und Schriftstellern nominierten Autoren öffentlich und vor laufender Fernsehkamera einen unpublizierten Text vor und setzten sich anschließend einer Spontankritik der Juroren aus. Neben dem mit 200 000 österreichischen Schilling dotierten Ingeborg-Bachmann-Preis werden im Rahmen des Wettbewerbs auch noch ein Preis des Landes Kärnten, der Ernst-Willner-Preis, der Bertelsmann-Literaturpreis und ein 3-sat-Stipendium vergeben; finanziell getragen wird der Wettbewerb von der Stadt Klagenfurt und dem Österreichischen Rundfunk (ORF). Die besondere Austragungsform des Ingeborg-Bachmann-Wettbewerbs ist nicht unumstritten, doch stellt die viertägige Veranstaltung im Frühsommer eine neueste literarische Trends und Talente aufzeigende Börse des Literaturmarktes dar, zugleich eine Gesprächsplattform für Verleger, Jungautoren, Lektoren und Journalisten. Ausgezeichnet wurden u. a. Ulrich Plenzdorf (1978), Sten Nadolny (1980), Urs Jaeggi (1981), Friederike Roth (1983), Erica Pedretti (1984), Hermann Burger (1985), Katja Lange-Müller (1986), Angela Krauß (1988), Wolfgang Hilbig (1989), Birgit Vanderbeke (1990), Emine Sevgi Özdamar (1991), Alissa Walser (1992), Reto Hänny (1994), Franzobel und Steffen Kopetzky (1997).

Der **Lessing-Preis** wird von der Freien und Hansestadt Hamburg verliehen. Er wurde 1929 aus Anlass des 200. Geburtstages von Gotthold Ephraim Lessing begründet, 1946 wieder ins Leben gerufen und ist mit 20 000 DM dotiert. Er wird von einem Preisrichterkollegium alle vier Jahre an einen deutschen Schriftsteller oder Wissenschaftler vergeben, »dessen Werke auf den von Lessing gepflegten Wissensgebieten die Erkenntnis gefördert und zugleich durch ihre künstlerische Darstellung und sprachliche Form die deutsche Prosa weitergebildet haben.« Ausgezeichnet wurden u. a. Rudolf Alexander Schröder (1947), Agnes Heller (1981), Hartmut von Hentig (1985), Alexander Kluge (1989).

Die **National Book Awards** wurden 1950 vom *American Book Publisher Council*, dem *Book Manifactures Institute* und der *American Booksellers Assoziation* eingeführt. Von 1980 bis 1986 in American Book Awards umbenannt, erhielt er 1987 erhielt er seinen ursprünglichen Namen zurück. Die Preisverleihung wird seit 1989 von der *National Book Foundation* vorgenommen. Die renommierten National Book Awards sind mit einem Preisgeld von 10 000 US Dollar verbunden. Zwischen 1964 und 1980 stieg die Zahl der

für eine Nominierung zugelassenen Kategorien von drei – Sachbuch, Belletristik, Lyrik – auf 26 an. 1984 wurden die National Book Awards auf zwei Kategorien, Belletristik und Sachbuch, reduziert, Lyrik ist erst seit 1991 wieder für die Nominierung zugelassen. Nominiert werden können nur Werke des Vorjahres von lebenden amerikanischen Staatsbürgern. Preiswürdige Bücher werden von drei Gremien, jeweils einem für Belletristik, Sachbuch und Lyrik, mit fünf Preisrichtern ausgewählt. Ausgezeichnet wurden u. a. William Faulkner, Richard Ellmann, Philip Roth, John Updike und Thomas Pynchon.

Der **Österreichische Staatspreis für europäische Literatur** wird seit 1965 jährlich an einen europäischen Schriftsteller verliehen, dessen Werk durch Übersetzungen im deutschsprachigen Raum sowie international Verbreitung gefunden hat. Der mit 300 000 österreichischen Schilling dotierte Preis wird auf Vorschlag einer Jury vom Bundesminister für Wissenschaft, Verkehr und Kunst vergeben. Zu den bisherigen Preisträgern zählen u. a. Zbigniew Herbert (1965), Václav Havel (1968), Harold Pinter (1973), Italo Calvino (1976), Simone de Beauvoir (1978), Sarah Kirsch (1980), Friedrich Dürrenmatt (1983), Christa Wolf (1984), Milan Kundera (1987), Andrzej Szczypiorski (1988), Helmut Heißenbüttel (1990), Peter Nádas (1991), Salman Rushdie (1992), Tschingis Aitmatow (1993), Inger Christensen (1994), Aleksandar Tišma (1995) und Jürg Laederach (1996).

Der **Prix Goncourt** wurde vom französischen Schriftsteller Edmond Huot de Goncourt (26.5.1822 – 16.7.1896) gestiftet. Er legte testamentarisch fest, dass sich die Mitglieder der *Académie Goncourt*, einer zehnköpfigen Jury aus Schriftstellern, die nicht der *Académie française* angehören, jeden Monat einmal im Restaurant treffen sollten. Ursprünglich fanden diese Zusammenkünfte im Nobelrestaurant *Drouant* statt. Seit 1912 wird der Preis im Anschluss an dieses Treffen vergeben. Das mit dem Prix Goncourt verbundene Preisgeld beträgt seit 1903 unverändert 50 Francs; den Scheck lassen sich die Laureaten zumeist einrahmen. Der Prix Goncourt wird jährlich für das beste moderne Prosawerk in französi-

scher Sprache in der ersten Dezemberwoche verliehen. Ausgezeichnet wurden u. a. Marcel Proust (1919), André Malraux (1933), Simone de Beauvoir (1954), Marguerite Duras (1984), Patrick Rambaud (1997). Der undotierte Gegenpreis *Prix Theophraste Renaudot* wird von einer Journalistenjury am gleichen Tag ebenfalls im *Drouant* vergeben.

Der **Pulitzer-Preis** wurde von dem amerikanischen Verleger Joseph Pulitzer (10. 4. 1847–29. 10. 1911) gestiftet und 1917 erstmals verliehen. Seitdem wird der Preis, mit dem besondere publizistische Leistungen ausgezeichnet werden, jährlich von der *School of Journalism* der Columbia-Universität, New York ausgeschrieben. Vergeben werden Einzelpreise zwischen 500 und 1000 Dollar für Leistungen einer Zeitung im Dienst der Öffentlichkeit, für individuelle Leistungen auf dem Gebiet der Berichterstattung, der Literatur, der Dichtung und der Karikatur. Zu den ausgezeichneten Literaten zählen John Steinbeck, Ernest Hemingway, Arthur Miller, Gwendolyn Brooks, Tennessee Williams, der Ire Frank McCourt und Michael Cunningham.

Weitere internationale Auszeichnungen sind der Internationale Sachbuchpreis (seit 1962). Weiterhin bedeutend sind in den USA der Books Abroad, in England der Whitbread Literary Award, in Frankreich der Prix Fémina, der Prix Medicis und der Prix Interallié, in Spanien der Premio Planeta und der Premio Nadal, in Italien der Premio Strega und der Premio Viareggio, in der Schweiz der Schiller-Preis und der Charles-Veillon-Preis. Weitere deutsche Literaturpreise sind der Droste-Preis, der Theodor-Fontane-Preis, der Hauptmann-Preis, der Hebbel-Preis, der Heinrich-Heine-Preis, der Immermann-Preis, der Kleist-Preis, der Lessing-Preis und der Raabe-Preis.

DIE LITERATUR-NOBELPREISTRÄGER

Die Nobelstiftung

Der schwedische Chemiker und Industrielle Alfred Nobel (21.10.1833 – 10.12.1896) bestimmte testamentarisch den größten Teil seines Vermögens für die Nobelstiftung. Die Zinsen seiner Stiftung sollen jährlich zu fünf gleichen Teilen denen zugeteilt werden, »die im verflossenen Jahr der Menschheit den größten Nutzen geleistet haben: je ein Teil dem, der auf dem Gebiet der Physik die wichtigste Entdeckung oder Verbesserung gemacht hat, der die wichtigste chemische Entdeckung oder Verbesserung gemacht hat, der die wichtigste Entdeckung auf dem Gebiet der Physiologie oder Medizin gemacht hat, der in der Literatur das Ausgezeichnetste in idealistischer Richtung hervor gebracht hat, der am meisten oder besten für die Verbrüderung der Völker gewirkt hat und für die Abschaffung oder Verminderung der stehenden Heere sowie für die Bildung und Verbreitung von Friedenskongressen«.

1901
Sully Prudhomme, eigentlich René François Armand Prudhomme (Frankreich)

1902
Theodor Mommsen (Deutschland)

1903
Bjørnstjerne Bjørnson (Norwegen)

1904
José Echegaray y Eizaguirre (Spanien)
Frédéric Mistral (Frankreich)

1905
Henryk Sienkiewicz (Polen)

1906
Giosuè Carducci (Italien)

1907
Rudyard Kipling (Großbritannien)

1908
Rudolf Christoph Eucken (Deutschland)

1909
Selma Lagerlöf (Schweden)

1910
Paul Heyse (Deutschland)

1911
Maurice Maeterlinck (Belgien)

1912
Gerhard Hauptmann (Deutschland)

1913
Rabîndranâth Tagore (Indien)

1915
Romain Rolland (Frankreich)

1916
Verner von Heidenstam (Schweden)

1917
Karl Gjellerup (Dänemark)
Henrik Pontoppidan (Dänemark)

1919
Carl Spitteler (Schweiz)

1920
Knut Hamsun (Norwegen)

1921
Anatole France (Frankreich)

1922
Jacinto Benavente y Martínez (Spanien)

1923
William Butler Yeats (Irland)

1924
Wladyslaw Stanislaw Reymont (Polen)

1925
George Bernard Shaw (Großbritannien)

1926
Grazia Deledda (Italien)

1927
Henri Bergson (Frankreich)

DIE LITERATUR-NOBELPREISTRÄGER

1928
Sigrid Undset
(Norwegen)

1929
Thomas Mann
(Deutschland)

1930
Sinclair Lewis
(USA)

1931
Erik Axel Karlfeldt
(Schweden)

1932
John Galsworthy
(Großbritannien)

1933
Iwan Aleksejewitsch Bunin
(Russland)

1934
Luigi Pirandello
(Italien)

1936
Eugene O'Neill
(USA)

1937
Roger Martin du Gard
(Frankreich)

1938
Pearl S(ydenstricker) Buck
(USA)

1939
Frans Eemil Sillanpää
(Finnland)

1944
Johannes Vilhelm Jensen
(Dänemark)

1945
Gabriela Mistral, eigentlich
Lucila Godoy Alcayaga
(Chile)

1946
Hermann Hesse
(Schweiz)

1947
André Gide
(Frankreich)

1948
T(homas) S(tearns) Eliot
(Großbritannien)

1949
William Faulkner
(USA)

1950
Bertrand (Arthur William) Russell
(Großbritannien)

1951
Pär Lagerkvist
(Schweden)

1952
François Mauriac
(Frankreich)

1953
Winston Churchill
(Großbritannien)

1954
Ernest Hemingway
(USA)

1955
Halldór Kiljan Laxness
(Island)

1956
Juan Ramón Jiménez
(Spanien)

1957
Albert Camus
(Frankreich)

1958
Boris Pasternak
(Russland)

1959
Salvatore Quasimodo
(Italien)

1960
Saint-John Perse, eigentlich
Alexis Léger
(Frankreich)

1961
Ivo Andrić
(Jugoslawien)

1962
John Steinbeck
(USA)

1963
Giorgos Seferis, eigentlich
Giorgos Seferiades
(Griechenland)

1964
Jean-Paul Sartre
(Frankreich)

1965
Michail Aleksandrowitsch
Scholochow
(Russland)

1966
Samuel Josef Agnon, eigentlich
Samuel Josef Czaczkes
(Israel)
Nelly Sachs
(Deutschland)

1967
Miguel Angel Asturias
(Guatemala)

1968
Yasunari Kawabata
(Japan)

1969
Samuel Beckett
(Irland)

1970
Alexander Solschenizyn
(Russland)

1971
Pablo Neruda
(Chile)

1972
Heinrich Böll
(Deutschland)

1973
Patrick White
(Australien)

1974
Eyvind Johnson, eigentlich
Olof Edvin Verner Jonsson
(Schweden)
Harry Martinson
(Schweden)

1975
Eugenio Montale
(Italien)

1976
Saul Bellow
(USA)

1977
Vicente Aleixandre
(Spanien)

1978
Isaac Bashevis Singer
(USA)

1979
Odysseas Elytis
(Griechenland)

1980
Czeslaw Milosz
(Polen)

1981
Elias Canetti
(Großbritannien)

1982
Gabriel García Márquez
(Kolumbien)

1983
William Golding
(Großbritannien)

1984
Jaroslav Seifert
(Tschechoslowakei)

1985
Claude Simon
(Frankreich)

1986
Wole Soyinka
(Nigeria)

1987
Joseph Brodsky
(USA)

1988
Nağīb Mahfūz
(Ägypten)

1989
Camilo José Cela Trulock
(Spanien)

1990
Octavio Paz
(Mexiko)

1991
Nadine Gordimer
(Südafrika)

1992
Derek Walcott
(St. Lucia)

1993
Toni Morrison
(USA)

1994
Kenzaburo Oe
(Japan)

1995
Seamus Heaney
(Irland)

1996
Wislawa Szymborska
(Polen)

1997
Dario Fo
(Italien)

1998
José Saramago
(Portugal)

1999
Günter Grass
(Deutschland)

2000
Gao Xingjian
(China/Frankreich)

2001
Sir V. S. Naipaul
(Großbritannien)

2002
Imre Kertész
(Ungarn)

2003
John M. Coetzee
(Südafrika)

WERKREGISTER

Dieses Verzeichnis bezieht sich ausschließlich auf die im Text genannten Werke.

Jurek Becker
Aller Welt Freund 227
Amanda herzlos 227
Bronsteins Kinder 227
Der Boxer 227
Ende des Größenwahns 227
Irreführung der Behörden
227
Jakob der Lügner **224–227**
Nach der ersten Zukunft 227
Schlaflose Tage 227
Warnung vor dem Schrift-
steller 227

Heinrich Böll
Ansichten eines Clowns
212–215
Billard um halbzehn 215
Die verlorene Ehre der Ka-
tharina Blum 214, 215
Gruppenbild mit Dame 215
Irisches Tagebuch 215
Wanderer, kommst du nach
Spa … 215

Anthony Burgess
A vision of battlement 211
Der Fürst der Phantome 211
Der Teufelspoet 211
Erlöse uns Lynx 211
Little Wilson and big God 211
Uhrwerk Orange **206–211**
You've had your time 211

Albert Camus
Caligula 151
Der erste Mensch 151
Der Fall 151
Der Fremde **146–151**
Der Mensch in der Revolte
151
Der Mythos von Sisyphos
148, 151
Die Pest 150. 151
Verteidigung der Freiheit 151

Elias Canetti
Aufzeichnungen 119
Das Augenspiel 119
Das Gewissen der Worte 119
Der Ohrenzeuge 119
Die Befristeten 119
Die Blendung **116–119**
Die Fackel im Ohr 119
Die gerettete Zunge 119

Die Stimmen von Marra-
kesch 119
Hochzeit 119
Masse und Macht 119

Joseph Conrad
Almayers Wahn 19
Der Geheimagent 19
Der Nigger von der Nar-
zissus 19
Der Verdammte der Inseln
19
Herz der Finsternis 19
Jugend 19
Lord Jim **14–19**
Mit den Augen des Westens
19
Nostromo 19
Spiel des Zufalls 19
Taifun 19
Über mich selbst 19

Douglas Coupland
Amerikanische Polaroids
263
Die Micro-Sklaven 263
Generation X **260–263**
Girlfriend in a Coma 263
Life after God 263
Miss Wyoming 263
Shampoo Planet 262, 263

Alfred Döblin
Berge, Meere und Giganten
97
Berlin Alexanderplatz
92–97
Die drei Sprünge des Wang-
Lun 97
Hamlet oder Die lange
Nacht nimmt ein Ende
97
Wallenstein 97

Umberto Eco
Das Foucaultsche Pendel 251
Der Name der Rose 185,
246–251
Die Insel des vorigen Tages
251
Mein verrücktes Italien 251
Über Gott und die Welt 251
Wie man mit einem Lachs
verreist und andere
nützliche Ratschläge 251

Michael Ende
Der satanarchäolügenial-
kohöllische Wunsch-
punsch 245
Der Spiegel im Spiegel 245
Die unendliche Geschichte
242–245
Jim Knopf und die Wilde 13
245
Jim Knopf und Lukas der
Lokomotivführer 242,
245
Momo 242, 245
Theaterstücke 245

William Faulkner
Als ich im Sterben lag 109
Briefe 109
Der Marmorfaun 109
Die Spitzbuben 109
Eine Legende 109
Go down Moses 109
Licht im August **104–109**
Requiem für eine Nonne 109
Rotes Laub 109
Sartoris 109
Schall und Wahn 109
Schwarze Musik 109

Francis Scott Fitzgerald
Der gefangene Schatten 73
Der große Gatsby **68–73**
Der letzte Taikun 73
Der Rest vom Glück 73
Die letzte Schöne des
Südens 73
Die Schönen und Verdamm-
ten 73
Diesseits vom Paradies 68,
73
Ein Diamant so groß wie das
Ritz 73
Geschichten aus der Jazz-
Ära 68, 73
Pat Hobby's Hollywood-
Stories 73
Wiedersehen mit Babylon
73
Zärtlich ist die Nacht 73

Max Frisch
Als der Krieg zu Ende war
183
Andorra 183
Blaubart 183

Die chinesische Mauer 183
Don Juan oder Die Liebe zur
Geometrie 183
Graf Öderland 183
Herr Biedermann und die
Brandstifter 183
Homo faber **180–183**
J'adore ce qui me brûle oder
Die Schwierigen 183
Jürg Reinhart. Eine sommer-
liche Schicksalsfahrt 183
Mein Name sei Gantenbein
183
Montauk 183
Nun singen sie wieder 183
Santa Cruz 183
Stiller 182, 183

André Gide
Aufzeichnungen über
Chopin 57
Der Immoralist 54, 57
Der schlechtgefesselte
Prometheus und andere
Erzählungen 57
Die enge Pforte 57
Die Falschmünzer **54–57**
Die Pastoral-Symphonie 57
Die Rückkehr des ver-
lorenen Sohnes 57
Die Schule der Frauen 57
Die Verliese des Vatikan 57
Stirb und Werde 57
Tagebücher André Walters
57
Tagebücher der Falsch-
münzer 57
Zurück aus Sowjet-Russland
57

Günter Grass
Aus dem Tagebuch einer
Schnecke 193
Der Butt 193
Die Blechtrommel **188–193**,
253
Die Rättin 192, 193
Ein weites Feld 193
Hundejahre 192, 193
Katz und Maus 192, 193
Mein Jahrhundert 193
Örtlich betäubt 193

Jaroslav Hašek
Der Urschwejk und anderes

aus dem alten Europa
und dem neuen Russ-
land 41
Die Abenteuer des braven
Soldaten Schwejk 38–41
Die Abenteuer des braven
Soldaten Schwejk in rus-
sischer Gefangenschaft
41
Ein Silvester der Abstinenzler 41

Ernest Hemingway
Der alte Mann und das
Meer 140, 141
Der Sieger geht leer aus 141
Die fünfte Kolonne 141
Die grünen Hügel Afrikas 141
Fiesta 141
Haben und Nichthaben 141
In einem anderen Land 141
In unserer Zeit 141
Inseln im Strom 141
Paris – Ein Fest fürs Leben
141
Tod am Nachmittag 141
Über den Fluß und in die
Wälder 141
Wem die Stunde schlägt
138–141

Hermann Hesse
Das Glasperlenspiel 79
Demian 76
Der Steppenwolf **74–79**
Meistererzählungen 79
Narziß und Goldmund 79
Peter Camenzind 76, 79
Romantische Lieder 79
Siddharta 76, 78, 79
Unterm Rad 79

John Irving
Das Hotel New Hampshire
239, 241
Das Zirkuskind 241
Die imaginäre Freundin 241
Die wilde Geschichte vom
Wasssertrinker 241
Eine Mittelgewichts-Ehe 241
Garp und wie er die Welt
sah **238–241**
Gottes Werk und Teufels
Beitrag 241
Laßt die Bären los 241
Owen Meany 239, 241
Witwe für ein Jahr 239, 241

Uwe Johnson
Begleitumstände 231
Das dritte Buch über Achim
231

Eine Reise nach Klagenfurt
231
Ingrid Babendererde 231
Jahrestage I–IV **228–231**
Karsch und andere Prosa 231
Mutmaßungen über Jakob
228, 229, 231
Skizze eines Verunglückten
231
Zwei Ansichten 231

James Joyce
Anna Livia Plurabelle 47
Briefe 47
Dubliners 44, 47
Ein Porträt des Künstlers als
junger Mann 47
Finnegans Wake 47
Kammermusik 47
Ulysses **42–47**, 51, 52, 62, 67,
114, 117, 232

Franz Kafka
Amerika 61
Brief an den Vater 61
Das Schloß 61
Das Urteil 61
Der Prozeß **58–61**
Die Verwandlung 60, 61, 222
Ein Hungerkünstler 61
Ein Landarzt 61
In der Strafkolonie 60
Vor dem Gesetz 60

Jack Kerouac
Be-Bop, Bars und weißes
Pulver 179
Big Sur 179
Der Marktplatz der Worte
179
Engel, Kif und neue Länder
179
Gammler, Zen und Hohe
Berge 179
Lonesome Traveller 179
Maggie Cassidy 179
Satori in Paris 179
The town and the City 179
Traumtagebuch 179
Unterwegs **174–179**

Tomasi di Lampedusa
»... Ich suchte ein Glück, das
es nicht gibt ...« 187
Der Leopard **184–187**
Die Sirene 187
Morgenröte der englischen
Moderne 187
Shakespeare 187

D(avid) H(erbert)

Lawrence
Etruskische Orte 85
Der Hengst von St. Mawr 85
Italienische Dämmerung 85
Lady Chatterley **80–85**
Liebende Frauen 85
Liebesgeschichten 85
Meistererzählungen 85
Mexikanischer Morgen 85
Mr. Noon 85
Der Regenbogen 83, 85
Söhne und Liebhaber 85
Vögel, Blumen und wilde
Tiere 85

Stanislaw Lem
Auslagerung aller Waffen
aus Ost und West auf
den Mond 201
Eden. Roman einer außer-
irdischen Zivilisation 201
Fiasko 201
Frieden auf Erden 201
Das hohe Schloß 201
Das Hospital der Verklärung
201
Die Irrungen des Stefan
T. 201
Der Mensch vom Mars 201
Die phantastischen Erzäh-
lungen 201
Das Robotermärchen 201
Der Planet des Todes 201
Solaris **199–201**
Sterntagebücher 201
Die Stimme des Herrn 201
Die Technologiefalle 201
Der Unbesiegbare 201

Doris Lessing
Afrikanische Tragödie 205
Ben in der Welt 205
Canopus in Argos: Archive
205
Das fünfte Kind 205
Das goldene Notizbuch
202–205
Landumschlossen 205
Martha Quest 205
Mit leiser persönlicher
Stimme 205
Eine richtige Ehe 205
Schritte im Schatten 205
Sturmzeichen 205
Tagebuch der Jane Somers
205
Unter der Haut 205
Die viertorige Stadt 205
Der Zauber ist nicht ver-
käuflich 205

Astrid Lindgren
Das entschwundene Land
155
Die Brüder Löwenherz 155
Immer dieser Michel 155
Kalle Blomquist 155
Karlsson vom Dach 155
Mio, mein Mio 155
Pippi Langstrumpf **152–155**
Ronja Räubertochter 155

Heinrich Mann
Ein Zeitalter wird besichtigt
37
Jugend und Vollendung des
Königs Henri IV. 37
Professor Unrat 37
Der Untertan **32–37**, 123

Klaus Mann
Kind dieser Zeit 125
Mephisto **120–125**
Rundherum 125
Speed 125
The Turning Point 125

Thomas Mann
Bekenntnisse des Hoch-
staplers Felix Krull 25
Betrachtungen eines Un-
politischen 25
Buddenbrooks **20–25**
Der Tod in Venedig 25
Der Zauberberg 25
Doktor Faustus 25
Joseph und seine Brüder 25

Gabriel García Márquez
Augen eines blauen Hundes
223
Bericht eines Schiffbrüchi-
gen S.223
Chronik eines angekündig-
ten Todes 223
Das Leichenbegräbnis der
Großen Mama 223
Der General in seinem Laby-
rinth 223
Der Herbst des Patriarchen
223
Der Oberst hat niemand,
der ihm schreibt 223
Die Liebe in den Zeiten der
Cholera 223
Die unglaubliche und trauri-
ge Geschichte von der
einfältigen Eréndira und
ihrer herzlosen
Großmutter 223
Hundert Jahre Einsamkeit
220–223, 253
Laubsturm 223

Von der Liebe und andere
   Dämonen 223
Zwölf Geschichten aus der
   Fremde 223

Henry Miller
Big Sur und die Orangen des
   Hieronymus Bosch 115
Das Lächeln am Fuße der
   Leiter 115
Der Koloß von Maroussi 115
Frühling in Paris 115
Insomnia oder Die schönen
   Torheiten des Alters 115
Nexus 114, 115
Plexus 114, 115
Reise nach Griechenland 115
Sexus 114, 115
Stille Tage in Clichy 115
Wendekreis des Krebses
   110–115
Wendekreis des Steinbocks
   114, 115

Margaret Mitchell
Insel der verlorenen Träume
   131
Vom Winde verweht 108,
   126–131

Robert Musil
Der Mann ohne Eigenschaf-
   ten **98–103**, 117
Die Schwärmer 103
Die Versuchung der stillen
   Veronika 103
Die Verwirrungen des Zög-
   lings Törleß 103
Die Vollendung der Liebe
   103
Drei Frauen 103
Nachlaß zu Lebzeiten 103
Über die Dummheit 103

Vladimir Nabokov
Ada oder das Verlangen 173
Das wahre Leben des Sebas-
   tian Knight 173
Die Gabe 173
Die Mutprobe 173
Erinnerung, sprich 173
Fahles Feuer 173
Lolita **170–173**
Maschenka 173
Pnin 173

George Orwell
1984 **156–161**
Auftauchen, um Luft zu
   holen 161
Erledigt in Paris und London
   161

Farm der Tiere 159, 161
Im Innern des Wals 161
Mein Katalonien 161
Tage in Burma 161

Marcel Proust
Auf der Suche nach der ver-
   lorenen Zeit **26–31**, 67
Die Entflohene 31
Die Gefangene 31
Im Schatten junger
   Mädchenblüte 30, 31
In Swanns Welt 31
Jean Santeuil 28, 31
Sodom und Gomorrha 31
Tage der Freuden 31
Die Welt der Guermantes 31
Die wiedergefundene Zeit
   31

Thomas Pynchon
Die Enden der Parabel **232–**
   237
Mason und Dixon 237
Spätzünder 237
V. 232, 237
Die Versteigerung von
   No. 49 237
Vineland 237

Erich Maria Remarque
Arc de Triomphe 91
Der Funke Leben 91
Der Pazifist 91
Der schwarze Obelisk 91
Der Weg zurück 91
Drei Kameraden 91
Im Westen nichts Neues
   86–91
Schatten im Paradies 91
Zeit zu leben und Zeit zu
   sterben 91

Salman Rushdie
Das Lächeln des Jaguars 255
Der Boden unter ihren
   Füßen 255
Des Mauren letzter Seufzer
   255
Die satanischen Verse 254,
   255
Grimus 255
Harun und das Meer der
   Geschichten 255
Heimatländer der Phantasie
   255
Mitternachtskinder **252–255**
Osten, Westen 255
Scham und Schande 255

Françoise Sagan
Adieu Amour 169

Bonjour tristesse **166–169**
Die Landpartie 169
Die Lust zu leben 169
Lieben Sie Brahms? 169
Mein Blick zurück 169
Stehendes Gewitter 169
Und mitten ins Herz 169

Jerome D. Salinger
Der Fänger im Roggen **162–**
   165, 177
Franny und Zooey 165
Hapworth 165
Hebt den Dachbalken hoch,
   Zimmerleute/Seymour
   wird vorgestellt 165

Jean-Paul Sartre
Bariona oder Der Sohn des
   Donners 137
Das Sein und das Nichts 135,
   137
Der Ekel **132–137**
Der Teufel und der liebe
   Gott 137
Die Fliegen 137
Die Kindheit eines Chefs
   S. 137
Die Mauer 137
Die schmutzigen Hände 137
Die Wege der Freiheit 137
Die Wörter 137
Geschlossene Gesellschaft
   137

Anna Seghers
Das siebte Kreuz **142–145**
Das wirkliche Blau 145
Der Aufstand der Fischer
   von St. Barbara 145
Der Ausflug der toten
   Mädchen 145
Die Gefährten 145
Die Kraft der Schwachen 145
Die schönsten Märchen und
   Legenden 145
Die Toten auf der Insel Djal
   145
Die Trennung 145
Karibische Geschichten 145
Transit 145

Alexander Solschenizyn
Archipel GULAG 218, 219
August vierzehn 219
Das rote Rad 219
Der erste Kreis der Hölle
   218, 219
Ein Tag im Leben des Iwan
   Denissowitsch **216–219**
Heldenleben 219

Krebsstation 218, 219
März siebzehn 219
Matrjonas Hof 219
November sechzehn 219
Russland im Absturz 219

Patrick Süskind
Das Parfüm 252, **256–259**
Der Kontrabaß 259
Die Geschichte von Herrn
   Sommer 259
Die Taube 259
Drei Geschichten und eine
   Betrachtung 259

Italo Svevo
Ein Leben 53
Ein Mann wird älter 53
Zeno Cosini **48–53**

John Updike
Bessere Verhältnisse 197
Das Fest am Abend 197
Das Gottesprogramm. Ro-
   gers Version 197
Der Mann, der ins Sopran-
   fach wechselte 197
Der Sonntagsmonat 197
Der weite Weg zu zweit 197
Der Zentaur 197
Die Hexen von Eastwick 197
Ehepaare 197
Golfträume 197
Gott und die Wilmots 197
Hasenherz **194–197**
Rabbit in Ruhe 197
Selbst-Bewußtsein 197
Unter dem Astronauten-
   mond 197

Virginia Woolf
Der gewöhnliche Leser I
   und II 67
Die Fahrt hinaus 67
Die Fahrt zum Leuchtturm
   67
Die Wellen 67
Jakobs Zimmer 67
Mrs. Dalloway **62–67**
Orlando 67

PERSONENREGISTER

Fiktive Personen sind *kursiv* gesetzt.

Abbott, George 88
Ada 50
Adjutant Straslipka 38
Adorno, Theodor W. 214
Adson von Melk 247, 248
Agnes 34
Alex 207–210
Allégret, Marc 80, 81
Allen, Woody 52
Ambesser, Axel von 39
Anderson, Margaret 43
Anderson, Maxwell 88
Anderson, Michael 156
Anderson, Sherwood 107, 109
Andrews, Del 88
Andy 260–262
Angelica 185
Angstrom, Harry »Rabbit« 194–197
Angstrom, Janice 194–196
Angstrom, Nelson 196
Annaud, Jean Jacques 211, 248
Anne 168
Annika 153
Arcadio, José 220
Lady Astor 202
Aristoteles 248
Atholl 202
Atréju 243, 244
Augusta 50
Bachmann, Ingeborg 183, 231
Baldini, Giuseppe 256
Balzac, Honoré de 228
Barnacle, Nora s. Joyce, Nora
Barrault, Jean-Louis 59
Bassani, Giorgio 187
Bastian 242-244
Bauer, Felice 61
Bäumer, Paul 87, 90
Beach, Sylvia 43
Beauvoir, Simone de 82, 136, 137, 169, 202
Becker, Jurek 224–227
Becker, Max 225
Becker, Rolf 204
Beckett, Samuel 117
Benjamin, Walter 78
Benn, Gottfried 107, 122
Bergman, Ingrid 169
Bergner, Elisabeth 122
Bergson, Henri 31

Bernoulli, Maria 79
Berry, Win 241
Bertrand 56
Beyer, Frank 224
Biberkopf, Franz 92-96
Biermann, Wolf 227
Blair, Eric Arthur s. Orwell, George
Bloom, Leopold 42–46
Bloom, Marion 42, 43, 45
Böcklin, Arnold 233
Böll, Heinrich 89, 192, 212–215, 218
Bondfield 202
Brahms, Johannes 116
Brandt, Willy 193
Brecht, Bertolt 40, 41
Brett, George 127
Brod, Max 58, 59
Brown, Clarence 106
Buddenbrook, Antonie 22, 23
Buddenbrook, Betsy 22
Buddenbrook, Christian 21, 24
Buddenbrook, Gerda 23
Buddenbrook, Hanno 23
Buddenbrook, Jean 22
Buddenbrook, Johann 21
Buddenbrook, Thomas 21, 23
Buendía, Aureliano 220–222
Buendía, Remedios 221
Burgess, Anthony 158, 206–211
Burns, Robert 162
Burroughs, William 114, 179, 236
Buschor, Hera 119
Butler, Rhett 126, 127, 130
Camus, Albert 58, 136, 146–151
Canetti, Elias 60, 116–119
Canetti, Veza 119
Carraway, Nick 70–72
Casanova, Giacomo Girolamo 83
Cassady, Neal 179
Castro, Fidel 169
Caulfield, Holden 162-164, 197, 262
Caulfield, Phoebe 162
Cech, Annemarie 215
Cécile 166–168
Cendrars, Blaise 111
Cervantes 111
Chagall, Marc 245

Chandler, Raymond 69
Chatterley, Constance »Connie« 81, 82, 84
Chatterley, Sir Clifford 81
Christmas, Joe 105, 106
Chruschtschow, Nikita 217–219
Claire 260, 262
Clayton, Jack 70, 73
Cocteau, Jean 141
Conrad, Joseph 14–19, 70
Coppola, Francis Ford 19, 70
Cosini, Zeno 49–52
Coupland, Douglas Campbell 260–263
Crémieux, Benjamin 51, 53
Cresspahl, Gesine 229, 230
Cresspahl, Marie 229
Crowley, Aleister 244
Cukor, George 88
Cyril 167
Dag 260, 262
Dalloway, Clarissa 62–65
Dalloway, Richard 63
Davis, Bette 130
DeBotton, Alain 26
Dedalus, Stephen 42, 43
Demetz, Peter 230
Depp, Johnny 164
Diamant, Dora 61
Dickens, Charles 239
Dietl, Helmut 257, 259
Dim 208
Döblin, Alfred 92–97
Döblin, Erna 97
Donne, John 139
Dörrie, Doris 72
Dos Passos, John 141
Dostojewski, Fjodor M. 174
Dowson, Ernest 128
Doyle, Arthur Conan 250
Dr. Sartorius 199
Dr. Snaut 199
Dujardin, Édouard 45
Durrell, Lawrence 115
Eco, Umberto 185, 246–251
Édouard 55, 56
Ehrenberg, Paul 25
Ehrenburg, Ilja 217
Eisenhower, Dwight David 196
El Sordo 140
Eliot, T. S. 45, 70
Elsa 168
Éluard, Paul 166

Emmanuèlle 57
Ende, Edgar 245
Ende, Michael 242-245
Enzensberger, Hans Magnus 189
Everett, C. W. 130
Faber, Walter 180–182
Fassbinder, Rainer Werner 92, 95
Faulkner, William 104–109, 165
Fay, Daisy 68, 71
Finn, Huckleberry 164
Fischer, Ernst 102
Fischer, Samuel 20, 22, 23, 88
Fischerle 116
Fitzgerald, Francis Scott 68–73, 131, 141
Fitzgerald, Zelda 69
Flaubert, Gustave 169
Fleming, Victor 126
Fonda, Henry 130
Ford, Richard 240
Forster, Edward Morgan 44
Franco Bahamonde, Francisco 138
Freud, Sigmund 53, 67
Freund, Gisèle 65
Frewes, Matt 260
Frisch, Max 180–183
Fuchur 243
Fuentes, Carlos 222, 223
Fuld, Werner 186
Fussell, Paul 261
Gable, Clark 130
Gallimard, Gaston 132
Galsworthy, John 14
Gandhi, Indira 254
Gandhi, Mahatma 252
García Márquez, Gabriel 220–223, 253
Garibaldi, Giuseppe 185
Garp 197, 238, 239
Garp, T. S. 238
Gatsby, Jay 70–72
Gatz, James s. Gatsby, Jay
Gaulle, Charles de 136
George, Heinrich 94
George, Jessie 19
Georgie 208
Gide, André 16, 29, 54–57
Gide, Madeleine 57
Gillespie, Dizzy 176, 177
Ginsberg, Allen 114, 175, 179

Glenn, Colonel Edgar E. 140
Godard, Paulette 91
Goethe, Johann Wolfgang 57, 120
Goetz, Rainald M. 244
Gollancz, Victor 161
Gorbatschow, Michail 154, 169
Göring, Hermann 120
Gorris, Marleen 63, 64, 66
Gorski, Peter 125
Grass, Anna 190
Grass, Günter 93, 188–193, 214, 253, 258
Greco, Juliette 168
Gregor-Dellin, Martin 122
Grenouille, Jean-Baptiste 256–258
Grosz, George 51
Grotewohl, Otto 228
Grove, Lena 105, 108
Gründgens, Gustav 120–122, 124, 125
Grünlich, Bendix 22
Gruša, Jirí 38
Hage, Volker 243
Hahn, Reynaldo 31
Haines, Fred 42, 74, 76
Haller, Harry 74–78
Hallström, Lasse 241
Hamilton, Ian 165
Handke, Peter 77
Hanna 180
Harey 199
Hartlaub, Geno 154
Hašek, Jaroslav 38–41
Haze, Dolores s. Lolita
Heap, Jane 43
Hecht, Ben 131
Heimann, Martha s. Marcovaldi, Martha
Heisler, Georg 142-144
Heissenbüttel, Helmut 204
Helen 239
Hemingway, Ernest 138–141
Hemingway, Mary 138
Henderson, Ellie 64
Henriette 212
Hermine 76, 77
Hesse, Hermann 74–79, 164
Heßling, Diederich 33–36
Heym, Jakob 224–226
Hightower, Gail 106
Hill, George Roy 238
Hitchcock, Sir Alfred 19
Hitler, Adolf 120, 233
Höfgen, Hendrik 122-124
Holmes, Sherlock 250
Homer 45
Humbert, Humbert 170, 171

Huxley, Aldous 81
Ickstadt, Heinz 235
Ida 92
Idol, Billy 261
Ihering, Herbert 122
Innes, George 162
Irving, John Winslow 197, 238–241
Jaeckin, Just 82
Jaloux, Edmond 132
James, Henry 14
Jasny, Vojtech 212
Jenny 238, 239
Jens, Walter 56
Jerofejew, Viktor 218
Jesenká, Milena 61
Jewson, Miss 202
Joachim 181
Johnson, Tyler 262, 263
Johnson, Uwe 228–231
Johst, 122
Jones, Llewa Isherwood 211
Joplin, Janis 255
Jordan, Robert 139
Jorge 247, 248
Joyce, James 42–47, 48, 50, 51, 53, 55, 56, 62, 65, 67, 75, 114, 117, 141, 196, 232, 236
Joyce, Nora 46, 47
Joyce, Stanislaus 43
Julia 158, 159
Jutzi, Piel 94
K., Josef 58, 59
Kael, Pauline 113
Kafka, Franz 58–61, 117, 222
Kahane, Jack 110, 113
Kaiser Franz Joseph I 102
Kaiser Wilhelm II 33, 101
Kapitän Marlow 16–18
Kassovitz, Peter 226
Kelvin 199, 200
Kennedy, John F. 104, 235
Kerouac, Jack 114, 174–179
Kersten, Karin 203
Kesten, Hermann 121
Khomeini, Ayatollah 254, 255
Kien, Georg 116
Kien, Peter 116, 117
Kindliche Kaiserin 243, 244
Koeppen, Wolfgang 228
Koreander, Herr 242
Korzeniowski, Józef Teodor Konrad s. Conrad, Joseph
Kraus, Karl 119
Krug, Manfred 227
Kubrick, Stanley 170, 206, 207, 209

Lampedusa, Tomasi di 184–187
Langstrumpf, Pippi 152–154
Larbaud, Valéry 53
Lawrence, David Herbert 80–85
Lawrence, Frieda 83
Lawrence, Susan 202
Leary, Timothy 78
Leigh, Vivian 130
Lem, Stanislaw 198–201
Lemaire, Madeleine 31
Lennon, John 255
Lenz, Siegfried 40, 108
Lessing, Doris 202–205
Liebermann, Max 22
Lindgren, Astrid 152–155
Lindgren, Karin 153
Lindgren, Lars 154
Lindgren, Sture 155
Locke, Richard 233
Lolita 170–172
Lord Jim 15–18
Lothar, Marc 245
Lucy 63
Lyne, Adrian 172
Macellari, Liana 211
Mach, Ernst 103
Maetzig, Kurt 200
Magnus, Albertus 246
Malamud, Bernard 215
Mallory, Lester D. 140
Malraux, André 169
Mammy 130
Mann, Delbert 86
Mann, Erika 21, 120–122, 125
Mann, Heinrich 20, 25, 32–37, 94, 123, 124
Mann, Johann-Heinrich 25
Mann, Katia 25, 125
Mann, Klaus 36, 55, 120–125
Mann, Thomas 20–25, 37, 54, 75, 88, 101, 118, 121, 123, 125
Marcovaldi, Martha 103
Marcuse, Ludwig 33, 99
Maria (Camus) 146, 147
Maria (Hemingway) 139, 140
Marie 212
Marsh, John 131
Matzerath, Oskar 188–192, 258
Mauricio 221
Maurois, André 18
Mayer, Hans 190
Mayer, Louis B. 129
McCarthy, Joseph Raymond 176
McDaniel, Hattie 130

Melchíades 221
Mellors, Oliver 82
Melville, Herman 239
Meursault 146–150
Meyenburg, Gertrud Constance von 183
Mieze 92
Milestone, Lewis S. 88, 89, 91
Miller, Henry 110–115, 175
Miró, Joan 141
Mischa 226
Mitchell, Margaret 108, 126–131
Mitchell, Stephen 131
Mitscherlich, Alexander 213
Mitscherlich, Margarete 213
Mitterand, François 168
Mnouchkine, Ariane 125
Molly s. Bloom, Marion
Montale, Eugenio 48, 51-53
Moriarty, Dean 175, 178
Morlanensis, Bernardus 248
Muschg, Adolf 181
Musil, Robert 55, 98–103, 117
Mutas-i-Mahal 253
Nabokov, Vladimir 170–173, 237
Nin, Anäis 84, 112–115
Nitti, Alfonso 53
Noel, Jonathan 259
O'Brien 158
O'Hara, Scarlett 126–130
O'Shaughnessy, Eileen 161
Oberleutnant Lukasch 39
Ödipus 182
Odysseus 45, 244
Oellers, Marianne 183
Oldham-Franklin, Estelle 109
Olivier 56
Orlando, Francesco 185
Orwell, George 18, 114, 156–161
Ossietzky, Carl von 90
Pablo 77
Padma 253
Palmer, Francis F. S. 105
Paradise, Sal 175
Parker, Charlie 176
Passavant 56
Paulhan, Jean 133
Pelz, Benjamin 122
Perkins, Anthony 169
Pete 208
Petersen, Wolfgang 242
Pfeiffer, Pauline 141
Philipson, 202

Picasso, Pablo 141
Piccolo, Lucio 187
Pirandello, Luigi 51
Pirou, Otto 26
Polyphem 244
Poot, Linke s. Döblin, Alfred
Pound, Ezra 131
Preminger, Otto 166, 169
Pringsheim, Katia s. Mann, Katia
Proust, Marcel 26–31, 56, 66, 67, 111, 169
Proust, Robert 28
Puschkin, Alexander 57
Pynchon, Thomas 163, 232–237, 257
Quasimodo 258
Quest, Martha 205
Quilty 171, 172
Quoirez, Françoise s. Sagan, Françoise
Raddatz, Fritz J. 225
Radford, Michael 157
Radvanyi, Laszlo 145
Rathenau, Walther 100
Raymond (Camus) 146
Raymond (Sagan) 167, 168
Reagan, Ronald 196
Redford, Robert 70, 73
Reeves, Keanu 54
Reich-Ranicki, Marcel 95, 144, 195, 214, 224, 257
Reiling, Netty s. Seghers, Anna
Reinhardt, Max 122
Reinhold 92, 93
Reiss, Erna s. Döblin, Erna
Remarque, Erich Maria 86–91
Richthofen, Frieda von s. Fitzgerald, Frieda
Rider, Wynona 163
Rilke, Rainer Maria 57, 58
Ripley, Alexandra 131
Roosevelt, Eleanor 130
Roquentin, Antoine 132–135, 150
Roth, Joseph 17
Rousseau, Jean-Jacques 111
Rowohlt, Ernst 101
Ruiz, Raoul 27
Rushdie, Salman 117, 252–255
Sabeth 181, 182
Sackville-West, Vita 67
Sagan, Françoise 166–169
Salamano 146
Salina, Don Fabrizio 185, 186
Salinger, Jerome D. 162–165, 177, 197, 215, 237, 262
Samsa, Gregor 222
Sartre, Jean-Paul 54, 132–137, 148–151, 169
Sato, Marika 245
Sayre, Zelda s. Fitzgerald, Zelda
Schaaf, Johannes 245
Schah Dschahan 253
Scheherazade 253
Schiele, Egon 196
Schirk, Heinz 227
Schlöndorff, Volker 29, 180, 181, 188
Schmidt, Helmut 182
Schmitz, Ettore s. Svevo, Italo
Schnier, Hans 212–214
Schuchow, Iwan Denisso-witsch 216, 217
Schweitzer, Albert 137
Schwejk, Josef 38–40
Seghers, Anna 142–145
Selznick, David O. 130, 131
Shakespeare, William 57
Shepard, Sam 174
Shiva 253
Silva-Bruhns, Julia da 25
Sinai, Saleem 252–254
Singer, Oskar 226
Slonim, Véra 173
Slothrop, Tyrone 233, 234
Smith, Winston 158–160
Solschenizyn, Alexander Is-sajewitsch 216–219
Speicher, Stephan 226
Spiel, Hilde 65
St. Germain 122
Stalin, Josef 217
Stassen, Franz 234
Staudte, Fritz 36
Staudte, Wolfgang 34, 36, 37
Stein, Gertrude 141
Stekley, Karel 38
Sternheim, Carl 122
Strick, Joseph 42, 46, 112, 114
Süskind, Patrick 252, 256–259
Süskind, Walter Emanuel 259
Svevo, Italo 48–53
Szabó, Istvan 122, 125
Tancredi 185
Tarkowski, Andrej 198, 199, 201
Lady Terrington 202
Therese 116
Thomas 153
Thomas von Aquin 246
Toulouse-Lautrec, Henri de 110
Tracy, Spencer 142
Tucholsky, Kurt 34, 39, 40, 87
Turner, Tina 255
Twain, Mark 164
Ulbricht, Walter 144, 228
Ulrich 98, 99, 101, 102
Updike, John 194–197
Vaňek, Karel 41
Veneziani Svevo, Livia 53
Visconti, Luchino 146, 184, 185, 187
Wagner, Richard 234
Wallraff, Günter 213
Walsh, Peter 65
Walters, André 57
Wedekind, Pamela 121, 125
Weekley, Frieda s. Lawrence, Frieda
Weidemann, Alfred 20, 21
Welles, Orson 59, 60
Wells, H.G. 14
Wenders, Wim 174
Westhus, Haie 86
Wilkes, Ashley 127
William von Baskerville 247, 248, 250
Williams, Augustine Podmore 16
Wilson, John Anthony Bur-gess s. Burgess, Anthony
Wintringham, 202
Wohryzek, Julie 61
Wolf, Christa 143
Wolff-Stomersee,
Alexandra von 187
Wood, Sam 139
Woolf, Leonard 66, 67
Woolf, Virginia 27, 51, 62–67, 140
Worthington, Wally 241
Wrede, Casper 216
Wulf, Anna 202–204
Zambona, Ilse Jutta 91
Zinnemann, Fred 142
Zola, Emile 32, 228
Zweig, Stefan 88, 118

BILDNACHWEIS

Der Verlag dankt allen, die uns Bilder zur Verfügung gestellt haben, für die freundliche Genehmigung zum Abdruck. Leider war es uns nicht in allen Fällen möglich, die Rechteinhaber ausfindig zu machen; alle Ansprüche bleiben gewahrt.

AKG, Berlin: S. 4, 5, 14, 15 oben, 21 unten, 22, 23, 26 und U1, 30, 32, 33, 34, 35 oben, 36 unten, 40, 44, 45, 49, 50, 51, 54 unten und U4, 56, 58 und U4, 59 unten, 60 unten, 62, 65, 68, 69, 71 unten, 78, 82 oben, 89, 90, 93, 94, 95 oben, 96 und U1, 99, 100, 101 oben, 104, 105 oben, 110 oben, 116, 117 rechts, 120, 121, 127, 130, 133, 134, 135, 136, 138, 140, 144, 149 unten, 152 oben und U4, 156, 159 oben, 160 unten, 162 unten, 163, 167, 168 und U4, 170 oben, 171, 176 oben, 177, 178, 184, 189, 192 oben, 194 unten, 196 oben, 202, 203, 214, 218, 222 oben, 225, 228, 229, 230, 232, 233, 234, 235, 246, 247, 249, 250, 252, 253, 254, 256 · Christo Christow: S. 195 · Manfred Danegger/Okapia, Frankfurt: S. 194 oben · Deutsches Institut für Filmkunde e.V., Frankfurt a. M.: S. 52 · Diogenes Verlag AG/ Philipp Keel: S. 257 unten · dpa-Bildarchiv, Hamburg: S. 4, 75, 111 und U4, 118, 150, 157 oben, 196 unten, 261 · Gabriel García Márquez (Privatbesitz): S. 220, 221, 222 oben · Filmbild Fundus Robert Fischer, Feldkirchen: S. 5, 15 unten, 16 oben, 17, 18, 20, 21 oben, 27, 28, 29, 35 unten, 36 oben, 39 oben, 42, 43, 46, 59 oben, 60 oben, 63 und U4, 64, 66, 70, 72, 74, 76, 86, 87, 88, 92, 95 unten, 122, 123, 124, 126, 128, 139, 146, 147, 148, 152 unten, 153, 154, 157 unten, 158, 159 unten, 166, 172 unten, 180, 181, 188 und U1/Buchrücken, 190, 191, 198, 199, 200 oben, 206, 207 unten, 209, 210, 212, 213, 216, 217 unten, 226, 238, 240, 242, 243, 244 oben, 247 oben, 248 · Interfoto Pressebild Agentur, München: S. 170 unten · Jauch und Scheikowski, Hamburg: S. 4, 38, 39 unten, 80, 81, 82 unten, 83, 84, 106, 112, 113, 114, 142, 143, 174, 185, 186, 192 unten, 224, 260, 262 · Robert Musil Literatur-Museum, Klagenfurt: S. 98, 101 unten, 102 oben · Schwarzkopf-Sammlung aus »Sehnsucht nach Vollkommenheit«: S. 4, 258 · Stiftung Deutsche Kinemathek, Berlin: S. 129 · Ullstein-Bilderdienst: S. 102 unten, 107, 108, 117 links, 162 oben, 176 unten, 200 unten, 207 oben, 222 unten, 239, 244 unten

DANKSAGUNG

50 Romane und ihre Karrieren, 50 Autoren mit ihren Lebensgeschichten darzustellen: Solch ein Buch schreibt man nicht alleine.
Sämtliche Freunde und Bekannte wurden in dieses Projekt inte-
griert. Viele Hinweise und Anregungen, Bücher, Zitate und Recherchen kamen von Maike Albath, Ocka Caremi, Susanne Füh-
rer, Susanne Jurczenko, Jürgen König, Steffen Kopetzky, Bruno
Preisendörfer, Barbara Sichtermann und Gregor Ziolkowski.
Ihnen allen sei an dieser Stelle herzlich gedankt. Das größte Verdienst gebührt jedoch der Dame meines Herzens, Marie Sagen-
schneider. Sie war die allererste Leserin, sie hat die Entstehung
des Buches stets geduldig und kritisch begleitet. Ihr sei es mit
Liebe gewidmet.

IMPRESSUM

Bibliografische Information Der Deutschen Bibliothek
Die Deutsche Bibliothek verzeichnet diese Publikation in der Deutschen
Nationalbibliografie; detaillierte bibliografische Daten sind im Internet
über http://dnb.ddb.de abrufbar.

4. Auflage 2004
Copyright © 2001 Gerstenberg Verlag, Hildesheim
Alle Rechte vorbehalten.
Gestaltung und Satz: typocepta, Wilhelm Schäfer, Köln
Satz aus der Berthold Concorde und der DTL Caspari
Druck und Bindung: Westermann Druck, Zwickau
Printed in Germany

www.gerstenberg-verlag.de

ISBN 3-8067-2515-2